新编21世纪社会工作系列教材

青少年社会工作

许彩丽 主编

Adolescents Social Work

中国人民大学出版社
·北京·

内容简介

本书在社会工作本土化的视角下，结合国内外发展经验以及自身实践探索，对青少年社会工作的基本概念、价值观与伦理、相关理论、工作方法等内容进行了深入介绍。同时，本书还以实务探索为导向，对流动与留守、家庭变动、网络成瘾等青少年社会工作实践中会遇到的典型问题做了详尽的分析和阐述，帮助读者了解不同情境下青少年社会工作实务应该如何开展。全书理论与实践、基础与实务相结合，兼具实用性和操作性。

本书不仅可以帮助社会工作专业的学生全面、系统地理解青少年社会工作的内涵，而且可以指导青少年实务工作者明确价值、改进方法，更积极、主动地适应时代与青少年自身的变化。因此，它既可以作为高校社会工作专业学生学习的教材，也可以作为一线社会工作者开展青少年社会工作服务时的工具书。

主编简介

许彩丽　山东诸城人，2006年南京大学博士毕业后任教于华中农业大学社会工作系，主讲“社会心理学”“社区工作”和“影视文本与社会工作”等课程，主要从事医务社会工作和家庭治疗领域的研究，关注社会性别研究和困境儿童政策倡导，近年来致力于农村社会工作理论和实务研究，担任社会工作机构督导，参与社会工作项目评估，积累了丰富的实务经验。

前言

我国正处于社会转型期，青少年沉迷网络、吸毒及犯罪等问题有加重的趋势。父母不当的教养方式造成的青少年心理发育滞后，信息化时代所带来的现实中人际交往能力的降低以及网络暴力、睡眠不足、对亚文化的沉迷、酗酒、窒息游戏等问题的存在，对青少年的身心健康造成了极大的负面影响。面对这些问题，专业的青少年社会工作会成为一个较好的选择。但究竟何为“青少年社会工作”？这个概念本身就是模糊的，其内涵和边界都不够清晰，需要我们在理论和实务工作中不断地明晰。尽管“青少年社会工作”的内涵和边界都不够清晰，但毋庸置疑，其服务对象是青少年。而在这样一个转型和变动的时期，对青少年这一服务对象的了解就显得尤为重要：他们是谁？他们有什么需求？怎样才能帮助他们？本书在一定程度上希望能够回答这些问题。

本书向社会工作专业的本科生和研究生提供关于青少年社会工作的基础知识和实务技巧，也希望从事青少年社会服务的个人和组织能够从中获益。作为一本教材的读者，学生们大多期待能从中得到更多实务方法和技巧的传授，并且期望这些方法和技巧能够被恰当地运用于实际问题的解决之中。考虑到作为一名社会工作者肩上所承担的责任，这样的想法并不让人惊讶。因为他们在工作中将会接触到各种各样的遭遇困境的人：那些处于社会边缘的人，那些正在遭受痛苦，经历愤怒、恐惧和遭到拒绝、排斥的人。在很多情况下，他们的专业判断将会为这些人的生活带来巨大的改变。在这些时候，学习方法和技巧、知道在既定情形下该做什么，可以让学生感受到事情的可控和自己的能力，而这些感觉非常吸引人。正是基于这样的考虑，本书给予实务技巧特别的关注，希望能帮助学生们为开始其职业生涯做好准备，而这也正是本书的特色所在。

同时需要说明的是，方法和技巧并不是最重要的。我们还要关注青少年成长的物质社会心理环境。相对于成人，孩子对环境及环境的变化更为敏感，要知道贫穷的孩子、残障的孩子以及偏远农村的孩子确实处在不同的生态环境影响之下。另外，我们尤其需要社会公正、赋权以及包容等专业青少年社会工作的核心伦理。因为贫穷、无家可归、暴力、毁灭性的物质滥用等都不是技术问题，从深层次来说，这些都是伦理议题，不能通过提高社会工作技巧来解决，而是需要政府和社会的积极参与，也需要社会工作者坚持不懈的努力。

本书的主题内容分为上、中、下三篇。上篇为“青少年及青少年社会工作概述”，集中阐释青少年群体的特征、青少年社会工作的含义和要素、青少年社会工作价值观与伦理、青少年社会工作相关理论。中篇为“青少年社会工作方法”，主要介绍了青少年社会工作的三大方法及常用的实务模式与技巧、青少年社会工作项目管理。下篇“特殊青少年社会工作实务”，集中关注我国现阶段比较突出的青少年问题：青少年流动与留守、青少年遭受家庭变动和家庭暴力、青少年网络成瘾与物质依赖、青少年越轨等。

感谢所有编写者为本书成文付出的努力，他们的具体分工如下：

许彩丽：负责统稿与第四章第三、第四节的编写；

徐向丹：负责第一章和第二章的编写；

宋龙翔：负责第三章的编写；

赵红：负责第四章第一、第二节的编写；

汤建文：负责第五章的编写；

刘珂寒、郑雨璐：负责第六章和第七章的编写；

徐小霞、涂晓芬：负责第八章的编写；

涂晓芬：负责第九章的编写；

刘珂寒、徐小霞：负责第十一章的编写；

刘珂寒：负责第十、第十二章的编写。

感谢中国人民大学出版社对社会工作教育事业的关爱。虽然我们尽力做到最好，但书稿中难免存在不足之处，切望各位同人和读者不吝指正。

许彩丽

2021 年 5 月

目录

上篇

青少年及青少年社会工作概述

中篇

青少年社会工作方法

下篇

特殊青少年社会工作实务

上篇

青少年及青少年社会工作概述

PART ONE

第一章

青少年概述

本章要点

- 关于青少年的界定，在不同国家、不同时期有着不同的标准。一方面，青少年年龄的上限有提升的趋势；另一方面，青少年生理上的成熟提早又使得其年龄的下限不断前移。
- 在青少年时期，青少年在生理、心理上都发生巨大变化，家庭、学校、社区以及社会环境都对青少年的发展产生重要影响。
- 在青少年时期，青少年易出现各种情绪困扰，如焦虑、嫉妒、抑郁、浮躁、自卑等，在行为上也容易出现偏差，如物质滥用问题、自杀、网络成瘾等。此外，贫困问题也会对青少年的发展产生影响。

关键概念

青少年；社会支持；情绪；行为；青少年发展

“青少年”是一个人们常用的概念，然而不同的学科对于“青少年”这一概念却有着不同的解释。一般而言，青少年是指由儿童向成人的过渡期，即处于成长发展过程中的年轻人。这一时期是人生发展的重要转折期，因而其发展对于人的一生具有关键性的作用；同时，对于一个国家来说，青少年的发展状况也关系到国家未来的发展。

第一节　青少年的特征

青少年时期是容易产生各种生理、心理等方面的困惑以及各种社会问题的时期，更是需要社会给予特殊关怀与帮助的时期，因此，了解青少年生理及心理特征十分必要。本节将对青少年的界定、青少年的生理及心理特征进行探讨。

一、青少年的界定

青少年年龄界定的问题涉及社会发展变迁，它随着社会和青少年自身的变化而变化。而不同学科、领域对于青少年年龄的界定也是不同的。

（一）国内的有关界定

在我国，关于青少年的年龄界定，最早可以追溯到孔子的“十有五而志于学，三十而立，四十而不惑”。在现代中文辞书中，大都设有“青年”“少年”的条目，但“青少年”的条目则几乎没有，对于青少年年龄的界定也极不一致。在法律法规方面，我国相关法律对青少年没有统一而明确的界定，但明确规定未满 18 岁的男女为未成年人。人民法院在公布刑事案中青少年犯罪的情况时所指青少年的年龄限定在 25 岁以下。心理学界根据人的心理和生理的发展特点，一般将青年界定为 13 岁～25 岁之间。人口学则将 15 岁～25 岁的人界定为青年，并据此进行人口统计。

在现实生活中，各领域对青少年的年龄界定同样出现了不一致的现象。共青团组织目前规定共青团员的年龄为 14 周岁～28 周岁，中华全国青年联合会将青年的年龄上限定为 40 周岁；而各种研究机构的青年项目课题负责人则规定年龄在 40 岁以下。媒体所用的青年职工、青年知识分子、青年科学家、青年艺术家等，年龄界定也具有明显差异。2019 年 6 月 28 日，我国发布《青少年社会工作服务指南》国家标准，该标准中适用的青少年定义是年龄范围为 6～35 周岁的人。

（二）国际上的有关界定

1982 年，联合国教科文组织在墨西哥圆桌会议上提出青年的年龄为 14 岁～34 岁。1995 年，联合国大会在第 50 届会议通过的《到 2000 年及其后世界青年行动纲领》中，对人口中青年的年龄明确规定为 15 岁～24 岁，同时指出，“关于青年的定义随着政治、经济和社会文化情况的波动而不断有所改变”。世界各国由于人种、遗传、环境、文化以及国情等各方面的因素，对青少年年龄的规定也各有不同，上限和下限没有统一的标准。

（三）本书关于青少年的界定

一方面，对于青少年年龄的上限，国际学术界通常用三个标准来确定青少年的社会成熟：在经济上独立并具有一定的谋生能力——以结束学业与获得职业和经济收入为标志；心理上成人感的真正确立，有一定责任意识与角色使命——以结婚为标志；脱离对父母的依赖——以有单独的住所为标志。在我国，随着教育事业的发展，接受教育的渠道与机会越来越多，青少年受教育的年限也越来越长，这些都使得平均就业年龄也不断延迟。我国法定的结婚年龄男性不得早于 22 周岁，女性不得早于 20 周岁；实际的平均初婚年龄更晚些，尤其是在大中城市结婚有越来越迟的趋势。因此，根据我国的具体国情，将青少年的年龄上限定为25岁为宜。

另一方面，关于青少年年龄的下限，主要考虑生理发育因素（男孩初次遗精，女孩月经初潮）。有研究数据表明，近百年来，青少年开始发育的年龄趋于提前。例如，19世纪60年代有关英国青少年的资料记录表明，英国女孩出现初潮的平均年龄是16岁或者更大；而在此之后，初潮的年龄越来越小，目前我国女孩的初潮年龄是12岁左右。虽然各个国家、民族、种族的青少年开始发育的年龄有差别，但青少年期都有提前的趋势。随着青少年生理发育的开始，其个人问题、社会问题也逐步出现，需要社会给予特殊的关怀与服务。因此，本书认为，目前将青少年的下限定为12岁较为合适。

综上所述，青少年是指在12岁～25岁年龄段的一个社会群体，这一阶段是人生发展至为关键的时期，也是人最容易产生各种生理、心理等各方面的困惑以及各种社会问题的时期，更是需要社会给予特殊关怀与帮助的时期。相对而言，在12岁～20岁这一时期，青少年在生理、心理上面临更为剧烈的变化，因而也需要社会给予更多的服务。同时，考虑到青少年这一概念的非明晰性，教材内容中也涉及儿童社会工作的部分内容，尤其给予留守儿童适当的关注。

批判性思考问题：

当代青少年心理年龄和生理年龄是否同步？

二、青少年的生理特征

青少年时期是人生发展的关键期，是一个从不成熟逐步走向成熟的过程。在这个时期，青少年在各方面变化巨大，尤其是在生理上，变化幅度大、变化过程剧烈，被称为“生理大革命”，因此青少年时期是自出生以来第二次极为明显的身体变化期，即“第二次生长高峰”（第一次发生在婴儿期）。总体看来，青少年的生理变化主要表现在形态、机能和性征三大方面。

（一）形态变化

青少年时期形态上的急剧变化，又叫生长陡增，包括身高、体重等方面的迅速增长。

从身高来看，身高增长主要依赖于具有生长发育功能的骨骼的增长。青少年时期，骺软骨的生长速度很快，四肢骨骼尤其明显，因而促使身高快速增长。一般来说，青少年平均每年增高6厘米～8厘米，更有甚者增高10厘米～12厘米，青春期发育前多增加3厘米。从性别上来看，9岁之前男孩和女孩的身高基本上没有差别。9岁后，女孩首先进入生长加速期，12岁时身高陡增达到高峰，总体上高于同龄男孩。由于性别所特有的性激素在体内的含量不同，男孩大约比女孩晚两年（11岁）进入身高陡增期，14岁前后达到高峰。

从体重来看，一是骨骼的生长与体重有关。骨骼系统约占出生儿体重的18%，这个比例会保持到成年期不变，因为骨骼与体重的增长一致。二是肌肉组织的发育也会导致体重的增长。肌纤维数量在青春发育期显著增加，同时不断变粗并伸长，增加了在体重中所占的比例，从而使体重迅速增加。三是青少年时期脂肪的积聚也使体重增加，在生长陡增时期容易形成大量的皮下脂肪积聚，女孩体重的陡增几乎与身高陡增同时进行。9 岁左右，女孩领先发育，进入体重的迅速增长期。男孩体重陡增比其身高陡增的年龄迟到两年，即 13 岁左右，开始快速增长，并逐渐超过同龄女孩。

（二）机能变化

少年期体内各种机能都在迅速增长并逐渐达到成熟。

1. 心脏收缩机能的增强

少年期心血管系统出现了一些新的机能特点。首先，在形态上，为了保证青春期生长发育突增的需要，作为人体运输系统的心血管系统也出现了第二次生长加速。在 9 岁时，儿童的心脏重量为出生时的 6 倍，在青春期开始后，则增长至 12 倍～14 倍；同样，心脏密度也在青春期阶段成倍地增长，而且，少年期活动量的增加构成心室壁的肌肉增厚，心肌纤维更富有弹力，这就为心脏每次收缩时能压挤出更多血液创造了条件。

其次，在机能方面，主要表现为心率、脉搏开始减慢。这一方面是因为支配心脏活动的神经纤维已发育健全，能更有效地调节心脏活动；另一方面则是由于心脏本身机能的增强使每次心搏所排出的血量增多，每分钟只需搏动 70 次～80 次便能满足机体的需求。由于心脏收缩力增强以及内分泌系统变化的影响，血压升高，一般少年期的高压为 90 毫米汞柱～110 毫米汞柱，低压为 60 毫米汞柱～75 毫米汞柱，已接近成人水平。男女生心血管系统的生长发育存在着一定的差异，女生在心肝重量、大小、每次收缩所排出的血量和血压等方面均比男生低 10%左右，而心率、脉搏则比男生快 8 次/每分钟～10 次/每分钟。

2. 肺的发育

在青春期，肺的发育也明显加速。12 岁左右，肺重量为出生时的 10 倍，肺小叶结构逐渐完善，肺泡容量增大，与呼吸有关的某些肌肉发育加快，使呼吸功能进一步加强，在整个青春期中，肺活量将比青春期前增加 1 倍多，男女生肺活量存在显著差异。

3. 肌肉力量的增强

少年期体重的增强表明肌肉和骨骼发生了变化。在肌肉力量的发展水平上，男女生之间也存在着明显的差异。

4. 大脑的发育

在量的方面，少年期脑重及脑容积的增长不显著，因为儿童在 10 岁以前，其脑重已为成人的 95%。但在质的方面，这时期脑的发展则有较大进展。我国脑电波的研究表明，个体在4岁～20岁之间存在两个脑发展的加速期，第一个发生在5岁～6岁之间，第二个发生在13岁左右，即青春期。

（三）第二性征出现

由于身体内分泌和物质代谢等各系统功能的增强，特别是性激素和肾上腺素分泌的不断增加、性机能的成熟，从而引起生理上的一些明显的变化，青少年男女均出现了第二性征。第二性征是指身体形态上的性别特征，也称副性征。女性第二性征主要表现为乳房隆起、体毛出现、骨盆变宽和臀部变大等；男性第二性征主要表现为出现胡须、喉结突出和嗓音低沉、体毛明显等。第二性征的出现使少年男女在体征上的差异凸显出来。①

三、青少年的心理特征

处于青少年时期的个体，在生理成熟水平显著提高的同时，其心理发展，特别是在智力发展、情感和意志表现、个性及言语表现上，都有独特的发展特征，归纳起来有以下几点。

（一）认知能力发展

认知是指个体获取知识过程中的一系列心理活动，主要包括感知觉、记忆、注意、想象、思维等，其中思维是个体认知的核心。在青少年时期，学习内容、学习方法和教学活动向学习者所提的要求有了质的变化；加上活动范围的扩大，使得个体的认知能力和言语都有了新的发展，主要表现在观察力和记忆力都得到空前发展。与儿童时期相比，意识识记代替机械识记而成为识记的主要手段；且识记的目的性增强，进入了记忆最佳时期。从思维上看，青少年的抽象逻辑思维由经验型水平向理论型水平转化，理论型的抽象逻辑思维成为一种成熟的思维形式，并导致辩证思维的发展，使青少年有可能形成极其活跃的创造性思维。

（二）情绪、情感发展

情绪、情感是指个体对客观事物的态度及相应的行为反应。青少年的情绪和情感既有与成年人相似的情绪内容，又因在深度上欠缺发展而遗留了儿童期的情绪色彩，具有双重性的特点。这种兼具儿童与成年人的双重性主要表现在以下方面：（1）从时间上表现为激情与心境并存。青少年时期的过渡性质既表现为儿童期激情的残留，同时也表现在逐渐增长情绪持续时间，出现激情与心境的双重情绪状态。（2）从方式上表现为外显与内隐并存。青少年能根据条件需要在一定程度上支配和

① 中国就业培训技术指导中心，中国心理卫生协会组织．国家职业资格培训教程：心理咨询师（基础知识）．北京：民族出版社，2015：259.

控制自己的情感，表现出外部情绪与内心体验的不一致。一方面，青少年自我意识的发展使其内心世界日渐丰富，并常常带有隐私性质，易把真实感受闭锁在内心世界中；另一方面，青少年的自我控制能力和意志的欠缺又使得他们按捺不住心理上的起伏，希望与人分享。

（三）气质与性格发展

气质与性格特征是人的个性的重要组成部分，这两者也被合称为个性或人格。从少年到青年，随着认知能力的发展和人际交往经验的增多，青少年个体的气质与性格逐步发展和展现。少年期是个性形成的重要时期，可塑性大、稳定性低；进入青年期，青年的个性虽然还有受内外因素的影响而发展变化的可能，但初步形成稳定的性格特征，兴趣爱好也由广泛多样向持续稳定发展。

（四）自我意识发展

自我意识是一个人对自己的认识和评价，是人们在社会实践和社会交往中、在不断认识自我和环境的过程中逐步形成并不断发展的心理体验，包括自我观察、自我评价、自我体验和自我控制等。随着知识的积累、智力的发展以及独立安排生活道路这一客观要求的逼近，青少年的自我意识日渐成熟。从内容上来看，青少年的自我意识中充斥着主观我与客观我、理想我与现实我的矛盾。生理走向成熟带给青少年“成人化”的心理暗示，对己对人有了主观上的看法和评价。用自我标准来衡量自己的方式使得青少年的自我意识带有鲜明的个性。他们独立地评价自己和别人，并逐渐克服评价的片面性，力求全面分析，自我意识趋于成熟。

（五）道德发展

道德是个体具备的行为规范与价值观念的总和。青少年时期的跨度有近十年的时间，在这期间道德观念、道德情感以及道德行为都有了长足的发展，并且呈现出递进式的特点。林崇德研究发现，中学生的道德思维有四级水平，先是照搬规范，然后是表象认识，进而发现实质，最后理解规范并整合社会与个人的道德观念，这四级水平呈递进发展之势。[①] 同时，道德情感分为三级水平，包括直觉的情感体验、道德形象引起的情绪体验和伦理道德的情感体验。一般而言，少年期道德发展有较大的动荡性，到青年初期才趋向于稳定的成熟。

（六）性心理发展

性心理是指人在性方面的心理现象，是性意识、性情感、性想象和性观念等与性有关的各种心理活动的总和。进入青春期的青少年，随着性生理机能的成熟，其性意识也开始觉醒。性心理的发展随年龄的增长而变化，在这变化过程中，必然伴

---

① 林崇德．发展心理学．杭州：浙江教育出版社，2002：410－413.

随着相应的行为表现，例如，对性知识的追求，对自我形象的关注，对异性的爱慕、向往，对爱情的渴望，性的幻想与欲望，性冲动与自慰行为等。这些性心理活动的表现是青少年走向成熟的必然，但是社会文化因素中的不良影响、家庭和学校的性教育的相对缺乏、个人认知模式偏差或早期性经验等原因，使得青少年不能以正确的态度和行为方式来应付自己的性心理的变化和表现，有的还因此而导致心理障碍的发生。

第二节 青少年的支持网络

青少年是个体从童年向成年发展的过渡时期，是个人成长的转型阶段，也是个体走向成熟的时期。与此同时，青少年又是处在社会环境中而非真空中，在此期间青少年出现的诸多异常，并非仅仅由其自身发展的生理和心理波动所致，而还与社会环境因素息息相关。我们将从家庭、学校、社区以及社会这四个主要方面对青少年的支持网络进行探讨。

一、家庭

家庭是青少年成长的第一场所，家庭状况和家庭问题无疑会对青少年的成长和发展产生重要影响。家庭教育是一切教育的基础，家庭教育对一个人的启蒙、成长和成才起着不可估量的作用。

（一）家庭的含义

家庭是由婚姻、血缘或收养关系所组成的社会组织的基本单位；家庭是最基本的社会设置之一，是人类最基本最重要的一种制度和群体形式。家庭的界定实际上与所处的社会文化环境密切相关，这其中包含着人们如何思考家庭、如何来理解家庭以及他们的日常生活。

传统上，按照规模分类，家庭有以下几种：核心家庭，即由一对父母和未成年子女组成的家庭；主干家庭，即由一对父母和一对已婚子女（或者再加其他亲属）组成的家庭；扩大/联合家庭，即由一对父母和多对已婚子女（或者再加其他亲属）组成的家庭。现代社会还存在一些非传统的家庭结构：单亲家庭，即由单身父亲或母亲养育未成年子女的家庭；单身家庭，即人们到了结婚的年龄不结婚或离婚后不再婚而是一个人生活的家庭；重组家庭，即夫妻一方再婚或者双方再婚组成的家庭；丁克家庭，即夫妻双方有收入但没有子女的家庭；空巢家庭，即只有老年夫妻两人生活的家庭。还有一些断代、跨代家庭，无父母的未婚子女共同居住，以及由实体婚姻产生的其他多人共居的组合形式。总之，现代的家庭模式正向更加多元化的方向发展。

家庭是人类社会发展到一定阶段的产物，不同时期、不同地区、不同民族的家庭的形态、规模和功能都不尽相同。现代家庭的特征主要有以下几点。

1. 家庭是一个生活单位

家庭一般是以婚姻、血缘为纽带，由亲属团体组成的生活单位，也包括没有血缘关系，只是法律上的收养关系所形成的家庭，有同财共居的特点。一般来说，一个家庭就是一个独立核算的经济单位，家庭成员共同生活、共同居住、共同消费，并进行感情、精神和经济等多方面的交流和互助，构成社会中最密切的人际关系。

2. 家庭是由一定范围的亲属组成的共同生活单位

不是任何人构成的生活单位都可以成为家庭，同一家庭的成员一般以一定的亲属关系为前提，只有一定范围内的亲属组成的共同生活单位才能构成家庭。所谓一定范围的亲属是指在法律上有权利义务关系的亲属，如夫妻、父母子女、祖孙、兄弟姐妹等，并不是全部的亲属。因此，家庭成员一般为亲属，而亲属不一定是家庭成员。

3. 家庭成员间互享法定权利、互负法定义务

家庭成员相互之间具有权利和义务关系，这也是法律调整家庭关系的价值所在。

（二）家庭对青少年发展的影响

1. 家庭对青少年发展的重要性

家庭是人们出生的地方，是人们有生以来所接触和生活的第一个环境，是一个人一生中最早参与的群体，也是一个人一生中参与时间最长的群体。在纷繁的社会环境因素中，对人的心理发展影响最直接、最深刻、最持久的就是家庭环境。家庭作为一个人最早接受教育的场所和人们连续生活时间最长久的生活环境，其和谐与否对青少年能否健康成长有着重要影响。家庭中教育的观点、方式和方法，家庭成员的作风、习惯、品德修养，家长的心理品质、心理发展水平和个性、性格特征等都深深地影响孩子的心灵。无论是良好习惯的养成还是不良习惯的产生，都和家庭有着直接的关系。家庭给予青少年生活能力的培养、感情的安抚、社会知识的灌输、社会规范的熏陶，为其以后的个性形成和人格发展奠定了重要基础。家庭环境对人的个性形成有巨大影响作用，同时对人的心理发展方向和水平起着决定性的作用。

2. 家庭的功能

（1）经济支持功能。为成员提供物质生活上的满足与保障是家庭最基础的功能。青少年的日常生活、兴趣特长、课程补习等都需要家庭给予经济支持。尤其是随着经济社会的发展与孩子的成长，教育费用会占据家庭开支的很大一部分。但是父母在经济上对孩子过于顺从与溺爱可能造成孩子不良的消费习惯，过于克扣或者家庭条件本身非常拮据贫困又可能导致孩子的自卑情绪。因此家庭的功能并不都是正向的，而是正向与负向功能兼具的。

（2）情感支持功能。家庭情感包括夫妻情感、父母与子女的情感、兄弟姊妹之间的情感、其他上下辈的情感等。对于情绪敏感的青少年而言，良好的情感互动与充足的情感支持能给予他们安全感，满足他们被爱的需求，培养他们爱人的能力。而功能不良的家庭就容易缺失对情感的个体化表达，在这样的家庭中成长的孩子与家庭经常是疏离的，他们可能因情感受到压抑而变得冷漠、焦虑。

（3）家庭教育功能。家庭教育作为家庭的重要功能之一对青少年的成长起着最基础的、持久的影响。家庭教育在现如今已经越来越全面，家庭的教育功能也因此越来越强大。除了对青少年的成长中应该习得的规范与社会规则、义务和责任的教育，性教育也是家庭教育的重要内容。在性生理和性心理都飞速发展的青春期，青少年的性教育是不可或缺的，尤其是在学校性教育缺失的现实情况下，家庭性教育是不可替代的。

（4）协助青少年社会化的功能。从家庭生命周期理论来看，青少年阶段是公认的家庭混乱期。在这之前，家庭是孩子的庇护者，但现在逐渐变成一块跳板，见证与支持着青少年迈向成年，家庭界限的变动增多。随着孩子的成长，亲子关系逐渐转换发展为独立人际关系，家长必须允许青少年子女有独立世界，允许孩子在行动与心理上有更多独立自主的决定。在这个阶段，家庭的主要任务就是协助年轻人变得成熟，最终能离开家庭，成为独立自主的成年人。

（三）构建良好家庭环境，促进青少年健康成长

青少年的人生起点在家庭，青少年往往是问题家庭的受害者。所以，每位父母都应该提高自身素质，营造和谐的家庭氛围，最大限度地给青少年营造良好的家庭环境。青少年社会工作的目的之一就是通过改变阻碍家庭功能发挥的结构，使得家庭中的成员特别是青少年能在健康的家庭结构中成长。

1. 采取正确的教育方式

正确的家庭教育方式对青少年的成长来说是极其重要的一环。有资料表明，大部分青少年走上违法犯罪的道路是家庭教育方式不当造成的，也就是说，溺爱、放任、打骂或要求过高等方式对青少年的教育都是有害的，应采取正确的方式加以引导，使他们树立正确的人生观、价值观。现代科学证明，少年儿童时期的教育对形成、塑造一个人未来的思想、性格和品德具有极其深刻的影响，对于增强家庭责任感与社会责任感也是至关重要的。

2. 树立良好的形象

家庭中的社会化很多都是在无形中进行的。身教重于言传，父母的言谈举止、态度等对青少年产生着潜移默化的影响。另外，青少年好奇心强、可塑性大、善于模仿，但其分辨是非、控制自己意志的能力较弱，所以父母的任何不良行为，如赌博、酗酒、盗窃、卖淫、嫖娼等，都会给子女以暗示，增加他们模仿大人的不良行为的可能性。例如，家庭暴力是一种极为负面的家庭环境因素，对青少年的身心发

育十分不利，甚至是他们走上违法犯罪道路的罪魁祸首之一。[①] 同样，父母的药物滥用行为也是导致青少年药物滥用的重要原因之一。[②] 因此，要使青少年养成良好的品行，作为家长的父母要以身作则，自己不能有不良行为，要举止得体、言语文明，给子女树立良好的榜样。

3. 增加家庭和睦，加强沟通与交流

家庭气氛可以成为青少年违法犯罪的直接原因，不和睦或冲突的家庭气氛与违法行为发生率关系甚大。事实上，不和睦的家庭比起和睦的家庭，其子女违法行为明显增多。家庭成员之间特别是夫妻之间经常吵骂、指责、揭短、厮打，家庭中弥漫着一种冲突或不和谐的气氛，会给子女带来极大的挫折感和不安全感，长此下去会造成子女性格内向、孤僻、自卑等人格障碍。有些子女为逃避这种不和睦的家庭气氛，极易离家出走、流落街头，一旦受到不良因素的影响，就容易走上犯罪的道路。控制和减少青少年犯罪，其核心在于预防，因此要保持和睦的家庭气氛。这既要求父母等长辈间的互相尊重，又要求父母与子女之间的沟通与交流，对子女在成长过程中出现的各种情况要及时发现，通过与子女间的沟通，采取正确的方式加以引导，将不好的苗头消灭在萌芽状态，这样既教育了子女，又使子女感受到家庭的温暖、亲情的可贵。

批判性思考问题：

隔代教育对青少年的成长有何影响？

二、学校

学校是青少年社会化的第二个主要场所，是青少年大量聚集的地方，也是发现青少年问题并进行干预的最佳场所。学校对青少年的教育主要是通过学校教师的言传身教以及学校环境的熏陶而完成的。

（一）学校和学校环境

学校是进行教育的专门机构，也是一种特殊的社会组织，是社会的一部分，是一个微型社会。学校的任务不仅仅是传授书面知识那么简单，它还能有责任、有组织、有目的、有计划地向青少年传递社会主流价值观与社会规范，帮助学生形成相应的社会角色。在学龄段，青少年在学校的时间甚至会超过在家的时间，因此对于青少年来说，学校老师同学、学校教育及校园文化对其社会化的影响远远超过家庭，学校在青少年的成长过程中扮演着极其重要的角色。与此同时，青少年适应学校环境的困难程度也远远大于适应家庭。

学校的环境建设以育人为根本目的，我们将学校环境分为硬环境和软环境两方

---

① 张红艳．家庭暴力在青少年成长中的负效应及预防对策．社科纵横，2007，22（8）：91－93.

② 秦琴，张进辅．影响青少年药物滥用的家庭因素述评．中国药物滥用防治杂志，2009，15（1）：5－7.

面。学校硬环境主要包括学校内部及其周边附属的为学校正常运转提供服务的硬件设施，这些都是一个学校实体正常发挥其功能所必备的基本条件，应具有丰富的教育意义和文化内涵。概括而言，学校硬环境建设可分为三个方面的内容，即生活环境建设、学习环境建设和活动环境建设。学校的生活环境主要是指针对学生来提供服务的基础设施，如学生公寓、学生食堂、绿化等；学习环境主要是指教学楼、图书馆以及图书资料、实践场所等设施；活动环境主要指完备规范的校园活动场所，是提高学生实践能力、培养学生创新精神和审美能力以及增强学生体格的必备条件。学校软环境是指学校中客观存在的、主要由教育者把控的、经常以潜移默化的方式对学生的身心发展产生实际影响的各项条件。其内容很广泛，主要包括学校和班级的风气、教师的教育方法、教师的人格特点和心理健康状况以及学校中的人际关系等。

（二） 学校对青少年发展的影响

良好的学校环境对青少年的身心健康发展有着极为重要的意义。

1. 学校硬环境对青少年发展的影响

如果将学校视为一个完整的系统，那么学校硬环境可以说是这个系统中的硬件，它对学生的身心发展一般起积极促进作用，加大对硬件设施的投入，营造更加完善的学习环境，能使青少年更积极主动地参与到学习中来。舒适的学生公寓能够为学生提供良好的休息场所；学生食堂关系到学生学习所能获得的营养和热量；宽敞明亮的餐厅有利于学生愉快地进餐；工作人员规范的操作和优良的服务能给予学生潜移默化的影响，有利于培养学生的职业素养、职业道德；优美的校园环境有利于培养学生讲究卫生、规范行为的良好习惯。现代科技发展的成果可以使教学条件不断改善，并最大限度地引起学生的学习兴趣，让学习过程更轻松愉快。此外，宽敞、优美、舒适的活动环境也有利于青少年的健康发展。具体来讲，良好的活动环境对培养青少年素质、提高青少年能力以及促进他们的全面发展，都有着重要的影响。

2. 学校软环境对青少年发展的影响

软环境是学校这个系统中的软件，学校软环境对于青少年身心发展的影响是多方面的。它对青少年的发展产生何种影响，取决于在这一环境中起主导作用的教师，其影响可能是积极的，也可能是消极的。软环境中的消极因素如果不能得到有效抑制，就会对学生的健康发展产生不利影响，而这种影响的最直接后果是危害学生的心理健康，甚至导致学生产生各种心理障碍。学校软环境对青少年的影响是极为深远的，主要表现在以下几个方面。

第一，软环境影响学生正确自我认识的形成。自我认识是人类自我意识的重要组成部分，正确的自我认识是心理健康的重要标志。青少年正确的自我认识是在适当的教育环境下逐渐形成和发展起来的，在这一过程中由教师调节和控制的学校软环境起着至关重要的作用。特别是由于青少年在成长时期认识水平较低，具有不成熟性，他们表现出对来自教师的评价较为敏感、对自己在同龄伙伴中的地位较为关注、对学习中成败的体验较为深刻等特点，这又反过来造成他们对学校软环境中各要素的影响有着很强的敏感性。所以，教师对每个学生所持的态度、所做的评价和所采取的教育手段和方法，都会直接影响学生对自己的评价和认识，最终影响学生正确自我认识的形成。

第二，软环境影响学生和谐人际关系的建立。人际关系和谐是关乎青少年健康成长的重要标志，也是对青少年心理健康的一种强有力的促进。研究表明，学生中出现的各种心理问题以至于较为严重的心理障碍，很多都和学校中不良的师生关系、不和谐的同学关系密切相关。教师是学校中人际关系的核心，是学校中各种人际关系的主要协调者，教师的人格特点、心理健康状况、教育方法和手段，以及教师所倡导和培育的班风，无不对学校中的各种人际关系产生深刻影响，所以加强学校软环境建设是建立和谐人际关系的重要前提。

第三，软环境影响学生健康情绪生活的营造。人的任何心理活动都伴有相应的情绪体验，学校软环境中的许多要素都能够直接或间接地影响学生的情绪，使学生产生积极或消极的情绪反应。在这种由教师营造的心理氛围和环境中，学生既可能形成满意、愉快、乐观、开朗的良好情绪状态，也可能产生压抑、忧虑、恐惧等不良情绪反应。所以，每一位教师都应该关注与学生的情绪生活息息相关的学校软环境，帮助学生营造健康的情绪生活，让积极向上的乐观情绪成为学生社会生活的主导情绪。

学校硬环境和软环境的区分是相对的概念，在现实情况下，二者是相互依存、相互包含、相互促进发展、不可分割的。在青少年发展问题上，我们要综合考虑这两个环境的因素，从两个层面着手创建适合青少年发展的良好学校环境。

（三）构建良好学校环境，促进青少年健康成长

学校环境对青少年身心发展的影响如空气般无处不在。学校硬环境是有形的，是能为师生所直接感知的。物质环境的完好、幽静、雅洁，可以使人产生舒适、愉悦的情绪体验，其积极作用显而易见。因此，一方面，应根据社会发展的需要和学校整体发展的要求，逐步加大对学校的各种投入，以满足学生日益增长的发展需要；另一方面，要努力减少资源配置不均衡的现象，弱化不同学校之间存在的明显差异，使所有的青少年平等享受资源，这对他们的健康成长同样是十分重要的。

相对于硬环境而言，软环境是无形的，是看不见、闻不到、摸不着的，但却又具有客观实在性，是能主观感受到的。学校里影响青少年身心发展的学习、生活、游戏、交往的全部环境都是软环境的一部分。青少年学习、活动的气氛，学校的人际关系及风气等，都对他们的身心发展产生着潜移默化的影响。但是，在现实的学校管理中往往存在着误区，普遍存在重视物质环境的提供、轻视精神环境的创设，重视学习环境的提供、轻视社会化环境的创设，重视被动环境的提供、忽视互动性环境的创设的现象。学校要提供一种适宜青少年发展的环境与设施，在传授知识的

同时，培养青少年的合理行为，以适应现在和未来的社会生活。学校社会工作是青少年社会工作的重要组成部分，其目的就是要采取各种专业手段，减少乃至消除学校中不利于青少年发展的因素，创设一个和谐、宽松的校园环境。

1. 促进教育资源均衡配置，实现教育机会均等

所谓教育机会均等是指不管种族、民族、宗教或性别的差异，人人都有相同的机会接受教育，即入学机会平等，因为受教育权是一种基本的人权。教育资源包括教育经费、校舍、教育教学用房、教学家具、教学仪器、设备、图书资料等的配置，还包括教师队伍、生源、教育管理、教育知识、教育经验、教育技能、教育制度、教育人格、教育理念及教育领域内外人际关系等的配置。教育资源均衡配置实质上就是要使教育资源在教育系统内部各组成部分合理分配，从而使所有在校青少年享受到同样的资源。

但是在实际生活中，由于社会经济、文化发展的不平衡以及家庭环境等原因，青少年在接受教育过程中并不能平等地获得教育资源，这种差异不可避免地会影响到他们的成长与发展。作为弥补，青少年社会工作者应采用专业的理论与方法，对处于不利地位的学生的生活背景做客观深入的了解，给予适当的鼓励与支持，并提供可行的方案，协助他们获得最适当的教育，成为社会所需要的成员。

2. 建立新型的师生关系，创建宽松校园环境

长期以来，受传统“师道尊严”观念影响，我国教育系统中师生关系常常背离尊师爱生准则，师生之间真实的关系并不令人满意。加上应试教育制度的压力，教师常常以分数作为衡量学生的唯一标准，学生由于成绩不佳而受到打击的现象也时有发生。而建立新型的师生关系，就是要树立民主平等的思想，尊重每一个学生，让学生体验到自己作为人的尊严感和幸福感。教师应加强自身修养，提高抵御不良社会风气侵蚀的积极性和能力，树立以人为本的管理思想，为师生关系的纯化创造有利的环境。在教学过程中，教师是影响学生最积极、最活跃的因素。这种影响不仅有赖于教师的专业知识，教育与教学的方法、技能，而且也有赖于教师能否恰当运用自己情绪感染力的技巧。积极的情感，如愉快、喜爱等，能提高人的生理和心理的活动能量，驱使人积极行动，从而提高人的工作和学习效率；相反，消极的情感，如恐惧、烦闷，则会降低和削弱人的生理和心理的活动能量，导致人的态度消极，从而降低工作和学习的效率。作为教育者，教师需要投入积极的情感，从而引起学生的共鸣，增强师生之间的情感联系与沟通。学校环境对青少年的人格培养和合理行为的形成与发展有着极为重要的影响。对于学校教育来说，其目的就是帮助来自不同环境的个体，改变、调整原来的价值观念、性格特征，以适应社会。青少年社会工作者的一项重要任务就是做好青少年学生与学校之间的纽带，在青少年学生与学校之间建立良好的关系，以保障学校教育功能的有效发挥。

3. 传授实用的知识和技能与培养健全的社会化人格并重发展

一方面，现代教育体系通过提供教学设施、聘请教学师资、从事教学活动，以达到帮助学生掌握实用的知识和技能、适应现代生活的目的；另一方面，学校作为教育机构，其最终目的还是帮助青少年学生发展健全的社会化人格。人格培养是一个漫长的过程，除了家庭提供最初的社会化场所之外，学校是培养青少年学生人格的第二重要场所。在学校的环境中，青少年要学会克服学习上的困难与障碍，还要学会处理各种关系，如师生之间、学生之间、男女生之间等。学校社会工作者必须考虑到学校的特点、学生的需要、学生所面临的社会环境，协助学校创造学生所需要的环境与条件，满足他们在认知、情感和意识上的需要，使所有青少年学生既获得他们所需要的知识与技能，以适应社会生活的需要，又拥有健康的身心、坚强的意志和健全的人格，从而能适应复杂多变的社会。

总之，学校应当给青少年创造一个以人为本的宽松环境。这样的环境应关注每一位学生，关注学生的情绪生活和情感体验，关注他们的知识与技能的掌握、道德标准的建立和人格养成，以及价值观的形成，从而真正把学生培养成身心健康、具有创新精神和实践能力的合格人才，让素质教育落到实处而不再是一句空话。

批判性思考问题：

如何真正实现不择校而就近入学？

三、社区

社区是青少年除家庭、学校之外的第三个社会化场所。青少年除了在家庭活动和在学校读书之外，大部分业余时间和节假日基本上都在社区活动。社区也是青少年聚居和成长的地方，在社区中，青少年的成长和社会化会受到邻里关系、街道社区组织与文化教育、各种文体娱乐场所及活动、社区生活方式以及社会政策等各方面因素的影响。组织好青少年在社区的教育和文体娱乐活动，避免不良社会风气的影响，是家庭教育、学校教育之外的重要环节，是青少年素质教育的重要组成部分。因此，青少年社会工作者要通过各种专业技巧和手段积极营造有利于青少年健康成长的社区环境。

（一）社区及社区环境

1. 社区概念界定

不同的社会学家对社区有着不同的定义。“社区”这一概念最早是由德国社会学家滕尼斯（Ferdinand Tönnies）在《社区与社会》（1887）中提出的。他认为，社区主要存在于传统的乡村社会中，是一种亲密无间、相互信任、守望相助、富有人情味的社会团体。它的人际关系是一种古老的、以自然意志为基础的关系，连接人们的纽带是血缘、感情、共同信仰和伦理。滕尼斯的“社区”概念未强调其地域性特征，更多的是看重人与人之间所形成的亲密关系和对社区强烈的归属感与认同感。因此，在滕尼斯的视野中，人与人之间形成的共同的文化意识以及亲密无间的关系是社区的精髓。

滕尼斯提出社区概念至今已有100多年，随着社会变迁和社会学学科的发展，“社区”的内涵也不断拓展。由于在不同国家、不同地域、不同文化以及不同的历史发展阶段中，社区研究有着不同的实践，因此学者们对于社区内涵和外延的界定出现了多元化取向。20世纪30年代初，社区的概念进入中国。在中华人民共和国成立前，吴文藻和费孝通等社会学家把社区理解为有边界的相对封闭的实体，社区被作为社会人类学研究的基本分析单位。改革开放之后，随着我国现代化进程的加快，社区服务乃至社区建设逐渐兴起并蓬勃发展。《民政部关于在全国推进城市社区建设的意见》将社区定义为聚居在一定地域范围内的人们所组成的社会生活共同体。[①] 目前学术界关于社区的定义大同小异，只是在对地域、人口、组织结构、文化等基本要素强调的程度上略有差异。代表性的定义有徐永祥教授提出的社区“是指由一定数量居民组成的、具有内在互动关系与文化维系力的地域性的生活共同体”[②]。

一般而言，社区具有以下几个构成要素。

（1）一定界限的地域。社区形态都存在于一定的地理空间中，是地域生活的共同体。

（2）人群。人是社区的主体，社区的存在离不开一定数量的人口，同时人口的数量、集散疏密程度以及人口素质等，都是影响社区的重要方面。

（3）情感上和心理上的认同感和归属感。社区中共同生活的人们会有共同的利益，面临共同的问题，具有共同的需要而结合起来活动。在这一过程中产生了某些共同的行为规范、生活方式及社区意识，如共同的文化传统、民俗、归属感等。

（4）公共设施。社区是人们参与社会生活的基本场所，社区居民的活动需要依赖一些基本公共设施进行，如商店、学校、娱乐设施、医疗卫生设施等。一个社区若没有这些基本的设施，社区居民的生活就会受到影响。

总之，从社区的含义和社区的构成要素可以看出，社区作为地域性的社会生活共同体，一方面要突出其地理的性质，另一方面不能忽视其成员联系与互动的纽带作用。因此，社区是人们共同生活的聚集地和心灵的归属地。所以，一般将社区定义为居住于某一地理区域内，具有共同关系、社会互动及服务体系的一个人群。

2. 社区环境

所谓社区环境是社区通过各种硬件和软件设施给全区居民提供的一种生活环境，是社区居民赖以生存和社区活动得以开展的自然条件、社会条件、人文条件和经济条件的总和。具体来说，社区主要包括社区自然环境、社区治安环境、社区文化环境和社区人文环境。社区自然环境是社区通过提供各种基础性的居住、娱乐设施及通过社区绿化所形成的居民生活的基本环境，如社区所处位置、社区提供的运

---

① 央视网．民政部关于在全国推进城市社区建设的意见．（2003-12-12）．http：//www.cctv.com/news/china/20001212/366.html.

② 徐永祥．社区工作．北京：高等教育出版社，2004：8.

动场地、会所以及社区内的绿化状况等。社区治安环境是通过社区物业、专业警务人员及社区居民自身共同构建的、维持社区治安以保证社区居民有序生活的社区生活环境。社区文化环境是指社区建立和健全居民文化娱乐设施、积极组织各种文化娱乐活动，如设立社区图书馆、活动室，组织文艺、体育活动等。良好的文化环境可以增进社区居民相互之间的联系，激发社区居民的参与意识，增强社区的凝聚力。社区人文环境是指社区成员通过相互交流所建立起来的互助团结的人际关系氛围。这里我们主要考虑对青少年成长的影响，因此主要关注社区的文化环境和人文环境。

（二）社区对青少年发展的影响

1. 社区对青少年的重要性

（1）为青少年发展提供资源。新时代的青少年在性格发展、兴趣爱好、休闲娱乐等方面已经发生了很大变化。对于一个家庭而言，由于能力有限，很难为青少年提供其成长所需要的一切资源，责任载体自然将外延转移给青少年所居住的社区。与家庭相比，社区的资源，包括人力、物力、财力、社区图书馆、社区阅览室、历史传统、生活习俗以及发展机会等更为丰富。利用好社区的这些有利资源，创设青少年成长的第二课堂，必定会对青少年的成长产生巨大影响。

（2）为青少年成长提供服务。社区青少年社会工作服务主要是指为青少年提供相关服务的一种行为，是社区服务中的一个组成部分。社区系统理论把社区青少年服务看作复杂的社会系统中的一个部分，社区青少年服务工作的开展是通过社区内外的各种关系网络进行的。这些社会关系经过长期的发展，逐渐形成各种制度与组织，为社区青少年服务提供了丰富的资源。一般来说，社区青少年服务是指国家无法直接提供的或无力满足的具有公益性质的社会服务。针对不同的青少年，社区会为他们提供不同类别的服务。无论哪种形式的服务，其目的都是通过对社区环境和资源的利用，帮助青少年健康成长。如社区组织知识讲座，为就业的青少年给予相关职业规划指导，对不良青少年进行帮教，为生活困难的青少年或家庭提供物质和心理方面的支持与服务，以帮助青少年及其家庭减轻压力等。

（3）是青少年社会化的重要场所。青少年社会化，是青少年与社会的双向互动过程，是青少年适应社会发展、从“自然人”发展成“社会人”的过程。青少年社会化关系到青少年个体的成长与发展。对于青少年而言，他们的社会化主要是指个人通过学习社会生活、接受社会规范、健全个性与人格、融入社会关系体系的初始阶段。社区作为青少年居住和生活的环境，对于青少年的社会化往往具有决定性作用。在这里，青少年们扮演着同学、朋友等社会角色，学习待人接物的规范，学会冷静地思考问题。对于多为独生子女的现代青少年来说，除学校同学外，他们的交际圈基本是在其生活的社区内形成的，社区成员的语言行为、社区的文化氛围及邻居间传递的社会信息，都为青少年学习、理解社会的道德规范和价值理念提供了依据。

2. 影响青少年发展的不良因素

（1）不良的社区外部环境。一些社区周边会有一些商业经营场所，其中难免有网吧、游戏厅、会所等娱乐场所，这些场所也是色情、淫秽、聚众斗殴、吸毒贩毒等违法犯罪事件发生频率较高的地方，这样的外部环境极不利于青少年的身心健康，也给一些边缘青少年提供了不良聚众场所。

（2）社区内缺乏凝聚力。在一些社区，社区居民归属感不强。有些社区成员白天是上班族，下班回家各自关门闭户，缺乏邻里之间的沟通与交流，对社区活动也缺乏热情，社区人际关系淡漠，“邻居”的概念也逐步弱化。还有些社区社团组织发展不够完善，造成社区成员没有向心力和凝聚力，缺乏责任意识，更谈不上青少年社团的发展与完善了。这种状况严重影响到社区对青少年的正常的社会化功能的实现，使得生活在这类社区中的青少年缺乏形成同龄群体的平台，也影响他们人际交往技巧的形成，对正处于社会化过程中的青少年的成长是极为不利的。同龄群体是指一些年龄、兴趣、爱好比较相近的人为了满足自己的表意需要而自发形成的社会群体，它包括正式同龄群体和非正式同龄群体，而青少年社团组织就属于比较典型的正式同龄群体。在同龄群体中，青少年完全根据自己的兴趣爱好开展活动与互动，在这一时期，同龄群体的影响达到了最高点。总之，社团一类的青少年群体组织能够满足青少年的安全需要、地位需要、自尊需要、情感需要及实现目标的需要。此类青少年群体组织的缺失会影响社区功能的发挥及青少年在社区的社会化的顺利实现。

（3）社区对边缘和失足青少年关注不够。在对社区中的青少年问题的介入方面，青少年社会工作有着自己独特的专业优势，青少年社会工作者以专业的知识和技巧帮助服务对象解决困难。而社区普遍存在对边缘和失足青少年的排斥和歧视，以至于他们不能正确看待自己以及周围的事物，甚至仇视社会。这些人可能因为受到歧视而缺乏继续教育的机会、缺乏适当的就业岗位、缺乏良好的成长环境，从而行为偏差更大或产生更严重的社交障碍。如果社区不能对这部分青少年及时跟进、加强关注与帮助，就会使得他们更缺乏自信与勇气，更难以融入社会，甚至会再次误入歧途。加强对这些青少年人群的服务，不仅是促使他们健康成长的需要，同时也是建设社区平安与发展和谐社会的需要。

（三）构建良好社区环境，促进青少年健康成长

社区的社会工作可以强化个人或群体的功能，通过社会工作者的努力，让社区居民进行必要的资源积累，提高他们的认识能力；同时，可以强化社会环境中的助人系统，形成社会支持网络，对可能出现的问题做出及时有力的反应。青少年社会工作者通过发掘并合理利用受助者外在的社会支持网络等社会资源和受助者内在的潜能，去营造良好的社区环境，这对于社区居民的安居乐业乃至社会的安定和谐都发挥着不可或缺的重要作用。针对社区中对青少年发展的诸多不良环境因素，青少年社会工作者可以尝试从以下几个方面介入。

1. 调动社区青少年的积极性，激发青少年的参与热情

青少年工作者通过吸收青少年参加社区居民集体活动，鼓励青少年积极参与到社区建设中来，为和谐社区建设做贡献，从而在活动过程中增强青少年的社区意识，使他们得到尊重和认可。因此，如何动员包括青少年在内的社区居民参与社区活动，是社区工作需要解决的一大问题。社会工作者在设计社区活动时要注意根据青少年的特点寓教于趣味性的活动中，可以适当采取各种技巧，如向服务对象介绍成功的先例，说明参与并不需要占用很多时间或者中途可以离开等，或者对参与者及时给予赞赏、体谅、肯定等。另外，社区工作者要注意以各种方式动之以情，以鼓励和吸纳更多的青少年参与到活动中来，当然在这一过程中也要充分尊重其自身意愿，不能给对方以强迫的感觉。

2. 优化社区环境，大力开展社区青少年教育，进一步完善社区青少年的文化建设

社区内有着丰富的人力物力资源，关键在于如何充分开发和利用这些资源。社会工作者应就地取材，充分利用社区内的各类机构，调动社区内的专业型和多元化人才，对青少年的生活学习进行指导帮助；还可以利用社区内居民广泛的人际关系网，为青少年教育所需的专家辅导牵线搭桥。同时，配合家庭和学校教育，以青少年社会性发展为重点，通过有组织的情景教学、团体辅导等专门化教育训练活动，在完善和丰富家庭与学校教育的同时，弥补家庭和学校教育的盲点，促进青少年健康成长。在文化建设方面，应尽力争取社区管理部门帮助，促进社区青少年文化设施系统的改善和多样化发展；健全青少年宫、图书馆、学习室等各项必需的公共设施，为青少年提供课余的文化学习场所。此外，还可以组织青少年参加一些集体活动或社区服务，让青少年在实践中提高个人道德素质。还要倡导相关的部门和机构对社区中的网吧、游戏厅等闲散青少年容易聚集的场所加强管理，发动和利用社区各方面的资源，开发和建设有益的文化设施和场所，积极营造健康向上的文化氛围。

3. 设立青少年社区服务机构，建立社区矫正制度和服务体系，为边缘或失足青少年提供服务

青少年正处于快速成长时期，生活学习中不免遇到各类问题和困难，需要专业人士的帮助与指点。因此，社区中要建立相关支援救助中心，如心理咨询室、热线服务等，以完善社区的青少年支持系统。同时，针对社区内的失足失学青少年，要建立行为矫治中心，组建支持小组，通过个案辅导、小组活动、社区活动等形式规范社区内青少年的行为，以帮助他们树立正确的世界观、人生观、价值观。通过宣传，减少乃至消除对他们的歧视，营造宽松的社区氛围，帮助他们找回自信。

社会工作发展至今已经超越了传统的救贫济弱的水平，开始转向帮助受助者开发自己的潜能。青少年社会工作者对受助者不但要提供直接服务，也要鼓励他们在可能的情况下自立自强，最终能够自力更生。也就是说，社会工作者应致力于帮助青少年转变观念，激发他们的内在动力并挖掘其内在潜能。当然，对失足青少年也不例外，在这个过程中，青少年社会工作者可以利用自己的知识与技巧去帮助边缘或失足青少年，同时还要为他们提供就业、培训方面的优惠政策和信息，提供社会参与的机会、技能培训以及职业发展机会，提高他们的劳动技能及其他素质，改变其整日无所事事的生活状态，并鼓励他们的每一个进步，让他们去积极面对、解决自己的问题，最终能够重新认识自己、发现自己的长处，重塑自我。

四、社会

社会是青少年社会化的重要场所，在分析青少年社会问题时，不仅要考虑个体、家庭等因素，也应透过问题的表面发现其深层的社会因素，考虑到社会转型、社会政策以及社会文化对青少年成长的影响。唯有如此，才能使服务介入过程更有针对性，取得更好的效果。

（一）社会政策与社会组织

1. 社会政策

社会政策是国家和政府为解决社会问题以实现社会公正、福利等特定的社会目标而制定的各种法律、条例、措施和办法的总称。其核心是解决市场经济条件下公民的社会风险，其目的在于管理国家和社会事务，改善社会环境。当前，随着社会风险对公民的影响日益显著，社会政策也日益成为管理风险的重要手段。伴随着经济和社会的高速发展引发的社会问题而出现的弱势青少年，如单亲家庭子女、非婚生子女、罪错少年、被遗弃儿童、失业青少年等不断地被推向社会，尤其是政府面前。因此，无论是从社会需求角度还是从政府管理的角度，这些都构成了青少年社会工作的重要维度，政府的功能是主导和指导的作用，所以制定良好完备的法律不仅有利于青少年工作的开展，更有助于营造其发挥作用的社会条件和制度环境。

各国为了保护青少年的合法权益，预防青少年违法犯罪活动的发生，挽救问题青少年，纷纷出台了各种法律法规。目前我国已出台了《中华人民共和国未成年人保护法》和《中华人民共和国预防未成年人犯罪法》两部法律，其中规定了对未成年人保护的基本原则，即保障未成年人合法权益的原则、尊重未成年人人格尊严的原则、适应未成年人身心发展特点的原则以及教育和保护相结合的原则，体现了对青少年这个特殊群体的处理要以保护为主，而不是以惩罚为主。

2. 社会组织

（1）政府主导的青少年组织。从国家层面看，中共中央部委中与青少年事务直接相关的有 4 个：中央宣传部、中央组织部、中央政法委员会、中央统战部；国务院 25 个组成部门中与青少年事务直接相关的有 10 个：教育部、科学技术部、文化部、民政部、公安部、司法部、人力资源和社会保障部、住房和城乡建设部、国家卫生健康委员会、国家民族事务委员会；国务院 15 个直属机构中与青少年事务密切相关的有 4 个：体育总局、国家广播电视总局、国家市场监督管理总局和国家宗教事务局；在国务院办事机构、直属事业单位以及委托部委管理的国家局里也有不少与青少年事务有关，如全国社会保障基金理事会的运作直接关系到青少年的福祉，国家安全生产监督管理总局的工作直接关系到广大青年的人身财产安全等。这些部委近年来设计和组织的部分青少年服务项目如下（见表 1-1）。

表 1-1　近年来我国中央部委设立并组织的部分青少年服务项目

服务提供部门	设立时间	项目名称	核心服务内容
共青团中央、中国青年志愿者协会	2010	共青团关爱农民工子女志愿服务行动	学业辅导、亲情陪伴、感受城市、自护教育、爱心捐助等内容的志愿服务
教育部、中国关心下一代工作委员会（简称关工委）	2010	青少年成长家庭（校园）图书馆	德育天地、智慧快车、体育博览、文学天地、中小学 9 000 题库以及新增加的“十大真人朗读”系列
共青团中央、中国残疾人联合会	2014	中国青年志愿者助残“阳光行动”	日常照料、就业支持、支教助学、文体活动、爱心捐赠 5 个方面
共青团中央	2016	“七彩假期”关爱留守儿童志愿服务	项目服务点直接服务农村留守儿童，设立“七彩小屋”

此外，我国还有一些与青少年事务相关的议事协调机构，如国务院妇女儿童工作委员会、中央综治委预防青少年违法犯罪工作领导小组等，一些地方政府还成立了青少年工作协调委员会、青少年工作联席会议等。这些机构一般通过建言献策、沟通协调等方式去推动各个部门机构青少年事务工作的开展，对青少年的成长成才起到了一定的作用。

目前我国虽然逐步形成了中国特色的青少年事务管理机制，但是除了机关政府部门如教育、劳动、司法、文化等以及相关社会团体外，从中央到省、自治区、直辖市，再到区、县一级，青少年的所有服务都分散在教育、司法、公安、民政、妇联、团委、关工委等多个部门当中，政府还没有专司青少年事务管理或服务的职能部门，主要是委托共青团组织和共青团领导的青年联合会这两个青年社会组织协助管理政府的青少年事务。

知识窗

共青团有三种社会身份：一是共青团是中国共产党的青年组织，要把最广大的青年团结在党的周围，始终按照党的要求培养教育青年；二是共青团是兼有政府青少年事务职能的准政府组织，它需要填补政府职能空白、协助政府管理青少年事务；三是共青团是青年的群众性组织，它是青少年具体利益的代表和维护者，在一定意义上负有非政府组织的功能。

共青团创立的青少年服务品牌：一是“希望工程”，在解决我国贫困儿童失学问题上做出了贡献，不仅有效地整合了社会资源，而且也唤醒了人们重视教育的意识，提出了“再穷不能穷教育”的口号；二是“志愿者活动”，提高了广大青少年的公益意识、实践能力与参与社会建设的积极性，不仅使很多重大活动得以顺利开展，而且对贫困地区的教育、建设等等提供了优质的人力支援，促进了这些地区经济社会的发展与教育水平的提高。

(2) 非政府青少年组织。西方国家普遍采用通过立法的方式从法律、法规、政策、条例等方面给予青少年保障，利用政策、资金的引导，将青少年权益维护、青少年事务管理等交由非营利组织承担，如法国的青年信息及资料中心、日本青年团协议会等。

知识窗

在美国，从事青少年服务的社会组织很多，下面介绍三个在美国有影响力的组织：(1) 青年服务局，这是一个社区支持的非营利机构，主要是为社区中的青少年和他们的家庭提供专业性的咨询服务和社区司法服务。(2) 美国童子军，这是目前世界上影响最为广泛的非营利性、非政府青少年组织之一，组织了丰富多彩的青少年业余活动，其服务包括涉及成员基本生活的如低价住宿和文化教育、涉及发展性问题的如家庭生活教育和生活技能培训等。(3) 男孩女孩俱乐部，其宗旨是鼓励和帮助青少年特别是弱势青少年发挥他们的潜能，成为有才能、有责任心、有爱心的合格市民。

21 世纪以来，我国的非政府组织发展较快，不但在数量上得到了增长，而且广泛活跃在文化教育、医疗卫生、公益活动、信息咨询以及环境保护等多个社会领域，如瀛公益基金会开展的中国青年创业国际计划，中国青年志愿者协会开展的青年志愿者行动等，在国内外都产生了巨大的影响力。另外，市场机制的发展与“小政府，大社会”的改革思路正在推动政府从许多公共部门退出，青少年可以从体制外获得相当多的资源，主要包括：

各类研究机构。如上海青年干部管理学院、少年儿童研究中心等，协助相关职能部门从事社区青少年问题的理论研究，并提供政策咨询等服务。

各类青少年群众团体。如青年联合会、学生联合会等，都是针对不同层次青少年的组织，协助政府进行社区青少年事务的管理。

各类青少年社团组织。如青年志愿者协会等，通过活动、教育、培训等灵活多样的方式满足青少年参与社会公共事务和公共活动的需求，从而在具体领域中实现对青少年群体的管理。

各类青少年社会服务组织。如青少年人才交流中心、社工服务机构等，通过营利或非营利的方式，补充政府的部分青少年事务职能。

知识窗

中国青少年发展基金会（China Youth Development Foundation，CYDF），简称为“中国青基会”，是中国全国性的、非政府、非营利性社会团体，于 1989 年 3 月成立。“希望工程”是中国青基会创立并组织实施的一项社会公益事业，旨在动员社会力量，救助贫困地区失学儿童重返校园，确保基础教育普及至中国贫困而偏远的地区。在此基础上，中国青基会设立了扶持“希望工程”优秀受助生继续上学深造的“希望之星奖励基金”，以及扶持希望小学发展的“希望小学教师培训基金”。有了“希望工程”实施和管理的成功经验，以及逐步发育起来的组织系统，中国青基会又进一步推出了以整合社会力量、发展公益事业为目的的“爱心工程”，以弘扬中华优秀传统文化为主旨的“中华古诗文经典诵读工程”，以及致力于改善中国生态环境的“绿色希望工程”。

（二）社会环境对青少年的影响

1. 社会转型对青少年的影响

改革开放以来，中国社会经历着从计划经济向市场经济转型、从农业社会向工业社会转型、从乡村社会向城镇社会转型、从封闭社会向开放社会转型的变革。这种不同角度的转型在总体上造成了社会的深刻变化，使中国社会面临着许多困难与问题。从某种程度上来讲，中国社会转型所带来的各种变化不可避免地也会对青少年产生影响。

传统计划经济向市场经济的转变是社会主义改革的必然选择。但是，由于打破了计划经济时代大一统的利益分配格局，人们对自我利益的关注明显增强，这使得人们的价值观念呈现多样化。在市场经济体制还不完善、市场法律法规还不健全的情况下，这种转变对人们价值观的影响作用也是双重的。一方面，它突出个性，强调个人利益，使人们的主动性、积极性得以发挥；另一方面，个人主义、功利主义、享乐主义、拜金主义等价值观念也开始滋长。市场经济的发展带来某些观念的转变，以及相关法律、法规等的不健全，使得社会矛盾加剧，不良社会风气增加，这必然会影响到生活在其中的青少年，对他们的人生观、价值观产生直接或间接影响，甚至使一部分青少年信仰缺失，产生行为偏差，出现一些反社会的行动。这些都在一定程度上增加了青少年社会问题产生的概率。

在社会转型时期，我国的社会结构分化加剧，如城乡分化、贫富分化、行业分化、地区经济分化、阶层分化等有拉大的趋势。过度社会结构分化容易对青少年产生影响，可能会出现不同生存环境下的青少年社会问题，容易使人生观、价值观并不成熟的青少年出现心理失衡，从而引发不良甚至越轨行为。处于优势环境的青少年由于家庭、学校教育不当或受周围环境的影响，对自己认识不足，容易出现不当行为，如金钱至上、权力至上、冷漠无情、缺乏责任感等，“拼爹”现象就是典型例子。而处于社会底层的青少年，由于社会保障制度、法律制度等的不健全，也存在基本权益无法保障的问题，如青少年留守问题、流动青少年的权益保障问题等。

2. 社会政策对青少年的影响

任何一个社会，如果社会政策不完善不合理，或者社会政策在实施中存在缺失，都可能引发社会问题或使现存社会问题得不到合理解决，进而使公民权利难以保障，社会稳定难以维持，进而对每个公民的生活产生影响，对成长中的青少年的影响力则更大。

当前我国社会政策中还有一些问题有待解决，例如，目前我国有的社会政策一部分是以应急面目出现的，即对某些社会问题，管理部门以头痛医头、脚痛医脚的方式出台一些政策。这种被动应付、仓促出台的政策，只能起到一定的补救作用，并不能完全解决问题，致使问题积重难返。同样，一些青少年社会问题的产生其实也与社会政策不完善有一定关系。例如，目前我国有关青少年的社会保障政策，尤其对青少年中的一些困难群体及偏差群体，如贫困家庭青少年、单亲家庭青少年、流动青少年、失业青少年、吸毒青少年、犯罪青少年等的保障及帮助力度相对较小。由于缺乏社会关爱，有一些青少年就有可能走上或者重新走上偏差行为的道路。

青少年是特殊的群体，他们同成年人在身心各方面都存在很大的差异，对他们的处罚不能和成人一样，需要区别对待。我国颁布的《中华人民共和国未成年人保护法》和《中华人民共和国预防未成年人犯罪法》虽然明确规定了处理青少年问题的基本原则，但是法律条文过于空泛，缺乏可操作性，其他相关的法律法规也有值得完善和改进的地方，所以青少年的合法权益尚未得到切实性的保护。

另外，社会政策需要具体的人去执行，但由于在执行过程中，每个执行人对社会政策认知程度有所不同，抑或是因为利益动机等因素的影响，使得社会政策在执行中变形走样，从而直接或间接地导致社会问题的出现，最终造成社会政策的执行效果大打折扣。例如，尽管我国在法律及相关政策中都对青少年出入网吧、娱乐场所等有具体的限制规定，但在现实生活中，一些部门却对网吧、娱乐场所等疏于管理，使有些青少年可以很方便地进入这些地方，并结交一些社会上的不良分子，从而增加了青少年犯罪的概率，诱发较为严重的社会问题。此外，某些地方社会政策宣传乏力，如相关部门对禁毒、就业、法律等宣传不够，在一定程度上也助长了青少年社会问题的产生。

3. 社会文化的影响

所谓社会文化，一般是指人类在社会实践中所创造的物质财富和精神财富的总和。社会的转型必然会引起文化的变迁，我国改革开放几十年所带来的经济、政治等方面的变化也同样推动了大众文化、消费文化、流行文化、群体亚文化等的发展。青少年充满活力，接受新鲜事物快，在深度和广度上都比成年人更能接受新的文化，自然会受到这些文化变迁的影响并可能由此导致某种社会问题产生。

（1）外来思潮。在社会转型时期，社会思潮不仅异常活跃，而且呈现出空前的多样性。随着改革开放的深入，我国对外交流也越来越多，青年人不免受到国外思潮的影响。这些社会思潮既有正确的、进步的、积极的、向上的，也有错误的、落后的、消极的甚至反动的，如利己主义思潮、拜金主义思潮、享乐主义等。这些来势凶猛的思潮对青年价值观的塑造具有很大的影响，进而对他们的行为会产生各种影响。

（2）群体亚文化。每一个社会群体都存有其独特的亚文化，青少年群体也不例外。青少年群体亚文化是与主流文化相对应的非主流的、局部的、特殊的亚文化形态，总体是健康向上的，在促进青少年社会化方面发挥了重要作用。但有些青少年亚文化也体现出超出合适范围的反叛个性及对自我认同的追求。对于这些青少年亚文化形式如果不能正确引导，就有可能导致社会问题的产生。例如，青少年群体由于对友情的重视，讲究哥们儿义气，如果这种义气没有控制在合适的范围内，很有可能就会成为聚众斗殴的导火索。

此外，一些不良青少年亚文化（也可以称作反文化）则可能直接助推青少年社会问题产生。例如在主流文化中，成人往往将网络使用过度、吸毒等描述得近乎“妖魔化”，但在青少年亚群体中却发现群体成员所传送的观念文化与主流文化并不一致。有学者研究发现，“目前，在中国的吸毒圈内，毒品亚文化正在以各种新的话语和引人入胜的方法不断适应毒品种类的变化和对抗禁毒宣传。这种亚文化对青少年具有极大的诱惑性”①。在这种情况下，一些青少年可能对吸毒产生错误看法。

批判性思考问题：

最近频频曝出的明星吸毒的丑闻对青少年有何影响？

案　例

某周姓艺人发微博称自己一个月瘦了12.5公斤，并且公开了她的减肥食谱。虽然该艺人的食谱能让她在短时间内体重大幅度下降，但从营养学的角度来看，并不推荐大家按照她的食谱进行减肥。在她公开的减肥食谱中，主食严重匮乏，并且蔬菜量太少了，优质蛋白质不足。如果为了减肥而这样吃，将会导致基础代谢降低，产生头晕、掉头发、心悸等问题。女明星大肆宣扬通过节食进行身材管理会给正处于价值观形成期且缺乏正确判断的青少年带来错误引导，严重的还会让正处于成长发育期的青少年产生身材焦虑的负面情绪。

4. 全球化对青少年的影响

当前，全球化已成为世界发展的趋势。随着科技的不断进步，交通工具越来越便利，加上互联网技术的飞速发展，使得世界各国的联系不断加强。全球化的趋势对社会问题产生着重要影响；在这个密切联系的时代，不但社会问题的产生会“全球化”，同时解决问题的措施亦需“全球化”。

（1）某些青少年社会问题具有全球性。全球化进程使国与国之间的交流联系日益便利快捷，也给西方文化涌入我国创造了更多机会。在这个过程中，青少年较之

---

① 夏国美．青少年滥用毒品的成因与禁毒教育模式的转换．青少年犯罪问题，2006（2）：58-63.

其他群体更容易不加区分地接受西方文化，他们生活的方方面面包括社会道德观念、文化价值标准、性行为方式、个人品位和个人对物质的期望等都受到冲击和影响。虽然在西方文化观念中不乏有价值的部分，但其中亦有一些糟粕性的东西，如拜金主义、利己主义、低俗文化等，这些都不可避免地会对青少年社会问题产生一定的影响。

此外，某些本属于个别国家或地区的社会问题也逐渐蔓延到其他国家或地区；或者是某些国家或地区已经存在的一些社会问题愈加严重，从而加大了这些国家和地区对这些社会问题的治理难度。

（2）全球信息网络化对青少年的影响。当前，随着互联网技术的发展，网络技术深入到人们生产、生活的各个层面，一个全新的网络社会已经形成。但对善于接受新事物同时自控力和判断分析能力又较弱的青少年来说，网络是一把“双刃剑”。一方面，网络可以给青少年带来大量新鲜、广博、快捷的信息；另一方面，网络又可能对青少年造成诸多负面影响，进而形成某些社会问题。如对网络的不合理使用造成的游戏成瘾的问题、利用网络进行犯罪的问题等。此外，网络媒体中的一些负面宣传，如美化死亡和吸毒、宣扬暴力等也会助长青少年自杀、吸毒、违法犯罪等行为。

批判性思考问题：

结合青少年的年龄特点和当今日新月异的网络科技特点，谈谈青少年社会工作如何进行创新。

总之，社会因素对青少年成长的影响需要引起我们的关注，因为它会直接或间接地引发青少年社会问题，但在某些情况下，社会因素在诱发青少年社会问题时具有隐蔽性或者间接性。因此，青少年社会工作者在分析青少年社会问题时，应对此保持敏感，不仅考虑个体、家庭等因素，也应透过问题的表面发现其深层的社会因素；唯有如此，才能使服务介入过程更有针对性，使得服务更具效果。

第三节　青少年时期易出现的问题

青少年时期是一个快速发展和成长的过程，这一时期的青少年有独立自由的要求，想摆脱学校、家庭的束缚，但心智上尚不够成熟，认知能力、行为能力也都有限，还无法独立面对外部世界的挑战。因此，青少年时期也是问题出现最多的时期，问题的表现形式也可能是各种各样的。例如，青少年时期的种种矛盾使他们处于不稳定的状态，这种不稳定状态也体现在情绪和行为模式上。此外，青少年的贫困问题和发展问题也是不容忽视的。

一、青少年的情绪问题

知识窗

美国霍普金斯大学医学部的托马斯1984年对1 337名学生进行跟踪调查，发现其中48人死于癌症，这些人都敏感、抑郁、隐藏愤怒、压抑等。可见情绪与身体健康有着很大的关系。

资料来源：陆士桢，李江英，洪江荣．中国青少年社会工作实务案例精选．上海：华东理工大学出版社，2010：274.

情绪是一种个人的主观体验和感受。它是指人们对环境中的某种客观事物或对象所持态度的身心体验，是内心的感受通过身体表现出来的一种状态。情绪是人们对外界刺激所产生的心理反应，和附带的生理反应，如喜、怒、哀、乐等。青少年的情绪较成年人更容易出现不稳定和波动，但常被视作青春期的正常反应而被忽视，但很多青少年的情绪障碍可能持续至成年时期，并严重影响其学习和生活质量。因此，关注青少年的情绪变化，及时发现其情绪困扰和障碍，提供相关社会工作服务，促使其正常学习和工作、身心健康发展成为我们必须重视的任务。

青少年常见的情绪困扰主要包括焦虑、嫉妒、抑郁、浮躁、自卑等。

（一）焦虑

焦虑是害怕、担忧、恐惧等混合交织的情绪，是个体在社会生活环境中对可能造成心理冲突或挫折的某种事物或情境进行反应时的一种不愉快的负面情绪体验。焦虑可能是由来自内心的冲突、遭遇威胁的感知或是来自外界社会的压力所引起的，如考试的压力、遇到陌生人的害羞和恐慌等。从青少年的焦虑实际情况来看，焦虑更多的是压力过大、精神负担过重的结果和表现。焦虑也可能通过身体信号如心神不宁、容易受惊、头晕眼花、恶心或呕吐等表现出来。

（二）嫉妒

嫉妒是一种错综复杂的情绪体验，源于与他人的不当比较，是一种既羡慕又敌视的矛盾情绪，还夹杂着焦虑、悲哀、失望、愤怒、敌意、憎恨等不愉快的情绪。引起嫉妒的外部刺激一般都是社会性的，涉及自己和他人的利益，也有自身个性狭隘的原因。嫉妒的对象大多是与自己的性别、年龄、身份、家庭背景及能力等相似的人。嫉妒的情绪表现形式是多种多样的，如当面或背后口头攻击、讽刺挖苦，或拒绝与嫉妒对象见面和接触等。如果不能正确地控制引导嫉妒的情绪，会使得青少年躁动不安、抗挫折能力差、不能客观评价自己和别人，对正处于人格形成时期的青少年危害极大。

（三）抑郁

抑郁是一种持续时间较长的过度忧愁、心情低落消沉的情绪体验。青少年抑郁的发生与多种因素相关，如家庭不和睦、学习遇到困难、升学择业压力大、人际关系紧张等，或是性格中存在某些弱点，如多疑、敏感、孤僻、情绪波动大、自卑感强等。处于抑郁状态的青少年在认知上表现为自我评价偏低、自怨自责、无望和无力感、对未来生活感到悲观甚至绝望；在情绪上表现为焦躁、悲伤、闷闷不乐；在行为上表现为萎靡不振、寡言少语、对许多事物漠不关心、缺乏兴趣、行动迟缓等。抑郁可能妨碍青少年对现实世界的客观认识、生活态度消极、思维狭隘，导致他们对事情的看法往往是偏离和歪曲的。

（四）浮躁

浮躁即轻浮急躁，具体表现为不踏实、没有耐性、缺乏奋斗精神、做事眼高手低却存在着侥幸心理。如学习不刻苦，却想要好成绩；找工作不愿从基层干起，却又急于成功；对工作待遇要求高，可实际工作能力又不出色等。这种情绪的产生与青少年成长的环境有很大程度的关系，生活水平的提高、长辈精心的呵护等使得青少年很难独立冷静地面对困难和挫折。此外，这种浮躁情绪的产生也与青少年的年龄段有关，他们年轻气盛但却涉世不深、经历简单，因此很容易产生浮躁的情绪。浮躁这种负面情绪是青少年迈向成功的敌人，是通往快乐和幸福的绊脚石。

（五）自卑

自卑是自我评价偏低所带来的自我轻视，是自认为无法赶上别人的一种消极心理，表现为自信心低、缺乏安全感、社交恐惧、胆小、过于敏感、爱抱怨、容易屈服、依赖、情感容易受到伤害，有时也表现出过分自尊等。他们对自己的能力、性格或行为表现等感到不满意，对自己想做的事情缺乏信心，对应付环境中提出的要求比较悲观，把别人看得十全十美，对自我存在的价值则明显低估。自卑感产生的原因是多方面的，除了外在环境带来的失败挫折，更多的是青少年自身的认识和评价有偏差，自我期望太高，不符合自己的实际，如对自己的外形不满意，认为家庭状况、学习能力等方面不如别人。自卑情绪是发展道路上的一大障碍，只有自信的人才能赢得更广阔的空间。

除以上在青少年中较为常见的情绪模式外，还有一些青少年存在其他情绪，如恐惧、沮丧、愤怒等。处于青春期的青少年由于生理、心理、外界压力等方面的因素，情绪上比一般群体更易出现莫名的波动。如何帮助青少年克服在成长过程中出现的不良情绪，使他们能性情开朗乐观地面对生活，是青少年社会工作者要面对的问题。在这里，青少年社会工作者要意识到，情绪是个体内心对外在环境的自然而真实的反应，它本身无所谓对错。一般来说，青少年情绪问题的产生常常是和很多问题相关联的，如家庭问题、青春期发育问题、社会适应性问题等，大部分情绪困扰的产生是某种心理需求未得到满足引起的。因此，社会工作者在进行服务的过程中，需要对青少年的情绪问题进行分析和预估，以寻找适合解决问题的介入模式。

二、青少年的行为问题

青少年在成长过程中不仅情绪上易产生波动，行为上也易出现偏差，这不仅会直接影响青少年自身的发展，也会对其家庭带来负面影响，甚至会影响社会的稳定。因此，了解他们的行为问题，并进行适当介入与辅导，对青少年来说具有重要意义。青少年行为的突出问题主要表现在以下几个方面。

（一）学习障碍

青少年在完成学业的过程中，由于自身生理、心理、社会适应等方面的原因，以及受学校、家庭、社会环境因素的影响，容易出现以下几方面的困境。

1. 学习能力障碍

每个人的学习能力不同，在不同的学科有不同的困难。有的青少年甚至智力低下，在观察、记忆、想象等各方面的能力发展都偏离了正常的发展水平，思维能力及理解能力存在障碍，或健康状况欠佳，这些都会使得一部分青少年面临学习困境。

2. 学习动机障碍

学习动机与学习效果有着直接的关系。有的青少年学习动机过强，对自己要求苛刻，过分看重成绩，长期处于紧张、焦虑的状态，很难真正爱学习，最终的学习效果不会好。也有的青少年缺乏学习动机，对学习没有兴趣和热情，平时懒散松懈，把学习看成痛苦的事，学习成绩也不可能理想。总体而言，学习动机过强和学习动机缺乏都会对学习过程产生不良影响。

3. 学习方法障碍

在学习过程中，青少年如果不能根据自身的学习状况从整体上进行把握，学习方法欠科学，即使很用功也未必能取得好的学习成绩。久而久之，他们可能会对学习失去信心和兴趣，并产生学习疲劳和考试焦虑，最终不能取得良好的学习效果。

4. 环境适应障碍

一方面，在青少年所处的学校环境、家庭环境以及社会环境中，往往会出现一些变化，让部分青少年难以适应。如青少年在升学转换的时候、家庭出现变故或搬迁的时候，都容易出现一些适应不良的状况。另一方面，教育程度的不断提高对学习能力及独立性提出了更高的要求，新环境中会遇到新的优秀者，容易使部分青少年丧失原有的优越感和自豪感，使其学习的自信心受损。这些因素都使得青少年在学习过程中受挫。

青少年在学习上出现的障碍不仅会使他们丧失学习兴趣，对个人产生消极影响，还会导致青少年进取心的丧失，甚至放弃学业，成为影响社会安定的因素。因此，青少年的学习问题是一个应该引起高度关注的社会问题。

（二）人际交往障碍

人际交往是青少年社会化的一个重要途径。青少年在人际交往过程中形成一定的交往能力，并通过与他人的交往来实现自我认同。因此，人际交往对于增强青少年的社会适应性有着十分重要的意义。根据交往对象，青少年的人际交往可分为同辈交往和代际交往。青少年在成长过程中，无论是与同辈交往还是代际交往，都有可能不同程度地产生冲突。

1. 同辈交往冲突

大多数青少年或多或少都会出现不同程度的行为问题，这部分青少年在同伴中会不被喜欢、不被接纳，甚至被讨厌，这种状态将直接影响青年的发展成长。影响青少年与同伴关系的因素既可能来自家庭，也可能来自青少年自身。一般来说，一方面，来自关系紧张、淡漠家庭的青少年更容易对人冷漠、充满敌意甚至攻击性，他们可能不愿意帮助别人，不善于赞美他人，也不愿听从他人劝导，因而人际关系紧张，甚至同伴拒绝与其交往。另一方面，有的青少年由于学习、认知、游戏等各方面能力不强，不受同伴喜欢；有的自身存在个性缺陷，因不善于与人交流合作和分享而不被同伴接受。然而，同伴关系对于青少年的心理健康状况、人格发展以及社会能力建设等各方面都具有重要的影响。因此，青少年社会工作的重要任务之一就是要提高青少年个人接纳程度，帮助青少年建立良好、正向的同伴关系。

2. 代际交往冲突

由于经济的发展和社会的进步，青少年的成长环境与他们的上一辈相比已经有不同程度的变化，两代人的思维方式和行为方式必然会有差异，这就是所谓的“代沟”，这种差异所形成的矛盾关系即为代际冲突。虽然代际冲突的存在是社会在飞速进步、发展的标志，但代际冲突对青少年的发展来说往往也会带来一定的危机。陆士桢教授指出，代际冲突对青少年的影响表现为：第一，在长辈的教诲与现实社会的冲突中他们常常手足无措；第二，因不能得到成人社会的认同而感到苦闷和彷徨；第三，被现存社会的新奇与不平凡所吸引，无法抵御随之而来的消极因素；第四，在与成人社会的矛盾的不断积累和自身成长的冲突中情绪难以控制，甚至引发暴力冲突，或自我伤害；第五，对同辈文化的高度认同以及对同辈群体的依附，常常会使得青少年受群体文化的裹挟，有时形成反社会的团伙；等等。如何解决这些问题成为青少年社会工作者的主要任务之一。

（三）婚恋与性爱困惑

青少年时期需要完成的重要的生命发展任务就是学会与异性相处，建立健康的性心理和性道德，并通过恋爱最终走向婚姻。而这一时期是青少年生理、心理快速发展的时期，他们对异性、对性行为都充满好奇，而对行为所产生的后果却考虑甚少。因此，在这一阶段，青少年的婚恋、性爱等都易引发危机，这些危机的化解需要社会工作者的介入。

1. 恋爱危机

青少年时期的少男少女们在生理、心理上都有了性的需求；加上各种媒体的普及，他们很容易得到恋爱和性的信息。青春期的恋爱有其自身的特点，此时的青少年对两性间的爱情似懂非懂、感受到其朦胧的美感，相对比较单纯。此外，青春期恋爱有一定的随意性和冲动性，缺乏对未来的考虑、理智和稳定性，往往冲动不计后果。因此，这些青春期的恋爱特点不可避免地会带来一些问题，如恋爱的随意性和冲动性使得交往难以长久，随之而来的失恋又给青少年带来痛苦和烦恼。有些青少年自我调节能力差，不能正确看待和处理这种挫折，从而迷茫、失落、一蹶不振，甚至报复、厌世等更为严重的后果。这时，需要社会工作者给予他们心理援助和支持，帮助他们消除或缓解不良情绪，建立正确的恋爱观。

2. 性的困惑

处于青春期的青少年性意识刚刚开始发展，对两性关系从一无所知到一知半解，同时也对异性充满好奇。伴随着青少年生理的发育，可能会出现如遗精、性幻想、手淫等现象。还有些青少年忍不住好奇心偷食禁果，造成更严重的不良后果。在我国，性教育的落后使得青少年不能正视这些问题，当他们对与性有关的问题产生困惑时，往往得不到正确及时的帮助，因而容易产生焦虑、压抑等心理困境。这一时期的青少年生理、心理发展并不同步，因此需要社会工作者掌握必要的生理、心理知识，为青少年进行性健康的辅导。

批判性思考问题：

究竟该不该禁止中学生的恋爱行为？

（四）青少年的偏差行为

在青少年时期，青少年正处于身体和心理快速发展和逐步定型时期。由于各方面的原因，青少年在这一阶段更容易出现一些偏差行为，对于其个人和家庭，乃至社会都会产生不良的影响。所谓偏差行为，主要是指人们背离、违反社会规范的行为。偏差行为的产生可能是由于不良的家庭影响，也可能是由于不当的教育方式或不健康的环境等。主要的偏差行为有如下几种。

1. 青少年物质滥用问题

滥用是指没有节制的、过度的使用。青少年常见的物质滥用问题有烟草滥用、酒精滥用和药物滥用等。导致青少年物质滥用问题的原因很复杂，既和青少年自身的个性及其家庭环境相关，也和社会环境有联系。例如，青少年遇到挫折时心理难以调适，或家庭成员有烟酒嗜好，或结交不良朋友等，都会诱发青少年的物质滥用问题。因此，针对这一问题，社会工作者需要从学校、家庭和社会多方面入手介入。

2. 青少年自杀问题

近年来，青少年自杀现象在全世界都有上升趋势，已日益成为一个非常严重的社会问题。青少年自杀往往是多种因素交互作用的结果，是青少年因内心的痛苦无法排遣而采取的一种逃避行为。这种行为可能是经过深思熟虑的理智型自杀，也可能是由偶发事件激发的冲动型自杀，也可能是两种情况兼而有之。介入青少年自杀问题，首先在于预防，即通过教育疏导与沟通，防止青少年产生自杀意念；同时，还要积极介入，充分调动各方面的社会资源，给予他们关怀，帮助他们处理好问题。此外，在某些情况下，青少年社会工作者还需要对青少年的自杀行为进行危机干预，这就要求他们掌握一定的危机介入方法与技巧。

3. 青少年网络成瘾问题

目前，互联网技术飞速发展，网络与人们生活和工作息息相关，在成为青少年学习、交流以及娱乐平台的同时，也在侵害着这个群体。尤其是对于辨别能力、自控能力较差的青少年，一些网络色情与暴力、刺激性游戏等都会对他们的心理健康、行为方式造成侵害。网络具有新鲜感和虚拟性的特征，很容易吸引青少年沉迷于其中，从而造成角色混乱、阻碍人格的形成，使他们在心理上丧失自我，且在现实生活中的人际关系上受挫，消极地逃避现实。在生理上，则会严重影响他们的饮食与睡眠，使他们体质下降，阻碍他们的健康成长。网络中的不健康内容还易引发青少年自杀、犯罪等问题，从而对社会造成危害。因此，社会工作者必须重视青少年网络成瘾所带来的危害，通过学校、家庭与媒体等共同努力，通过强调预防与引导、加强健康上网教育，配合心理矫正、行为矫正和药物治疗等，切实帮助网络成瘾青少年走出困境。

知识窗

随着网络的不断发展，中国青少年网民的数量也在不断增长。网络生活的普及化给新时代青少年的生产生活方式、价值观、道德观念以及心理发展带来了新的挑战。疫情期间，由于学校全面停课，各地学校老师均采用网络进行授课，青少年在使用手机网络上课的同时，也被网络上的各类游戏吸引。疫情后青少年沉迷手机游戏的现象十分严重，特别是农村留守儿童，由于父母不在身边，受到的管束较少，更容易出现网络成瘾现象。如何帮助青少年合理使用网络，帮助他们解决沉迷网络的问题，是目前青少年社会工作的重点。

三、青少年的贫困问题

贫困以及贫富分化是全世界普遍存在的问题。5%的人掌握着20%的财富，顶尖的1%的人的收入是最底层20%的人的50倍。尤其是对青年人来说，这种分化更加剧了他们的不平衡心理。在我国，政府一直致力于让千万家庭脱贫致富，而由于我国处于快速的社会转型时期，存在一定的贫富差距，这使得青少年陷入贫困困境的可能性增大。一方面，家庭贫困使得他们受到家庭经济条件的制约而普遍面临着生存和发展过程中的风险；另一方面，家庭贫困所具有的代际传递特征还有可能使得青少年耳濡目染贫困环境下的某些不良生活方式和价值观念，从而引发一系列的个人问题甚至是社会问题。例如，某些青少年失学是其家庭经济条件差所导致的；同样，某些青少年的药物滥用行为也有可能是因为其父母都是药物滥用者或者其所在社区环境不良以至于药物的获取比较容易。因此，不能仅仅从个体因素探讨青少年问题，更需要深入挖掘其背后的社会环境因素，从宏观视角来解决青少年的问题与困境。

（一）家庭贫困对青少年的直接影响

中华人民共和国民政部的相关统计数字显示，截至 2021 年 1 月我国享受城市居民最低生活保障的贫困人口有 800.1 万人，享受农村最低生活保障的贫困人口有 3 615.1 万人。这些社会成员不仅处于较低的生活水平，同时贫困还导致了各种必要资源的匮乏，而生活在贫困家庭中的青少年，则由于家庭经济资源的贫困处境而普遍面临着生存和发展的风险。具体来讲，城市贫困青少年的困境主要体现在日常生活中的物质条件缺乏、社会交往不足以及接受教育有限等方面。

1. 物质条件匮乏

相比于家庭经济条件较为富裕家庭的青少年，生活于经济贫困家庭的青少年在日常生活水平、医疗需求满足、心理健康状况等方面都处于劣势地位。[①] 一方面，贫困家庭的低水平经济收入直接影响了青少年的物质生活水平。虽然大部分父母都会尽力为孩子提供最好的照顾，但家庭的经济状况的差异决定了青少年在物质资源方面存在巨大差异。例如，住在同一寝室的学生每月用于餐饮的费用可能相差数十倍，贫困家庭的青少年在物质上的生活质量远远落后于条件富裕家庭的青少年。另一方面，贫困家庭的居住条件一般来说也比较差，青少年难以拥有自己独立的房间，而住宅及家庭设备的落后则会在一定程度上导致青少年的家庭学习环境不良，并且影响其身心的健康发展。[②] 有学者提出，生活在贫困家庭中的青少年不仅仅需要面对物质生活的匮乏，更为严重的是由此所导致的“心理贫困”，即由于贫困的家庭环境和生活条件而出现的自卑、脆弱敏感、抑郁封闭、爱慕虚荣等心理特点和问题。[③] 可见，家庭贫困所导致的物质条件匮乏往往会严重制约青少年的生存与发展，需要引起社会各界足够的重视。

2. 社会交往不足

社会交往对于生活在社会中的人来说是必不可少的一个部分，与朋辈群体的交

---

① 李敏．城市贫困家庭青少年发展的现状及对策．浙江青年专修学院学报，2010，28（1）：17－20.

② 于明远．贫困家庭青少年状况调查分析．理论学刊，2007（1）：52－56.

③ 苗景秀．城市贫困家庭子女“心理贫困”研究．经济研究导刊，2011（18）：162－163.

往更是其社会关系网络的重要组成部分。一方面，社会交往为青少年全面认知自我、实现人生价值提供了重要的平台；另一方面，社会交往能够有效地满足青少年的交往需要，有助于青少年社交经验的增长以及社交技能的提升。[①] 然而，贫困家庭往往不能给予青少年充足的经济开销，使其在社会交往中处于被动的地位，尽管他们有着强烈的交往需求，但是由于经济能力不足以及由此而产生的自卑心理，因此拒绝一些带有消费性质的交往活动，严重者甚至会自我封闭。不能充分参与同伴之间的活动会在一定程度上影响青少年心理发展的健康状况，相关研究表明，城市贫困生在自豪感、外显自尊水平等方面明显低于非贫困生。[②]

3. 接受教育受限

在现代社会，通过接受教育摆脱贫困从而实现向上的社会流动，是最现实也是最有效的途径之一。有研究表明，地区和家庭贫困是失学率高的主要原因，虽然义务教育的相关政策在一定程度上减轻了家庭的负担，但如果热衷于补习或者选择较好的学校就读等趋向依旧存在，就会使得贫困家庭仍然无力为孩子提供与富裕家庭青少年同等的受教育条件，富裕家庭在琴棋书画等综合素质上的投入更是会让贫困家庭望尘莫及。此外，贫困家庭的父母需要为家庭收入和家人的生存担心，从而分散了他们投入在孩子身上的精力，在孩子学业的管教、督促等方面就显得非常薄弱。可以说，贫困制约了青少年通过教育实现发展的能力，即使他们可能在学习成绩方面并不差，但其综合素质相对来说却较为欠缺。

（二）贫困文化的代际传递对青少年的影响

“贫困文化”的概念最早是由美国学者艾利森·戴维斯（Ellison Davis）提出的，这种观点认为，长期处于贫困的人们形成了一整套特定的生活模式、行为准则和价值观念，一旦这种“亚文化”形成，就会影响到整个贫困区域的人，并能在代际传递下去。这种特定的贫困文化是会通过潜移默化的方式传递到青少年身上的，甚至影响他们在主流社会中的表现和适应状况。一方面，贫困家庭由于经济条件的限制而无法满足青少年的基本需要，尤其是在受教育水平上处于明显的劣势，即缺乏择校机会、父辈课业辅导能力不足、缺少兴趣特长培养的机会等，甚至有些青少年为了协助家庭的经济而放弃了接受高等教育的机会，却又由于教育程度不高而只能从事劳动报酬并不高的工作。[③] 这些都让他们失去了实现全面发展所必要的机会和权利，从而陷入贫困代际传递的“恶性循环圈”。另一方面，贫困家庭青少年除了面临人力资本投资不足带来的影响外，还面临着贫困文化对他们的不利影响，长期生活在脱离主流社会、信奉“不求进取”等价值观念的社区和家庭，青少年自身的进取精神、竞争意识等也在逐渐减弱，严重限制了他们的个人眼界，影响了他们

---

① 王玉香．青少年社会工作．济南：山东人民出版社，2012：52.

② 冯晓杭，张向葵．城市贫困中学生自豪感、外显自尊与抑郁状态的关系．心理发展与教育，2008，24（4）：100－105.

③ 孙莹．贫困的传递与遏制：城市低保家庭第二代问题研究．北京：社会科学文献出版社，2005：38.

良好性格的培养和个人能力的发展。[1]

贫困作为一种社会现象，对生活于贫困家庭之中的青少年个体设置了严重的障碍，在一定程度上增加了他们生存和发展过程中的风险，在某些情况下，经济上的贫困还会成为青少年问题行为或者违法犯罪行为的导火索，甚至引发严重的社会问题。因此，社会工作者在介入青少年问题的过程中，不仅要考虑青少年个体的因素，要求其做出改变，更重要的是，需要对其生活的家庭、社区以及社会环境等因素进行全面的分析和评估。

知识窗

国务院《关于加强困境儿童保障工作的意见》（国发〔2016〕36号）指出："为困境儿童营造安全无虞、生活无忧、充满关爱、健康发展的成长环境，是家庭、政府和社会的共同责任。做好困境儿童保障工作，关系儿童切身利益和健康成长，关系千家万户安居乐业、和谐幸福，关系社会稳定和文明进步，关系全面建成小康社会大局。"党中央、国务院对困境儿童的救助持高度重视，并呼吁社会各界共同关爱和保护困境儿童。

重庆儿童救助基金会作为专业从事困境儿童救助的基金会，在生活、医疗、教育等方面惠及了3万余名困境儿童，给孩子们的成长带来持续的正向引导和帮助。自2014年开始，重庆儿童救助基金会在永川区开展散居孤儿社会工作帮扶项目，在项目的实施、管理和成效等方面，重庆儿童救助基金会总结了丰富的服务经验。在此基础上，2016年，重庆儿童救助基金会拟在其他区县试点推广困境儿童社会工作帮扶项目，实施周期一年，以社会工作的专业手法促进困境儿童的健康成长。2016年9月，困境儿童社会工作服务项目在北碚区开展项目服务，2016年11月在开州区、万州区和璧山区开展社会工作服务，2017年10月在合川区开展专业社工帮扶服务，为困境儿童带来安全教育、心理辅导、生活技能培训和学习辅导等多方面服务，以帮助困境儿童全面健康成长。

四、青少年的发展问题

青少年时期就是一个不断产生问题又不断解决问题的阶段。在这个时期，青少年至少应完成五大任务。

（一）认识自己，了解自己，接受自己

在青少年时期，自我意识开始膨胀，他们觉得自己不再是那个儿童时期的自我了，并和以前的自我发生冲突。随着身体逐渐成熟，他们要学会接受自己身体上的变化，了解自己的体格并有效使用；同时，还要学会接受自己的性别定位，并学习在现实生活中扮演好男性或女性的社会角色。

① 许新三．城市低保户群体脱贫前景和扶贫思路．浙江社会科学，2002（5）：89－92.

（二）赢得并保有众多朋友，包括同性及异性朋友

人际关系的处理是青少年社会化的重要环节，是青少年学会与外界打交道的第一步。在这个阶段，青少年要学会通过对自我的调节来获得其他同辈群体的好感，并赢得朋友，这对于青少年来说是至关重要的。无论是和同性群体还是和异性群体，青少年都需要学习处理和他们之间的新型关系，为以后面对更为复杂的社会关系奠定基础。

（三）养成健全人格，树立正确价值观

健全的人格和正确的价值观不是随着年龄的增长就自然而然获得的，需要青少年不断在实践中学习和探索，并总结经验，吸取失败教训，成勿骄纵、败勿沮丧，最终获得一个具有独立行为能力的个体所需的能力，并形成指导其行为的价值观。

（四）情感及生活上逐步独立

一个人由儿童逐步成长为一个独立的人，这是一个复杂而曲折的漫长过程。这个过程要求青少年学会一些独立生活的技能，从而能独自面对生活中可能遇到的各种困难和挑战。更重要的是，还要学会在情感上的独立，摆脱过去依靠父母的习惯。

（五）选择职业和配偶，为今后的就业和家庭生活做好准备

事业与婚姻是青少年阶段要面临的重大问题，要解决好这些问题，必须在青少年阶段的学习时期搞清楚自己喜欢什么，适合什么职业，以及喜欢什么样的人。这些问题需要在时间中摸索，同时也需要获得专业的指导。只有这样，才能为今后的就业以及婚姻做好充分准备。

如果在青少年时期完成不好这些任务，势必会引起成长过程中各种问题的出现，因此，根据青少年时期的发展任务，社会工作者可以开展广泛的社会工作服务。一方面，做好预防和引导工作，教会青少年正确理解和面对人生发展阶段中需要完成的任务；另一方面，青少年社会工作者还要善于发现青少年某些问题背后没有较好完成的人生任务，协助他们顺利处理这些问题，从而实现更好的发展。

复习思考题

1. 什么是青少年？
2. 青少年时期有哪些心理特征？
3. 结合实际谈谈家庭对青少年发展的影响。
4. 试分析青少年行为出现偏差的原因。

推荐阅读书目

1. 斯坦伯格. 青少年心理学. 梁君英，董策，王宇，译. 北京：机械工业出版社，2015.

2. 霍尔. 青春期：青少年的教育、养成和健康. 凌春秀，译. 北京：人民邮电出版社，2015.

3. 华红琴. 都市中的青少年：发展危机与社会管理. 桂林：广西师范大学出版社，2013.

第二章

青少年社会工作概述

本章要点

- 青少年社会工作是以全体青少年为服务对象，通过了解关于青少年成长和发展的特殊规律，掌握国家有关青少年的特殊福利政策，以科学的、专业的服务方法为手段，解决青少年问题，最大限度地发掘青少年的潜力，满足其生理、心理和社会性发展需求，促进其健康发展，更好地适应社会生活的一种专业活动。
- 青少年社会工作服务离不开实施者，青少年社会工作者必须具有相当丰富的知识以及高水平的综合能力并明晰不同情景下的实务角色，才能提供全方位的服务，更好地服务于青少年。
- 我国青少年社会工作是在借鉴英国、美国、中国香港等发达国家和地区的丰富经验以及政府强力主导推动的前提条件下发展起来的，但受各种因素的影响，不同地区间的发展水平不一。

关键概念

青少年社会工作；社会工作者；发展性

第一节　青少年社会工作的含义

社会工作包括的领域众多，青少年社会工作是其中的一个重要领域。从青少年社会工作的本质来看，其内涵与外延可以分为广义和狭义两种。

一、青少年社会工作的概念

社会工作包括的领域众多，青少年社会工作是其中的一个重要的领域。我国《青少年社会工作服务指南》将青少年社会工作定义为以青少年为对象，整合运用社会工作专业价值、理论、方法和技巧，协助其提升解决问题的能力，恢复、改善及提高其社会功能，促进其健康成长和全面发展的社会服务活动。青少年社会工作有其独特的工作对象、工作目的、本质特征以及社会功能。

第一，青少年社会工作的工作对象是广大的青少年，有时可能是全社会所有的青少年，有时可能是青少年群体中特定的一些人，比如青少年中有特殊困难、特殊要求的人，或者是在其成长过程中出现了发展障碍或偏差的人。青少年是一个特殊的群体，常常会出现一些独特的问题，如在学习、交友、择业等方面产生疑虑，甚至出现吸毒、犯罪、自杀等问题。

第二，青少年社会工作的根本目的是为了青少年的发展。与其他人群相比，青少年的发展任务既重要，又艰巨；发展内容也多于成年人，而且复杂程度高。由于青少年时期出现的问题覆盖面广，常常涉及整个青少年群体，而且出现的形式往往较为尖锐，无论是对青少年个体还是对社会，造成的危害都较为严重，因此，青少年社会工作的目标非常明确，那就是要发掘青少年的潜力，促成其全面发展，增强其社会适应能力，最终实现青少年个体与社会发展的和谐与一致。

第三，青少年社会工作的本质特征是辅导，即通过辅助和指导，让青少年发挥其潜能，同时运用社会工作专业的理论、方法和技巧，从专业角度来为青少年服务，给予他们所需要的指示、诱导、说服、纠正、同情、协助和服务等，使青少年获得充分的发展。青少年时期是一个成长的时期，易出现较多问题；同时也是自我意识发展的重要时期，在这一时期，青少年的成长伴随着叛逆与批判。他们一方面为自身的成长而烦恼，另一方面对现实社会环境不满，批评家庭生活方式，批评学校管理方法，反抗父母师长，甚至会出现激烈的反社会行为。因此，青少年社会工作既是物质上的辅导，更重要的是精神上的辅导，通过适当的辅导帮助他们顺利度过这一特别发展期，协助他们达到自我发展，以适应社会的目标。国外不少著作将青少年社会工作或青少年服务称为“辅导”。

第四，青少年社会工作有着重要的社会功能。青少年是国家和社会的未来，他们的发展状况直接关系到国家的发展。青少年是社会中的一个既敏感又有影响力的团体，青少年问题作为一个社会性的问题比其他群体的问题具有更大的破坏性和震撼力。由于青少年正处在一个从儿童转变为成年人，从初级社会群体中走出，走向更为广阔的社会的过渡期，他们虽然有了一定的独立生存的基础，但是在面对这个复杂的社会时，还显得很不成熟，需要其他社会成员给予必要的支持，把社会积累的经验传承给他们，以达到发挥其潜能、适应社会的目的。青少年的潜能正常发挥、自我健康发展最终表现在与服务社会、贡献国家的辩证统一中。因此，青少年社会工作的社会功能格外突出。

综上所述，青少年社会工作是以全体青少年为服务对象，通过了解关于青少年成长和发展的特殊规律，掌握国家有关青少年的特殊福利政策，以科学、专业的服务方法为手段，解决青少年问题，最大限度地发掘青少年的潜力，满足其生理、心理和社会性发展需求，促进其全面发展，更好地适应社会生活的一种专业活动。

二、青少年社会工作的内涵与外延

从青少年社会工作的本质来看，青少年社会工作的内涵与外延可以分为广义和狭义两种。狭义的青少年社会工作是指以发展方向上有偏差，或发展道路上有障碍的青少年为对象，通过多种服务手段和方法帮助矫治、调适他们发展方向上的偏差，扫清他们发展道路上的障碍，以促进青少年的全面发展和健康成长。从这个角度来讲，青少年社会工作实际上是一种事后补救性工作，或者可称为消极性的社会工作。狭义的青少年社会工作有“治疗性”特点，主要体现一种“教”和“治”的思维，针对的也是“问题”青少年，这种模式在青少年社会工作发展的早期体现得较为明显。

如果说狭义的青少年社会工作更多地带有“治疗”“补救”色彩，那么，广义的青少年社会工作则更多地带有“预防”和“发展”的色彩。广义的青少年社会工作是国家和地方政府为促进青少年生理、心理、社会适应等各个方面健康成长和全面发展所采取的一切措施。它的工作对象是所有的青少年，不仅仅是有“问题”的。青少年社会工作在内容上包括文教、卫生、医疗、保健、体育、娱乐、社区、家庭服务、职业辅导介绍、婚姻服务、青少年权益保护等，涵盖了能促进青少年健全发展的各项措施。这种青少年社会工作不是以“问题”为导向的，而是以青少年本身为出发点，一切以青少年为本，一切以青少年为中心，着眼于青少年的自身需要。广义的青少年社会工作不是以“解决问题”为目标的，它的目标已经整合到整个社会的目标体系之中，与社会整体目标融合在一起。所以，广义的青少年社会工作有不少是以国家社会政策的形式，甚至是以法律的形式固定下来的，从操作层面看，可能是直接由国家的一个独立的政府部门执行一系列体系化的社会政策和法律法规，也可能是由社会上的民间化的独立部门来执行。这种制度化的工作方法，使得我们的社会系统可以从更加长远的角度来防范、治理危害青少年发展的因素，预防青少年遭受可能受到的伤害，有力地保障青少年的发展。

广义的青少年社会工作虽然是系统化的、整体性的，但在工作过程中也体现了一种“个别化”的指导思想。它的目标是深入细化到社会中的每一个青少年的，是以促进社会中的每一个青少年的潜力发掘、全面发展为工作目标的。它的理念也体现了这种“个别化”的原则，即它不但承认青少年群体的一致性，而且还看到了青少年个体的独特性，并且尊重、承认这种独特性，在工作过程中，更是以这种“个别化”的思维模式为主线。

当然，广义和狭义的青少年社会工作并不能绝对地区分清楚，我们可以看到，随着社会的发展进步，社会对青少年的需求、权利和福利的重视程度在不断提高，狭义的青少年社会工作越来越向着广义的青少年社会工作的方向发展，青少年社会工作也越来越与国家的福利制度、社会政策、法律法规整合为一体。现代社会的青少年社会工作一般都可以理解为广义上的青少年社会工作，这是一种积极的青少年社会工作。

第二节　青少年社会工作的要素

青少年社会工作的三大要素分别为工作对象、工作目标以及工作领域。青少年社会工作的对象为全体社会青少年，青少年社会工作的目标是要激发青少年自我发展、自我成长的潜能，促进青少年全面健康地发展，而青少年社会工作的服务领域则十分丰富，可以从服务内容以及服务方向两个面向进行分析。

一、青少年社会工作的对象

青少年社会工作是社会工作的一个重要组成部分，其服务对象的范围也经历了一个演变过程，从早期的将工作对象定位于“问题”青少年，向为社会全体青少年提供福利服务转变。这种接受服务群体的范围的扩展标志着一个社会的进步和文明程度的提高。将青少年社会工作的对象扩展到全体社会青少年，这种变化有着深刻的内涵。

第一，青少年社会工作的一个基本前提就是平等。每个青少年都有与成年人一样的平等权利，青少年之间也应该是平等的。一方面，每个人都有自己的优势和无限潜力；另一方面，每个人也都有自己的弱点和不可能超越的局限性。所以每个人都有接受帮助的权利，青少年也不例外。此外，青少年群体作为一个整体，自身有着鲜明的独特性，既具有许多其他群体不具有的优势，也具有许多其他群体可能没有的弱点。青少年好奇心强，富于幻想，思维活跃但相对比较浅显，情绪表现相对强烈，较易产生极端情绪，看问题也比较主观片面，因此要求社会给予他们特别的帮助，接受这种帮助是每一个青少年理所当然享有的权利。

第二，青少年社会工作有一个基本假设就是每个青少年都是不同的，每个青少年都有其独特价值，其独特性应该受到尊重。青少年社会工作所面对的是社会所有青少年，特别针对有特殊需要的青少年。青少年有共同的需要，同时也有自己不同于他人的特殊需要，这种特殊需要也应该得到满足。青少年社会工作对青少年的这种特殊需要是非常重视的，并且以这种特殊需要作为工作的着眼点，对那些处于特殊境地的青少年给予特殊的帮助。

第三，青少年社会工作面向的青少年是复杂多样的。具体地说，青少年社会工作面向青少年所有的成长阶段。如前所述，青少年实际上是一个很难确定准确年龄范围的概念，它是指从儿童到成人的过渡阶段；其范围也是相当宽泛的，不同成长阶段可能遭遇的问题是相当不同的。虽然一个初中生、一个高中生和一个大学生都属于青少年群体，但是他们所处的人生发展阶段截然不同，他们可能要面对的问题也有巨大的差异。青少年社会工作不是仅为青少年某一个成长阶段提供服务，而是面向青少年群体所有的成长阶段提供尽可能全面的帮助与支持。对于不同成长阶段的青少年所遇到的不同的问题，青少年社会工作都要竭尽所能地为他们提供所需的服务，帮助他们顺利完成由儿童向成人的转变，这对青少年社会工作者无疑是一个巨大的挑战。青少年社会工作者作为服务的提供者，必须认识到，我们不能够全面预测可能发生的所有问题，更不可能提供给服务对象现成的解决问题的答案，我们能够做的和可能做的，就是给予青年一种面对问题、处理问题的角度、方法和态度。

第四，青少年社会工作为青少年提供的服务是全方位的。一切影响青少年发展的内在和外在的因素都是青少年社会工作的内容，青少年社会工作者要考虑影响青少年发展的各种因素。一方面，要挖掘青少年内心的无限潜能，帮助他们发掘自身潜力，学会动员自己的能量；另一方面，要帮助青少年，让他们学会寻找自己周围一切可以利用的资源，这些资源可能包括家人、朋友、同学、老师、学校、专业机构、媒体以及社会工作者等等，帮助他们意识到自己不是孤立无援的，当他们遇到困难时，他们有权利向这些可以利用的资源寻求帮助。此外，我们应该为青少年创造一个更好的利于他们成长和发展的生存空间，包括全球的可持续发展和环境问题、社会福利政策以及法律法规的健全和完善、文化传统的延续和继承以及文明氛围的扩展，这些都是影响青少年成长的重要因素。

二、青少年社会工作的目标

专业的社会工作希望让每个人的内在潜力得到全面发挥，通过专业的社会工作实践，帮助服务对象恢复对生活、对自我的信心，提高服务对象的社会适应能力，并学会动用自身以及身边的各种社会资源，最终使整个社会朝着和谐统一的方向发展。与社会工作的目标相比，青少年社会工作的目标有其独特性。作为青少年社会工作的服务对象，青少年有明显区别于其他服务对象群体的特征，这些特征要求青少年社会工作的目的性有突出指向。

青少年的一个本质特征就是他们的发展性。青少年社会工作明确的目标就是要激发青少年自我发展、自我成长的潜能，促进青少年全面健康地发展。人的发展的是多层面的，有身体的发展、心理的发展，还有社会适应方面的发展。青少年处在特殊的阶段，其各方面发展的进程是突飞猛进的，带有质变的特征，同时青少年自身蕴含了巨大的发展的潜质。这些都要求在青少年社会工作过程中最大限度地发掘青少年身上的潜力，最大限度地激发他们的发展，通过多种形式的服务，促进他们的全面健康发展，帮助他们朝着自我实现的方向去努力。

此外，青少年社会工作经常面对的服务对象可能是一些在社会上没有被充分认可、在市场上缺乏价值感、个人人格体系可能有不同程度混乱的青少年，比如城市边缘青少年、少女妈妈、滥用麻醉品的青少年等，面对这样的服务对象，青少年社会工作可能会遇到疑问：青少年社会工作的目标如何实现？如何帮助他们发现自身的潜力，不断成长？这确实是难题。因为传统社会的包容程度较低，对这些有行为偏差的青少年，社会的接纳程度本就不高，帮助他们恢复社会功能、促进他们的发展就更不是一件容易的事。正是由于这样的情境，青少年社会工作更加强调它的发展性目标。面对任何一个需要帮助的青少年，青少年社会工作关注的目光都是放在他们的发展潜质上，青少年社会工作一切努力的出发点都是寻找他们内在的动力，并且尽最大力量给他们以全方位的帮助。

目标是指导行动的指南。有了目标，青少年社会工作才能更好地把握为青少年服务的方向和内容；有了目标，青少年社会工作也才能更加有效地为青少年服务。青少年社会工作目标的阐述是界定青少年社会工作概念的一个重要指标。

批判性思考问题：

如何让那些不符合主流价值观的青少年的个性得到充分发展？

三、青少年社会工作的服务领域

青少年社会工作的服务领域十分丰富，可以从服务内容以及服务方向两个面向来进行归纳分析。

（一）青少年社会工作的服务内容

如果从具体内容来看，青少年社会工作服务主要包括思想道德品格辅导、心理及认知辅导、生涯发展辅导、就学就业辅导、生活方式辅导、人际交往辅导、行为偏差及犯罪青少年矫正服务、弱势青少年保障服务等。

1. 思想道德品格辅导

青少年的思想道德品格辅导主要基于青少年的道德发展规律及基本特点，这些特点主要包括以下几方面：(1) 道德相对主义。他们能够比较事物的差异性，思考不同的解决办法。(2) 道德的冲突。在此阶段，青少年与重要他人的道德冲突明显增多。(3) 道德上的知行不一。青少年的道德认知与道德实践常常存在差异性。(4) 与成人道德观念的疏离。青少年在此阶段不会被成人充分接纳，他们也不会认同成人的标准，因此代际的疏离感会导致亲子冲突。

据此，针对青少年的思想道德品格辅导主要包括以下服务内容：(1) 帮助青少年形成对社会政治制度的看法。(2) 引导青少年形成正确的世界观和对自然、社会的正确认识。(3) 引导青少年形成对各类事物和现象的正确评价标准和评价方式。(4) 引导青少年建立正确的观察、判断和推理的思维方法。(5) 提高青少年对于道德理论和知识的了解。(6) 协助青少年学会梳理道德情绪和自我认知能力。(7) 协助青少年形成良好的道德习惯，并掌握自我控制能力。

2. 心理及认知辅导

青少年心理及认知的特点主要包括：(1) 身心发展快速而不平衡。(2) 主要发展性任务是实现自我的同一，也就是说，使理想的我逐步接近现实的我，使自我意识达到积极的统一。(3) 道德意识和价值观念得到发展。(4) 独立意识加强，伙伴关系密切。(5) 认知改变，例如学会自我批评、听取他人意见、思维活动的数量和质量有很大提高等。

针对青少年心理及认知辅导的服务内容主要包括：(1) 辅导青少年了解和认识生理、心理发展的规律，掌握基本的心理发展知识。(2) 辅导青少年掌握平衡心理发展的基本技能，提高自我管理和控制能力。(3) 协助青少年开展良性的自我探索，实现自我同一性。(4) 协助青少年发展健康的认知能力，促进个体创造力、思考判断力的全面提高。(5) 创造有利于青少年发展的社会环境，促进青少年与环境的和谐互动。

3. 生涯发展辅导

青少年生涯发展辅导的主要内容包括：(1) 生涯规划及生涯决策能力的培养。协助青少年学习界定问题、收集并运用资料，提高生涯的规划和决策能力。(2) 自我状况的了解及个人价值观的澄清。协助个体了解自我能力、兴趣等，并澄清个人的职业价值、个人生涯发展的状况。(3) 做出合理的选择。学会根据个人特定的标准、生涯目标、社会要求，经过比较后做出适当的选择。(4) 自身潜能的开发。发掘个人的潜能，适应快速变迁的社会与职业环境。

而协助其进行生涯规划的重点包括：(1) 自我认识，了解个人的潜能、智力、兴趣、人格特征等。(2) 认识工作世界，包括对工作发展前景、就业与职业训练资源、工作机会的认识。(3) 确认自我的工作价值观，形成符合社会主流价值体系的生涯观念。(4) 评估环境因素，即对政治、经济、社会、文化等因素的了解。

4. 就学就业辅导

(1) 学业辅导。青少年社会工作中的学业辅导并非教师式的课业教学或补习，而是指帮助青少年解决在学习过程中遇到的压力与困惑，主要包括：激发青少年的学习动机，提高青少年的学习自觉性；发展青少年的学习兴趣，扩大青少年的求知欲；协助青少年掌握良好的学习方法，提高学习能力；协助青少年掌握基本的处理压力的技能和方法；等等。

(2) 就业辅导。主要包括：培养良好的就业意识，开展就业态度和就业技能辅导，为青少年择业提供直接服务；等等。

5. 生活方式辅导

生活方式辅导主要包括：(1) 协助青少年培养良好的生活习惯和生活态度。(2) 协助青少年培养良好的生活情趣，提高青少年的闲暇娱乐质量。(3) 及时纠正青少年的不良生活方式，协助青少年养成健康的生活方式。

6. 人际交往辅导

人际交往是青少年的重要生活内容，主要包括家庭关系、同伴关系、网络人际关系以及其他人际关系等。作为青少年社会工作者，人际交往辅导可包括以下内容：（1）培养青少年良好的交往动机和交往品质，使青少年的合作意识和自我认知能力、沟通交往技巧等有切实提高。（2）拓展青少年的人际交往能力，提高其领导才能、社交礼仪、交往态度。（3）矫正和帮助有人际交往障碍和人际交往偏差的青少年。

7. 行为偏差及犯罪青少年矫正服务

（1）行为偏差青少年矫正服务。矫正和预防性服务包括：进行社会技巧训练；加强补救性教育；加强家庭和学校的联结，并开展家庭层面的辅导服务；建立有效的青少年支持网络。

（2）犯罪青少年矫正服务。犯罪青少年的矫正服务多以教育辅导为主，主要包括青少年犯罪前的预防性教育服务、判决前后的教育服务、替代性教育服务、重返社会教育服务等。另外，矫正服务还体现在犯罪青少年司法审判程序和教育监管措施执行过程中。

8. 弱势青少年保障服务

社会困难群体是一个在社会资源分配上具有经济利益的贫困性、生活质量的低层次性和承受力的脆弱性的特殊社会群体，他们依靠自身的力量或能力无法保持个人及其家庭成员最基本的生活水准，需要国家和社会给予支持和帮助。弱势青少年保障服务的内容主要包括基本权利保障服务、司法保护、教育权益保障服务、就业保障服务、健康保障服务、社会保障及服务等。①

（二）青少年社会工作的服务方向

从方向性看，青少年社会工作可分为针对青少年的生理、心理和社会发展需要而提供社会资源，协助其正常发展而设计的发展性青少年社会工作服务，针对青少年个人及其家庭、学校、社区现状而开展的预防性青少年社会工作服务，以及针对已经发生问题的青少年的个人、家庭、社区环境的不良因素而提供的治疗性青少年社会工作服务。

1. 发展性青少年社会工作服务

发展性的青少年社会工作指能够发展社会资源和青少年潜能，使青少年的生活能力得到增强的社会工作服务。发展性的青少年社会工作主要包括以下内容：（1）提供青少年闲暇时活动的场所；（2）举办并设计各种活动，使青少年建立正确的人生目标，学习做事负责任的态度，提高领导及创造能力；（3）提供国内外时事信息的服务，使青少年了解世界发展的趋势，并明确自己所应扮演的角色；（4）提供青少年发展中的生理、心理、情绪、行为、人际交往、社会适应等各方面的知识，增进人际关系、法律常识、性教育、生理保健的知识与能力；（5）提供就业信息及就业辅导服务，以拓展青少年的就业能力等。

---

① 于晶利，杨奎臣．青少年社会工作实务．上海：格致出版社，2012.

2. 预防性青少年社会工作服务

预防性的青少年社会工作指通过社会工作的各类服务，对一些潜在的、阻碍社会功能有效发挥的条件和情境进行早期发现和控制。预防性的青少年社会工作主要包括以下内容：(1) 改善青少年家庭生活环境，为青少年家庭提供服务，为青少年父母亲提供教育机会，以增进父母教导青少年的技巧；(2) 改善青少年学校生活环境，加强学校对不适应学业的学生的学业辅导、技艺训练，发展补充性课程及相应活动；(3) 改善青少年社区生活环境，加强社区各组织在青少年社会工作中的合作，整合各类社区资源，为青少年发展提供良好的社会支持；(4) 探索建立学校、家庭、社区良性互动的青少年社会工作服务模式；(5) 倡导有效的青少年服务和发展政策等。

3. 治疗性青少年社会工作服务

治疗性的青少年社会工作指运用各类专业方法，协助青少年恢复处于崩溃边缘的社会功能。治疗性的青少年社会工作主要包括以下内容：(1) 提供就学或生活补助，以帮助有困难家庭的青少年正常成长；(2) 提供被忽略或被虐待的青少年的保护服务；(3) 提供安全保护、收容服务及不适合家庭居住的青少年安置服务；(4) 提供在身体、情绪、精神等方面功能失调，以及社会人际适应不良等方面的治疗性服务；(5) 提供犯罪青少年及过失青少年的矫正服务，尤其注重社区层面的服务提供。

知识窗

结构化和非结构化的青少年社会工作

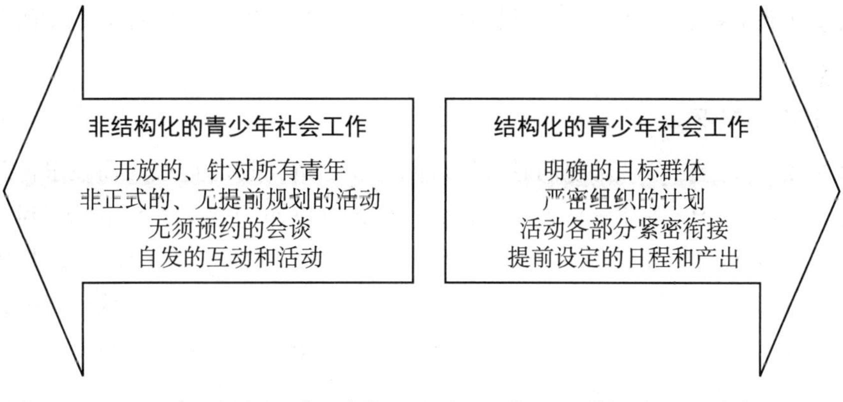

资料来源：SAPIN K. 青少年社会工作基本技巧．赵凌云，陈元元，等译．上海：华东理工大学出版社，2015：42.

第三节　青少年社会工作者的角色

青少年社会工作的具体实务大致从两个层面展开，一是应对青少年发展中遇到的生理、认知、社会心理、精神健康等方面的问题和需求，二是应对由于各种原因造成的青少年失学、失业或失管带来的特殊问题，如后面章节将详细探讨的越轨行为、网瘾及物质依赖等。专业社会工作者在服务青少年这类群体的过程中，到底应掌握哪些基本知识，具备什么样的能力，扮演什么角色呢？

一、青少年社会工作的知识基础

青少年社会工作的知识基础是指青少年服务顺利进行所必需的各类知识，也是青少年社会工作得以有效开展的基本依据。青少年社会工作的知识基础主要包括理论知识、相关政策、技术知识以及文化常识。

（一）理论知识的装备

科学助人要把问题放到现实的社会背景下来认识和分析，这就要求社会工作者具备较丰富的关于人类社会、社会现象方面的科学知识，具体包括以下几方面。

1. 社会工作知识

青少年社会工作者首先是一个社会工作者。社会工作作为一个独立的职业而存在，必然有自己的科学理论知识、工作方法与技巧，因此，青少年社会工作者首先应掌握社会工作的概念和价值观，社会工作的发展历程，社会工作的研究方法以及实践技巧，不同领域社会工作的运作模式，个案社会工作、团体社会工作和社区社会工作的原理与方法等，这对于任何社会工作者来讲都是必备的基础知识。对于青少年社会工作者来说，还要特别掌握青少年家庭、学校以及社区社会工作的基本原理与方法。

2. 社会学知识

社会工作要经历一个聚焦问题、发现问题、分析问题的过程，而在事件分析中都会涉及一些社会学研究分析方法。社会学分析可以作为社会工作案例研讨、服务评估等工作的辅助工具。同时，社会学作为一个成熟的社会科学学科，其研究范式、系统建设方法等都值得社会工作学科去学习。社会工作侧重于从社会的角度来分析社会问题，既注重社会环境因素对人类行为的影响，又把社会环境作为解决问题的一个重要前提。为了做好社会工作，需要对社会问题有深入的了解，对人与环境的关系有透彻的领悟，而社会学恰恰能提供这方面的知识，因此社会学应当成为每一位社会工作者的一个重要的知识基础。

3. 心理学知识

青少年社会工作者不仅应关注青少年成长的外部社会环境，更应关注青少年的内心世界。现在，随着社会的不断发展，青少年的物质条件越来越好，但心理问题似乎也越来越多，已成为影响青少年健康成长的普遍问题。要做好青少年社会工作，帮助解决青少年的心理问题，就必须有心理学方面的知识，心理学因此成为青少年社会工作者的重要的知识基础。心理学包含着广泛的内容，其中有些分支如社会心理学、矫治心理学、心理分析等对于青少年社会工作尤为重要。

4. 公共关系知识

在实践中，青少年社会工作者更多的是与青少年本人，或者他们的家长、老师进行直接接触，直接面对他们的问题，因而与人沟通的技巧非常重要。公共关系学为青少年社会工作者提供了很多相关的理论、知识和经验，可以为他们提供启迪与帮助。

（二）相关政策的了解

青少年社会工作是青少年福利政策的落实和实现过程，是静态的社会福利动态化的过程。青少年福利政策是青少年社会工作的重要基础，掌握有关青少年福利政策可以让社会工作者根据有关的政策规定，运用政策资源，更好地为青少年提供专业服务。

（三）技术知识的掌握

社会工作者要有效地达到助人目的，就必须掌握多种技术方面的知识，尤其是对于青少年这样一个活跃的群体，因为他们对新事物的接受程度高。青少年社会工作者必须与时俱进，学习新科技新技术，比如现代通信工具方面的知识，还要掌握一些社会调查、统计分析等方面的知识，以利于深入研究。

（四）文化常识的通晓

社会工作者面临的问题是多样化的，可能涉及宗教信仰、生活方式、生活习惯、婚丧嫁娶、生育死亡等各方面的问题，对这些问题的解决需要掌握多种文化知识。

二、青少年社会工作者的能力要求

青少年社会工作者作为一种复合型的人才，在实际的工作过程中，不仅要面对面地直接与需要其帮助与服务的对象接触、互动，还需要代表他们的利益去争取社会资源，同时需要与各社会机构及服务系统沟通，以满足受助对象的社会需求。因此，青少年社会工作者必须具备多方面高水平的综合能力，才能顺利完成任务。

（一）社会交往能力

社会交往简单地说是人们之间有目的地相互影响的方式，是人们为了实现自己的目标而进行的相互影响的社会活动方式。人的本质在于人所具有的社会属性，人若想使自己的社会需求得到满足，就必须进行有效的社会交往。社会工作是以人和社会为主要内容的专业，社会交往对社会工作者来说就尤为重要。高效的社会交往是完成日益艰巨复杂的社会工作的任务的保障，这就要求社会工作者具备熟练、专业的社会交往能力。

一方面，青少年社会工作的对象范围广泛，他们可能是有着不同文化背景、不同生活方式，有着不同困惑、不同需求的群体，与他们进行有效的沟通是社会工作者必备的素质。例如，如何通过同服务对象交流来了解他们的问题和困惑，与服务对象之间进行态度与情感的互动，建立更有利于工作开展的合作关系等，都是对社会工作者具备的社交能力的具体要求。

另一方面，社会工作者不仅要面对需要帮助的人和群体，同时还要与帮助和服务的人与机构、团体交往。这些个人与群体是社会资源的占有者，可能是拥有相当物质财富的捐赠人，或者是提供服务的各种社会机构，也可能是制定和执行社会政策的政府工作人员。社会工作者需要通过与社会其他成员及有关部门交往来争取更多的社会资源。这些任务的艰巨性、复杂性要求青少年社会工作者具备较熟练的社会交往能力，要会与人沟通，最终达到青少年社会工作的目的。

（二）组织协调能力

青少年社会工作是一个涉及多方面的综合性工作，从个人到家庭、从学校到社区，无不需要联系、组织与协调。尤其是在青少年社会工作小组活动中，对青少年社会工作者的这一能力要求最为明显。小组工作主要是利用群体的力量解决个人问题，将有共同需要的工作对象组织联系起来，在互动与交流中获得成长与改变，使个人问题在团体中得以解决。在这个工作过程中，需要社会工作者通过组织各种小组活动来激发青少年的热情，促进他们健康成长。因此小组工作是青少年社会工作者组织能力的集中展示。

（三）学习能力和适应能力

青少年社会工作的服务范围从早期的“问题”青少年扩展为全体青少年，工作目标从对问题青少年的帮助扩展到全体青少年潜能的发展。对于青少年这样一个处于迅速成长发展时期的特殊群体，需要青少年社会工作者有持续学习的能力，以多样化的工作方式和工作内容来适应快速变化而且个体差异巨大的服务对象。青少年社会工作者需要在不同的时空里处理个人、群体、社区遇到的不同的社会问题。这些都要求社会工作者一方面要参加各种专业团体的专业培训，提高业务水平，另一方面要留意身边的各种新变化，审时度势，随机应变，根据不同的工作情境与工作对象，选择正确合理的工作方法，制定科学的、具有可行性的活动计划与方案，做出适当的反应以达到工作的最佳效果。

（四）良好的心理素质和决断能力

心理素质是一个人对外部事物的刺激做出反应的能力。青少年社会工作者的服务对象尽管都是青少年，但其工作情境变化多样，要求社会工作者针对不同情况做出恰当的回应，因此必须具备良好的心理素质。决断是人们对所处情境的判断及对将要采取的行为的决定，它来自对自己所处情境的了解，来自正确的判断，在此基础上才能对自己行为做出正确的选择，拿出正确的意见或主张。个别化原则要求青少年社会工作者采取有差别性的处理方法，恰当的、有差别性的处理方法对青少年社会工作者的决断能力提出了近乎苛刻的要求。因此社会工作实践需要青少年社会工作者有良好的判断能力，遇事善于决断、敢于决断。

批判性思考问题：

生活经历比较简单的年轻社会工作者，如何成为一名优秀的社会工作者？

三、青少年社会工作者的角色

任何案主都是个别化的，案主的问题情境不同，所需要的协助以及关注的面向就会不同，因此社会工作者在具体的介入过程中，在不同的服务阶段以及不同的问题和目标面前，是要扮演不同的角色的。一般来说，社会工作者在服务介入过程中需要扮演服务者、支持者、教育者、协调者、资源的获取者等角色，那么在青少年服务中社会工作者要具体扮演哪些角色呢？

（一）教育者

首先，青少年社会工作者应该是教育者，这一角色是最重要的，其他的角色应该是第二位的。他们工作的本质应该是带来变化，通过青少年有意识的尝试，强调使青少年在知识、技能和情感上获得发展。其工作的一个重要内容是进行“社会和政治教育”，主要有五种方法：榜样、参与、问题解决、意识提升和危机干预（见图 2-1）。这些方法有其内在的联系，如果青少年社会工作者真的想成为一个教育者，可将这些方法融入自己的工作中。

图 2-1 社会和政治教育的方法

（1）榜样：青少年可以通过模仿社会工作者的个人行为从而实现一些改变，这些改变可能关乎青少年案主价值观（如品德构建）和行为（如助人为乐）的具体变化。

（2）参与：青少年从参与社会工作者组织的青少年活动中，或者亲身经历自己组织的事件中获得相关的知识、技能等。

(3) 问题解决：社会工作者坚信人是有潜力的，青少年可以通过解决自己遇到的各种困难从而不断进步，所以社会工作者要做的就是协助案主宣泄感情、表达感受、接纳自己，鼓励案主的每一个进步，让案主感觉到自己的价值和能力，进而调动能力积极面对自己的问题，解决自己的问题。

(4) 意识提升：青少年愈发关注自身各方面的权利，包括政治方面，社会工作者的教育促使其树立正确的权利观并维护和善用自己的权利。

(5) 危机干预：为了有更大范围的社会影响，青少年群体致力于参与重大的社会行动，作为教育者的社会工作者，其主要任务是向青少年案主提供必需的信息，给予意见或建议，帮助其获得并实践新的行为模式，教授解决问题的技术及澄清观念。

就教育者角色而言，一个好的青少年社会工作者不仅会直接向服务对象传授相关知识、提供各种信息和情感支持，也会教给他们自我发展的技巧与方法，以提高青少年应付和处理各种问题的能力。

（二） 照顾者

受传统和我国国情的影响，青少年服务致力于照顾年轻人，关注他们的道德、他们的闲暇时间以及他们的福利，所以很多的青少年社会工作者花大量的时间在照顾者的功能上。这里照顾者的定义可能是安全责任人或看孩子的人，这也导致了真实情境中的社会工作者很容易产生角色困惑，例如每到周末父母将孩子送到社工站，叮嘱帮忙照看并辅导作业，此时的社会工作者不仅肩负着安全的责任，还是课业辅导者，这大大降低了开展发展性社会工作的可能性。学校社会工作者可能要负责购置窗帘、安排桌椅、更换灯泡以及负责活动后的场地清洁，青少年空间的社会工作者可能要负责开门、场所设施的维护以及空间装饰的一些行政性事务，同样说明了这一点。但从另一个角度来看，处理行政事务以及作为“仓库保管员”可能是更容易打发工作时间的角色，所以需要注意的是照顾者身份可能为社会工作者提供了“逃跑”的机会。

批判性思考问题:

社会工作者角色“逃跑”后对自身专业的坚守和对案主的服务会有哪些影响?

在现今公众对青少年社会服务的概念和内容还不是很清楚的情况下，青少年社会工作者不得不担任照顾者角色。但是对那些试图履行自己作为教育者、咨询者以及促进发展者角色的青少年社会工作者来说，其目标人群不能只限于青少年案主，而应囊括管理者、地方政府官员以及普通民众。只有大众关于服务的观念有所变化，才有可能动摇照顾者模式。

（三） 资源的获取者

社会工作者了解了案主的需求，同时需要清楚地了解哪些问题应该通过什么途径到哪里去寻找资源，并且与机构直接进行工作上的联系以争取更多的资源。本章

第二节涉及与青少年相关的公共资源和组织资源，可以帮助青少年社会工作者找到资源获取途径。

青少年社会工作者不仅为青少年本身提供必要的帮助，在一定时候还要代表服务对象的利益，作为服务对象的代言人与政府、机构或者其他人进行协调。如果在此过程中发生一些纠纷，社会工作者要保持中立立场，努力把冲突的范围限定在具体的问题上、一定的时间和场所内，促成各方的良好的交流，以最具有建设性的方法和途径去化解纠纷。

（四）政策倡导者

当社会工作者协助案主争取一些资源时，发现由于资源分配不合理或者缺少资源等种种原因，案主得不到合适的服务，解决不了问题。此时，社会工作者需要扮演倡导者的角色，利用自己的权利和身份，积极倡导案主的家人、亲戚朋友、邻里、同辈群体等给予案主相应的帮助，倡导机构实行一些改革或动员案主一起争取一些合理的资源和权益，同时积极地影响政府部门，给予政府部门政策上的建议，呼吁制定适合社会需要的政策法规。

第四节　青少年社会工作的发展

青少年社会工作产生于近代西方资本主义社会。工业化、城市化的发展带来了一系列的青少年社会问题，促使青少年社会工作从社会工作中分离出来，成为相对独立的实务领域。青少年社会工作的发展经历了一个较为漫长的过程。本节主要是对青少年社会工作在西方的发展、在中国香港的发展、在中国内地的发展历程做一个简单的梳理。

一、青少年社会工作在西方的发展

英国和美国作为较早发展青少年社会工作的两大国家，其发展路径又各具特点。

（一）英国的青少年社会工作

1. 以社会救济为主的青少年社会工作时期（17世纪初至19世纪中叶）

随着圈地运动的深入，英国近代工业文明取得了飞速的发展，不仅促进了生产力的发展，也为社会变迁提供了契机。社会的巨大变迁导致失地农民大量出现，贫穷问题成为当时突出的社会问题，因此社会上开始出现教会和私人对贫民救济捐助的慈善事业，发展到后来则主要由政府实施救助。尤其是1601年伊丽莎白女王颁布《济贫法》，实际上推动了社会工作的开展。《济贫法》详细界定了济贫的领域和对象，使得参与济贫事务的志愿者以不同的人群为对象，既划分出了济贫事务的不同种类，还让服务同一人群的志愿者拥有了统一的工作程序，为后来社会工作专业领域的形成和专业方法的提炼奠定了基础。[①]

在这一时期，进入“辅育院”和“习艺所”的贫民大都是青少年，青少年实际上成为政府救济对象的重要组成部分。同时，在社会政策领域开始出现了对童工的关照，并通过立法的形式保护童工。然而，这时的青少年社会工作并没有作为独立的领域而得到发展，只是社会救济的一个重要方面，主要是以救济、培训与提供工作机会为内容。[②]

2. 以控制管理为主的青少年社会工作时期（19世纪中叶至20世纪初）

从19世纪中期以来，英国青少年社会问题日益严重，影响了社会的正常秩序与稳定，这样的社会现实引起了社会大众的广泛关注。具体来讲，主要有三股力量开始介入青年社会工作，即贵族、教会和市民阶层。其中，具有里程碑意义的是1844年乔治·威廉等基督教青年在伦敦正式成立的基督教青年会（Young Men's Christian Association，YMCA）。基督教青年会通过小组活动的方式，提升入会青年人的道德与精神追求，这开创了以志愿团体而非政府组织形式参与社会发展、解决青年问题的先河，也标志着青少年社会工作的产生。[③] 与此同时，政府改革者则通过一系列的社会政策对青少年加以控制与保护，从而应对青少年社会问题日益严重的社会现实。

3. 以全面服务为主的青少年社会工作时期（20世纪初至今）

进入20世纪，英国的社会工作开始朝着专业化、职业化的方向发展。2000年，英国上下两院通过了《健康及社会照顾法案》和《照顾标准法案》；2001年，根据《健康及社会照顾法案》，政府专门设立了全国社会照顾委员会，主要负责管理社会工作专业人才队伍及其服务质量，保护那些接受社会照顾服务的公民权益。基于此，英国的社会工作大多发生在政府的社会照顾政策涉及的领域，社会工作者需要遵守全国社会照顾委员会的要求，为有需求的民众提供符合要求的服务。发展至今，英国政府已从当初对贫穷和困苦问题的关注，扩展到了对全社会所有困难人群，包括贫困家庭、儿童、老人、残疾人和失业人员等的照顾。[④] 其中，儿童与家庭社会工作成为英国社会工作三大服务领域之一。英国政府以2004年最新儿童福利政策《儿童法案》为契机，展开了新一轮的儿童福利工作改革，即推广整合模式的儿童福利服务。该服务模式的目标是建立一个严密的儿童保护服务网络，采用整合模式，由不同专业背景的人员，运用多种专业手段，以团队为单位，为有需要的儿童提供综合、高效的专业服务。[⑤]

---

① 童小军．英国早期的社会政策和社会工作．中国社会报，2008-02-28.

② 王玉香．青少年社会工作．济南：山东人民出版社，2012：17-18.

③ 同②18-19.

④ 童小军．英国社会工作的概况．中国社会报，2007-12-13.

⑤ 童小军．英国的儿童福利和社会工作（下）．中国社会报，2008-03-27.

而在青少年社会工作领域，政府的主导介入作用在进入20世纪后也开始逐渐减弱，相应地却有更多的社会团体和志愿机构开始从事青少年社会工作，政府作为购买方，主要扮演协调、管理、监督的角色。① 英国的青少年社会工作服务的对象主要为13岁～19岁的青少年，从事青少年工作的人员则包括两部分，一部分是由地方政府或民间机构雇用的青少年工作者，另一部分则是志愿者。通常来说，英国的青少年社会工作者会在青少年俱乐部、教会、社区、学校和街头开展工作。其工作的主要内容是根据需要组织各种形式的青少年活动，比如交友会、体育运动俱乐部、读书会、登山俱乐部、职业培训等青少年喜闻乐见的活动，在开展这些活动的过程中，为青少年提供相关的辅导、引导和治疗，让青少年通过参与培养良好的生活技能、人际交往技能、社会责任感等良好素质。同时，他们还为一些“问题”青少年提供专门的帮教服务，这些问题主要包括卫生健康问题、教育问题、失业问题、环境问题、未婚先孕问题、吸毒酗酒问题、青少年犯罪问题和精神健康问题等。②

总体而言，英国青少年社会工作已经形成了以政府为核心、以社会团体和志愿机构为基础的职业化、专业化的青少年社会工作结构体系。③ 他们的青少年服务经历了从慈善救济向政府职责的转向、从管理向服务的转向以及从政府主导型向引导型的转向④等变化，这些都是值得我们学习借鉴的宝贵经验。

（二）美国的青少年社会工作

1. 以提供生存服务为主的青少年社会工作时期（17世纪初至19世纪中叶）

美国在独立之前是英属殖民地，社会福利思想和制度在一定程度上都受到了英国本土的影响。但是，其早期面临的最大问题并不是贫困，而是生存，所有的人，尤其是老人、儿童、病患和残障人士，每天都要面对饥饿和疾病的挑战，以及恶劣自然环境的严峻考验。因此，针对工业化和城市化带来的社会问题而制定的、需要完善的政府体系以及丰富的教会资源促进实施的《济贫法》在美国本土并不能得到推广，无法解决最现实的社会问题，面对生存挑战，人们主要采用邻里互助和个人自救的办法以维持基本生存。⑤

2. 以解决问题为主的青少年社会工作时期（19世纪中叶至20世纪中叶）

19世纪中期到20世纪初是美国工业化与城市化迅猛发展的时期，然而，这一时期的社会问题却并没有因为经济的发展而消失，反而继续加剧、恶化。工业化的发展需要大量的劳动力，很多妇女和儿童都被雇用，工厂里的一些儿童受成年人的影响形成了一些恶习；同时，随着人口的增加，加上战争和传统家庭的解体，孤儿

---

① 文军．社区青少年社会工作的国际比较研究．上海：华东理工大学出版社，2006：83.

② 童小军．英国的青少年工作和社会工作．中国社会报，2008-04-24.

③ 同①79.

④ 同③101-103.

⑤ 童小军．美国社会工作的起源（一）．中国社会报，2007-02-05.

和流浪儿童人数越来越多，无家可归的青少年形成各种街头帮派，犯罪活动层出不穷。因此，在这一阶段，儿童照顾问题受到社会的特别关注，主要采取机构式和契约家庭式两种方式。[①] 19 世纪末期，研究人员发现，机构养育虽然保证了儿童的基本生存需求，但并没有从根本上帮助他们摆脱贫困、犯罪、被忽视和精神疾病的状态，因而并没有解决主要的社会问题，由此，他们开始探索新的孤残儿童养育方式。[②]

面对快速的经济发展带来的一系列新的社会问题，新的社会服务机构也纷纷成立，这些机构采取了很多措施，实施各种各样的项目，试图解决问题、改善社会环境。[③] 这一时期被认为是美国福利服务的改革时期，改革的重点之一就是儿童保护，如延长学校教育时间，实施青少年保护与宵禁，建立青少年法庭，规定最低辍学年龄、儿童工作环境和工作时数等。[④]

3. 以促进发展为主的青少年社会工作时期（20 世纪中叶至今）

第二次世界大战后，社会工作进入了专业化的快速发展期，青少年社会工作的专业化程度也在不断提高，但是，青少年社会工作主要还是应对青少年的社会问题和解决青少年的个体问题。直到 20 世纪 60 年代前后出现的大规模青少年学生运动才使得人们开始重新认识青少年问题。基于此，青少年社会工作不再是被动地解决服务对象的社会问题，其服务视野开始由微观转向宏观，服务内容则由原来的问题型转向发展型，换句话说就是，这一时期的美国青少年社会工作更加注重的是促进青少年发展，为青少年提供发展支持与服务。[⑤]

具体来讲，这一时期美国青少年社会工作的专业服务内容主要包括青少年法庭、青少年矫治、青少年服务等。1899 年美国伊利诺伊州成立的第一个青少年法庭，就是基于青少年有其独特的发展需要这一认识，认为应该给青少年不同于成人的法律系统来保障他们的权益和福利。发展至今，青少年法庭开始积极推动社区预防工作，试图将违法的不良因素消灭在萌芽状态，而社会工作者在这一预防青少年违法犯罪的工作体系中起到了积极的和不可替代的作用。[⑥] 青少年矫治主要指对触犯了法律的未成年人进行的一系列专业干预，社会工作者是提供感化教育的一支主要力量，需要具有相关的法律知识，并针对服务对象的年龄特征和发展需要去整合资源，为他们提供良好的矫治和成长环境。青少年服务主要是指为青少年的成长需要而提供的综合性服务，主要包括辅导和咨询、休闲文娱、信息和转介、预防和发展、临床治疗和预防、（人际/资源）网络建设、政治觉悟培养等服务，而服务活动的方式通常有三种，即青少年对青少年、成年人协助青少年对青少年以及成年人对

---

① 童小军．美国社会工作的起源（一）．中国社会报，2007－02－05.

② 童小军．美国社会工作的起源（二）．中国社会报，2007－02－12.

③ 童小军．美国社会工作的起源（三）．中国社会报，2007－03－05.

④ 王玉香．青少年社会工作．济南：山东人民出版社，2012：18－19.

⑤ 王玉香．西方青少年社会工作的历史沿革研究．中国青年研究，2012（2）：92－97.

⑥ 童小军．美国的青少年社会工作．中国社会报，2007－06－15.

青少年。此外，青少年服务活动的目标基本上可以分为四类：通过“目标达成活动”，从价值观、技能、行为模式等方面的培养，帮助青少年成为身心健康、有责任感的人，顺利进入成年期；通过“适应训练活动”，培养青少年形成应对家庭、邻里或社区等生活系统中出现的各种变化的能力；通过“整合服务活动”，培养青少年形成人际交往、自建社会网络的能力；通过“冲突处理活动”，帮助问题青少年成长，实现对他们的指引和社会控制。①

（三）西方青少年社会工作发展的未来趋向与挑战

20世纪70年代以后，西方国家开始受到新自由主义思潮的冲击，各国纷纷在福利思想和政策体制上偏向新自由主义。② 新自由主义强有力的核心观点是“当个体在市场经济中能够自由地运用自己的创业技能时，人类将得到最好的发展”。该观点坚持认为市场贸易的最大化将会带来社会利益的最大化，因此寻求将市场经济扩展至社会生活的各个方面。在新自由主义思想的影响下，福利提供被认为是个人能动性发挥的障碍，即容易使案主产生“福利依赖”的思想。基于此，几乎所有的政府，无论是自愿的还是在综合压力之下，都开始改变政策、增加税收、减少福利支出，使得劳动力市场进一步恶化。

与此同时，新自由主义的观点通过对主流社会意识形态的影响，深刻地改变了社会工作专业的价值理念。比如在经济效益和社会公平出现矛盾时，国家常常会做出“效益优先”的选择，牺牲社会公平或公正；尽管政府采用了“第三条道路”来补偿，但“第三条道路”的存在本身就是对社会不公平的一种承认，这一现实直接影响了社会工作专业的价值理念。③ 此外，从新自由主义的观点来看，诸如社会保险、福利机构以及社会服务机构，都被定位为经济与社会发展的障碍；个人的成功归因于其能力，失败则归因于个人的缺陷而并非结构不平等。费希尔（Fisher）和达格（Darger）认为，新自由主义的路径实际上将政府角色导向商业，并将社会文化政治重新导向多元价值。这种多元价值的结果就是，很多社会公共福利机构，例如监狱、学校、大学和其他机构，都被私人营利性商业机构代替，或者至少已经处在“半营利”状态的压力下。

政府的新自由主义路径改变了社会福利机构的结构，鼓励了私营经济的扩展，为社会工作实践带来了新的挑战和问题。费希尔和达格就曾质疑“我们如何在这样一个越来越反对社会领域的世界中实践社会工作”以及“在这样一个强调家庭成员、工人以及消费者应该独立自主的背景中如何为公民赋权”。而这种挑战对于青少年社会工作实务领域而言其实是一种悖论式的发展：一方面，儿童、青少年的年

---

① 童小军．美国的青少年社会工作．中国社会报，2007－06－15．

② 徐丽敏．吉登斯第三条道路福利思想与第三条道路下的社会工作．社会工作，2011（6）：20－22．

③ 童小军．全球化背景下的英国社会工作．中国社会报，2008－08－27．

龄及其经济非独立性决定了他们并不能很好地安排自己的生活、学习和成长；另一方面，新自由主义的观点又要求孩子们能够独立自主、没有依赖。那么，对于这种悖论，青少年社会工作者应该如何去应对？他们要如何改变与青少年服务对象之间的关系？这些问题是青少年社会工作需要面对和解决的。

案 例

在加拿大，有一个以社区为基础，由政府主导的预防性方案——“良好的开端，美好的未来”方案（BBBF）。它有三个目标：在青少年中，预防严重的社会、情感、行为、生理、认知问题；促进这些青少年的社会、情感、行为、生理、认知能力的发展；增强在社会经济不发达地区的家庭为他们的孩子提供良好条件的能力。该方案始于1990年，关注安大略省11个经济不发达社区的8岁儿童，他们的成长、家庭以及所在的社区都成为方案的资助者。方案在执行的4年中，至少取得了两个成果：一是个人的发展，人们的人际关系得到改善，受助者学到了新的知识与技能；二是社区的声誉有了改善，从而使社区有了更多的与外界合作的机会。

资料来源：汪大海，孔德宏．世界范围内的社区发展．北京：中国社会出版社，2005：48-51.

二、青少年社会工作在中国香港的发展

青少年社会工作经由西方传入中国香港地区，虽然开展的时间并不长，但也取得了较好的发展。从20世纪50年代至今，香港的青少年社会工作已有60多年的实务服务历程，已经逐渐发展成一个标准化、专业化、体系化的社会福利服务环节。

（一）形成时期（20世纪50年代至20世纪60年代中期）

香港的青少年社会工作始于20世纪50年代，由于当时的经济发展水平较低，青少年社会工作主要侧重于解决基本的生活需要。[①] 其形式主要是志愿机构通过设立康乐中心、夜校等为非富足的15岁～19岁青少年提供小组活动和康乐服务。[②]

（二）发展时期（20世纪60年代中期至20世纪90年代）

20世纪60年代以后，随着香港经济的持续增长和物质生活水平的提高，青少年的闲暇生活和个人发展逐步受到社会工作者的关注，而1966年和1967年香港相继发生的两次暴动都有大批青少年参与，这使得人们开始认识到青少年对政府及社会政策不满所带来的社会危害。由此，鼓励青少年参与社会活动、参与社区义工活

① 庄晓芸．香港青少年社会工作的经验及其启示．云南财经大学学报（社会科学版），2009，24（2）：57-58.

② 王玉香．青少年社会工作．济南：山东人民出版社，2012：24.

动等社会化工作范式开始兴起。① 同时，外展方法也在这一时期开始被运用于服务问题青少年。外展社会工作是香港青少年社会工作发展过程中独具特色的一种方法，即社会工作者主动去青少年平日聚集与流连的场所，如街头巷尾、公园球场等，为之提供合适的专业性服务。②

20 世纪 70 年代开始，香港青少年暴力事件不断升级，犯罪青少年的年龄也相对下降，这引起了社会各界的广泛关注。在调查研究的基础上，政府于 1974 年实施免费九年义务教育，并开始将青少年社会福利服务纳入正轨，在经费上资助民间社会服务组织开展相关服务。这一时期，香港的青少年社会福利服务主要是以通过学校社会工作服务和外展社会工作服务的个案辅导为主，集中为行为偏差的青少年提供预防性和补救性的服务，以便预防和减少违法犯罪行为的产生。③

（三） 成熟时期（20 世纪 90 年代至今）

1990 年，香港成立"青年事务委员会"，在此基础上，香港的青少年社会工作又得到了进一步的细化和拓展，青少年的不同需要开始引起服务机构的重视并成为青少年工作的重点。④ 如今，香港设有专门的青年事务办事处，负责统筹、组织、辅导各项青年服务工作；还有众多的青少年中心为 6 岁～24 岁的青少年提供服务，不仅成为青少年的文化娱乐场所，还为青少年提供成长和发展方面的指导及个案辅导。而从 2000 年开始实行的"一校一社工"制度，基本做到了给每个中学配置至少一名专业社会工作者，加强了学校的社会工作。除了青少年事务办事处、青少年中心和学校社会工作以外，专业的社会工作机构还在课余时间和休息日专门派工作人员前往青少年常去的场所和街头，特别是青少年犯罪率高的地区，开展青少年的外展社会工作。

香港的青少年社会工作经过几十年的发展，其服务领域得到了不断扩大，服务内容也更为细化与深入，更为重要的是，其服务的方式与方法也更为科学与专业。⑤ 相对于内地青少年社会工作的发展而言，香港青少年社会工作服务根据香港经济社会发展的实际情况而开展的服务以及在此基础上所累积的青少年社会工作服务经验是值得我们学习和借鉴的，具体来讲，这些经验主要包括因应青少年的问题和需求开展服务、服务过程中注重实用性以及政府与社会组织合作开展青少年社会工作服务等三个方面。⑥

---

① 王玉香．青少年社会工作．济南：山东人民出版社，2012：24.

② 同①.

③ 徐从德．香港青少年社会工作服务及对内地的启示．社会工作，2014（1）：92－99.

④ 庄晓芸．香港青少年社会工作的经验及其启示．云南财经大学学报（社会科学版），2009，24（2）：57－58.

⑤ 同①25.

⑥ 同③.

三、青少年社会工作在中国内地的发展

我国社会工作是在借鉴发达国家和地区的丰富经验以及政府强力主导推动的前提条件下发展起来的，这在一定程度上决定了我国的社会工作实践是在理论和经验的指导下开展的，青少年领域也不例外。

近年来，共青团中央及有关部委相继出台《关于开展青少年事务社会工作者试点工作的意见》《关于加强青少年事务社会工作专业人才队伍建设的意见》等针对青少年社会工作发展的专项政策，全面部署、规划和规范青少年社会服务体系、青少年社会工作制度、青少年社会工作专业人才建设。北京、上海、广州、深圳等发达地区已率先开始了青少年社会工作的试点和探索工作，建立了相应的社会工作制度和机制，通过组织化的资源动员，组建了一批青少年社工队伍，并以此带动这项工作的蓬勃发展，形成了各具特色的模式和经验。① 由于我国的青少年社会工作受制度环境等因素的影响，不同地区间的发展程度不一，按时间顺序来划分发展阶段存在一定的难度，因此，本书通过总结发达地区青少年的经验，从实践模式角度对我国青少年社会工作实践进行归纳，以供参考借鉴。

（一）北京：社区为本的平台支持模式

为了解决共青团工作对青年的有效覆盖，提高团组织的吸引力和凝聚力，从2010年开始，共青团北京市委员会（以下简称北京团市委）着手建设青年身边的地域性活动平台和团组织主导的区域性基层青年组织，即依托社区，以青年居住、工作聚集区域为主要服务场域，为青年开展学校培训、城市融入、文体健康、交友联谊、志愿公益、创业就业、普法维权及青年自组织培育等活动，为青年打造“一个好玩的俱乐部，一个靠谱的朋友圈”。截至2016年，北京团市委在17个区建成的社区青年汇达500余家。②

北京青少年社会工作主要以社区青年汇为载体，形成了“共青团＋专职社工”的社区青年汇骨干工作团队。③ 具体操作上，主要是由北京团市委通过政府购买社工服务岗位的方式，委托多家具有专业资质的社工机构进行青少年社工的选派和管理，以社区青年为目标群体，开展个性化、特色化、专业化的服务，并为专职社工规定了详细的工作指标。

为了推进北京青少年社会工作行业的发展，2014年3月，北京团市委主导成立了北京青少年社会工作协会，并于2015年发布了《北京青少年社会工作专职社工职位

① 王新云．我国青少年事务社会工作的地方经验与启示：基于“北上广”地区的实践．青年探索，2017(4)：28－32.

② 王春晖．社区青少年社会工作服务的嵌入模式研究：以北京社区青年汇为例．北京青年研究，2016(3)：92－98.

③ 苏贻堆．青少年事务社会工作对策研究：基于福建工作实践研究．厦门：厦门大学，2013.

设置及薪酬待遇指导标准》，建立了《社区青年汇社会工作服务考核评估指标体系》。

为加强评估与监管，市政府明确了购买服务的方式和工作流程，规范了项目遴选、资金管理、跟踪监督、绩效评估、检查验收等环节的操作方式，确保了政府购买社会工作服务的有序进行。目前这支完全由共青团培养和打造的青少年社工队伍也成为北京市社工专业服务领域规模最大的团队。他们在岗位上既从事专业的社区、小组、个案工作，也积极参与区域化团建等基层共青团工作，是开展基层青年工作的重要力量。

（二）上海：NGO运作为导向的政社合作模式

上海是中国内地最早开始探索青少年社会工作的城市，其标志性事件是2004年成立了民办非企业组织——上海市阳光社区青少年中心（简称“阳光中心”），该中心的成立被视为共青团上海市委员会（以下简称上海团市委）引入专业社会工作实现青少年管理工作的起点。

最初，上海市青少年社会工作以预防和减少青少年犯罪为出发点，以“政府主导推动、社团自主运作、社会多方参与”为总体思路，由政府购买服务，开始青少年社会工作服务本土化、职业化的探索。[①] 在这个过程中，协作统筹机制发挥着重要作用，上海全市27个相关部门都进入“上海市预防青少年违法犯罪专项组”中。从2003年开始，上海在全国率先建立“青少年社工”工作机制，在上海团市委下设了副局级工作机构——上海市社区青少年办公室，负责上海闲散青少年工作。在实务运作上，上海市社区办通过出资购买阳光中心的服务，为本市社区青少年，即16岁～25周岁、无固定工作、没有就学、缺少监管的青少年提供专业的社会服务，所有具体事务交由阳光中心承担，资金主要来源于上海市财政。阳光中心按照市、区、街（镇）三级管理模式分别设立总部、社工站和社工点，目前已建立了一支相当规模的专业青少年社工人才队伍。[②]

为推动社工人才队伍发展，从2015年开始，上海市政府购买社工服务费用从人均每年的6万元调整为8万元，同时明确，到2020年上海每100名常住社区青少年将会得到至少一名青少年社工提供的服务，按每10万名青少年拥有不低于80人青少年社工的比例进行配置，并提出将预防和减少犯罪工作体系内的青少年社工专业服务按150∶1向来沪青少年延伸，这一制度的出台实现了重要突破，进一步增强了队伍的稳定性。[③]

（三）广州：共青团统筹为主的政府购买模式

由于地理位置相邻，广州社会工作的发展受到香港地区深刻、持久的影响。

---

① 费梅苹．上海青少年社会工作专业化发展的十年回顾与展望．青年学报，2014（4）：34-40．

② 周志坚．青少年事务社会工作的本土经验总结及反思：以广州青年地带青少年事务社工试点为例．兰州：兰州大学，2009．

③ 章正．四道加法应对世界性难题：青少年违法犯罪预防专业化探索透视．中国青年报，2016-02-14．

2007年10月，广州被团中央、中央综治办等有关单位确定为全国首批青少年社会工作者试点城市之一。从2008年开始，广州市海珠区开始试点“青年地带”项目，主要为海珠区青少年及其家庭和所在学校提供各种专业社工服务，该项目由海珠区政府和广州市民政局共同出资购买社工服务，共青团海珠区委进行监管，包括资金的发放、配给以及服务效果评价，广州海珠区启创社会工作发展协会承接，形成了“党政主导推动、共青团组织管理、社团自主运作、社会多方参与”的青少年社会工作格局。[①] 2012年结束试点，并在全区和全市范围推广。

广州青少年社会工作的载体主要体现为“青年地带”社区和学校社工站，通过个案的手法服务边缘青少年，通过小组服务建立各种类别的小组，通过社区活动促进青少年的个人成长和发展。在服务理念和服务方式上，“青年地带”参照香港地区综合服务中心以及青少年、老年人专业服务机构的经验做法，将青少年服务的“综合性”与“专业性”相结合，同步开展青少年及家庭个案转介服务。目前，“青年地带”根据不同青少年群体的特点，重点以失学失业、单亲家庭、外来工家庭、残障青少年、亚氏保加症患者、读写障碍六类青少年群体为服务对象，提供精细化、深层次化的专业社工服务，开展了大量的个案服务、小组服务，组织社区活动近4 000场，外展活动2 000余节，截至2015年，累计服务青少年140.3万人次。市、区两级财政共投入2 800万元专项资金作为项目购买服务和管理经费，自筹资金也有346.6万元[②]，是广东省最大青少年社工服务项目，成为共青团参与社会治理创新的品牌项目和共青团服务青少年的专属阵地。

（四） 深圳：以制度创新推进社会工作及人才队伍建设

深圳的社会工作也是在因应经济发展带来的社会矛盾和社会问题时而得到发展的，社会工作主要在其中起到“减震器”和“润滑剂”的作用。2004年，共青团深圳市委员会（以下简称深圳团市委）提出了《我市亟须建立专业化的（青少年）社会工作者队伍》的议案，随后，团市委进一步以青少年社会工作为突破点，安排基层青少年社工队伍赴港考察。2006年年初，深圳团市委在“政府推动、社团领导、社会共建”的联动机制构想下，建立了以“政府推动、民间运作”为特征的社会工作体系，并提出了“义工+社工”的服务模式，同时，在盐田区、龙岗区的五个社区开展“青年社工服务站”的试点工作，并以试点为基础，使得深圳的青少年社会工作得到全面而稳妥的推进。[③]

2006年，人事部与民政部联合印发《社会工作者职业水平评价暂行规定》与《助理社会工作师、社会工作师职业水平考试实施办法》，标志着我国内地社会工作职业地位的确立，这对于青少年社会工作实践的发展起到了极大的推动作用，青少

---

① 周晓耿．政府购买青少年社会工作服务的实践：以广州市海珠区为例．广东外语外贸大学学报，2013（6）：76－80．

② 廖靖文，等．千万“青年地带”获续约．http：//roll.sohu.com/20150807/n418335892.shtml.

③ 张文．深圳青少年社会工作探索与展望．中国青年研究，2007（7）：45－48．

年社会工作开始进入到职业规范的制定阶段，青少年社会工作实务领域开始思考规范操作问题。深圳市正是在此社会背景下开始开展职业社会工作者的考核评价工作。2007年，深圳市出台《中共深圳市委、深圳市人民政府关于加强社会工作人才队伍建设推进社会工作发展的意见》及7个配套文件（简称“1＋7”文件），为深圳社会工作的职业化和专业化发展奠定了制度基础。该文件从制度性层面对社会工作的管理体制、运作机制以及具体操作模式都做出了全面的安排。①

北京、上海、广州、深圳等地区的先试先行为全国青少年社会工作的发展提供了重要经验。2017年，中华人民共和国历史上第一个青年发展规划《中长期青年发展规划（2016—2025年）》的颁布正式明确了青少年社会工作发展的价值、蓝图和路径。当前青少年社会工作的目标就已从补救性拓展到预防性和发展性，人群面向上已从五类重点青少年群体拓展至前者基础上的全人口青少年。② 与此同时，共青团中央联合民政部、财政部制定下发了《关于做好政府购买青少年社会工作服务的意见》，明确了政府购买青少年社会工作服务的指导思想、基本原则、主要目标和主要内容，并列出了政府购买青少年社会工作服务的具体清单。③ 全国爱卫会办公室、共青团中央、中央文明办、民政部、国家卫生计生委联合出台《关于在健康城市健康村镇建设中充分发挥青少年事务社会工作专业人才和青年志愿者作用的通知》，支持各地探索开发专业岗位，促进人才使用。④ 这些政策的出台表明，在制度设计层面，青少年社会工作已经逐步纳入地方社会建设的宏观系统，形成政团社三级合作良好的运作模式，同时注重以管理创新促进发展，强调以社区为本进行青少年服务传输，以项目方式开展青少年品牌服务，实施以预防和发展为导向的服务供给，并在政府、社会以及第三部门之间形成良好的资源动员关系，建立立体多元的服务体系。⑤

复习思考题

1. 什么是青少年社会工作？
2. 简述青少年社会工作的内涵和外延。
3. 结合实际谈谈一名优秀的青少年社会工作者应该具备哪些能力。
4. 西方国家与我国香港地区青少年社会工作的发展对我国内地有什么借鉴意义？

---

① 刘润华．以制度创新推进社会工作及人才队伍建设：深圳社会工作探索//中国社会工作协会．中国社会工作发展报告（1988—2008）．北京：社会科学文献出版社，2009：427－437.

② 张佳华．青少年社会工作：学科、实务与制度建设．青年学报，2015（4）：47－50.

③ 王雷．《关于做好政府购买青少年社会工作服务的意见》的解读．中国社会工作，2017（25）：10－11.

④ 青少年事务社会工作专业人才队伍建设“2020计划”稳步推进．中国共青团，2018（4）：32.

⑤ 王新云．我国青少年事务社会工作的地方经验与启示：基于“北上广”地区的实践．青年探索，2017（4）：28－32.

推荐阅读书目

1. 文军．社区青少年社会工作的国际比较研究．上海：华东理工大学出版社，2006.

2. 陆士桢，李江英，洪江荣．中国青少年社会工作实务案例精选．上海：华东理工大学出版社，2010.

3. 莫拉莱斯，谢弗．社会工作：一体多面的专业．顾东辉，王承思，高建秀，译．上海：上海社会科学院出版社，2006.

4. 卢玮，及晓涵，马玉，等．青少年事务社会工作方法与实务：从广州市海珠区的十年经验出发．北京：社会科学文献出版社，2018.

5. 韩晓燕．正面成长：青少年社会工作案例研究．上海：华东理工大学出版社，2018.

6. SAPIN K. 青少年社会工作基本技巧．赵凌云，陈元元，等译．上海：华东理工大学出版社，2015.

第三章

青少年社会工作价值观与伦理

本章要点

- 青少年社会工作价值观具有普遍性，包括关于青少年的价值观、关于社会的价值观、关于青少年社会工作专业的价值观以及关于青少年社会工作者的价值观四个方面。
- 青少年社会工作的伦理困境主要包括社会控制与自决原则的冲突、父权文化与尊重原则的冲突、家长监护权和保密原则以及隐私权的维护的冲突、青少年利益与其他利益的冲突、有限资源与现实需要的冲突。
- 青少年工作者遇到伦理困境时的抉择层次划分：保护生命（个人参与社会的基本需要）；自主、独立和自由；最小伤害；更好的生活质量；尊重隐私和保密；真诚和毫无保留地公开信息。

关键概念

尊重；接纳；自决；保密；个别化；伦理困境；伦理抉择

第一节　青少年社会工作的价值观与伦理原则

价值在不同的领域有着特定的形态，如社会价值、个人价值、经济价值、文化价值等，其核心概念是对事物的判断标准。价值观则是指一个人对周围事物（包括人、事、物）的意义、重要性的评价以及看法，体现了个体的理想和目标，并将帮助人们认识到自己所追求的目标以及为达到这种目标所采取的手段。

社会工作价值观是社会工作实践的灵魂，也是社会工作者的精神动力。青少年社会工作同样强调价值和伦理的重要性，这一方面是由社会工作专业特征所决定的，另一方面是由青少年这一服务群体自身的特点所决定的。本章主要是对青少年社会工作的价值观、伦理以及伦理困境进行探讨，并且讨论当面对伦理困境时，社会工作者应当如何抉择的问题。

一、社会工作价值观

社会工作是助人的活动，利他性决定了其对特定价值观的信仰和坚持。莫拉莱斯和谢弗（Morales & Sheafor）① 最早将社会工作价值观划分为三个方面进行阐述：(1) 关于个人的价值偏好。个人价值和尊严都是与生俱来的；每个人都有追求更加满意的生活的能力和动机；每个人都对自己和他人负责；每个人都有归属的需要；每个人都不仅有与他人共同的需要，也有独特的需求。(2) 关于社会的价值观。社会应当为每个人的成长以及潜力的实现提供平台和条件；社会应提供资源与服务，以满足人们的需求，并避免衣食住行、教育、医疗条件的匮乏以及歧视等问题的发生；社会应当为每个人提供同等参与社会构建的机会。(3) 社会工作的工具价值。社会工作者相信所有人均受尊敬并应保持尊严，应使人有最大机会决定其生活方向，应协助每个人与他人互动以建立满足所有人需要的社会；相信个人具有独特性而不以刻板印象对待之。

比斯台克（Biestek）于1967年提出的社会工作价值体系包含了九个方面的内容：人的潜能、人的责任、人的权利、人的基本需要、社会功能、社会的责任、社会的权利、个人对社会的责任、人的自我抉择权利。②

2017年修订的《美国社会工作者协会伦理守则》指出社工职业的使命根植于一套核心价值观，其内容包括服务、社会公正、个人的尊严和价值、人类关系的重要性、诚信、能力六个方面。这些核心价值观需要在社会工作者的职业生涯中一直被社会工作者所接受。③

我国学者对社会工作的价值取向做了以下分类。李迎生认为，社会工作的价值取向大致可以分为三个方面：从个人角度出发、从社会角度出发、从个人与社会相结合的角度出发。④ 徐道稳将社会工作的价值取向分为三种：一是作为一种助人活动，其价值取向主要有尊重人的价值、满足人的需要；二是作为一种专业和职业，其价值取向主要有个别化原则、接纳原则、民主自决原则、职业道德原则；三是作为一种福利制度，其价值取向主要有秩序、正义和效益。⑤

二、青少年社会工作价值观

陈世海通过对价值观和社会工作价值观的梳理，从青少年、社会、青少年社会

① 章友德．青少年社会工作．天津：天津大学出版社，2010：7.

② 王思斌．社会工作概论．北京：高等教育出版社，2004：47.

③ NASW. Code of ethics of the National Association of Social Workers. http：//www. doc 88. com/p _ 479114685568. html.

④ 李迎生．社会工作概论．北京：中国人民大学出版社，2004：71.

⑤ 徐道稳．论社会工作的价值取向．求索，2002 (6)：99 - 101.

工作三方面对青少年社会工作价值观做出了归纳[①]；王玉香则完善了相关内容，延伸了对青少年社会工作者的价值观要求[②]。二者的观点总结梳理如下。

（一）关于青少年的价值观

（1）每个青少年都有作为人的尊严和价值，不论贫或富、强或弱、聪明或愚笨、少数或多数、健康或残疾等。

（2）每个青少年都有内在的潜力和动力，能够实现改变和发展。

（3）每个青少年都对自己以及他人、社会负有责任。

（4）青少年需要归属，青少年都有避免孤独的本能，渴望以某种方式在群体或社会中与他人互动。

（5）每个青少年都有人类共同的需求，又有自己独特的需求。虽然每个青少年的生活经历和能力与其他人不同，但在情感上的需求却是共通的。

（二）关于社会的价值观

（1）社会必须提供青少年成长和发展所需的环境和机会，以使每个青少年最大限度地发挥他潜在的能力和价值。

（2）社会必须提供足够的资源和服务来帮助青少年实现自我、满足需求，避免饥饿、教育不足、受歧视、疾病、失业、无住所等问题，努力消除妨碍青少年发挥社会功能的具体社会问题。

（3）社会应为青少年提供平等参与社会的机会。每个青少年都应该被赋予机会参与创造世界，这同时也是他们履行社会职责的契机。

（三）关于青少年社会工作专业的价值观

（1）青少年社会工作应当尊重每一个青少年的尊严和价值，同时相信青少年具有自我的独特性，不能将每个人的特点笼统而呆板地嵌入一种或几种固有的模式之中。

（2）社会工作者追求的是社会正义和青少年群体的福利。

（3）青少年社会工作的主要目标不仅在于青少年自身问题的解决，还在于提高服务对象自身解决问题的能力。

（四）关于青少年社会工作者的价值观

（1）青少年社会工作者应当将专业知识和技巧应用于服务对象。

（2）青少年社会工作者以服务对象的利益为工作目标。

（3）青少年社会工作者应当高标准要求个人行为与专业行为。

---

① 陈世海．青少年社会工作．北京：中国社会出版社，2011：21.

② 王玉香．青少年社会工作．济南：山东人民出版社，2012：98.

三、社会工作伦理

伦理是人们在人际关系方面所持有的价值信念和行为准则，它既包括个人的自我认识，也包括对他人的行为标准。社会工作伦理是社会工作者在开展活动时所应遵循的相关行为规范，是社会工作价值观的具体化。

1997年施行、经历过两次修订的《美国社会工作者协会伦理守则》是结构较完整、内容丰富且具权威性的伦理体系，它包括6个大项51个小项，以此为根据，社会工作的专业伦理按不同对象可划分为以下六方面的内容。

（1）社会工作者对服务对象的伦理责任，主要包括：对当事人的承诺、自决、知情情况下的授权、文化能力以及社会多元化、利益冲突、隐私和保密、获取记录等。

（2）社会工作者对同事的伦理责任，主要包括：尊重、保密、跨学科合作、涉及同事的争议等。

（3）社会工作者对工作机构的伦理责任，主要包括：督导和咨询、教育和培训、坚持并促进专业评估和专业研究等。

（4）社会工作者作为专业人员的伦理责任，主要包括：能力和专业发展，不做超越自己能力和机构权利之事，正确对待荣誉、损伤以及误解等。

（5）社会工作者对社会工作专业的伦理责任，主要包括：专业的完整性、评估和研究等。

（6）社会工作者对全社会的伦理责任，主要包括：积极参与公共事务、参与社会和政治活动、促进社会公平和正义、协助解决公共紧急事务、尊重多元文化、推动民众参与社会政治活动。①

知识窗

不可接受的青少年社会工作者的行为

在大多数组织中，如下活动在工作时间内是不可接受的：

- 故意、明知或因疏忽未能遵守相关的法律或组织政策。
- 为了个人或经济利益，对青少年和其他社会成员施加不当影响。
- 在药物或酒精的影响下开展青少年社会工作活动。
- 轻浮的举止、挑逗性的着装或两性亲密关系。
- 对个别青少年的优惠待遇或特别照顾。

很多组织也会说明工作时间以外无法接受的“道德不宜”的做法，例如：

- 参与非法活动，特别是与法律意义上的“未成年人”发生的任何性行为。

① 多戈夫，等．社会工作伦理：实务工作指南．隋玉杰，译．北京：中国人民大学出版社，2005：246-261.

● 在公共场合醉酒或从事其他危险行为，特别是将这类信息公布在青少年能够访问的社交网站上。

资料来源：SAPIN K. 青少年社会工作基本技巧．赵凌云，陈元元，等译．上海：华东理工大学出版社，2015：28.

四、青少年社会工作伦理

青少年社会工作伦理是社会工作伦理在青少年领域的具体化操作指南，罗肖泉认为，针对青少年人群的特征及需求，青少年社会工作者应当本着保护、权利、主体性、发展性、关爱等伦理原则开展对青少年的帮扶工作。①

保护原则是指社会工作者要保护青少年免受歧视、剥削、酷刑、虐待或疏于照料的伤害，保护青少年免受心理和精神上的伤害，为他们的健康成长创造条件。权利原则是指应当正确认识青少年作为人类的一分子和社会的未来所拥有的基本人权（生存权、发展权、参与权）和各项特殊权利（受保护权），并依照一系列相关法律法规积极采取措施保护青少年的权益。主体性原则是指将青少年作为社会工作的主体来看待，尊重青少年的自主性和独立性，承认青少年的复杂性和个性化，正视青少年的失误和潜能，倡导在工作者和青少年之间建立平等和谐的关系，尽量减少强加给青少年来自成人的压制和不合理的待遇。发展性原则要求社会工作者用发展的眼光看待青少年，本着发展的观念对青少年进行教育引导，不能对问题青少年产生厌弃心理，不能仅用"已有的"或"我们的"价值观评价青少年，也不能强加全部现行价值观给他们。容忍青少年因为不成熟可能犯的错误，容许他们在曲折中历练自己，容许他们在法律许可的范围之内有一些不合常规的行为，让他们在成长的过程中自己学会辨别这些行为是否可取。关爱原则是指社会工作者应该以客观公正的态度看待他们，用真诚的关心和爱护化解青少年心中的不满，修复他们心灵的创伤，改变他们扭曲的行为。

在实务操作层面，青少年社会工作尤其要注重的基本价值和伦理准则是：尊重与接纳、服务对象的自决、保密、个别化。

（一）尊重与接纳

尊重个体与生俱来的个人价值与尊严是社会工作服务的基本条件。青少年渴望被他人当作成年人来看待，同时也渴望享有成年人的权利，因此在这个阶段对他人是否尊重自己最为敏感。社会工作者应当尽量避免以指导者或者控制者的身份来面对青少年，要将青少年视为与工作者地位平等的个体，以真诚的方式与其进行沟通和交流。

接纳则是指社会工作者能够真正理解服务对象的优缺点，他的适宜和不适宜的

① 罗肖泉．青少年社会工作伦理议题．社会工作，2007（1）：15－19.

品质，他的正面和负面感受，使服务对象感到安全，以帮助服务对象从自我防卫中解脱出来。接纳对于有偏差行为的青少年尤其重要。对于那些看似与社会规范格格不入的青少年，应以尊重为前提，以接纳为立场，这便表明社会工作者不仅承认了他们的存在，也承认了他们所拥有的发展潜力和改变现状的能力。

（二）服务对象的自决

社会工作者尊重每一个服务对象的价值和尊严，承认他们都有自我实现和发展的潜能，这就决定了社会工作者应该尊重服务对象自己的选择。自决原则就是指服务对象有自我决定的权利，意味着服务对象是主要的问题解决者。社会工作者应帮助服务对象去认识他能利用的相关资源，使服务对象明了各种不同选择的可能性，了解各种选择可能带来的影响和后果，确保服务对象的决定是经过充分考虑后做出的。

但自决原则并不意味着社会工作者完全没有权利去干预工作对象的决定，尤其是当服务对象的行为侵犯他人权利，以及服务对象的生理和心理状况不适合做决定时。对于青少年服务对象自决这一操作守则，不同学者也有不同的观点：有学者主张青少年身心发展并不成熟，应对青少年案主自决进行一定的限制，由其监护人代替做决定；有学者认为青少年实现自决权利不应受到年龄的限制和制约，建议给予青少年完全自决的权利；还有学者认为只要青少年有自决意志和能力并且其自决的方向和后果对自己和他人无害，其自决的权利就应受到充分尊重。社会工作者在实务过程中应当相信青少年有潜力去解决问题，社会工作者应当以辅助的方式和青少年一起探讨和寻求解决问题的方法，帮助青少年更好地认识自我和他人，并协助青少年发现自己潜在的能力与发展的空间，促进青少年养成主动自发的好习惯。

（三）保密

保密原则要求社会工作者保守在助人过程中服务对象透露的秘密，这一原则是社会工作者与服务对象之间建立信任和良好专业关系的核心。青少年大多不希望自己的真实想法和行为被多人知晓，保密原则能更好地建立与维持青少年对社会工作者的信任关系。

但绝对保密很难实现，社会工作者也应事先告诉服务对象，在特定情况下保密是有限制的。若发生以下状况之一，社会工作者可以考虑放弃保密原则，将相关信息进行适当披露，或协助青少年认识到问题的严重性，主动告知相关部门或他人：第一，服务对象面临生命威胁或处于生死边缘时；第二，服务对象的行为违反了法律，卷入违法事件时；第三，服务对象有犯罪意向，可能会危及他人或危害社会利益等时；第四，服务对象由于生理或心理等原因导致行为过激时。[①] 当然，社会工

① 王玉香．青少年社会工作．济南：山东人民出版社，2012：101.

作者在实务过程中可能会面临更为复杂的情境，青少年社会工作者对所面临的状况做出判断要坚持谨慎的态度，以决定是否有足够理由放弃保密原则。

批判性思考问题：

除了这些情况，你认为还有哪些情况下社会工作者应该放弃保密原则？

（四）个别化

个别化是指青少年社会工作者把每个服务对象（包括个体、家庭、社区、群体等）都看作与众不同的，有自己的独特感受和独特情境，有自己独特的经历、要求等，每个青少年都有权利和机会去发展自己的个性。社会工作者应该尊重和适应服务对象的个性差异，不能用一般或者统一的服务模式去应对青少年们独特的需求。

第二节　青少年社会工作的伦理困境

青少年社会工作者在实务过程中会遇到一些难以把握和处理的伦理困境。在困境中，社会工作者应当怎样遵循专业化的伦理要求？在一些特定的情境中，社会工作者如何才能不违背伦理？由于社会工作伦理守则无法覆盖实务工作中的每一种实际状况，因而容易造成社会工作者理念上的困惑，使其受到消极因素的影响。这是每一个社会工作者都要面临的问题。社会工作实务中的伦理困境和伦理抉择体现在社会工作实务过程的各个方面。

一、社会工作实务中的伦理困境

社会工作实务中的伦理困境指的是社会工作者在实际工作中所面临的带有伦理特性的困难或问题。对于社会工作者而言，在实务中遭遇伦理困境难以避免，他们往往会因此陷入两难，仅靠专业知识和技术无法做出抉择，还需要对社会、专业以及服务对象高度的道德责任感。

究其根本，伦理困境发源于价值观的冲突。首先，在一般情况下，社会工作者会面临五种不同的价值观：社会价值观、社会工作专业价值观、服务对象的价值观、所属服务机构的价值观以及社会工作者自身的价值观。这五种价值观可能存在冲突，甚至专业价值观内部也可能存在着某种程度上的冲突。其次，伦理与价值存在着历史、地域、发展阶段上的差异。社会工作专业价值观源于西方，在东方传统文化体系下必然存在“水土不服”的现象。而在不同的历史发展阶段，权利和优先权也不断地被重新定义并予以排序，这些变化本身就会产生一些伦理问题。

目前对伦理困境的类型划分并没有一个统一的标准，本书在借鉴国内外已有研究的基础上，梳理了青少年社会工作者在实务领域中所面对的不同伦理困境的类型。当然，这种划分只是理论层次上的，而在社会工作实践中，很多伦理困境的类型是重合的。

（一）按照成因来划分

罗肖泉按照伦理困境的成因将社会工作伦理划分为五种类型：目标冲突导致的伦理困境、忠诚冲突导致的伦理困境、责任冲突导致的伦理困境、角色冲突导致的伦理困境和利益冲突导致的伦理困境。[①]

1. 目标冲突导致的伦理困境

社会工作者最基本的目标是协助有需要的人，并对社会问题予以关注及采取相应的行动。这意味着社会工作者既要关注个人福利，也要关注社会问题、维护社会利益。由此所导致的伦理困境是：当困难群体的福利与健康群体的福利发生冲突时、个人自由与社会控制发生冲突时、个案工作与社会运动发生冲突时，社会工作者应当做出怎样的抉择？

2. 忠诚冲突导致的伦理困境

社会工作者的忠诚对象是多元的，要同时忠于服务对象、雇主、社会机构、职业以及整个社会，而当这些不同的服务对象的利益有所冲突时，社会工作者应该做出怎样的选择？例如，当服务对象与机构的利益发生冲突时，社会工作者是忠于服务对象还是机构？

3. 责任冲突导致的伦理困境

洛文伯格和多戈夫（Loewenberg & Dolgoff）指出，社会工作伦理困境产生于社会工作者已接受的两个职责矛盾：一是当服务对象提出确保或增进个人福利要求时，社会工作者有提供职业帮助的职责；二是不得干涉服务对象自由决策的职责。[②]社会工作者既要运用专业知识和技巧帮助服务对象解决问题，也要充分注重服务对象的自决权；但是当服务对象的自由决策所导致的后果可能不利于服务对象自身利益时，社会工作者应当运用专业知识去干预服务对象的自我决定吗？[③] 例如，当服务对象要对虐待他的家长忍气吞声时，社会工作者基于对服务对象利益与安全的考虑，是否要说服他改变决定？

4. 角色冲突导致的伦理困境

一方面，社会工作者在实践中往往扮演着不同的角色，每个角色都有着独特的义务与角色期待。社会赋予社会工作者的责任是通过对青少年的工作实现社会控制，专业则要求社会工作者作为青少年利益的代表为他们争取利益，那么社会工作者应当首先承担何种角色，社会控制者还是福利输送者？二者之间的关系如何协调？另一方面，社会工作者自身作为“社会人”承担着社会工作者、儿女、父母等多重角色，尤其我国社会工作者的工作性质特殊，一线社工需要付出大量的时间和

---

① 罗肖泉．社会工作实务中的伦理困境．广西社会科学，2003，99（9）：37－40．

② 多戈夫，等．社会工作伦理：实务工作指南．隋玉杰，译．北京：中国人民大学出版社，2005：53．

③ 王思斌．社会工作概论．2版．北京：高等教育出版社，2006：89．

精力，如何选择和安排自己的角色同样可能陷入两难的局面。

案 例

我介入了一个刚出狱青少年的高密度监控项目。作为一个青少年社会工作者，我被认为是接触这些年轻人的理想人选，我认识他们，并在监狱中见过他们，我知道他们的遭遇。他们在过去的三个月与我定期约谈，已走上正常轨道。我像他们的哥哥一样。他们出狱后，没有什么能够帮助他们。他们失去了家庭和住处。如果下次被捕，那将会是重犯或面临成人监禁。他们需要有人将他们带入正确的轨道。这是最后的机会。我知道这和青少年社会工作并不完全相同，但是我知道用哪些技巧能跟这些年轻人打交道。他们不可能蒙蔽我的眼睛。因此，当我和他们谈论他们如果选择做某些事情并可能导致什么结果时，他们能够意识到与我约谈是有必要的。他们可以自己选择来和我约谈，或者回到监狱。我试图以这种方式使这一项目更类似青少年社会工作。他们来见我的时候，可以自己选择交谈的话题，并决定是否加入这一话题的讨论。不幸的是，我对于文案工作方面的内容没有发言权，但这有时也会有点帮助。我告诉这些年轻人，看，如果你们不参加约谈环节，文案记载反映的情况就会严重，你们也会因此重返监狱。这给予他们一个形式，他们知道事情的进展，也知道我会公平地对待他们。

资料来源：SAPIN K. 青少年社会工作基本技巧 . 赵凌云，陈元元，等译 . 上海：华东理工大学出版社，2015：40－41.

5. 利益冲突导致的伦理困境

社会工作者的日常工作往往影响到不同群体的利益。为了保护一位服务对象，社会工作者可能会牺牲自身的利益，也可能牺牲其他服务对象的利益；为了增加服务对象的福利，社会工作者可能要去呼吁社会制度的改革或完善；为了保持职业的纯洁性，社会工作者也可能要面对同事所带来的抉择挑战：如果同事有违背职业伦理和道德的状况出现，是纠正还是沉默？面对种种复杂的情形，社会工作者究竟要如何抉择？

（二）从决策和结构性的角度来划分

我国台湾学者徐震将社会工作伦理守则分为“消极义务”和“积极义务”两部分。在消极义务中，有一部分社会工作伦理是明确规定的，社会工作者自当遵循；有一部分是规定不明确的，这时便可能对实务工作的推进造成一些困难。积极义务可能会与消极义务中不明确的部分相冲突，由此而见，社会工作者的伦理困境也可以源于以下几个方面。①

① 徐震 . 专业伦理与社工伦理//王永慈，等 . 社会工作伦理：应用与省思 . 台北：辅仁大学出版社，2002：11－13.

1. 决策困境

决策困境，是指社工专业伦理中不明确或无法明确的部分所带来的决策问题。青少年社会工作实务中常见的伦理决策困境如下。

（1）保密与泄密：若青少年告诉社会工作者“在谋划报复某一位同学”，社会工作者便因此而陷入保密与服务对象可能造成他人伤害之间的两难境地。

（2）自决权与尊重：青少年的自由应不被干涉，工作者当持有“不批评”的态度；但是当青少年因能力与经验的限制而需要协助时，工作者应当为其提供目标或行为上的选择。

（3）自由意志和环境：青少年的行为是出于自己的自由意志还是受到了当时环境的影响才做出的，这对社会工作者而言，是选择协助方式的判断标准之一。如果是由其自由意志所影响的，社会工作者会采取个体治疗的方案；若个体行为背后有着深刻的环境原因，那么社会工作者有必要着手于青少年所处环境系统的改变。

（4）协助的方式和选择：若社会工作者以“青少年的发展”为目标，便不会考虑资源与时间的使用；若是以“青少年问题的解决”为目标，则会看重结果，考虑资源与时间的成本。

2. 结构困境

结构困境是指消极义务与积极义务之间的冲突所造就的困境，主要体现在以下四个方面。

（1）弱势个体与强势社会的冲突：社会工作者应当代表弱势个体发声，推动与强势社会的谈判或协调，由于工作者既要维护个体利益又要维护社会正义，当二者发生冲突时，社会工作者便陷入抉择的困境。

（2）服务对象与科层体制之间的矛盾：我国社会工作尚处于起始阶段，往往会以机构的利益需求代替服务对象的利益诉求。在科层体制中，很难把握控制与照顾之间的平衡，行政效率的位置往往被移到道德责任之上。

（3）专业化伦理与个人伦理之间的差异：在具体的服务对象层面，个人伦理与社会工作者遵守的专业伦理不一定吻合。

（4）西方经验与本土文化的差异：根植于西方文化体系下的专业社会工作伦理不可能完美地适用于本土情境，所以如何协调文化理念之间的差异，如何取得青少年服务对象的理解和配合，也是社会工作者所要面对的难题。

二、青少年社会工作实务中的伦理困境

在青少年社会工作中，社会工作服务者通常情况下会面临以下几个方面的伦理困境。

（一）社会控制与自决原则的冲突

自决原则原本就存在限制，一方面，当服务对象的决定将直接影响社会工作者

的服务时，社会工作者有必要根据工作情况调整对服务对象的服务方案以便更有效地提高服务效率；另一方面，当服务对象的决定危害到社会或其他人的利益时，社会工作者应当进行必要的干预以维护社会整体的利益。

由于青少年缺乏社会经验，自决原则也要依具体情况而有所限制。从青少年这个特别的成长阶段来看，他们充满个性、渴望自由、具有反叛心理，但社会赋予青少年社会工作者的主要责任是将青少年尤其是问题青少年的行为控制在社会许可范围内[①]，这一责任与青少年的“自决”通常会产生冲突。那么社会工作者应该引导青少年走个性化道路还是努力促成其主流化？

批判性思考问题：

要求青少年符合成人建构的规范是青少年社会化的必经之路吗？

（二） 父权文化与尊重原则的冲突

世界文化中普遍存在着父权主义，而根植在儒家文化体系下的东方国度在这方面更加凸显。父权主义本质上是一种下对上服从的等级化思想，这种思想在日常生活具体体现为成年人对未成年人控制权的取得并以权威者的姿态看待青少年。父权文化重视等级、身份，要求言传身教式的教育方式，认为青少年在尚未成熟时需要长辈予以指导、教育甚至控制。大部分的青少年社会工作者自己也是在这种观念和环境下成长起来的，往往也会在不知不觉中拥有这种情结，并在工作中运用专业权威，以一种指导甚至控制的姿态来帮助青少年解决问题。青少年社会工作者能否真的做到平等与尊重，也对社会工作者的专业伦理提出了挑战。

（三） 家长监护权和保密原则以及隐私权的维护的冲突

在遵循保密原则时，青少年社会工作者也会面临诸多挑战。中国传统文化强调人际互动，在家庭中，青少年的隐私权往往并不被父母所重视。在对服务对象的隐私信息进行保密处理时，最为常见的一种状况是，父母要求社会工作者告知与服务对象的会谈内容和信息。家长享有的合理、合法监护权往往使他们拥有对孩子行为的知情权，面对他们的请求，社会工作者如何维护青少年的“隐私权”？当青少年面临的问题（例如意外怀孕或身体伤害）要借助家庭才能真正解决时，社会工作者判断青少年的哪些秘密应当让家长知道的依据是什么？这些秘密由谁向家长透露更合适，孩子自己还是工作者？工作者在透露这些秘密时是否一定要得到青少年的许可？

（四） 青少年利益与其他利益的冲突

“谁才是服务对象”是社会工作者经常要面临的困惑，青少年社会工作者尤甚。面向青少年的社会工作服务通常无法回避与家长的接触，家长甚至是作为“雇主”

---

① 罗肖泉．青少年社会工作伦理议题．社会工作，2007（1）：15－19．

与社会工作者接触；但家长对社会工作者提出的要求与服务对象的需求有冲突时，社会工作者应该首先满足谁的需求，照顾谁的利益？

另一方面，社会、学校、机构对社会工作者有多元的期待，当这些期待与青少年的利益发生冲突时，工作者能否坚持“以青少年为中心”？

知识窗

目标导向与“以青少年为中心”的服务

我理解青少年服务应该证明自己是能够让青少年成功达到某种目标的。有些目标，尤其是记录在案的且得到公众认可的结果，是提升服务标准的良好途径。但是目标导向文化的缺陷也是显而易见的。我认为过多地强调要达成服务目标会使实务工作者受到限制。我希望当自己和青少年一起工作时能够完全聚焦于青少年自身和他们的发展，而不是从工作一开始就想着要达成什么目标。（来自一名英国社会工作者的分享）

社会工作者应该如何面对目标导向的文化，Michael Whelan（2010）给出以下建议[①]：将既定的目标调整为开放的目标；强调青少年服务对象的自愿参与而非强制参与；尽量以青少年的体验和眼光来看待世界。同时社会工作者需要理解和接受提供数据和结果对青少年社会工作发展的重要性，这并不仅仅是为了达成目标。社会工作者至少可以因为以下几个积极的原因提供社会工作介入结果：（1）为了青少年群体的利益；（2）为了促进未来服务的改善；（3）为了获得公众的信任。

（五）有限资源与现实需要的冲突[②]

在有限资源下，社会工作者面临的一个问题就是服务对象的优先选择。对于正常发展的青少年、残疾青少年、流浪儿童等不同群体是否可以取得优先服务？单从效率来看，与特殊青少年群体相比，投入正常青少年群体中的成本与时间可能会相对较少，而且效果可能更加明显，因此正常青少年应当获得优先权。但是，从公平的角度看，在资源既定的状态下，某一部分青少年群体争取到更多的资源时，相应地就会挤压其他青少年群体获得资源的空间，资源分配以效率为主还是以公平为准？

在资源使用上，是以服务对象的需求为本来开展业务还是以资源的预算安排来“配额”资源？若以服务对象的需求为本，可能在长时间内机构资源被侵占的份额较大；若以机构有限资源做预算从而“配额”安排服务，可能在对应资源耗尽时服务对象的问题还尚未解决，又影响到了服务效果。因此，对于机构与社会工作者来说，在有限资源下不得不考虑机构资源的有限性，而这样可能使得青少年的需求得不到最大限度的满足。

① BATSLEER J，DAVIES B. What is youth work. Surprise：Learning Matters，2010：57-58.

② 王玉香．青少年社会工作．济南：山东人民出版社，2012：108.

三、面临伦理困境时的抉择

对从事青少年社会工作的人来说，经常会面临价值观之间难以取舍的困境，这时我们会在伦理道德范围内不断考虑“当以何为重”。不同国家的伦理原则均在一定程度上与社会工作者的基本价值观一致，这体现了普遍主义。但由于文化背景、生活方式、生活目标以及个人价值取向的不同，自然也不存在唯一正确的伦理规范，因此伦理冲突时常出现在社会工作者的实践中，而学者提出的伦理原则的等级次序则能在一定程度上帮助社会工作者做出伦理决定。例如，洛文伯格和多戈夫提出的伦理原则的等级次序就为我们提供了一种参考模式，该模式强调在价值观相互冲突的状态下，社会工作者应当遵循等级次序中排序位置靠前的原则。洛文伯格和多戈夫提出的伦理原则的等级次序的具体内容大致如下：

第一，保护生命（个人参与社会的基本需要）：这一原则适用于所有人，既适用于保护当事人的生命，也适用于保护所有其他人的生命。这一原则高于其他所有原则。

第二，平等与差别平等：这一原则提出所有人在相同的条件下应该得到同样的对待，即同等情况下有权得到平等对待。

第三，自主、独立和自由：社会工作者的工作性质决定了应当培养个人的自决、自主、独立和自由，同时不能超越自己或其他人的生命权或生存权。

第四，最小伤害：当面临的困境有造成伤害的可能性时，社会工作者应该避免或防止这样的伤害；当伤害不可避免时，社会工作者要努力使伤害最小化。

第五，更好的生活质量：社会工作者选择的方案应该推动所有人，包括推动个人以及社区公众获得更好的生活质量。

第六，尊重隐私和保密：社会工作者的实际工作决定了应该尊重每个人的隐私权神圣不可侵犯。但如果披露信息能够防止对他人造成严重暴力伤害，保密就不是神圣不可侵犯的。

第七，真诚和毫无保留地公开信息：社会工作者的实际工作决定了应该保持真诚，向当事人和其他人充分披露所有相关信息。①

当然这一伦理困境抉择参考模式并不是唯一的模式，也不应该是唯一的模式，因为应对青少年社会工作伦理困境不应该有固定模式。许多青少年社会工作实务中包含着伦理的选择，这意味着社会工作者的行为不能仅仅依靠实务技巧，还要建立在一定的理论以及价值假设之上。在面对伦理困境时，社会工作者要分析伦理困境中涉及的伦理问题，厘清其中的价值冲突，明确社会工作者在其中扮演的角色以便得出多种可能的解决方案。通常伦理困境可以有多种解决方案，但各个方案的利弊与可能造成的影响则需要社会工作者的进一步评估。最终选择具体方案做出伦理抉择后还需要对抉择的效果进行反思。社会工作者在“当时当地”面临伦理困境时也要发挥自己的“实践智慧”。集体研讨、学术研讨、通案处理和案例分析就是一些

---

① 多戈夫，等．社会工作伦理：实务工作指南．隋玉杰，译．北京：中国人民大学出版社，2005：59.

“实践智慧”。[1] 对抉择进行反思与总结也有利于“实践智慧”的积累。

社会工作伦理被认为是社会工作这个职业的一个重要特征，1994 年有学者提出伦理应该是社会工作职业的核心特征，是伦理使得社会工作成为一种职业。尽管伦理感兴趣的议题往往与实务不太一致，但是伦理的思考路径是非常有用的。

作为职业的青少年社会工作的核心伦理，社会公正、赋权以及包容等是青少年社会工作伦理不可避免的议题。贫穷、无家可归、暴力、毁灭性的药物滥用等问题不是技术问题，不是要等待提高技巧来解决它们，从更深层次来说，这是道德议题。

案 例

14 岁的秋思患上了厌食症，已经变得骨瘦如柴，但仍执拗地不肯吃东西。她瘦弱的四肢让人担心她会随时骨折。秋思生活在一个大家庭中，爸爸妈妈忙于开中医诊所，秋思不上学的时间多半与爷爷奶奶、叔叔婶婶在一起。她叔叔有精神病，经常打骂秋思。尽管有爷爷奶奶的保护，但秋思长期心情不愉快，慢慢地就变得不爱吃东西了。直到最近，妈妈发现女儿不来月经，大把地掉头发，才意识到问题的严重性。秋思一家开始寻求社工的帮助。不过，秋思每一次都是勉强到场，体重增加缓慢。终于有一次，社会工作者接到医院的通知：秋思妈妈致电表示不来治疗了。怎么办？按照“尊重受助者自决权”的原则，社会工作者就不应该再打扰人家了。不过，如果没有专业帮助，孩子可能就毁了。

此时，社会工作者面临着自决与他决的伦理抉择困境：他们既要尊重案主自决权，又要保护服务对象的生命安全。如果这个家庭终止接受专业服务，那么孩子的生命将非常危险。于是社会工作者将这个情况与其导师讨论，最后一致认为他们应该协助家庭做合理的决定，而不是无条件地接受家庭的任何决定。以下是社会工作者与案主妈妈的一部分对话。

社会工作者：“如果不用我们的专业服务，你和你丈夫可以帮助女儿康复吗？”

秋思妈妈：“不能。”

社会工作者：“所以，当听说你们不来时，马教授和我都非常担心，因为很多根本性的问题都没有解决。如果你们不能继续治疗，我们担心孩子的情况越来越差，最终会没命的。你愿意这样吗？”

社会工作者：“你们有权力决定是不是来见我们，但是作为帮助你们的专业人员，我们有责任告诉你们来与不来的后果，否则就是对不起你们。当然，无论如何，我们都会尊重你们的任何决定。”

秋思妈妈：“非常感谢你们的认真负责，我不愿意看到女儿死去，不过看女儿那么可怜，我们不想再给她压力。”

社会工作者：“假如你的女儿走在马路上，迎面开来一辆汽车，就要撞到你女儿，可是你女儿并没有意识到，你是由着她继续走下去，还是不由分说地拉住她？”

秋思妈妈坚定地说：“我明白该怎么做了。”

最后秋思妈妈经过考虑，接受了社会工作者的建议和意见，说服秋思继续接受

---

① 顾东辉．社会工作伦理：视角、困境与应对．中国社会导刊，2008（6）：29.

治疗。半年后，秋思告别了厌食症。

资料来源：龙迪．说“不”也是关爱．中国社会导刊，2008（4）：31. 选作案例时为适合表述略有改动。

复习思考题

1. 什么是社会工作伦理价值观？青少年社会工作价值观有哪些主要内容？

2. 青少年社会工作者在实务过程中可能会遇到哪些伦理困境？导致这些困境的原因何在？

3. 青少年社会工作价值观与伦理对青少年社会工作实务有哪些影响？

4. 青少年社会工作者在实务过程中进行伦理抉择的原则有哪些？

5. 阅读以下案例，分析该案例中的社会工作者面临着哪些伦理抉择。你认为应该如何面对可能遭遇的伦理困境？

小惠，17 岁，在深圳市某区高中就读，2011 年 10 月 22 日下午，主动来到驻学校的社工机构的服务咨询室。她自称和男友交往已经一年半了，最近发现男友总是莫名其妙地猜忌她，而且男友的性格越来越孤僻和冷漠，最近这些天他的行为变本加厉，午休的时候都要到她宿舍楼下喊她出来，总是和她说一些不要与其他男生交往等的事情，而且还总去找与她同班的其他女生打听她今天做了什么，结果闹得满城风雨，老师和父母都知道了她恋爱的事情。她父母知道后很是生气，要她和她男友分手。虽然小惠也觉得男友对她非常好，但是他的性情很不稳定，而且迫于学业和家庭的压力，她最终向男友提出了分手。结果男友反应特别强烈，从最初的渴求到后来进行要挟。小惠感到很害怕，一方面她自己确实有些愧疚，因为男友对她很好，可是她感觉似乎没有自己的私人空间了；另一方面，她自己也害怕他会伤害自己，由于他们已发生过性关系，她害怕男友报复，所以她认为绝对不能让家里和学校知道他们初尝“禁果”的事情。

推荐阅读书目

1. 多戈夫，等．社会工作伦理：实务工作指南．隋玉杰，译．北京：中国人民大学出版社，2005.

2. 徐震．专业伦理和社工伦理//王永慈，等．社会工作伦理：应用与省思．台北：辅仁大学出版社，2002.

3. 罗肖泉．青少年社会工作伦理议题．社会工作，2007（1）：15－19.

4. 陈家琪．《社会工作伦理》教学的几个问题．社会工作（学术版），2011（2）：29－31.

5. 沈黎．本土社会工作实务的伦理困境与伦理抉择：基于上海青少年社会工作实践的质性研究．社会工作，2012（2）：25－30.

6. 顾东辉．社会工作伦理：视角、困境与应对．中国社会导刊，2008（6）：29.

第四章

青少年社会工作相关理论

本章要点

- 皮亚杰、弗洛伊德、华生、斯金纳、班杜拉等人从认知发展、人格发展、社会环境影响以及个体学习、道德发展等方面分析了青少年心理特征形成的途径与过程。
- 青少年时期对人生发展影响比较大的社会发展事件是社会价值观的确立。在这一阶段，青少年社会价值观的形成受到亲子关系、同伴群体、社会角色期待、社会规范以及社会支持网络等方面的影响。
- 建构主义强调青少年是社会建构的产物，实务工作者应更多地考虑青少年案主的生活情景，倾听他们的声音。发展社会工作则聚焦于权力，关注社会资本，以案主自身的成长和社会的发展为实务目标。

关键概念

同伴认同；角色扮演；社会化；社会支持；建构社会工作；发展社会工作

青少年社会工作理论是建立在生理学、心理学及社会学基础上，从青少年的需要、发展、社会化以及社会支持等角度，解释和回答产生青少年成长危机、社会问题的原因，提出解决方法的一整套具有内在逻辑联系的知识体系，对青少年社会工作价值伦理和工作模式的选择具有重要的指导意义。①

第一节　生理学相关理论

青少年时期在人的生命周期中是一个比较特殊的阶段，主要表现在青少年身体

① 章友德．青少年社会工作．天津：天津大学出版社，2010：28.

发育上的巨变。生理的发展是青少年诸多发展中最为显著的方面，同时，生理性发展也是青少年其他发展及发展问题产生的起因和源头。发展是青少年的本质，发展是个人持续一生的现象，尤其在青少年时期，发展最为明显。发展性是青少年的本质特征之一。在一个阶段发展完成后向另一个新的阶段过渡的中间期，已有的精神体系缺乏其解决问题的有效性，而新的精神体系尚未完全构成，个体的成长、成熟会遇到各种困难，因而这一时期也是各种各样的心理不适应问题和障碍容易出现的时期。学习有关的生物学理论，有助于我们了解、认识青少年发展的规律，科学地认识、判断青少年问题产生的生物学根源。

一、生物进化论和复演论

生物进化论和复演论的代表人物分别为达尔文和霍尔（G. S. Hall）。依据生物进化论的观点，青少年行为是环境的产物，他们的发展会受到环境的制约。霍尔是进化论的坚定拥护者，并在进化论的基础上发展出复演论，认为个体发展包含四个阶段：婴儿期、儿童期、少年期、青少年期。

（一）达尔文的进化论

达尔文提出了进化论的观点，他在1859年出版了《物种起源》一书。达尔文的基本假定是，任何特定的物种在其物理和行为特征上都呈现出变异，这些物种都倾向于不断繁殖，结果自然无法承受更多的后代，这样物种之间和物种内部就展开了彼此的竞争，其中一些物种能够争取到资源并且维护其资源，而无适应能力和竞争能力的物种就不可能生存繁衍。

达尔文的进化论观点在当时触动了宗教观中关于上帝创造了人这一基础，而进化论的更深层的意义远超于此。进化论不仅仅是一个关于生物物种的理论，还是可以涉及更深远、更广大的关于整个人类及其处境的一种解释。

达尔文所处的时代，资本主义生产方式已经基本建立，这种新型的生产方式已经彻底地改变了人类社会，资产阶级所倡导的自由、平等、博爱的观念普遍为社会所接受，在农业社会中的森严的等级制度彻底瓦解了，取而代之的是资本主义社会的民主政治和法律上的平等。然而这种平等的法律制度是建立在私有财产的不平等基础上的，并不是一种真正意义上的平等，这种形式上的人人平等只不过是实质上的人与人之间的不平等的外壳而已。由于私有制的存在，人一出生就有了财产上的不平等，这种财产上的不平等又会带来相应的一系列的法律和民主参与上的不平等，所以最终人是不平等的。

批判性思考问题：

你是否认同这种有关不平等的来源的解释？

达尔文正是在这样的时代提出了进化理论。他的进化论强调环境对人的决定作用，这就是“自然选择”“适者生存”。人固然在这个世界上享有绝对尊严、绝对价值，人的理性也使人超越于其他任何一种动物而成为这个世界上拥有绝对价值并不同于其他动物的物种。在拥有绝对尊严和绝对价值这一点上，所有人都是一样的，只要他是人，他就有了绝对的价值。然而达尔文的理论指出了人的有限性，认为人只不过是生物进化过程中出现的一个物种而已，人同其他动物一样，人甚至也是从动物进化而来的。环境在整个进化过程中才处于一种绝对的地位，在世界不断向前进化这个绝对事实面前，人并不是完全可以由自己意愿控制的，人也不过是被环境决定的一个物种而已。正是因为达尔文的这些观点从生物学角度证明了人的不平等性和有限性，进化论在当时受到了正统理论的打压。但进化论确实给当时的社会以及后来的整个 20 世纪都带来了深远影响。

除了生物学领域，进化论还在其他许多领域如社会学、文化学、心理学等学科中有更多的更深入的研究。在青少年社会工作中，进化论也同样给了我们一种基本的观念，那就是，青少年行为也是环境的产物，他们的发展是受到环境制约的。青少年社会工作的任务有两个方向：一个是宏观的方向，即改变青少年所处的环境，包括他们成长的小环境——家庭和社区以及学校，还有大的环境，就是社会；另一个方向即帮助青少年去适应他们所处的社会环境，不断提高他们的社会适应能力，促进他们在特定的社会环境中的发展能力。①

（二）复演论

达尔文的进化论还推动了许多相关理论的发展，其中复演论是对行为个体的发展过程展开的研究。被称为青少年研究鼻祖的霍尔是进化论的坚定拥护者，他的理论代表着青少年理论中复演论的顶峰。

复演论认为个体发展包含四个阶段：婴儿期、儿童期、少年期、青少年期。这是人类祖先由原始社会进化到现代工业社会的轨迹复演，个体成长的历程就是在“复演”人种进化的历程。青少年期充满了不安与冲突，是人生的“暴风期”和“狂飙期”，同时也是人的“再生期”。这一阶段充满“矛盾的倾向”：活力、热情与冷漠、无聊；欢乐、笑声与忧郁、悲观；虚荣、自珍与谦卑、羞耻；理想的利他与自私；敏锐与冷漠；温柔与野蛮。因此，青少年有极大正向发展的可能，也受到很多负向力量的影响。②

霍尔把人类个体的成长和发展与整个人类的进化发展联系到一起，每一个成长阶段都有这个阶段特有的特征，也有这个阶段所必须完成的中心任务。但是这种理论更多地以假想的形式出现，个体的发展过程与整个人类的进化过程是否存在着一定的相似性，这个问题还需要更多的生物学方面的证明。而这些科学研究在当时的历史条件中是不可能完成的，直到现在，这种理论仍然没有有力的证据来证明。

但是这种理论带给我们一个启示，这就是个体成长过程中会有不同的阶段，不

---

① 陆士桢，王玥．青少年社会工作．2 版．北京：社会科学文献出版社，2010：70－71．

② 王思斌．社会工作概论．2 版．北京：高等教育出版社，2006：175．

同的阶段会有不同的特征。这种把人生分为各个阶段的理念对青少年社会工作本身就有很大的意义。霍尔把人生分为一个个不同的阶段，每一个阶段都是由前一个阶段进化而来的，但是每一个阶段又不同于前一个阶段，有着这个阶段所独有的特征和任务，这个阶段的现状由前一个阶段的发展情况决定，同时在这个阶段又可以超出前一个阶段的局限而获得新的发展。

知识窗

《物种起源》全称《论依据自然选择即在生存斗争中保存优良族的物种起源》。它以全新的进化思想推翻了神创论和物种不变论，把生物学建立在科学的基础上，提出震惊世界的论断：生命只有一个祖先，生物是从简单到复杂、从低级到高级逐渐发展而来的。它出版传播后，生物普遍进化的思想以及“物竞天择，适者生存”的进化论已为学术界、思想界公认的19世纪自然科学的三大发现之一。

二、生长顺序和时间理论

生长顺序和时间理论的代表人物为英国的生物学者坦纳（J. M. Tanner）。他主持了“哈本顿成长研究”，专门研究青少年生理发展的顺序和时间以及类型与变异的情况，其研究的五大重点为：身体生长、阴毛生长、女性胸部生长和男性生殖器官生长，特别分析了青少年成长发育的顺序性和骤增现象。生长顺序和时间理论主要用于解释人类生理发展的类型、时间以及青春期发展的变异和差异。通过对青少年性征的发展和变异情况的研究，坦纳发现，青春期的生长发育，特别是第二性征的发展是有顺序和时间规律的，虽然在具体时间上有快有慢，但发展的每一个阶段都必不可少，青少年的成长是一个循序渐进的过程。同时他还指出，青少年的生物性发展具有较大的个别差异性，特别是在性征的发展上，有的早熟，有的晚熟，在内外部因素的共同作用下，他们的发展并不平衡，不同的个体会有不同的发展轨迹。换句话说，发展的顺序和时间不可违背，但每个个体在每个过程和阶段中的具体发展状况存在着显著差异。①

这一理论提出了青少年生理发展的循序渐进性，有助于青少年工作者熟悉青少年各个发展阶段的特征，掌握其生理发展状况，对个别早熟或晚熟的个体给予更多的关怀与辅导，协助他们克服成长过程中的焦虑与不安。

三、发展螺旋论与遗传学说

发展螺旋论的主要代表者是美国著名生理学家格赛尔（A. Gesell），他是美国耶鲁大学教授，被誉为“美国生理心理学的先驱”，曾经做了大量的青少年发展研

---

① 陆士桢，王玥．青少年社会工作．2版．北京：社会科学文献出版社，2010：73.

究工作，提出了成熟势力说，即发展螺旋论。他认为，成长像螺旋一样，具有前进和后退的律动现象。顺境与鼓励可能促进青少年的发展，挫折和问题也可能造成青少年发展停滞。

成熟势力说认为，个体的生理和心理发展都是按照其基因规定的顺序有规划、有秩序地进行的。格赛尔把通过基因来指导发展过程的机制定义为成熟，强调心理发展是由机体成熟预先决定与表现的，因此成熟是推动儿童发展的主要动力，没有足够的成熟，就没有真正的发展与变化。

格赛尔的另一个贡献是详细、系统地描绘了个体在每一个年龄层的发展特征。他认为，10 岁～16 岁是个体成熟的最重要时期，此时自我发展的特征具体表现为：10 岁时，儿童开始不关心自己，他们比 9 岁以前更容易与人相处，自己也更显快乐；11 岁时，儿童对自己的描述变得恶劣，他们的自我肯定降低，而父母也有类似的评价，即认为孩子确实不如 10 岁时听话；12 岁时，儿童试图得到朋友的肯定，找寻自我，不愿意大人们仍然把他们当成小孩；13 岁时，儿童开始在意个人仪表，越来越急于修饰自己，他们的兴趣日益广泛，努力地寻求着内在，特别在意自己是否受朋友欢迎，这就使得他们容易走入群体，形成一定的团伙；15 岁～16 岁的儿童通过自己和他人的观念与理想寻求自我，非常喜欢分析自己和他人的思想，喜欢与他人讨论问题。

发展螺旋论本身有遗传学的渊源，这种理论认为生命过程关系到一系列不断发展的有条不紊的渐进组织，每一个组织都根源于遗传体质，每一个组织都依赖于另外的组织，每一个组织都变得越来越专门化，所有组织的基本计划都可以从基因中找到，包括两种基因，一种是那些导致机构变异的基因，另一种是那些支配行为发展的年月顺序的基因。当时的遗传学家猜想基因组呈现螺旋状排列，螺旋上升，同时又是曲折的。发展螺旋论也继承了这样的猜想，认为个体的发展呈螺旋状向上发展，但前进的同时又有后退，而后退又是为了新的前进。人的发展过程中也确实表现出这样的螺旋上升的特征。①

第二节　心理学相关理论

个体的心理各方面在青少年时期都获得了很大的发展，并表现出一系列的特点，构成青少年心理发展的独特风貌。

一、认知发展理论

瑞士心理学家皮亚杰毕生致力于对儿童认识周围环境并对其做出反应的方式和

① 陆士桢，王玥．青少年社会工作．2 版．北京：社会科学文献出版社，2010：76.

过程的研究。他的思想被认为是当代发展心理学中最具影响力的理论成果。皮亚杰主要研究的是人类的认识，但他关心的不是认识的内容，而是认识如何形成、智力和思维如何发生和发展、它的内在结构是什么、它按照什么阶段或顺序不断发展出各种不同的认识水平和结构，也就是说，皮亚杰关心的主要是获取信息、解决问题以及新的思想创立的过程。皮亚杰认为，人类的认识不管多么高级、多么复杂，其实都可以追溯到人的童年时期，甚至还可以上溯到胚胎时期。认识的不断发展是由一系列具有质的差异的阶段所组成的，通过这些不同的阶段，并辅助以促进生长发育的体验，新生儿的认识能力便会从以条件反射为主转变为成年人的复杂逻辑思维。

（一）认知发展理论的基本概念

皮亚杰的认知发展理论中有几个很重要的词——图式、适应、同化和顺应、平衡，这几个词集中表达了皮亚杰认知发展理论的基本思想。

1. 图式（schema）

对皮亚杰来说，图式是一个基本的核心概念。所谓图式，指的就是一个人对付环境中的情景时所用的心理结构和思维模式。正是由于图式的不同，主体对环境刺激所做出的反应才会有很大的差异。开始的时候，图式来自先天的遗传，后来，随着人与环境适应过程的不断展开，图式将会得到相应的改变。

2. 适应（adaptation）

皮亚杰深受生物学的影响，认为生物学可以解释儿童智力的起源和发展，由此出发，他将智力定义为帮助机体适应环境的生活过程。通过适应，机体能够解决和满足它的当下情形的要求，一个饥饿的婴儿抓起奶瓶并放入嘴里就是一种适应性的行为；通过适应，儿童可以学会调整他们的思想，吸收新的信息，从而推进他们的理解能力的发展。

3. 同化（assimilation）和顺应（accommodation）

适应主要是通过两种形式来实现的，这两种形式就是同化和顺应。同化指的是面对环境的刺激，吸纳新的信息，并将它们纳入机体已有的图式和结构之中，以加强和丰富认识主体；顺应指的是当旧的图式不再起作用时，通过创造出新的图式从而做出调整并适应新的情况。同化和顺应对人类的心理发展起着同样重要的作用，而且同化和顺应必须彼此保持平衡。如果顺应占优势，儿童只能顺应环境，并被动地进行模仿；如果同化占优势，儿童就会努力使认知顺应自己的需要，而不是使认知顺应现实，这样的话，儿童就会沉溺于幻想和游戏。

4. 平衡（equilibrium）

平衡指的是同化和顺应之间的平衡。当儿童对现实的认知和现实本身有冲突时，平衡就被打破了，同化不再起作用，顺应在此时就变得很有必要，儿童通过吸纳新的思想方式来确保他们对现实的认识与现实本身协调统一起来。由此，二者之间的冲突得以解决，平衡重新达成。对平衡的渴望成为推动孩子们认知发展的动力。[①]

（二）认知发展的阶段

皮亚杰提出的认知发展理论乃是从认知的角度描述一个人从出生到青春期前后的发展情况。认知结构是主体通过同化和顺应不断主动建构的过程，但它存在阶段性，每一个阶段都有独特的认知结构，这些相对稳定的认知结构决定了儿童行为的一般特点。

依据皮亚杰的研究与观察，一个人的认知发展大致可分为四个有序且不可逆的阶段。

1. 感知运动阶段：从出生到大约 2 岁

在这一阶段，婴儿的大部分行为都是以天生的有限图式为基础的，其思维依赖于感知觉和实际的物质活动。随着他们发现自己的行为对外界有影响，他们的行为会变得更加丰富。大约 1 岁时，婴儿会开始获得客体恒常性，即当客体在眼前消失时，婴儿认为它仍然存在。这样对抽象物体形成心理表征的能力是婴儿期最重要的认知发展。

2. 前运算阶段：2 岁～7 岁

这一阶段的儿童开始具有表征思维，认知上的最大进步就是对不在眼前的物体有了更好的心理表征。除此之外，皮亚杰认为这一阶段的思维还有自我中心的特点，即不能设身处地站在他人的立场上进行思考，这个年龄的儿童经常似乎是在与自己说话，而不是与他人交流。前运算阶段的儿童还不能理解可逆与守恒的运算。

3. 具体运算阶段：7 岁～11 岁

在这个阶段，儿童开始掌握守恒，可以把握事物的本质，不为事物的具体表象而迷惑。同时也开始祛除自我中心并掌握群集运算。这样的具体运算使得儿童可以用心理活动代替物理活动，但是他们的抽象思维在这一阶段仍然处于萌芽状态，即他们掌握的运算在很大程度上还是依托于具体事物或具体表象。

4. 形式运算阶段：从 11 岁起

在认知发展的这个最后的阶段，青少年的思维变得抽象了，已经能摆脱具体事物的束缚，把内容和形式分开，所以可以学习代数等学校课程；他们开始相信形式具有必然的推理效力，也已经能够进行假设演绎推理；他们的思维拓展了时空的概念，开始认识到自己所处的现实只是多个可以想象到的现实中的一个，他们开始思考真理、公平和存在等深刻的问题。

二、人格发展理论

弗洛伊德认为，欲望是人的重要基础，是一种心理和性的能力。人从出生到 18

---

① 扎斯特罗，柯斯特-阿什曼．人类行为与社会环境．6 版．北京：中国人民大学出版社，2006：136－142.

个月是口腔期，快乐主要来自刺激嘴部的经验，如吸吮奶瓶；18 个月到 3 岁是肛门期，主要快乐来自刺激肛门的经验，儿童可以在控制便溺中得到满足；3 岁～6 岁是性器期，快乐来自刺激性器官的经验，儿童爱恋异性父母而仇恨同性父母；6 岁～12 岁是潜伏期，会压抑或否认性方面的要求，这表现为男女儿童壁垒分明；最后一个时期为生殖期，此时被压抑的性欲开始释放，青少年对异性的兴趣得以恢复。弗洛伊德认为，在不同时期儿童的各种需要都应该得到恰当满足，满足太多或太少都会使人格发展受到影响，并可能导致人格变异。①

弗洛伊德人格发展理论认为，人格发展经历本我、自我和超我三阶段。婴儿最早是形成本我，本我是快乐取向的，表现与生俱来的欲望，旨在满足基本生理需求。在幼儿期，儿童在父母教导下逐渐可以分辨他人与自己，3 岁开始发展自我。本我遭遇挫折，欲望在现实中被粉碎，即产生自我。自我是现实取向的，常常为本我服务。到 6 岁儿童才发展超我，超我是道德取向的，是对应该怎样和不应该怎样，以及对良知、是非、对错的判断。本我主要满足个人欲望，但往往被超我视作不道德，从而两者会发生矛盾，自我则是其中的调停者。②

三、学习理论

学习理论通常也被称为行为主义，它的理论奠基人是伊凡·巴甫洛夫（Ivan Petrovich Pavlov）和约翰·华生（John Broadus Watson）。行为主义的出现是对早期本能理论的批评。行为主义理论认为，如果心理学是一门真正的科学的话，心理学家应该研究的只能是能够看见并且能够度量的东西。我们所能够观察的、能够分析的就是行为，是机体所做和所说的，而“心”和“本能”等词是抽象的、无法度量的、无法进行研究的概念。因此，真正科学的心理学应当去研究行为，这就是行为主义产生的原因。行为主要强调的是我们如何学习特殊的行为，所以行为主义又常常被称为学习主义。

行为主义对行为的无意识的动机不感兴趣，它研究的核心问题是人类行为的学习，而在人类行为的习得中，环境的影响被强调得异常突出。因此，行为主义常常被贴上机械论和决定论的标签，它关于人类行为学习的理论是贯彻终生的。

（一）华生的行为主义理论

约翰·华生，美国心理学家，被认为是行为主义理论的创造者。华生的行为主义理论主要有以下几点。

1. 强调行为是研究的目标

华生的行为主义的一个基本前提是，心理学应该建立在对公开的、外显的人类

① 社会心理学编写组．社会心理学．4 版．天津：南开大学出版社，2008：83.

② 同①51－53.

行为的观察和研究的基础上，而不应该立足于对无意识的动机和认知过程的抽象思维的基础上，因为这些都是不可观察、不可分析、无法研究的。

2. 强调环境对行为塑造的影响

华生赞同英国哲学家约翰·洛克（John Locke）的观点，他同样认为，婴儿就如同一块白板，期待着由人类的经验来书写，儿童没有什么天生的倾向，他们究竟能够长成一个什么样的人，完全取决于环境对他们的影响以及父母和其他有重要意义的人如何对待他们。环境和教育是行为发展的唯一条件，所以，华生大胆地断言："请给我十几个强健而没有缺陷的婴儿，让我放在我自己的特殊的世界中教养。我可以担保，在这十几个婴儿中，我随便拿来一个，都可以训练其成为任何专家——无论他的能力、嗜好、趋向、才能、职业及种族是什么，我都能够训练他成为一个医生，或律师，或艺术家，或商界首领，也可以训练他成为一个乞丐或窃贼。"

3. 强调刺激-反应模式

华生否认本能的概念，否认遗传对人类行为的影响。他认为，行为的发展是受到外在环境的刺激的结果，正是外在的刺激导致行为的反应，所以行为发生的公式是刺激（S）-反应（R）。此外，我们可以从刺激中预测反应，同样也可以从反应中推测刺激。

4. 反对阶段论，主张连续论

华生反对弗洛伊德等人关于人类成长的观点，他认为，人类的成长并不是像弗洛伊德等人所认为的那样受生理的影响，是一个由明显不同的阶段所组成的过程。华生认为，人的成长是一个连续的行为变化的过程，这个过程受到了人周围环境的影响，而且这种影响在人与人之间是有很大的不同的，人与人的成长当然也有明显的差别。[①]

（二）斯金纳的操作条件反射理论

伯尔赫斯·斯金纳（Burrhus Frederic Skinner），美国当代著名心理学家，他接受了华生的行为主义思想，同时又把这种思想继续推进了一大步。

斯金纳最早提出操作性条件反射理论，他认为，我们的行为可以操作外在的环境，从而产生一定的结果，这个结果的本质将会决定我们的行为重复出现的可能性。如果最后的结果是奖赏或积极强化，我们的行为重复出现的可能性就会增加；如果最后的结果是惩罚，我们的行为重复出现的可能性将会减少。

斯金纳认为，操作性条件反射理论可以解释儿童以及成人的行为变化和发展。由于父母的赞扬，儿童能够学会许多行为反应，如洗脸、诚实、与同龄伙伴友好相处等，成年人同样也会因为声望的提高、财富的积累、事业的成功等的刺激而去不

---

① 扎斯特罗，柯斯特-阿什曼．人类行为与社会环境．6版．北京：中国人民大学出版社，2006：190－208.

断地努力工作。①

像华生一样，斯金纳同样认为，人的习惯是由环境或者说是由我们的学习经验决定的，每个人的学习经验不同，决定了每个人行为习惯不同。因此，斯金纳不相信在儿童的成长过程中有一个攻击性阶段，或者说，在人的本质中有一种攻击性本能，因为这种攻击性是由周围环境的不同、行为结果的不同导致的。一个男孩，如果他的游戏伙伴很软弱，那么他的攻击性就会被加强；相反，如果他的游戏伙伴坚决予以反击，那么他的攻击性就会被压抑或减弱。

斯金纳的操作条件反射理论在家庭、学校和社会中的许多领域都得到了广泛的应用，其中在行为矫治方面，斯金纳的影响越来越大。斯金纳倡导通过积极强化，而不是通过惩罚或威胁来达到行为的矫治，这对于我们社会工作者来说尤其具有意义。越来越多的人承认，斯金纳的理论可以解释人类行为的许多方面，人的行为可以采用不同的形式，人的习惯既可以出现也可以消失，而这一切都取决于对行为结果消极或积极的强化，这就是斯金纳的伟大贡献。

当然，也有人批评斯金纳过多地强调了外在刺激对人类行为的塑造作用，从而忽视了认知过程中注意、记忆、反思等对人类行为的影响，而这项任务的完成就落到了班杜拉身上。

（三）班杜拉的社会学习理论

阿尔伯特·班杜拉（Albert Bandura），美国心理学家，他的贡献在于强调认知在人类学习中的重要地位。他的基本思想如下。

1. 观察学习

观察学习是班杜拉社会学习理论中的一个基本概念。观察学习，顾名思义，就是指通过观察别人的行为及其结果而进行的学习。观察学习最显著的特征在于，学习者不是通过直接的刺激-反应模式来学习，也不直接介入行动过程本身，不亲自接受强化，不直接做出反应，他只是通过观察他人的行为，从而模仿并塑造自己的行为。一个3岁的幼儿，当他观察她的母亲怀抱婴儿时，他也会学着去抱更小的婴儿或他的布娃娃。

2. 认知的重要作用

班杜拉对斯金纳理论的进一步发展主要表现在他对认知在人类学习过程中的作用的突出强调。在班杜拉看来，人在行为过程中绝不是像机器人一样被动、机械，学习的成功很大程度上取决于人的认知能力的发挥。班杜拉将观察学习视为一个过程，这个过程又可分为注意过程、保持过程、运动复现过程和动机过程四个部分。如果没有认知能力的支持，观察学习是不可能出现的，我们必须细心注意被观察者的行为，同时还要积极地整理、吸收，然后将这些信息储存到我们的记忆之中，以备我们将来模仿。

① 王思斌．社会工作概论．2版．北京：高等教育出版社，2006：187.

3. 替代强化

班杜拉认为，行为是通过赞赏和惩罚得到强化的。在观察学习中，人们同样可以通过观察其他人受到的赞赏或惩罚从而得到行为的强化，这种强化被称为替代强化。一个成年人因为盗窃而积聚了一些不义之财，而且没有被人发现，那么他的孩子可能会认为这是一条便捷的致富之路，而且不会受到社会的惩罚，于是就可能也去偷盗；如果这个成年人被发现并受到了严厉的惩罚，那么他的孩子就可能再也不敢去偷盗。

4. 交互决定论

在社会学习理论的发展中，华生是典型的环境决定论者，他认为人只能被动地接受环境的刺激。斯金纳的立场同样很难为人接受，他强调我们是我们的经验的产物，但与此同时，我们对于我们的经验却很少有发言权。班杜拉修正了这些偏颇的理论，他认为人本身是有认知能力的。人是积极的、能动的，并不是外在影响的单纯的反应者，人们对受到的刺激能够进行选择、组织并转化。班杜拉创造了一个新的名词——交互决定论。他认为，人及其环境互相成为各自的决定因素，人的行为可以被解释为认知、行为和环境诸多决定因素之间连续的、互惠的相互作用。①

社会学习理论对于理解人类行为和社会环境之间的关系提供了一个非常好的理论构架。学习理论关于婴幼儿行为学习的理论，同样可以用于成年人身上。除了对正常行为的解释之外，学习理论的另一个重要贡献就是行为矫治，学习理论已成为行为矫治中最成功的方法之一。此外，社会学习理论强调环境的强化作用以及替代强化的意义，这要求我们每一个人都应当从自身做起，切实地为儿童的成长创造一个健康的环境。

四、道德发展理论

劳伦斯·科尔伯格（Lawrence Kohlberg），美国心理学家，他关于道德发展的阶段理论主要受到皮亚杰的启发。皮亚杰认为，儿童的道德发展要经过先后两个阶段：第一个阶段是他律道德，这个阶段从 5 岁至 10 岁，这时儿童将道德戒律视为外部世界的永久性存在，道德是不能更改的，它们是由上帝、家长和老师等权威所传下来的，应当严格遵守；第二个阶段是自律道德，这个阶段大约从 10 岁开始，这时儿童们相信道德戒律是灵活的，道德是社会性的相互同意和协商的结果，必要时可以变更，人的动机和行动的目的并不总是一致的。科尔伯格继承和发展了皮亚杰的相关思想，进而提出了在当代颇有影响的道德发展阶段论。

科尔伯格在不同国家、不同地区、不同社会阶级之间进行了广泛而深入的研究，他试图由此发现人类在道德发展上的普遍性和共同性。他对接受研究的 10 岁、13 岁和 16 岁的孩子们提出了一系列充满道德困境的问题，每个问题都包括一组两

---

① 社会心理学编写组．社会心理学．5 版．天津：南开大学出版社，2016：57－58.

难的选择：一种选择是遵守权威、戒律、法律等；另一种选择是采取某种行动，这种行动与权威、戒律、法律、道德等相冲突，但能够满足人的需要。其中一个广为人知的例子是“海因兹困境”：欧洲有个妇女得了一种特殊的癌症，快要死了，只有一种药可以救她，这种药是一种镭，是同一个镇的药商刚刚发现的。药商索价10倍于成本价，要卖2 000美元一小剂（也许这一小剂就可以活命）。海因兹——这位病人的丈夫，借遍了他所有能够借钱的地方，才只凑到1 000美元。他对药商说他的妻子快要死了，求药商便宜点把药卖给他，或让他缓期再把钱付齐。药商说：“不，我发现了这种药，我要靠它赚钱。”海因兹绝望了，他撬开了药铺，为他的妻子偷出了药。

批判性思考问题：

海因兹应当这样做吗？你会如何做？

对这个道德困境每个孩子都要给出选择，并说明理由。科尔伯格对于是否应该偷药的想法不感兴趣，他想知道的是他们这样选择的理由是什么。通过研究，科尔伯格发现，道德行为的发展与自我的五种能力紧密相关，这五种能力是：智力能力、预测未来事件并且能够选择更有利的未来而不是选择更少报酬的当下的事情的能力、维持持久的集中的注意的能力、控制非社会的幻想的能力、满足自我和他人的能力。

第三节　社会学相关理论

社会学相关理论主要包括青少年社会性发展特征、角色理论、社会化理论以及社会支持理论。这些理论能帮助青少年社会工作者更好地认识青少年与社会的关系。

一、青少年社会性发展特征

青少年不仅是一个生物的人，还是一个社会的人。青少年的社会发展表现为对同伴的认同和接纳、对异性的关注和尝试与异性建立关系。同时，独立意识和社会意识的发展使青少年在家庭关系上先后经历亲子关系的紧张和亲子关系的和解两个不同的发展阶段。青少年时期对人生发展影响比较大的社会发展事件是社会价值观的确立。

（一）同伴认同形成

青少年的社会认同主要是同伴认同。对青少年来讲，发展同伴认同和接纳是非常重要的事情，就像“我是谁”“我的位置是哪里”一样重要，其被接纳的需要远远超过了自尊的需要。如果把青少年比作前进中的轮子的话，那么同伴群体认同就是轮子的轴心，所有其他的发展性任务都与此有关。

对青少年来说，同伴团体重要性的增加原因如下。

(1) 同伴团体活动是青少年的主要活动，也是青少年的社会环境。

(2) 同伴团体中的友谊提供了情绪上的支持和理解。青年文化逐步在同伴团体中得以塑造，其文化内容则随同伴团体成员家庭背景的不同而不同。从青年文化中青少年能够学到学校忽略的、家庭又缺乏的社会技巧和经验，如团体的权力结构认识、选择解决冲突的方法等。

(3) 团体为青少年尝试社会角色提供了机会并帮助其肯定自我价值，建立积极的自我形象，使青少年的团体认同倾向明显。

(4) 团体认同所带来的压力导致团体与个人价值需要冲突的压力，使青少年牺牲自己的独立性。不能适应团体压力或缺乏机会参加团体会使青少年面临孤独的社会心理危机，无法感受到团体归属感会使青少年发展为自我中心或缺乏自信的人格。

(二) 异性关系发展

性成熟对青少年的社会性发展有着重要的影响。性意识的觉醒和发展使青少年意识到两性差别和两性关系，开始恋爱。性成熟不仅使青少年开始关心自己身体内部性功能的表现和身体外部体形容貌的改变，同时也开始对异性的身体和精神产生兴趣。

青少年性意识与性好奇的形成和发展大致经过如下三个阶段：

1. 对异性的疏远

该阶段青少年表面疏远心仪的异性，暗中却在密切观察对方的一言一行，只是由于羞怯，对向往的异性才采取被动观察的交往方式。

2. 对异性的接近

该阶段青少年在观察的基础上开始有选择地同某些与自己思想观点、兴趣爱好比较接近的异性交往，但他们的关系仅仅只是一般朋友，相互之间还保持着一定的戒备心理和距离。

3. 与异性正式恋爱

随着交往的深入，青少年会在异性朋友中与某一特定对象相互产生深深的爱慕和依恋，并最终发展为爱情，这种爱情具有隐蔽性、精神性和纯洁性。

(三) 亲子关系改变

1. 亲子关系改变的原因

青少年与家庭的关系有两个不同的发展阶段，即分离与冲突、理解与回归。处于青春期的青少年有几个原因容易导致家庭亲子关系的紧张。

(1) 在生理上，父母由于生理机能衰退而需要安全感，青少年则开始接近生理全盛期，但缺乏表现及受重视的机会，从而形成父母与子女因为需要的不同而产生的矛盾。

（2）在心理上，父母为人处世的现实主义态度与青少年的理想主义追求之间存在矛盾。

（3）在社会层面上，现实社会需要青少年独立和成熟，但父母系统却要维持自己的权威，由此导致社会对青少年的需要与家庭文化传统对青少年的需要之间存在矛盾。

2. 亲子关系改变的表现

处于青年前期的青少年开始关心更大范围的社会系统，对同伴团体的依赖已经降低，社会关系代之以亲密朋友、恋人以及父母，具体表现为以下几个方面。（1）亲密朋友建立在兴趣、智力或教育程度的基础上。如何寻找适合自己的异性伴侣及与异性朋友相处，成为困扰的主要来源。（2）智力和社会技巧成熟，对父母既不依赖，也不逃避或反叛，能够重新客观评价和分析父母系统中的权威，重新建立与父母的亲密、平衡关系。但长期受保护的青少年在走向独立的过程中会面临一些矛盾。由于缺少独立的机会，他们会习惯于依赖父母或其他权威，但父母若给予过多干预，青少年又会因自己的"独立"被干扰而发起反抗。

（四）社会价值观确立

社会价值观是指个体对身边社会环境的认识和看法。随着青少年自我意识的发展、自我认同的形成以及社会对青少年要求的改变，青少年对社会的认识也发生了改变。青少年不再根据父母和老师的价值观和行为标准来认识世界，而是根据自己或同伴的价值标准来认识世界，对社会道德伦理、社会职业或社会角色的认同也从儿童时期的外导转化为内发，从感性转化为理性。[①]

二、角色理论

角色理论认为青少年是通过扮演好各类不同的角色而成为社会人的，而青少年在社会角色的扮演过程中常会产生矛盾，遇到障碍甚至遭遇失败。

（一）角色理论的主要观点

社会角色是指与人们在社会关系体系中所处的社会地位相一致、与社会对占据该地位的人的行为期望相符合的一套行为模式。简单地说，社会角色就是社会所认可、所期望的处于某一位置的人的一套行为模式，而不是具体的人的某一个行为。

角色概念是从戏剧舞台用语借用而来的。人们很早便发现了社会与戏剧舞台之间的内在联系，即舞台上演出的戏剧正是人类社会的缩影，或者说社会就是一个扩

---

① 章友德．青少年社会工作．天津：天津大学出版社，2010：39－40.

大了的舞台。20 世纪 20 年代，美国社会心理学家米德（Mead）首先将角色引入社会心理学理论中，称之为社会角色。角色是指处于一定地位的个体，依据社会对他提出的要求，借助于自己的主观能力以适应社会环境所表现出的行为模式。美国社会学家波普诺（David Popenoe）认为社会角色是对群体或社会中具有某一特定身份的人的行为期待。[①]

（二）理想角色和角色扮演

在一定的时空范围内，人们总是有一套比较理想的行为规范来指导人的行为，这种被期待的、理想的行为规范体系叫作理想角色。每一个社会成员按照其所担当的角色，以及本角色所规定的行为规范去行动，就能达到最完善的状态。在现实生活中人们实际表现出来的行为模式称为实际角色。实际角色与理想角色总是存在着一定的距离，这种距离叫作角色距离。

当一个人具备了充当某种角色的条件并按照这一角色所要求的行为规范去行动时，被称为角色扮演。在现实生活中，角色扮演是否成功关系到群体或社会系统的正常运行。角色扮演这个概念最早由米德提出，他认为，个人通过角色扮演去履行一定的社会责任，并与其他角色发生相互作用。角色扮演是人的社会化的基础。青少年正是通过扮演好各类不同的角色而成为社会人的。在实际生活中，人们为了更好地扮演自己的角色，往往把自己置于他人的角色地位上，以便了解他人如何看待自己。这种做法能够强化人们对各自角色的认同，从而使他们保持或改变自己的角色行为。[②]

（三）角色冲突与失败

1. 角色冲突

在角色扮演中会出现一些问题，最普遍的问题就是角色冲突。所谓角色冲突，就是指在扮演角色的过程中，一个人同时担当的几个角色对个人的期待发生了矛盾，难以协调，从而使角色扮演者左右为难的现象。角色冲突往往使人们在扮演角色时举棋不定，产生困惑，因此必须努力调整和克服。另外一个角色扮演中常遇到的问题是角色中断。角色中断是指一个人被迫终止某种角色，而将要承担的新角色与原角色截然不同的现象。每个人在一生中随着自身年龄的增长和客观条件的变化，总会一次承担多种角色。在一般情况下，人们的角色转换都是逐步完成的，人们在承担着一种角色时常为承担下一个角色做好物质上的、思想上的准备。当这种准备没有做好时，或者前后两种角色的行为规范直接冲突时，角色中断就有可能发生。

2. 角色失败

人们在扮演角色时出现一系列问题，如果没有及时处理好这些问题，就可能导

---

① 波普诺．社会学．10 版．李强，译．北京：中国人民大学出版社，2003：97.

② 陆士桢，王玥．青少年社会工作．2 版．北京：社会科学文献出版社，2010：99－100.

致角色失败。角色失败是角色扮演过程中发生的一种极为严重的失调现象，它是指由于多种原因，角色扮演无法继续进行，最后不得不半途终止表演，或者虽然还没有退出角色，但已经困难重重，每前进一步都将遇到更多的矛盾的现象。[①] 实际上，人生总是不断面临失败和成功，每个人都应该从角色失败中总结经验教训，重新调整自己的角色行为，以便再次扮演好新的角色。

三、社会化理论

社会化理论认为个体社会化的主要内容包括道德社会化、性别角色社会化以及政治社会化，社会化的主体包括社会文化、家庭、学校、工作单位、同辈群体以及大众传播媒介等。

（一）社会化的内涵

社会化的提法早在 19 世纪 90 年代中期就已经出现，但实际上，直到 20 世纪 30 年代社会化研究才在美国引起人们的普遍关注。不仅心理学界，社会学界也从不同角度进行了大量的研究，并形成了相对系统的理论。

人的社会化是指个体学习社会的价值观念和各种社会规范，去认识社会、适应社会，从而达到改造社会、调适心理、发展和完善个性的目的的过程。心理学中关于社会化的概念，主要采用的是霍兰德（E. P. Hollander）在《社会心理学：原理和方法》一书的解释：一个婴儿是带着繁多的行为潜能来到人世间的，这些行为的发展有赖于各种复杂的相互联系，包括与他人的相互作用。儿童在人类社会成长的过程中学会了抑制某些冲动，并被鼓励获得在特定社会环境下的人所具有的特征和价值。这个过程叫社会化。

社会化是个体学习某一群体或社会的规范和行为准则，从而使自己能够适应群体或社会，并在其中充分发挥作用的过程。人在社会化的过程中需要了解和习得自己所需要扮演的角色，懂得道德规范、性别角色、政治观点等。个体社会化的内容主要包括道德社会化、性别角色社会化及政治社会化。

首先，道德社会化。道德社会化就是将特定社会所肯定的道德准则和道德规范加以内化，形成符合社会要求的道德行为的过程。道德社会化的研究主要集中在儿童的道德认知、道德情感和道德行为三个方面。道德认知的著名研究要首推皮亚杰和科尔伯格的认知发展论，核心是认为儿童的社会化（包括道德发展）是与其认知水平的发展并行不悖的过程。皮亚杰认为，道德判断是从他律到自律、从效果到动机发展。我国的李怀美在关于儿童道德情感发展的研究上涉及爱国主义、良心、荣誉感、义务感和幸福感五个范畴，并在这五个水平上考察了儿童道德情感的发展趋

① 郑杭生．社会学概论新修．3 版．北京：中国人民大学出版社，2002.

势。[1] 道德行为方面主要是班杜拉的社会学理论。

知识窗

道德情感是个人道德意识的构成因素，指人们依据一定的道德标准，对现实的道德关系和自己或他人的道德行为等所产生的爱憎好恶等心理体验。根据其表现形式，道德情感主要包括三种：直觉的道德情感、想象的道德情感、伦理的道德情感。道德情感在个人的品质构成中发挥着独特的作用，即评价作用、调节作用和信号作用。在日常生活中，道德情感能够以某种情绪状态告知个体其行为是否具有正当性，并通过情绪倾向来强化个体对道德的认识与实践。此外，个体还可以通过情绪来传递或获取其他道德行为信息。

其次，性别角色社会化。性别角色社会化是个体学习自己所属文化规定的性别角色过程。在社会中，不同的性别有着不同的角色规范，包括不同的装束、职业以及其他方面的文化特征。社会对于不同性别的个体有着不同的社会预期，个体要适应社会就必须遵从自己所属的性别角色。两性除在生理上存在差异，在智力、行为和个性等方面也有很大的不同。弗洛伊德认为两性具有的不同生理结构决定了不同的心理成熟过程。社会学习理论认为，儿童按照父母的要求和社会约定规范自己，逐渐形成了性别差异。认知发展理论则认为，儿童对符合自己性别角色模式的认同是性别角色社会化的关键。

最后，政治社会化。政治社会化是个人逐渐学习和接受现有政治制度，采用和确定政治信念、思想体系、社会制度和政治态度的过程。通过政治社会化，个体就可能成为一名合格的公民，将社会政治制度和规范内化到“自我”之中，并将这些制度和规范传递给下一代。政治社会化有时候是以有意识的方式进行的，而有时候则在无意识中进行。

（二）社会化的途径

个体心理的发生与形成，是个体所具有的遗传物质基础与后天环境和教育影响的共同结果。在个人的发展过程中，先天的因素会产生一定的作用，但是后天的影响也至关重要。在个体社会化的实现途径中，人的遗传物质基础提供了个体习得社会角色、进行社会化的前提条件。

作为社会的个体，其社会化的过程必然需要后天的环境和教育，亦受制于与之交往的个人、群体和机构。这些群体是最重要、最有影响的因素，被称为社会化的主体，包括社会文化、家庭、学校、工作单位、同辈群体以及大众传播媒介等。

家庭是个人社会化最早也最重要的机构。个人从出生开始就生活在一个特定的家庭之中，在与家庭成员的交往中，学习到最基本的生活知识、同他人进行交往的方法等。个人受家庭的影响极大。在家庭中，父母对子女的影响最重要。父母的管

---

① 儿童品德心理研究协作组．中小学生道德情感发展研究．心理发展与教育，1989（3）：1－6.

教态度和人格特点都会影响到孩子人格的发展。

学校是正式的社会化机构，传授给学生知识，教导他们做人的道理。学校是儿童离开家庭进入社会接触到的第一个正式组织。在学校中，儿童学习到专门化的知识和技能，学会即使在自己不愿意的情况下也必须遵守社会共同的价值、态度与行为规范。老师和同辈群体对学生的社会化起着重要的作用。

社会化主体的作用是处于不断的变迁过程之中的，家庭在社会化过程中的主导地位日益受到包括学校在内的其他社会化主体的挑战，而随着现代、后现代社会的到来，大众传媒的主体化作用越来越得到凸显，尤其是网络化传播带来的冲击尤为强大。[①]

四、社会支持理论

社会支持是青少年的重要资源，增强青少年的社会支持是青少年社会工作的重要内容，掌握社会支持理论对开展青少年社会工作具有重要的指导意义。

（一）社会支持的内涵

社会支持在人类社会是一个常见的概念。在现实的社会生活中，人与人之间的相互关照与扶持是一个客观存在的事实，而随着人类分工的发展以及人类生活不确定性的增加，人们之间的支持依赖越来越紧密，人与人之间的相互支持成为人类存在的一种基本的生活方式。

但是在学术界，人们对社会支持的认识和理解仍然存在诸多分歧，如科布（Cobb）认为，社会支持主要是指个体接受的来自其所在的社会团体、他人等社会支持网络成员的关心、尊重和需要的一种行为或主观感受。[②] 巴雷拉（Barrera）等人从客观的角度出发认为，社会支持包括帮助别人应付情感压力、分担责任、提供建议、传授技能、给予物质援助等活动，提出应当从社会处境、知觉的社会支持与行动化支持三个方面界定社会支持。[③] 我国学者肖水源将社会支持的内涵归纳总结为三个维度：一是客观的或可见的支持，包括物质上的援助和社会网络、团体关系的参与和存在；二是主观的、体验到的情绪上的支持，包括个体在社会中被尊重、被支持和被理解的情绪体验及对这种体验的满意程度；三是个体对所能得到的社会支持的利用程度，因为社会支持实际上是一个双向的互动，因此个体对社会支持的利用度也被视为社会支持的一部分。[④] 大多数学者认同，个体主观感知到的社会支持作为一种“心理现实”，是社会支持内涵中最重要的部分。

---

① 社会心理学编写组．社会心理学．4版．天津：南开大学出版社，2008：95－98.

② COBB S. Social support as a moderator of life stress. Psy-chosomatic medicine，1976（3）：300－314.

③ BARRERA M，AINLAY S L. The structure of social support：aconceptual and empirical analysis. Journal of community psychology，1983（7）：11.

④ 肖水源，杨德森．社会支持对身心健康的影响．中国心理卫生杂志，1987（4）：183－187.

（二）社会支持体系

社会支持系统是一个复杂的多维体系，一般而言包括社会支持的主体、社会支持的客体和社会支持的介体。

1. 社会支持的主体

社会支持的主体包括各种关系网络，依据社会支持网络支持主体的不同，个体/家庭的社会支持应当是以家庭为核心，由社区支持、国家支持、社会（组织）支持等共同构成的支持格局。社会工作通常也会按照这个层次进行评估分析，从而为社会工作介入提供依据。

（1）家庭支持：以血缘为基础，主要指与个体共同生活的家庭成员，包括父母、妻儿、兄弟姐妹、祖父母。它可以提供综合性的如经济、心理、接纳等多方面的支持。

（2）社区支持：以地缘为基础，指由家庭与社区内的其他个人或者社会组织所构成的支持网络，它可提供对情感交流、社会接纳、融合的支持，通过营造一种宽松的社区氛围，帮助个体与家庭融入社会。

（3）国家支持：以社会福利政策为基础，为个体或家庭提供社会保障、失业救济等，以实现有尊严的生活。

（4）社会组织支持：以公平正义等社会价值为基础，通过社会组织为个体或家庭提供物质帮助等方面的社会支持。

2. 社会支持的客体

对社会支持客体的认识有两种不同的观点。一种观点认为社会支持的客体主要是指社会困难群体或者脆弱群体。另一种观点认为，社会支持是一种普遍性的社会行为，日常生活世界里的每个个体都可能是社会支持的客体。

3. 社会支持的介体

社会支持的介体即社会支持的内容和手段。社会支持的介体是联结社会支持主体与客体的纽带，根据社会支持的介体性质不同，可以将社会支持分为情感支持、信息支持、友谊支持和工具性支持。①

第四节 社会工作理论前沿

和其他任何理论性和概念化的构架一样，社会建构理论和社会发展理论都得益于经济、社会和学术的发展。从更广的领域来说，这些发展可被视为第二次世界大战以后后现代主义运动的一部分。

---

① COHEN S，WILLS T A. Stress，social support，and the buffering hypothesis. Psychological bulletin，1985（2）：310－357.

一、“建构”社会工作

帕顿（Parton）和奥布莱恩（O'Byrne）在2000年发展出“建构社会工作”的方法。该方法依托后现代主义、社会建构主义和叙事方法，希望能为实务工作者提供一种有用的理论框架。[①]

（一）建构主义的基本观点

建构主义的核心观点是，我们生活的世界以及我们在其中的位置都不是独立存在的，是参与者积极地构建起了每日的生活及其生活的世界。[②] 建构主义核心理念的最简明表述是“我们建构起这个世界”。建构主义者并不认为有一个等待我们去发现的业已存在的世界，而是认为我们所认为的社会现实通过社会关系才得以存在。这对于社会工作来说具有非常重要的暗示，即我们和他人所经历的现实正是我们自己参与创造的。

批判性思考问题：

我们是如何形成自己的世界观和价值观的？

社会建构主义的主旨包含四部分：现实是社会建构出来的，现实是经由语言构成的精神产物，现实是诉诸叙事组成并得以维持的，绝对的真理是不存在的。所以说，案主的“问题”往往是被其自身主观建构的，而这种建构又深受“主流话语”和“正统标准”的影响，并按时间顺序链接起来固化为故事，这些故事是其生命的航标，可以说明他的过去，定义他的现在，影射他的未来。[③] 这些故事都是通过语言来描述的，对案主而言，描述的世界往往比真实的世界更有意义。对于社会工作者而言，就可以更加关注案主如何看待世界和他人、如何看待与他人的关系，而不必拘泥于事实本身。

社会建构主义按照两个维度展开：“结果-进程”维度和“宏观-微观”维度。在“结果-进程”维度，强调“构建什么”和“如何构建”。结果层面构成了社会建构的结果，比如精神疾病、童年、情感以及与之相联系的历史的、文化的和社会的后果；进程层面考察事物是如何建构的，比如我们如何通过对话建构事实。大部分的社会工作者比较熟悉“宏观-微观”维度。微观层面注重人际背景，比如二元关系和家庭；宏观层面则强调更广阔的历史文化和社会因素，比如我们对于精神疾病

---

① WITKIN S L. Social construction and social work practice: interpretations and innovations, New York: Columbia University Press, 2012: 8.

② 同①17-19.

③ 卫小将，何芸．“叙事治疗”在青少年社会工作中的应用．青年探索，2008 (2): 76-79.

以及家庭这些概念的理解是与历史和文化的传承性相关的。①

（二）建构主义对于青少年的定义

发展心理学将青少年的发展视为自然的，且更多的是生物进程，这一过程随着时间展开并具有明显的阶段性。这种描述较好地回答了生物学意义上的“青少年是谁”的命题，但忽略了某一特定时刻的政治和文化现实。20 世纪 70 年代以后，学者们开始研究儿童青少年身份的政治文化构建，1987 年欧洲社会福利政策和研究中心策划了一个名为“童年是一个社会现象”的为期五年的研究项目，国际学者和实务工作者对此展开了广泛的讨论。1990 年，艾伦·普劳将（Alan Prout）和艾利森·詹姆斯（Allison James）的论文集《建构和重建童年》标志着学术界开始认可“童年是由政治和文化构建的”这一观念。② 该理论主要包括以下三个重要假设。

1. 童年和青少年是社会和文化建构的

青少年的身份是由特定社会和文化制度构建起来的。学者们强调儿童的研究不能和阶级、性别、种族等社会维度的研究分离，并且指出童年是具体的、具有多样性的，并不存在一个单一的普适性的童年。

2. 儿童和青少年应被视为积极主动的案主

既然童年并不仅仅是严格意义上的生物学现象，那么孩子们在构建自己和他人的社会生活中所起的作用就值得关注。社会工作者要聚焦青少年每日的真实生活，允许他们诠释自己的真实体验，鼓励他们表达自己的希望、悲伤和期待。而且青少年作为案主，我们必须尊重他们也拥有自决权这一现实。

<u>批判性思考问题：</u>

你认为青少年是拥有完全自决权的案主吗？为什么？

3. 在特定的政治和经济背景中理解儿童和青少年的含义

儿童和青少年的概念，如同其他的社会文化观念一样，是在特定的政治经济文化背景中形成的。孩子们的思想和行为与这些社会文化观念密切相关，而我们对孩子的看法也与此相关。因此，如果政治经济环境有变化，孩子们的体验也会有所不同。例如社会福利政策的改变会影响到孩子的日常生活，比如学校提供的午餐项目、公共娱乐设施以及青少年司法的具体规定等。

知识窗

在如何看待童年和孩子的问题上，社会建构的理念逐渐代替了发展心理学的观点。在新自由主义的影响下，以社会正义为导向，芬恩（Finn）和他的同事杰克布

---

① WITKIN S L. Social Construction and social work practice：interpretations and innovations. New York：Columbia University Press，2012：18－19.

② NYBELL L M，SHOOK J J，FINN J L. Childhood，youth，and social work in transformation：implications for policy and practice，New York：Columbia University Press，2008：5－9.

森（Jacobson）发展出“纯实务视角”的方法。其中意义、情境、权力、历史和可能性是该视角关注的五个核心概念，而“意义”概念是“纯实务视角”关注的核心。意义说出我们如何感知这个世界以及我们在其中的体验，思考人们如何对形成他们生活的那些体验和条件赋予意义。所有的人类都是意义附加者。我们通过我们在这个世界中的位置来阐发我们的体验，而我们在世界的位置则通过个体的地位、性别、阶级、公民身份以及年龄等因素呈现出来。关于儿童是社会构建的观点直指“意义”问题的核心。

资料来源：NYBELL L M，SHOOK J J，FINN J L. Childhood，youth，and social work in transformation：implications for policy and practice. New York：Columbia University Press，2008：320.

（三）建构主义与青少年社会工作

1. 共通之处[①]

（1）强调“社会情境”的重要性。社会工作所强调的“人在情境中”的理念认为对人的恰当理解不能脱离其生存的环境，同样地，社会建构理论强调历史的、文化的和社会背景的重要性。

（2）认可价值的重要性。价值是社会工作的核心，也是社会工作实务的引导，而社会建构则认为没有价值无涉的行动和信条，我们的理论和实务总是按照一定的价值观来思考、理解和行动的。

（3）鼓励困难群体发出自己的声音。社会工作者鼓励那些被社会边缘化的沉默的人群发出自己的声音。社会建构主义同样相信存在着对同一问题的不同声音，只有为那些沉默的人群提供发出声音的渠道，才能挑战现有的占主导地位的知识体系。

（4）迈向一个更美好、更公平、更有包容性的人类社会。这是社会建构主义和社会工作的共同方向。

2. 建构主义对青少年实务的影响

社会建构主义强调背景的意义使其特别适合社会福利系统中的青少年工作。建构主义的框架帮助社会工作者更好地理解孩子如何看待和解释这个世界，倾听他们关于关系的意义以及这些关系如何影响他们的生活的理解。就未成年人虐待问题，梅杰（Major）指出：“我们在介入有虐待和忽略行为的父母时，我们的评估不能首先关注行为的改变，而应该关注那些引发问题的广阔的社会情境。”[②] 在美国，大部分的服务方案都预设通过父母课堂、戒毒训练、愤怒管理等一系列服务提供可以改变父母的行为，认为这样在父母照顾下的孩子也会更加安全。可事实就是大部分的父母为了不和孩子分离，会将这些服务当作不得不参与的事务。孩子们也是如此，

① WITKIN S L. Social construction and social work practice：interpretations and innovations. New York：Columbia University Press，2012：30－31.

② 同①162.

他们总是被判断说有这样或是那样的行为问题，但是孩子们紧张、焦虑和绝望的情绪很少被关注，形成这些情绪的社会情境也被忽略。所以，社会工作者需要更深入地了解“这个人究竟是谁”，他所面临的社会情境如何，需要对孩子和其家庭都进行深入的考察。

案 例

我永远不能忘记我曾经的一位案主，个案档案记录显示这位母亲有对孩子的虐待和忽视行为。在会谈中她常常迟到，尽管她说希望自己的孩子能够回家，但看起来缺乏参与的动力。有一天，这位妈妈给我看了他们家的照片，那是一个墙壁上裸露着电线、天花板上有十几个小洞的公寓。她说小时候父母经常吵架，往往是她承受母亲的怒火，在她放学回家时母亲常会拿着一个平底锅等她。也就是说，在她的个人成长中有如此相同的虐待经历。所以我非常惊讶她竟然愿意并且能够出现。于是，我开始考虑这位母亲生活的世界，并且意识到我的建构不同于她的建构，要想理解案主的真实生活，我必须先放弃自己对于这个世界是如何运作的假设，放弃那些我认为理所当然的观点，那些中产阶级的关于这个世界是如何运作的观点。社会建构的观念帮助我更加敏感地意识到父母和孩子意义建构的重要性，以及他们的声音和他们的故事。当我以一种新的方式来倾听时，我开始捕捉到和她以及其他案主一起工作的新的可能性，而这些正是我之前所忽略的。［来自社会工作者梅杰(Major）的分享］

资料来源：WITKIN S L. Social construction and social work practice：interpretations and innovations. New York：Columbia University Press，2012：162.

二、发展社会工作

作为专业社会工作领域的一个杰出的方法——发展社会工作，因其建立在社会发展这一多学科交叉的广阔领域中，又被称为“社会工作的社会发展方法”。

（一）发展社会工作的理念和特征

谈及社会工作的取向时，学界普遍认为以个案工作为基础的补救和矫正功能仍然是满足社会需求和应对社会问题的重要方法，并且也指出需要在“补救、维持和发展”三种取向的干预之间维持平衡。[①] 但就现实而言，预防功能往往没有得到足够的重视。而发展社会工作致力于在社区和生活层面提高社会整合和促进社会稳定，这与预防理念相似。同时，社会工作还有通过改善民众的社会福利带来社会变化的功能，而这种变化的功能也是发展社会工作的主要功能之一。

---

① MIDGLEY J，CONLEY A. Social work and social development：theories and skills for developmental social work. New York：Oxford University Press，2010：8.

目前对于发展社会工作这一概念的基本要素业已达成共识：强调公共服务设施的改善，利用增能和赋权理论，尊重自决和案主参与，且致力于平等和社会正义。在这些要素中，社会投资和社会权力是其核心概念，变化或者说改善也是发展社会工作的重要概念，就直接的社会实务而言，关注个人的成长，就宏观社会实务而言，则强调群体利益的改善。发展社会工作主要有以下三个方面的内容。

1. 关注社会投资

发展社会工作的核心观念就是在专业实务领域运用投资策略。不仅强调案主的能力以及赋权的重要性，同时还强调要向案主提供（或者案主应该被提供）有形的社会资本以提升他们的能力、便利他们在生产性经济和社区生活中的参与。这些投资包括就业培训、雇用岗位、儿童照顾、成年人扫盲班、举办小型实业等等。这些社会投资需要集中政府资源来满足案主的物质需求，并帮助案主认识到他们的潜能和生活目标。贫穷、剥夺和无助成为很多案主的共同特征，而面对这些挑战正是发展性实务的关键因素。社会工作者需要动员人力和社会资本，促进就业和自我雇用，促成资产积累，且通过有效途径使个体、家庭和社区的物质福利得到改善。

2. 强调以社区为基础的实务干预

除了强调社会投资，发展社会工作强调以社区为基础的实务干预。社区工作和其他宏观社会工作实务多与发展社会工作相关。从这个意义上来说，发展实务工作是参与性的，强调案主的参与和自决。实务工作者运用发展性方法为案主提供支持，而不仅仅是描述问题和给出解决方案。

3. 聚焦权利

发展社会工作聚焦于以权利为基础的方法，且致力于实现更广阔的社会目标：鼓励民主参与，促进以平等为基础的社会正义。一般来说，发展社会工作者会与一些进步组织和社团联合，利用他们的游说和支持来达成这些目标。①

发展社会工作只是社会工作实务的一种模式，这种模式确实不同于传统的社会工作，在其实务领域，并没有将治疗式会谈放在首要地位，并且对案主和服务提供者之间维持的良性关系持质疑态度。尽管他们承认谘商是很有帮助的，是现代社会工作的核心，但是他们同样也认为有些案主需要更广泛的支持。也就是说，发展社会工作同样对案主提供支持和服务，只是将关注重点放在帮助案主认识到自己的力量、提升自决能力以及积极参与社区生活的能力上。

目前对发展社会工作的批评集中在其对提高经济参与能力的强调上。关注技能训练、提供就业、帮助创业等途径使得服务提供者被认为是拥有热情和善心的“帮助者”，而非专业的社会工作者。有些学者受后现代理论的影响，认为发展社会工作对经济活动的关注与人们今天正在努力奋斗的身份、认同和尊重等议题无关。尽管这些批评都可以理解，但是发展社会工作的理念并非与社会工作的价值观不相容。

---

① MIDGLEY J，CONLEY A. Social work and social development：theories and skills for developmental social work. New York：Oxford University Press，2010：13－17.

事实上，发展社会工作尤为关注人类权力和社会正义，认为社会投资需要政府的全面干预，以创造一个有利于人们认识自己潜能的生态经济系统。

（二）发展社会工作与青少年

发展性的青少年社会工作更多的是通过发展社会资源和青少年潜能，增强青少年的生活能力的社会工作服务，重视国家政府、社区及社会组织的参与，强调青少年群体的能力发展。其主要包括如下。

（1）以社区为主，提供青少年休闲娱乐与学习场所，提供国内外时事信息，使青少年了解世界发展趋势，明确自己的社会角色；举办各种社区或学校活动，使青少年学习并建立自己的人生目标，培养其责任心与执行力、创造力。

（2）提供青少年发展中的心理、生理、情绪、行为、人际交往、社会适应等各个方面的知识性辅导服务，增进人际关系、法律常识、生命与性教育的知识与能力。

（3）提供就业信息及就业辅导服务，以拓展青少年的就业能力。青少年的年龄横跨初中、高中（中专、职校）与大学，要重视不同年龄阶段的青少年的就业创业需求，帮助其树立正确的就业观与择业观，为已面临就业选择的青少年提供职业技能培训与职业生涯辅导。

第五节　青少年社会工作理论与应用

一方面，社会工作实务理论体系的建构和发展离不开其他相关学科的理论的支撑，因此，将多学科的理论进行整合并将其应用于青少年社会工作领域，能提高青少年社会工作服务的科学性与合理性；另一方面，社会工作并没有专门论述青少年社会工作的理论，青少年社会工作的理论来源于生理学、心理学、社会学、社会工作等诸多学科，这些理论与青少年社会工作实务的结合能为这一工作领域的社会工作者提供更为具体的服务策略，从而使社会工作者能为服务对象提供针对性更强的服务。

本书在下篇“特殊青少年社会工作实务”部分会涉及许多实务理论与介入模式的介绍，为了增强理论与实务的互动感和关联感，编者特在理论介绍章节增设本节内容。本节选取了生态系统理论、标签理论、优势视角以及抗逆力理论这四个在青少年社会工作实务中运用较多且相互之间存在联系的理论，通过理论解释、运用策略、案例呈现等内容，简要介绍这些理论在青少年社会工作中的应用。

一、生态系统理论与青少年社会工作

在很长一段时间内，社会工作的核心地位都被心理聚焦占据，所以尽管社会工作一直强调“人在情境中”，但直到20世纪70年代，系统理论才对社会工作产生巨大影响并有了独特的实践视角。[①] 系统生态系统理论是系统理论的一个亚类型，其核心观点是有机体和环境之间存在着持续的交流和互动。

（一）生态系统理论的内容

生态系统理论把人类生存成长于其中的社会环境（如家庭、机构、团体、社区等）看作一种社会性的生态系统，在理解和分析人们的行为时，非常注重人与环境之间的相互作用。布朗芬布伦纳（Bronfenbrenner）认为环境包括四个层面：微观系统，指个体以及个体最直接的生活环境，包括家庭、朋辈群体、学校等；中观系统，指个体与微观系统之间的联系；外层系统，指对个体发展间接产生影响的环境；宏观系统，包括更大的文化与社会体系。[②]

但布朗的生态系统理论模型更注重个体的环境影响因素，忽视了个体本身系统的变化与互动。查尔斯·扎斯特罗（Charles Zastrow）弥补了这一不足，他将生态系统分为微观系统、中观系统、宏观系统三种基本类型。微观系统，即构成并影响个体成长的生理、心理及社会因素；中观系统，即小规模的群体，如家庭；宏观系统则是比小规模群体更大一些的社会系统，包括文化、社区、机构和组织。

扎斯特罗认为三个系统总是处于相互影响和相互作用的情境中，因此社会工作一方面要重视人和环境的互相影响，重视青少年所在的环境系统，也就是青少年所在的个人、家庭、学校和社区四大系统；另一方面，青少年所处的系统不仅是一个完整的体系，而且是一个必须随着环境与时代变迁而不断调整其内部结构与关系的有机体。所以在青少年社会工作领域，生态系统理论认为青少年问题不是单纯个体或者环境的问题，而是个体和环境之间的互动出现了困难。

（二）生态系统理论在青少年社会工作中的应用策略

1. 重视家庭教育，关注子女成长

在生态系统视角下，服务对象及其服务对象家庭同属微观系统，是对服务对象有着最直接影响且社会工作者最易接触到的系统，必须引起社会工作者的特别重视。青少年处于社会化的关键时期，世界观、人生观、价值观的形成极易受到社会的影响，家庭教育对于子女的健康成长极其重要。青少年社会工作者可以通过开展各种亲子活动，为青少年和家长提供交流的平台，引入家庭教育观念，倡导家长关注子女健康成长。

2. 平衡生态系统，促进资源共融[③]

社会工作者个人的力量和资源远不能协助服务对象修正不良行为、恢复社会功

---

① 陆士桢，王玥．青少年社会工作．2版．北京：社会科学文献出版社，2010：110.

② 王玉香．青少年社会工作．济南：山东人民出版社，2012：85.

③ 罗观翠．青少年社会工作服务模式及成效研究．北京：社会科学文献出版社，2013：44.

能，社会工作者要介入青少年个体、环境以及二者的互动之中，积极整合服务对象的系统资源，完善其生态系统，通过环境的改变来协助服务对象解决适应性问题，使各个系统之间达到适应性平衡，强化青少年的个人适应能力，最终促进个人的成长发展，提升其能力。

二、标签理论与青少年社会工作

标签理论常与青少年偏差行为、越轨行为相联系，事实上，标签理论对于社会工作进行问题界定和需求评估有很重要的启示作用，在某种层面上，它与社会工作“包容、接纳、尊重”的价值观是有相似性的。

（一）标签理论的内容

标签理论的核心是社会反应和标签内化。美国社会学家贝克尔（H. S. Becker）认为，越轨与非越轨的区别不在于越轨行为本身的特质，而只是在于人们给前者贴上了“越轨”的标签。他明确提出，越轨行为的认定是行为发生者与对该行为做出反应的人之间互动的结果。标签论者认为，一旦一个人被贴上越轨的标签，他就可能会受到这种强烈的负面看法的影响，从而改变自我意识，影响其自我认同，陷入“偏差生涯”[①]，也就是将标签内化，从而导致其从“初级越轨”上升或转化至“次级越轨”。

在现实社会中，某些没有什么权力、社会地位较低的困难群体较之于其他群体更易于被贴上越轨的标签，所以标签理论在社会工作理解与介入青少年越轨行为、偏差行为时被应用较多。青少年在青春期时的主要冲突是“自我同一性和角色混乱的冲突”。自我同一性关系着青少年对自我的评价、自尊的形成、自我效能感的发挥。如果青少年长期被同学、老师甚至自己的父母戴着有色眼镜看待，在自信心、自尊的建立方面就会受到极大的阻碍；长期生活在被认为是“坏孩子”的环境中，就会在潜意识里逐渐形成自己是个“坏孩子”的自我评价。

案　例

小亮今年 16 岁，在浙江一所职业高中念书。小亮很聪明，特别擅长机械操作，但文化课总是班级里最差的。小亮的父母是农民出身，文化水平都不高。小亮从小调皮捣蛋，不认真学习，到了初高中更甚，打架滋事、逃课等等。老师们认为他不求上进，带坏同班同学，一提及这个孩子，总会说这个孩子成绩不好，爱惹事，不知上进。小亮也因为不遵守学校纪律被调至班级最后一排——“坏孩子的集中营”。

① 全国社会工作者职业水平考试教材编写组．社会工作实务：中级．北京：中国社会出版社，2017：106.

开始小亮并不适应，慢慢地，小亮加入了这个所谓的“坏孩子”群体，和他们融为一体，行为越来越恶劣。小亮说：“其实我自己也不想这样让父母老师失望，不想被他们看作坏孩子，我想改正，可是我觉得没有人会看得到，我甚至觉得大家都不喜欢我，没有人是爱我的。”

资料来源：杨敏．亚文化及标签理论视角下的青少年越轨行为矫正治疗．法制与社会，2017（21）：170-171.

（二）标签理论在青少年社会工作中的应用策略

1. 针对服务对象特点，开展个别化服务

对社会工作者而言，“标签”的存在很容易导致社会工作者将复杂的问题简单化，直接用针对某一群体共性的方法或模板解决个体的问题，这就很容易陷入“感觉需要”的误区。实际上，对于社会工作尤其是个案工作来说，需求评估是极为重要的一个环节，社会工作者不能直接用“留守儿童”“不良少年”或其他某个标签来评估服务对象，而应该根据服务对象的具体情况和具体需求开展相对应的服务。

2. 通过去标签化，改变服务对象自我认知

正如标签理论的内容而言，标签化、污名化实质上是一个与权利相关的议题，被贴上负面标签的青少年通常都是权利地位较低、本身自卑情绪较重的群体，被贴上标签后就更容易将标签内化。所以，在社会工作实务中，一方面，社会工作者自己要摘掉服务对象的标签客观看待他，以避免对服务对象造成重复伤害。另一方面，社会工作者要帮助服务对象撕下自己的标签。首先，社会工作者可以通过行为修正治疗模式与心理社会治疗模式相结合的工作方法，帮助服务对象表达自我，改善其越轨行为。其次，社会工作者要让服务对象意识到自己的身上的标签并非完全与“不好”画等号，建构主义认为当服务对象自身不将标签视为问题时，标签也就不复存在了。

三、优势视角与青少年社会工作

在20世纪30年代，当时流行的弗洛伊德的精神分析理论使社会工作者将注意力转向了疾病视角。[①] 在这种以问题和疾病为本的思维模式中，社会工作者多以专家身份“诊断”服务对象的问题并提供帮助与干预，在干预过程中，“病人”标签的逐渐内化可能会使服务对象的自我效能感与自尊感逐渐降低，长此以往反而对社会工作服务的开展造成负面影响。20世纪80年代以来，一些西方学者开始对“问题取向”的社会工作进行反思，并提出社会工作实务应该由“问题取向”向“优势取向”转变。虽然优势视角并非一个独立、成熟的理论，但目前已经成为社会工作

① 赵明思．优势视角：社会工作理论与实践新模式．社会福利（理论版），2013（8）：15-19.

最常用的工作视角之一。

（一）优势视角的内容

优势视角的基本假定主要包括两个信念或者说精神：一是强调服务对象的个别性和独特性，提倡服务对象的自我导向以及自主抉择；二是倡导服务对象与社会工作者均能共同重视与珍惜服务对象做出的任何改变的努力与结果。优势视角重视各类群体的优点与资源，认为几乎所有事情例如兴趣爱好、知识技能、志向、期待、在抗争中铸就的个人品质与美德等，在某种特定条件下都可以视为一种优势[①]，认为每个人都具有知识、才能、技巧和资源去应对自己的生活，相信人们拥有接受和应对生活中的困难和挑战的能力及资源，创伤和虐待、疾病和抗争等具有伤害性的实践甚至也可能是挑战和机遇。在社会工作服务中，优势视角理论侧重于优势资源的开发，包括服务对象个人的优势系统与服务对象所处的环境的优势，通过发挥服务对象个人志向、能力与自信的优势以及联络服务对象所处环境的优势，达成服务对象问题的解决和生活的改变。

（二）优势视角在青少年社会工作中的应用策略

1. 将优势视角应用于与服务对象专业关系的建立与维护

埃里克森（Erik H. Erikson）认为如果青少年时期自我同一性和角色混乱的冲突不能成功地解决，就会形成不确定性或是无归属感，为人冷淡冷漠，缺乏关爱的意识。这一时期的青少年容易敏感，充满不确定性，这将对社会工作者与服务对象建立和维持社会工作专业关系造成极大的困扰。当社会工作者把所有的关注点放在青少年存在的问题上时，当给出的建议和方案并不被服务对象认可时，特别是当服务对象对自己所面临的问题采取消极回避态度时，专业关系可能会陷入一种困境，社会工作者无法获得服务对象的信任，导致后续工作很难开展。

而优势视角关注的是“人”而非问题本身，优势视角的基础假设之一就是相信个体具备解决人生中面对的各种问题从而获得自我发展的潜能，强调人的能力、价值、兴趣、信仰、资源、成就和抱负。[②] 青少年的创造力、好奇心、活力等都是其显而易见的优势，社会工作者可以以优点为突破口，通过挖掘青少年的自身优势与感兴趣的领域，建立与维护社会工作专业关系。这不仅能快速“破冰”提高服务效率，也能提高青少年的自信心与积极的自我认知能力，有利于后续服务的开展。

2. 相信服务对象的优势与潜能

优势视角更多地代表了社会工作实务作为一个整体的取向与倾向性，是社会工

---

① SALEEBEY D. 优势视角：社会工作实践的新模式．李亚文，杜立婕，译．上海：华东理工大学出版社，2004：66－73.

② WEICK A，RAPP C，SULLIVAN W P，et al. A strengths perspective for social work practice. Social Work，1989，34（4）：345－350.

作者在进行服务时应该树立的一个标杆和方向——社会工作者应该注意、发现、扩大和增强服务对象现有的优点、才能、资源和潜力。优势视角并非与问题取向完全对立，优势视角在很多时候仍然是为“解决问题”服务的。社会工作者在面对服务对象所陈述的问题之际，也应该促使服务对象指出例外情况时他所拥有的优点、才能和资源，用发展的眼光帮助服务对象进行改变。在优势视角下，服务对象的主动性会迅速推动问题的解决，以此实现服务对象的发展。与此同时，社会工作者开展实践的场域环境，诸如气氛、政策与组织规范等，以及社会工作者对优势视角的核心因素，例如对“充权”的掌握，也对优势视角取向的实践存在着关键而潜在的影响力。社会工作者要正确认识服务对象的能力和潜能，将之视为可以实现自我改变的个体，相信服务对象与其他同龄人一样有着这个年龄段拥有的特质，调动青春期少年的积极性、好奇性和创造性，给予服务对象充分的权利，相信服务对象自身内部有能力和有资源处理所面对的困境，让服务对象看到自己的优势，且对自己的技能与资源有信心。

四、抗逆力理论与青少年社会工作

在儿童和青少年社会工作领域，有一个概念——抗逆力（resilience）的影响力日益增强。作为一个心理学范畴的概念，抗逆力的内容不断拓展与成熟，并越来越多地被运用到儿童和青少年社会工作实务之中。抗逆力问题的提出将对于生命历程的“危机关注”及“治疗模式”的消极视角转变为“增权模式”和“福利模式”的积极视角，更加有利于调动发挥青少年积极的生命潜能，给社会学、心理学、教育学、精神病学领域带来了变革。[①]

（一）抗逆力理论的内容

抗逆力，我国台湾学者称之为“复原力”，大陆学者又称“心理弹性”“挫折承受力”“耐挫力”等，是指一个人面临困难、挫折和失败等逆境时的心理协调和适应的能力以及自我复原的动力。这种动力包括：（1）建立人际关系的能力；（2）解决困难的能力；（3）能发展独立自主性；（4）计划将来及拥有乐观盼望的态度。抗逆力可以使人们在克服困难的过程中变得更加坚强，从负面的生活经验中得以恢复。在这种能力和机制的引导下，服务对象可以自己超越和克服严重的灾难事件。

在青少年的成长过程中，抗逆力就是在得到家庭、学校、社会正确引导和影响的情况下，通过正确方法和途径表现出来的对生活压力、创伤、风险和危机的承受力、恢复力、适应力或耐受力。青少年通过其生活经历与抗逆力的增强，能发展出更多与抗逆力相关的品质，比如自尊、自我效能感、主观能动性等。抗逆力是更广

① 于肖楠，张建新．韧性（resilience）：在压力下复原和成长的心理机制．心理科学进展，2005（5）：658-665.

泛的价值系统中的一种信念，可以帮助青少年在解决问题的过程中坚持不懈，或者在生活环境的诸多挑战中生存下来。①

由此可见，抗逆力理论关注的是困难群体，尤其是成长中的青少年的困境解脱能力与成长能力，它的最终目的是增进个人的能力与福祉。社会工作与抗逆力关注的目标人群及其终极目标不谋而合，两者的价值观也十分相似，所以抗逆力理论被广泛应用于青少年社会工作介入中，并且我们会发现，社会工作视角下的抗逆力更具有平等、尊重的特性。

青少年在学校、生活中面对的各种各样的学业问题、人际问题、行为问题和情感问题，都对他们的抗逆力提出了挑战。就目前的状况而言，家庭和学校非常容易忽视青少年的问题，也对抗逆力培养的知识缺乏认识。社会工作者在介入青少年问题时，必须重视服务对象的抗逆力水平。由于青少年所处环境、所受教育及个人能力等方面的差异会决定青少年抗逆力水平的高低，即使抗逆力处于相同水平，抗逆力的保护因子强弱也有差异，所以社会工作者在介入时需要对青少年的抗逆力进行评估。针对抗逆力较高的青少年，社会工作者可以将服务对象的高抗逆力视为其优势之一；针对抗逆力较低的青少年，社会工作者需要为其设置提升方案；对抗逆力极低甚至存在对生活绝望、有自杀念头等问题的青少年，社会工作者需要及时开展危机介入。

（二）抗逆力在青少年社会工作中的应用策略

1. 风险性因素和保护性因素评估

风险性因素和保护性因素（见表4-1）看起来是相反的，但是抗逆力就是从这两组因素的交互作用中发展而来的。抗逆力发展的关键并不在于规避风险，而是要与风险共存。风险性因素不能决定一个孩子的命运，而抗逆力则发挥着重要的作用。戴维斯（Davies）指出，对于风险性和保护性因素的认定在任何评估中都是很重要的部分。保护性因素可能会平衡掉风险性因素，但是如果风险性因素超过三项的话，还是会使青少年或者家长无法负担，影响到青少年的发展。

（1）风险性因素。风险性因素指的是个体以及周遭社会环境会增加青少年未来负面结果的可能性。戴维斯（Davies，1999）列出下列三种风险性因素：其一，青少年本身的劣势，如心智问题或者一些慢性疾病等。其二，家长不当的管教。其三，社会经济和制度因素，如医疗照顾不足，或者家庭长期贫困或处于困难状态等。②

（2）保护性因素。由风险的概念，我们可以这样认为，如果风险能够为一些儿

---

① DANIEL B，WASSELL S，GILLIGAN R. ‘It’s just common sense isn’t it?’ exploring ways of putting the theory of resilience into action. Adoption & fostering journal，1999，23（3）：6-15.

② WEBB N B. 儿童社会工作实务．黄玮莹，辜惠嫩，译．台北：学富文化事业有限公司，2006：94.

童青少年以及其家庭所知晓，那么也许就可能创造和组织缓冲器去影响不理想的结果。① 这些缓冲器可以被视为阻止或者影响消极结果的障碍性因素。例如，一些青少年儿童可能是在贫困的环境中成长的，他们缺少物质上的满足和机会，但是他们的家庭可能会有较为亲密的联合和家庭外的协助以抵消贫困的逆境。

表 4－1　常见的风险性因素和保护性因素

层面	风险性因素	保护性因素
一般环境条件	教育与就业机会贫乏 民族、地域、户籍等歧视与不公平 贫穷或社会经济地位低	丰富的教育资源 充足的成长、成就机会 充分的就业机会
家庭学校和社区邻里条件	受到虐待 父母存在不合与冲突 家长患有心理或生理疾病 缺乏管教	社会支持 能给案主提供关爱和支持的成人 正向的亲子关系 有效的教养
个人心理社会及生物因素	性别 生物医学方面的问题	儿童期“省心”的气质 自尊和自我效能 能够胜任规定的角色 聪明

资料来源：WEBB N B. 儿童社会工作实务．黄玮莹，辜惠媺，译．台北：学富文化事业有限公司，2006：95.

2. 多手段建立青少年抗逆力培养联动机制

目前，抗逆力正在被广泛应用于青少年社会工作中，尤其是针对留守青少年、困境青少年、外来务工人员随迁子女等特殊群体的社会工作介入，经常会引入抗逆力理论。如果以社会支持理论和生态系统理论为分析视角，青少年自身的优势是其抗逆力的内部保护因子，家庭、学校和社区则是青少年抗逆力的外部保护因子。社会工作者作为资源链接者和倡导者，要建立青少年抗逆力培养的“个人-社工-家庭-学校-社区”的五环联动机制，结合“个案、小组、社区”三种工作方法，通过链接青少年及其家庭、学校、社区等内外部资源，培养和增强青少年内在保护因子和外在保护因子，使之更好地应对所面临的挫折和困境。

关于抗逆力培养，学界有两个著名的青少年干预项目——南京大学流动儿童“抗逆小童星”和香港中小学“成长的天空”计划，二者都是联合家长、学校、社区甚至政府部门等多方力量，保证资源的整合，以此来推进项目目标的实现。作为一个本身复合度就很高的理论，抗逆力理论在青少年社会工作实务中具有极强的指导价值。

3. “抗逆力轮”策略

1996 年，美国学者汉德森（Han Henderson）与米尔斯滕（Mike M. Milstein）

---

① ALLEN-MEARES P. 儿童青少年社会工作．李建英，范志海，译．上海：华东理工大学出版社，2010：38.

提出“抗逆力轮”策略，并建议从两个方面着手抗逆力培育：一是缓解环境中的危机因素，二是建立环境中的抗逆力。“抗逆力轮”从个体和环境两方面进行改善，认为培育或提升个人抗逆力的主要方法是：增加亲社会联结，建立清晰、稳定的边界以及教授生活技能，另外还需要对环境进行改善，并通过提供关怀与支持、建立和表达高期望以及提供机会、促进参与，营造有意义的生存环境（见图 4－1）。

“抗逆力轮”分为缓解环境中的危机因素和建立环境中的抗逆力两部分，总共设计了六个步骤帮助提升抗逆力：

（1）促进亲社会联结。富有良性人际关系的青少年陷入危机与逆境的概率相对较小，亲社会联结是有效的正向保护因子，能帮助面临危机与挑战的青少年得到有效缓冲。

（2）建立清晰、稳定的边界。青少年行为界限分明，明辨是非、把握分寸尺度是避免问题行为与偏差行为的关键。

（3）教授生活技能。青少年有必要明白并通过行为训练掌握与人合作、与人沟通、解决冲突、解决问题、自我决定、压力管理等技能。

（4）提供关怀与支持。关怀与支持是抗逆力形成的基础与关键因素。

（5）建立和表达高期望。他人的高期望能充分调动青少年的内在动机，激励他们做出改变。

（6）提供机会，促进参与。充分利用一切资源为青少年提供参与服务学习、社团管理、社会实践等活动的机会，能有效提高青少年的能力。

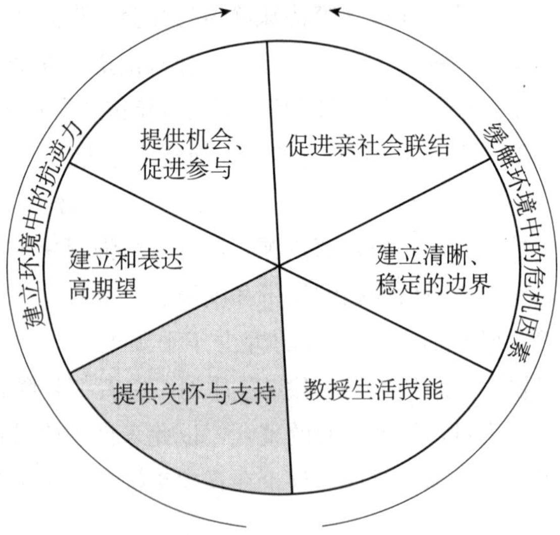

图 4－1 “抗逆力轮”图

复习思考题

1. 青少年的性格发展呈现出哪些特点？

2. 同伴认同对于青少年成长有何重要意义？
3. 角色对于青少年社会化的重要性表现在哪些方面？
4. 建构主义理论的主要观点有哪些？对社会工作实务有哪些影响？
5. 发展社会工作的特征有哪些？

推荐阅读书目

1. TEATER B. 社会工作理论与方法．余潇，等译．上海：华东理工大学出版社，2013.

2. HOWE D. 依恋理论和社会工作实践．章淼榕，译．上海：华东理工大学出版社，2013.

3. PARTON N，O'BYRNE P. 建构性社会工作：迈向一个新的实践．梁昆，译．上海：华东理工大学出版社，2013.

4. ADAMS R. 赋权、参与和社会工作．汪冬冬，译．上海：华东理工大学出版社，2013.

5. MIDGLEY J，CONLEY A. Social work and social development：theories and skills for developmental social work. New York：Oxford university press，2010.

6. NYBELL L M，SHOOK J J，FINN J L. Childhood，youth，and social work in transformation：implications for policy and practice. New York：Columbia University Press，2008.

7. WITKIN S L. Social construction and social work practice：interpretations and innovations. New York：Columbia University Press，2012.

| 中篇 |

青少年社会工作方法

PART TWO

第五章
青少年个案工作

本章要点

- 青少年个案工作主要包括接案与建立关系、评估、计划与介入、结案等阶段，各个阶段在连接的基础上相互影响。
- 青少年个案工作常用的模式有强调帮助青少年实现主观认识与客观环境相平衡的“心理社会治疗模式”，有对处于危机状态下的服务对象进行短期治疗或调适的“危机介入模式”，有以目标为导向并帮助服务对象在有限的时间内实现自己所定目标的“任务中心模式”，有从认知、行为和情绪三方面同时采取有效干预措施的“认知行为治疗模式”。

关键概念

评估；计划；介入模式

第一节　青少年个案工作概述

青少年个案工作是青少年社会工作三大方法之一，主要包括接案与建立关系、评估、计划与介入、结案等阶段。本节内容将对青少年个案工作的内涵和过程进行详细的介绍。

一、青少年个案工作的内涵

青少年个案工作是以青少年个体或其家庭为特定服务对象的个案工作，故青少年个案工作的定义可以由个案工作的定义引申而来。青少年个案工作是青少年社会工作方法中发展最早且较为成熟的工作方法，相较于其他工作方法，它具有一些独有的特点。

（一）青少年个案工作的定义

个案工作是指专业工作者遵循基本的价值理念，运用科学的专业知识和技巧，以个别化的方式为感受到困难的个人或家庭提供物质和心理方面的支持和服务，以帮助个人或家庭减低压力、解决问题、发掘生命的潜能，不断提高个人和社会的福利水平。①

青少年群体在社会上没有被充分认可，在市场上缺乏价值感，个人人格体系可能有不同程度的混乱，以致会面临复杂多样的生理、心理及社会适应问题，需要青少年社会工作者的介入与帮助。通过家访、上门服务、个别辅导等交叉式的交流，针对青少年个体或者家庭，以一对一服务形式开展的各种专业助人活动即被认为是青少年个案工作的服务方法。

（二）青少年个案工作的特点

个案工作个别化的服务方式对问题分析更细致、更全面，跟踪式的服务也能及时处理后续问题，这些优势使得个案工作特别适用于青少年群体，因为面对和服务于处于生理和心理急剧变化和发展中的青少年，个案工作方法有其独特的特点：

（1）服务对象的个别化。青少年个案工作每一次面对的案主都是单独的个体，遇到的问题都是复杂多样的，因此每一次的个案工作都需要认识到服务对象的特殊性和差异性，尊重并积极引导青少年自主决定，在提高解决问题的能力的同时帮助其实现自我成长。

（2）服务方式的灵活化。针对青少年群体的特殊性，社会工作者在服务中需要讲求方法和技巧，例如针对不同的性格气质的人采用不同的沟通的方式、在个案访谈中合理地运用不同的倾听及会话技巧、运用时兴的网络通信等方式跟进交流等。服务方式不是一成不变的，而是适时、应景、灵活的组合方式。

（3）服务内容的多样化。青少年群体是活泼好动的群体，他们对新事物充满了好奇，一成不变的教育方式让他们觉得单调乏味，所以青少年个案工作所采用的具体服务计划和方法是需要精心设计和吸引眼球的，否则很难引起青少年的注意，更谈不上加入计划了。通过“私人定制”的精心设计和准备，采用融入社会工作者价值理念又环环相扣于服务目标的个案辅导、情景模拟、角色扮演、小组活动等，一般会收到良好的服务效果。

知识窗

青少年社会工作的内容主要可以分为三类：（1）针对青少年的生理、心理和社会发展需要，提供社会资源，协助正常发展而设计的发展性青少年社会工作服务；（2）针对青少年个人及其家庭、学校、社区现状而开展的预防性青少年社会工作服

① 许莉娅．个案工作．北京：高等教育出版社，2004．

务；(3) 针对已经发生问题的青少年的个人、家庭、社区环境的不良因素而提供的治疗性青少年社会工作服务。

二、青少年个案工作的过程

被广泛运用的青少年个案工作主要是由接案与建立关系、评估、计划与介入、结案等阶段组成通用过程模式，各个阶段之间相互连接、相互影响。

（一）接案与建立关系

接案时的重点是了解求助者的愿望，确认是否需要立即给予必要的帮助，继而促使有需要的求助者成为服务对象。但求助者通常会对社会工作者抱有很大的期望，社会工作者在接案时必须澄清求助的期望，介绍机构与自己的服务范围，澄清社会工作者可以做什么，不可以做什么，同时要清楚地告诉求助者，问题的解决需要双方共同的努力，减少求助者的依赖心理。

在接案的过程，社会工作者要了解求助者的需要，和求助者一起对问题进行简单的评估，例如求助者的主要问题、求助者的求助意愿、机构与社会工作者的资源和能力能否提供帮助。这一过程的主要目的是确定社会工作者是否需要、是否能够提供服务。只有双方达成共识并建立初步的契约关系，求助者才能成为案主。

（二）评估

评估是认识、了解案主问题的过程，包括收集与问题有关的详细全面的资料、初步制定社会工作介入的目标和策略。在评估中，社会工作者需要去了解和分析案主生活情景中的生理因素、心理因素以及社会文化因素间的关系。

1. 评估的内容

进行评估的目的是了解造成案主当前问题的各方面要素，这样才能对如何协助案主减缓压力以及解决问题达成共识。其中主要包括与案主个人相关的因素、与现存问题情境相关的因素、与支持系统相关的因素（简称“三维评估”）。当一个青少年需要社会工作介入，社会工作者在试图了解问题的复杂构成时，必须将以上的三个因素牢记于心，必须将自己的注意力放到几个和青少年个案有关的人和事物之上。三维评估的成分如下（见表 5 - 1）。

表 5 - 1　　三维评估成分表

个人因素	情境因素	支持系统因素
年龄/天生的因素 发展阶段 认知层次 气质	问题的本质 失落因素的现状 创伤/暴力的现状 生活威胁的现状	核心家庭

续前表

个人因素	情境因素	支持系统因素
过去的适应情况 家庭情况 学校情况 人际情况	社会心理与环境问题	扩大家庭
嗜好或兴趣	问题的初始与持续期间	学校
医疗史	其他人的涉入	同侪/朋友/社会网络
受虐史	涉入的本质（支持的观点）	宗教社群
对问题的觉察（特殊的意义）		邻里

表5-1中的相关因素是社会工作者在进行青少年生物-心理-社会评估时需要注意观察、组织并且记录相关资料的。社会工作者在进行青少年的生物-心理-社会评估时，需要收集的资料和信息是相当庞大和复杂的，可能无法马上了解这些资料和信息之间的相关性。强调全面收集资料信息的目的是要为社会工作者设定服务目标以及制订服务计划做引导和支持。虽然上面所列出的三维评估成分比较全面，能够适应各种不同的问题情境，但是针对具体个案的评估并不一定要包含上述的所有项目，社会工作者需要对每个独特个案的问题情境的相关因素做出判断，以此引导对个案的评估过程。

知识窗

DSM评估

DSM-IV-TR是全美精神病理协会为了将表现出的症状和行为有系统地分类为抽象的诊断类别而建构的一种评估工具。一共包含五种轴向，每种轴向包含不同方面的主要的资料信息：轴一包含临床疾病、临床关注焦点的其他状况；轴二包含人格疾病、智能不足；轴三包含一般医学状况；轴四包含心理社会和环境问题；轴五包含功能整体评估。这一套工具在了解和确认某些特定的精神失调和其他的症状时，可以帮助社会工作者明确案主困难的特定本质和范围，可以据此制订适当的处遇计划，是十分有用的一套评估工具。在实际的评估过程中，还需要使用家庭结构图、家庭生态图与DSM相配合。

收集的资料并不会自动形成评估，必须被组织、诠释并与社会工作理论结合起来，产生意义，才能呈现出评估的结果。因此，在青少年社会工作的初期，形成一份青少年生物-心理-社会评估摘要是必需的。形成的评估摘要可以包含以下内容：

（1）成为案主的原因。

（2）案主个人或家庭的描述。

（3）案主（或家庭）问题的本质。

（4）案主（和家庭或其他重要的人）的调适能力：优势与障碍，风险性因素和保护性因素。

（5）介入案主（或家庭）问题的其他人或系统。

（6）可以获得的或需要的资源。

（7）案主（或家庭）解决问题的动机。

在完成评估摘要后，要把评估结果与案主家长以及所有涉及的专业人士进行分享以获得他们的回馈，这是进行评估的社会工作者的责任。

2. 评估的顺序

对青少年案主通常的评估顺序包括：第一步，社会工作者与家长见面。对于离婚或者分居的父母或者没有监护权的一方可能需要分开进行会谈。第二步，社会工作者与青少年进行两到三次的会谈评估。如果青少年的问题呈现出与家庭其他成员相关时，社会工作者就要考虑安排与整个家庭进行会面。需要的话，社会工作者也可以与案主的老师进行联系，视具体情况决定是否与校方联系并取得相关的资料信息。

（三）计划与介入

在认定案主的需求之后，就要着手制定明确的目标以及具体的服务计划，选择合适的介入策略，并以此为根据进行介入。

1. 制定目标

目标的建立是直接伴随着案主认为是否需要接受帮助以及是否同意社会工作者把焦点放在某些特殊困难的改善上而来的。制定目标必须是案主和工作者共同协商的结果，在双方充分讨论的基础上，目标制定首先要把焦点放在案主有意识的需求上，与案主的问题直接相关，但制定的目标也要与社会工作者和案主解决问题的能力保持一致，与机构的功能保持一致。

工作目标按照由近及远、由易到难的原则，具体可以分为直接目标、中间目标以及终极目标等类型。[①] 直接目标是针对案主提出的现实性问题进行探讨，促进案主的自我了解和自觉。直接目标与案主的问题直接相关，这个目标一般是案主急需解决的，非常直观明了，比如解决失恋案主的情绪困扰问题。中间目标一般是协助案主认识自己、接纳自己和欣赏自己，建立健康的自我形象和适当的生活方式等，并寻找能够帮助案主的资源，帮助案主建构自己的社会支持系统。终极目标就是使案主能够自我认识、自我促进、自我实现，在接纳自己的同时也能接纳他人，拥有良好和深入的人际关系、开放的态度，诚实，有创造力，有责任感，使现实的自己和理想的自己协调一致。这是社会工作要达到的最高目标。但这个目标并不是依靠几次辅导或协助服务就能达成的，需要每一个工作者持之以恒的长期努力和奋斗。

一般来说，制定目标可分为以下步骤：

第一步，社会工作者重新陈述案主的问题，以便再次确认问题。案主在与社会工作者经过一段时间的会谈和讨论之后，可能会对自己的情境产生一些新的认识和

---

① 许莉娅．个案工作．北京：高等教育出版社，2004：133.

目标，对社会工作者和服务机构也产生新的期望。

第二步，协助案主列出与呈现问题相关的问题，以便再次确定问题的重点。在案主在一堆问题中找不到主要矛盾，或是案主认为自己需要首要解决的问题或满足的需求和社会工作者对问题情境的专业判断不一致时，社会工作者和案主一起讨论确定问题的重点是很重要的。

第三步，协助案主确定问题解决的优先次序。通常来说，成功达成目标的经验能够成为案主增强自我和增进自尊的动力，也会增加案主努力尝试额外的更具挑战性的目标任务的动机。所以，社会工作者要从容易解决的目标入手，待这些目标解决之后再逐步加入高级目标。

第四步，协助案主明确自己想要的结果。社会工作者要将案主主观意识上的需求作为制定目标的焦点。明确案主想要达成的服务结果即案主和社会工作者需要达到的工作目标。案主对自己想要的结果越是明确，努力的目标就越清晰，达成目标的动力和动机也就越强。同时，社会工作者要在满足案主需求的目标基础上来制订介入计划。

2. 制订服务计划

制订社会工作服务计划是青少年社会工作的一个重要的环节和内容，要充分考虑青少年案主的需求和意愿、案主所在环境系统能够提供的配合、社会工作机构能够提供的资源和帮助、社会工作者的能力以及社会工作者对各类系统资源的了解和掌握程度。制订社会工作服务计划能够帮助社会工作者明确问题解决的具体步骤和方法，以及每一阶段社会工作者与案主的责任和工作任务。

一般来说，一份社会工作服务计划书应该包含以下几个方面：

（1）案主的基本情况，包括案主的基本信息、生物医学状况、心理状况、社会关系网络等。

（2）描述并列出案主的主要问题和相关问题。

（3）案主要达到的服务结果和社会工作者的工作目标。工作目标要有划分，可以分为直接目标和中间目标，每个类别下面还可以分为许多的子目标，应对所有的目标进行排序。

（4）基本阶段，包括每个阶段计划采用的介入方法和需要以及能够动用的资源。按照目标可以将服务工作划分为不同阶段，每个阶段所采用的介入方法与策略是不一样的。案主的问题很可能需要运用许多不同的方法去解决，社会工作者应该尽可能地考虑全面并且列出。社会工作者在列出这些工作方法时也要充分地考虑到案主本身的能力，以便案主可以接受所使用的方法。另外，社会工作者也要明确地指出服务各阶段需要动用的资源，包括机构内的或者机构外可以获得的资源。

（5）达到目标的时间表。

（6）联系方式。请案主留下自己认为安全有效的联系方式，以方便联系和沟通。

3. 选择介入策略

有计划地实施社会工作服务，就是社会工作者运用专业知识、方法以及各类技巧，协助案主按照制订的社会工作服务计划、契约开展工作和采取行动，是社会工作实务的重要部分。介入的策略可以分为两种：

（1）与案主一起行动 。这种策略包括：第一，帮助案主认识和运用现有的资源。很多情况下青少年案主的问题与一些必需的资源的缺乏相关，此时，使案主能够有效地运用现有的资源或者是协助案主发掘其他需要的资源就成为可行的介入策略。第二，进行危机干预或危机调适。当案主处在危机际遇时，社会工作者要帮助案主尽量缩短处于危机的时间、减轻危机可能带来的严重影响。第三，策划活动来帮助案主。通过一些活动可以更好地帮助不善于表达和人际交往的案主增强自信，发展能力。

（2）代表案主采取行动。这种策略包括：第一，争取有影响力的人士一起参与到工作中来，为达成工作目标而共同努力。第二，协调各种服务资源和相关系统，将它们统筹起来为实现目标服务。第三，发掘、发展和创新资源，以满足案主的需求。第四，改变案主所处环境，从而达到服务目标。第五，协调组织与机构，以便更好地为案主服务。第六，集体倡导，通过倡导为案主争取所需资源，促进社会公平正义。

（四） 结案

1. 评估案主进步情况

在整个服务介入过程中要持续地对案主的进步情况进行追踪和评估。一般来说，对案主的进步情况进行评估的目的是评价社会工作介入服务的效果如何，检验服务目标和服务计划是否可以按期完成或者已经达到什么程度，有没有对案主产生不良的影响，并且以此评估为基础选择合适的时间进入结案阶段。

对案主进步情况的评估可以分为两个部分，一是评估案主问题的解决情况，二是评估案主在服务过程中的能力和信心提升情况。比如在对失业青少年服务工作进行评估时，结果评估的标准可能是案主是否就业，而过程评估则要看在整个服务过程中案主应对工作环境的能力的变化情况、工作中人际关系的处理能力的情况等。

对案主进步情况的评估方法是多样的，可以多元结合使用。社会工作者可以用一些相关的量表，收集相关的指标数据来进行评估；也可以用问卷或者与案主会谈的方式让案主自我陈述自己的改变；当案主涉及的相关人员较多时，可以定期召开个案检讨会来对案主情况进行认定。

2. 结案

一项社会工作介入服务进入结案阶段可能有很多种情况，在有些情况下结案可能并不意味着案主的问题得到了彻底有效的解决。总的来说进入结案阶段可能有以下情况：第一，社会工作者和案主在沟通的基础上一致认为目标已经达到，在这种情况下双方提出结案的意愿。第二，案主觉得在离开社会工作者的协助后有能力解决自己的问题。可能问题还没有解决，但案主已经认为自己有能力应对该问题，因此提出提前结案。第三，社会工作者与案主觉得双方专业关系不足以继续服务工作而希望结案。在服务工作中，社会工作者和案主可能因为种种原因而不能维持很好的专业关系（产生不信任或者一方想要终结关系），在这种情况下，社会工作者就需要提前结案或者进行转介。第四，在服务工作中，社会工作者感觉案主出现新的问题或是新的需求，需要其他的机构或相关工作者提供协助。当社会工作者已经完成了自己和机构可以提供的服务，案主的其他需求或者问题需要其他的机构来提供服务时，就需要结案并且将案主转介到可以提供有效协助的机构。还有其他的一些不可预测的原因也可能导致需要结案，例如社会工作者或者案主一方因种种原因需要离开原来的地方而导致不能继续介入工作，此时其中一方提出结案。

结案阶段的主要任务有：

（1）协助青少年案主处理因关系中断以及丧失他人支持而可能产生的不良情绪。

（2）协助青少年案主总结工作过程中取得的成果和经验。

（3）思考如何帮助青少年案主巩固已有的成果，强化案主的能力与信心。

（4）协助案主思考如何将此次服务中获得的经验运用到以后可能遇到的困境中。

3. 评估社会工作服务

对社会工作服务进行评估应兼顾结果评估和过程评估。结果评估关注社会工作服务计划是否得到有效实施，服务目标是否已经达到。过程评估属于整体性评估，社会工作者在关注服务计划整体目标是否达到的同时，也要关注社会工作的理论、方法和策略是否有效，服务对象是否发生了变化，这些变化表现在哪些方面，其中最主要的变化是什么；环境改变的预期目标是否达到，这些改变表现在哪些方面，其中最主要的改变是什么；青少年服务对象在服务实施中的表现如何，给予服务过程何种帮助，提出了哪些问题和需要；通过本次服务过程，社会工作者获得了哪些新的体验，形成了哪些新的认知，获得了哪些启示；等等。

4. 跟进

完成结案和评估并不意味着社会工作服务的完全终止，一般来说，社会工作者还要根据案主需求以及与案主讨论之后确定的跟进事宜，让案主决定适合的跟进方式。对案主的追踪也可以为工作评估提供帮助，因为如果案主离开之后还能保持进步效果，在一定程度上就可以说明工作达到了良好的效果。如果案主的进步没有得到很好的保持，社会工作者就要反思介入工作，并且制订下一步计划。跟进是整个介入服务的一部分，但是跟进的程度和具体方法要根据案主的需求和问题情境再做决定。

第二节 青少年个案工作实务

青少年个案工作包括普通青少年的个案工作和特殊青少年的个案工作。其中重点是在生理、心理、情绪或社会适应方面遇到特殊困难的特殊青少年的个案工作；普通青少年个案工作内容则比较广泛，包括指导家长如何教育和照顾孩子，协调孩子与家长之间的关系，对青少年提供心理辅导，增强其社会适应能力等。本节将从实务方面入手，介绍青少年个案工作常用的模式与技巧。

一、青少年个案工作的模式

青少年个案工作的模式有很多，比较常用的有强调帮助青少年实现主观认识与客观环境相平衡的“心理社会治疗模式”，有对处于危机状态下的服务对象进行短期治疗或调适的“危机介入模式”，有以目标为导向并帮助服务对象在有限的时间内实现自己所定目标的“任务中心模式”，有从认知、行为和情绪三方面同时采取有效干预措施的“认知行为治疗模式”等。

（一）心理社会治疗模式

心理社会治疗模式认为，个人生活在特定的社会环境中，受到生理、心理和社会三个因素的综合影响，因此服务对象的问题与服务对象感受到的来自过去、现在以及问题处理过程中的压力有关。心理社会治疗模式也强调不仅要探索问题的背景和成因，还要重视服务对象当前的人格强度。每个人都是有价值与优势的个体，即使是暂时面临困扰的服务对象，也具有自身待开发的潜能。同时，沟通是个人与他人互动的媒介，了解案主的沟通能力也有助于理解案主的问题。基于这些假设，心理社会治疗模式要求社会工作者在采用该模式时，坚持个别化、接纳、案主自决、非评判、真诚、保密和受控制的情绪反应等原则。

（二）危机介入模式

危机介入模式属于短期的治疗策略，并没有完整系统的理论基础，它的理论核心包括对危机的认识和危机介入的基本原则。危机是指个人的正常生活受到意外危险事件的破坏，通常分为成长危机、情境危机、存在性危机三类。这些危机出现后，个人很可能陷入身心混乱的状态，需要寻求应对危机的方法，通过积极面对形成新的有效策略，但也可能消极退缩停止解决问题。危机介入模式就是围绕着服务对象的危机而展开的调适和治疗工作，目的是在有限的时间内快速、有效地帮助服务对象摆脱危机的影响。这一模式有一些重要原则：及时处理、限定目标、输入希望、提供支持、恢复自尊、培养自主能力等。

（三）任务中心模式

任务中心模式的本质特征是有明确时间限制的简短治疗。其基本假设是每个人都有与生俱来的解决问题的能力，如果一个人无法处理自己遇到的问题，通常是因为个人能力暂时缺损，专业服务可以帮助服务对象增强个人解决问题的能力，使其能面对未来发生的类似问题。瑞德（Reid）将适合采用任务中心模式处理的问题分为人际冲突、对社会关系不满意、与正式组织间的问题、角色承担上的困难、社会变迁带来的问题、反应性的情绪压力、资源问题等类型，解决问题是开展工作的最终目的，而任务就是达到目的的手段，是规定服务对象为解决问题需要做的工作。

案 例

武汉闻一多基金会某项目行为偏差儿童个案

小吴是项目服务对象之一，因父母无力抚养，她从小被寄养在姑妈家。因没有得到良好的教育和培养，小吴表现出卫生习惯差、有偷同学东西、讲同学坏话、威胁其他同学等不良行为，因此，在学校没有同学愿意和小吴成为朋友，大家对她避而远之。因她经常偷拿同学东西，也多次受到老师的批评。因缺乏朋辈群体、家庭和学校的关心，小吴也自暴自弃，学习动机不强，学习目的不明确。

社工在刚接触她时，希望改善她的朋辈关系情况，但尝试了几次都没成功，因同学们对她的孤立特别严重。为此，社工先从小吴自身的改变做起。社工通过对小吴的个别辅导，鼓励小吴先从卫生习惯养成做起，到控制自己讲同学坏话、威胁同学的行为，让同学看到小吴在逐渐向好的方向改变。然后社工推荐她参加口才班、小志愿者活动，希望在团队内得到同学的接纳。小吴在志愿者义卖活动中表现出非常出色的推销能力，每次参与手工义卖都是她售卖最多，这让手工坊妇女和小志愿者们对她改变看法，逐渐接纳她，愿意和她交流。在社工不断的鼓励和引导下，她慢慢改掉不良的行为习惯，不但参与志愿服务积极，还结识了朋友，通过口才班学习，语言表达能力也有很大提升，主动申请竞选主持人角色。一系列服务的开展使小吴逐渐发生了改变，让她变得积极、乐观、自信。

资料来源：武汉市阳光社会工作服务中心．

（四）认知行为治疗模式

认知行为治疗模式是一种以问题为导向的短期治疗模式，包含两项基本原则：一是认知对人的情绪和行为有重要影响；二是人的行为能影响其思维方式和情绪。认知行为治疗模式把人的问题归结为认知、行为和情绪三者之间相互影响的结果，而不是由某个单一因素决定的，因此，针对服务对象的问题需要制定从三方面着手的介入策略。常用的行为治疗技巧包括放松练习、系统脱敏、快速脱敏、厌恶疗法等，而认知行为治疗模式在行为治疗模式的基础上增加了认知的因素，强调让服务对象参与具体的学习过程，并在其中承担重要的责任，例如参与治疗计划的讨论与表达自己的意见。认知行为治疗的常用技巧包括结构化、心理教育、认知重塑等。

知识窗

个案管理模式

个案管理：个案管理者通过协调、连接及整合资源的方法，为具有多重困境与需要的案主提供全方位的服务，帮助案主摆脱困境、强化资源网络及增进使用资源的能力。

个案管理的四种功能：确保服务的连续性、确保福利服务能回应案主各方面的需求、协助案主获得服务、确保服务的迫切性和有效性。

个案管理的模式主要有组织为本的个案管理模式、责任为本的个案管理模式和角色为本的个案管理模式三种。组织为本的个案管理模式的重点是提供一套综合性服务，满足有多重问题的服务对象的需要。责任为本的个案管理模式中，个案管理的功能可能由家人、支持性照护网络、志愿者或服务对象本人发挥。角色为本的个案管理模式的核心是个案管理员要担当的角色。

二、青少年个案工作的技巧

社会工作者在服务过程中会面临各种不同的情况，只有掌握了各种专业技巧，才能最大限度地保证服务目标的完成。

（一）建立关系的技巧

社会工作者第一次和青少年案主会面时，最重要的任务就是与青少年建立关系。社会工作者要让青少年觉得自己是被聆听、被了解以及被尊重的。初次会面时，青少年很可能会觉得社会工作者和他们的父母或者老师一样是权威者，所以社会工作者必须澄清自己协助者的角色。如果家长已经遵循社会工作者的建议向青少年做过一些说明，社会工作者便可以询问这一情况：“你的父母是否向你说明过我是谁，为何带你来这里？”在听完青少年的回答后，针对青少年的回答，社会工作者要进一步阐释和澄清自己的角色并帮助青少年聚焦其困扰和担心。

同时，在初次会面时，社会工作者需要做一些必要的准备：第一，把会面地点装饰得温馨、柔和、舒适，适合与青少年进行会谈。第二，准备一些会谈中的游戏活动。初次会面时，可以和案主进行一些小游戏，比如绘画游戏或者沙盘游戏。如给出两到三个相关的主题，让案主分别完成相应主题的绘画，并且请案主描述绘画的内容和故事。或者给出一个主题让案主在沙盘上摆出自己心中的想象，再协助案主澄清这一图景的焦点和意义。这些小游戏可以提供一些信息来帮助社会工作者了解案主问题的本质和范围。但是要注意的是，初次会面的首要任务是与案主建立关系，这些游戏或者道具只是手段。所以在第一次会面时更要注意一些关系技巧的运用，比如真诚和有同理心的回应、表现温暖和关怀以及表达对案主的尊重。

（二）支持和鼓励

很多情况下，前来求助的案主可能会怀疑自己的能力，并因此感到自卑、缺乏自信。在介入的过程中，社会工作者可以通过一些方式或技巧（包括语言表达或者非语言技巧）向案主表达尊重、信任和接纳，对于案主在服务过程中取得的每一个进步都要及时给予鼓励，以增强案主实现目标、解决问题的信心和动力。作为案主最有力的支持者和陪伴者，社会工作者要与案主一起渡过难关。对案主的支持和鼓励应该自始至终贯穿于整个服务过程之中。

（三）情绪疏导

在正式的服务过程中，有时候对案主的情绪的疏导会比问题解决更加重要。如果案主始终沉浸在某种情绪中不能自拔，很有可能会导致无法对自己的问题情境与需求形成客观的认定；而让案主的情绪得到合理的宣泄和疏导，可以使案主对自己的问题和需求的认定更合理，从而减轻青少年案主的叛逆心理。在青少年社会工作服务过程中，社会工作者一方面可以凭借积极的鼓励、同理心的表达、正面回馈等方法或技巧及时疏导案主的情绪，另一方面，社会工作者感受青少年的情绪，及时协助青少年案主疏导他们的情绪，可以更好地维护和巩固与案主之间的关系，创建一个温暖安全、相互信任的关系环境。

（四）观念澄清

在很多情况下，解决案主问题不一定需要改变发生的事件本身，而只需要改变案主对事件的看法，因为产生问题的原因可能就是案主对某类问题的看法和认识。澄清案主的观念，就是运用对质、总结、自我袒露等方法或技巧协助案主反思自己对某类事物的看法和观念态度，审视自身看待问题的角度以及思考方式，使案主对自己的个性、情绪以及问题有进一步的了解，建立更为合乎实际的逻辑思维方式。在此过程中，社会工作者要注意的是，澄清案主观念既要考虑到案主对自身问题的认识与改变能力，还要考虑到自己与案主之间专业关系的安全和信任程度，避免破坏此前建立的良好的信任关系。

（五）行为改变

在服务介入过程中，社会工作者可以借助如角色扮演、奖赏与惩罚等行为治疗的方法来帮助案主减少甚至消除不恰当的行为方式，协助案主建立新的行为方式。行为的改变不是一朝便成的事情，社会工作者需要对案主的每一次进步给予支持和鼓励；同时还要对案主可能的保持原状和行为倒退保持耐心，并且留意这背后的原因。很多时候，案主的行为习惯已经形成了多年或者自己还没意识到，要改变案主的行为是困难的，在工作过程中社会工作者要有足够的耐性和宽容。

（六）环境改善

社会工作有一个重要的理念就是“人在情境中”，认为案主的问题常常是与各种环境联系在一起的，改善案主的环境是社会工作中的重要内容。这里的环境是指与青少年案主的问题有直接关联的环境，如家庭、同学朋友、学校、所在社区以及一些相关的政策等。社会工作者要协助案主获得或者争取合理合适的资源，积极协助案主改善直接影响其问题的环境。

（七）信息提供

在助人过程中，有时候社会工作者要为案主提供一些案主需要的与自己的问题相关的信息，以便案主对自己的处境有进一步的认识，提高解决问题的信心和能力。但是，社会工作者要注意的是在提供助人服务时，不是案主所需要的所有信息都要提供。信息的提供要注意两个方面：首先，要考虑信息对案主问题的解决是否具有积极的影响；其次，提供的信息要准确可靠，这样才能保持与案主的信任关系。

三、青少年个案工作的注意事项

考虑到青少年这一群体以及个案工作所具有的独特性，在开展青少年个案工作时需要注意以下事项。

（一）对青少年案主的评估是贯穿个案服务全过程的持续行动

评估是一个持续的过程。当案主的生物-心理-社会评估摘要完成时，评估的过程并没有结束。在与案主的接触过程中，对案主的评估从主题到细节都需要持续不断地修正，隔一段时间就应该重复一次，以便注意到青少年案主所发生的改变。

（二）青少年个案工作必须注重多方参与

青少年个案工作的重点是青少年的成长，而青少年的问题通常与其家庭问题、学习问题联系密切。因此，社会工作者对案主的问题情境除了要有自己的专业判断外，也一定要有案主、家长以及老师等多方的参与和认定。

（三）个案工作不能等同于“心理咨询”

心理辅导是青少年个案工作的重要内容，但并非全部。尤其在学校，将个案工作等同于心理咨询的误解较多。实际上，青少年个案工作有个人规划、情绪管理、危机干预等一系列的具体方法，着眼于青少年的全面发展，而不是只在心理健康方面进行介入。

案 例

“请给我一个身份”——疫后吸毒人员未成年子女特殊个案干预

一、背景介绍

（一）个案基本资料

小龙（化名），男，2014 年 1 月出生，已满 6 周岁，至今无户口，从未上过学。小龙父母均为吸毒人员，目前小龙和父亲居住。小龙父亲患有艾滋病，且双腿溃烂、行动不便，小龙母亲因吸毒被抓，目前在强制戒毒。小龙和父亲居住在政府的廉租房内，家中生活物资匮乏，父子二人仅靠父亲每月的低保金度日。

（二）背景资料

1. 个案来源

2020 年 6 月，因小龙的户口问题一直无法得到解决，遂由所在区域的民政局转介给正在开展吸毒人员未成年子女帮扶项目的社会工作者对其提供帮扶。社会工作者的介入时间为 2020 年 6 月至 2020 年 9 月初。

2. 家庭状况（见图 5－1）

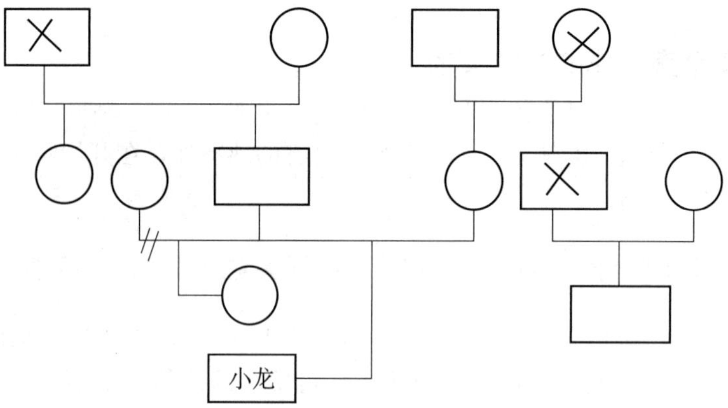

图 5－1 小龙家庭结构图

注：图中方形表示男性，圆形表示女性，在方形或圆形上画“×”表示已死亡。

小龙为父母婚前所生，父亲与母亲是二婚，父亲与其前妻有一个女儿，目前已经 20 多岁。小龙有一个姑妈，偶尔会帮小龙家办一些事情。小龙还有一个奶奶，但是彼此之间已经没有来往。小龙的外公还在世，但与小龙一家没有来往。

3. 健康状况

长期的营养不良导致小龙身材瘦小，身体健康状况欠佳；不确定小龙是否为艾滋病病毒携带者。

4. 个人表现

小龙爱玩闹，多动，性格较敏感，不擅长表露个人意愿，情绪状况相对稳定，交流情况良好。

5. 人际关系

据小龙所在社区的工作人员和居民表示，小龙从小便是吃百家饭，愿意与小龙一家来往的大多是小龙父母的“毒友”，很少有正常的居民会与小龙一家交往。

6. 过往经历

因为没有户口，小龙没有接受过任何正规的学校教育，且因平时父母疏于管教，行为上比较多动，规则意识薄弱。而父母吸毒、父亲患艾滋病等又导致家庭无稳定收入来源，小龙的基本生活长期无法获得保障。

7. 支持网络

小龙家庭内部支持系统十分脆弱，因小龙父母双方的亲属均不愿与小龙一家来往，亲属支持系统极不稳定。在外部支持系统上，小龙父亲的一些“毒友”偶尔会帮忙照看小龙，协助办理一些事情。此外，小龙所在的社区及社会工作机构能够在政策传达与落实、行政手续协助办理等方面提供较有力的支持。

二、需求分析

（一）问题分析与诊断

1. 基本生活保障问题

因家庭无收入来源，目前只靠父亲一人的低保金维持父子二人的日常生活，有时还需靠邻居的接济，小龙的生活环境较糟糕，吃饭、穿衣等基本生活都无法得到保障。

2. 生理健康问题

小龙长期与身患艾滋病的父亲一起生活，感染艾滋病风险较大。长期的营养不良导致小龙身体瘦小，健康状况欠佳。

3. 户口问题

在无户口的情况下，小龙没有合法的居民身份，无法申请任何的政府补贴和救助，基本生活和上学问题无法解决。

（二）需求评估

1. 基本生活保障需求

社会工作者初次到访小龙家中时，小龙父亲表示身上已经连续好几天一分钱都没有了，实在是没有办法。家中除了邻居帮忙买的早餐，看不到任何食物，因此希望社区和社会工作者能提供相应的支持，以保障其基本生活。

2. 户口办理需求

小龙父亲表示没有能力付清医院的欠款，所以一直没有办法获取小龙的出生证明，且正处于疫情期间，找小龙的母亲办理相关的手续更为艰难。之前也尝试过办理，但过程中困难重重，一直没有把小龙的户口办理下来。这直接关系到小龙能不能上学和办理低保，所以希望社会工作者能够尽快帮助其把户口办下来。

3. 健康维护需求

小龙父亲长期没有意识和条件带小龙去做健康检查，因此希望社会工作者能够带小龙进行体检，后期上学也需要做好相关健康检查才能正常入学。

三、服务目标

（一）介入目标

1. 服务对象一日三餐及穿衣保暖问题得到解决，基本生活得到保障。

2. 在9月新生入学前从医院获取出生医学证明，并办理好服务对象户口。

3. 服务对象能被至少一所公立学校接纳，并能顺利报名和入学。

(二) 服务策略

1. 第一阶段

运用项目专项资金，帮助缴清小龙母亲在医院的生产欠款，链接各方资源，联系小龙母亲所在戒毒医院，尽快将办理出生证明所需各项资料手续准备齐全，获取小龙出生证明，并尽快办理户口。

2. 第二阶段

在户口办理完之后，联系小龙户籍所在地社区，协助小龙尽快办理低保，并运用项目专项资金，按标准为小龙发放生活补贴或购买生活物资，为小龙的基本生活提供一定程度的保障。

3. 第三阶段

链接政府部门资源，尽快解决小龙的上学问题，协助小龙做好入学前的准备工作，如HIV抗体检测、疫苗接种、学前健康检查等。

四、服务实施

(一) 理论依据

1. 理论

社会支持网络理论假设人的发展历程都会遭遇可期或不可期的生活事件，人们在遭遇这些事件时，需要一定的资源以应对问题，包括内在资源和外在资源。社会支持网络属于外在资源，可分为正式支持和非正式支持两类。人类通过与他人联结构建社会整合感，在压力事件之下，社会支持网络可缓冲压力所带来的负面影响。本案中小龙是一名家庭能力及个人能力较弱的儿童，在面临重大人生事件时，小龙及其所在家庭没有能力去解决相应的问题，此时需要外界集聚力量共同参与保护、支持，以降低小龙面临的压力和冲击。

2. 服务模式：任务中心模式

任务中心模式把服务介入的焦点集中在为服务对象提供简要有效的服务上，希望帮助服务对象在有限的时间内完成自己所选定的明确目标。任务中心模式认为，高效的服务介入必须符合五个方面的基本要求：一是介入时间有限；二是介入目标清晰；三是介入服务简要；四是服务效果明显；五是介入过程精密。本案中的小龙面临的问题明确，社会工作者需要在有限的时间内达成服务目标，在介入过程中适合用任务中心模式开展服务。

(二) 建立关系与评估问题

社会工作者在初次家访时向小龙父亲表明了自己的身份并介绍了吸毒人员未成年子女项目的相关情况，社会工作者表示小龙符合项目帮扶对象的标准，后期会持续帮助小龙解决相关问题。小龙父亲表示愿意接受帮扶并会积极配合社会工作者做好相关工作。在建立专业关系后，社会工作者对小龙的问题做出评估，认为解决小龙问题的关键是要尽快帮助小龙把户口办下来，只有户口问题解决了，才能逐步解决小龙的基本生活保障及入学问题。此外，目前小龙一家的基本生活无法保障，社会工作者需要帮助链接资源，缓解小龙一家的燃眉之急。

（三）针对监护能力的介入

因吸毒和身患艾滋病等，小龙父亲的监护能力十分有限，但绝大多数亲属都与小龙一家断绝了来往，小龙的姑妈与小龙一家来往的次数也十分有限，社会工作者认为帮助小龙找寻新的监护人的可能性极低，因此尝试通过提升小龙父亲的监护能力来改善小龙的监护状况。社会工作者在开展服务的过程中，定期向小龙父亲了解生活状况，并强调做好安全防护、注意家庭卫生、关注小龙外出动向等事项的重要性。此外，社会工作者通过与小龙所在社区居委会建立联系，向其了解小龙的生活状态，确保能够及时获取小龙的动态信息。

（四）项目帮扶，缓解其经济及心理压力

社会工作者通过对小龙父亲的行为表现进行评估，判断小龙不适合接受资金形式的资助，因此社会工作者通过吸毒人员未成年子女帮扶项目的经费，按每月500元的标准给小龙购买必要的生活物资，在一定程度上缓解了小龙一家的经济压力。社会工作者持续与小龙父亲进行沟通，并表明会尽快帮助小龙把户口及低保办理下来，以缓解小龙父亲的心理压力。

（五）链接资源，解决户口、低保问题

1. 第一阶段，6月底—7月上旬

社会工作者通过信息获取，确认办理户口所需各项材料和相关手续，了解到出生医学证明为办理户口必需的材料，因此社会工作者在社区、街道、区民政局的协助下，与武汉市禁毒办取得联系，说明小龙的特殊情况，最终成功获得了进入小龙母亲所在强制戒毒医院的许可。

2. 第二阶段，7月中旬—7月下旬

社会工作者凭借相关证明材料在社区工作者的陪同下前往小龙母亲所在强制戒毒医院，并获取了其签字的出生医学证明办理授权委托书。社会工作者用项目经费缴纳完小龙母亲在医院的欠费后，成功获取了小龙的出生医学证明。

3. 第三阶段，7月底

社会工作者陪同小龙父亲前往户籍所在地派出所，在出具了小龙出生医学证明、小龙父母户口本等相关资料后，成功办理好小龙户口，并在户口办理成功的第一时间与小龙户籍所在地社区取得联系，协助小龙办理低保。

（六）健康体检

社会工作者带小龙前往三甲医院进行HIV抗体检测，结果显示为阴性。在获取检查结果之后，社会工作者还向医生咨询了日常生活相关注意事项并转达给小龙父亲，向其强调做好疾病传染防护工作的重要性。

（七）多方沟通，助力解决上学问题

社会工作者及时向区民政局反馈了小龙户口办理情况、HIV抗体检查结果，区民政局与区教育局取得沟通，希望其能协助安排小龙就近入学。社会工作者在获取区教育局对小龙的入学安排后，在9月份入学前协助小龙完成了所有入学准备工作，包括入学儿童疫苗接种、学前健康检查、新型冠状病毒抗体核酸检测、新生信息补录等工作。

在开学报名前夕，小龙父亲被公安局带走，小龙处于无人监护状态。社会工作者紧急处理了这一状况。待小龙父亲返家后，与父子二人共同前往学校报名。学校提出需找一个“正常人”来负责接送服务对象上下学的要求，经过社会工作者与小龙父亲双方的努力，最终说服小龙同父异母的姐姐来负责接送小龙上下学，在沟通好其余上学相关事项后，小龙于9月1号顺利入学。

五、评估总结

（一）结案评估

经过将近三个月的服务，服务对象基本生活获得保障、成功办理户口及成功入学等服务目标均已达成，服务对象父亲对社会工作者的介入效果表示满意。对社会工作者在解决问题的过程中提供的支持表示感谢，服务对象父亲及社会工作者双方均表示可以结束服务，因此进入结案阶段。

（二）后期回访，落实服务对象生活、学习情况

在9月份，社会工作者对小龙父亲、姐姐进行了电话回访，了解到小龙目前学习状态较稳定，在课堂上没有表现多动、扰乱课堂秩序等行为，但因为没有上过幼儿园，小龙的基础知识很薄弱，完成课堂作业较困难。小龙母亲于9月中旬结束戒毒并返回家中，小龙的监护状况得到一定程度的改善。

（三）反思总结

1. 吸毒人员未成年子女社会工作服务的特殊性

在困境儿童群体中，吸毒人员未成年子女是十分具有特殊性的。相对于其他困境儿童，吸毒人员未成年子女面临的生活环境更为糟糕，生存困境也更加复杂，更容易出现辍学、居无定所、被抛弃甚至传染艾滋病等问题。对吸毒人员未成年子女开展社会工作服务，要求社会工作者必须对服务对象的情况和问题有精准全面的把握，能够及时有效地处理突发状况，避免发生意外事故。

2. 特殊群体社会工作服务要求社会工作者时刻保持专业性

由于服务对象的特殊性，在开展服务的过程中，社会工作者要将接纳、非批判、个别化等社会工作的基本价值原则贯彻落实到服务开展的每一个环节中，并根据情况的不同及时转变社会工作者角色，最大限度地提升服务效果。在服务开展过程中，社会工作者第一次到服务对象家中访问时，因为对艾滋病的恐惧，在行为表现上非常拘谨，在访问结束后，社会工作者及时对自身行为展开反思，收集信息，全面了解艾滋病的传播途径，降低内心对艾滋病的恐惧，并尽快接纳服务对象父亲，提升服务的专业性。

3. 建立及时有效的沟通反馈机制，发动多方主体联动参与

由于吸毒人员未成年子女面临问题的复杂性，仅靠社会工作者是无法有效协助

解决服务对象问题的，因此需要与上级部门建立及时有效的沟通反馈机制，及时反馈发现的服务对象特殊问题，协商解决方案意见，在必要时及时有效地链接相关方面资源，发动多方主体参与其中，促进服务对象问题的解决。如在获取小龙出生医学证明时，社区工作者、街道办、民政局、强制戒毒医院、派出所、禁毒办等多方主体均参与进来，协助社会工作者尽快将小龙的出生医学证明办理成功，保障了小龙能够正常参与社会生活的权利。

4. 密切关注服务对象的监护状况，必要时努力推动服务对象监护权转移

在服务过程中，服务对象遇到了两次监护危机——尤其是监护人被抓使得服务对象无人监护时。当服务对象面临监护危机时，社会工作者需时刻关注服务对象切身利益，保护服务对象的生存权、发展权不受侵害，通过积极链接资源，推动服务对象监护权转移，改善服务对象的监护状况。如在小龙面临无人监护的困境时，社会工作者积极咨询相关部门关于小龙的监护权转移及收容安置等问题，为解决其监护困境做好相关工作。

5. 新冠肺炎疫情背景下的社会工作服务

社会工作者在开展服务的过程中经常性地受到疫情的影响，如因为疫情，医院的妇产科控制了办理出生医学证明的时间和人流量、强制戒毒医院封闭式管理、入学需提供核酸检测证明等，疫情的影响显然加大了社会工作者开展服务的难度，极大地增加了时间和人力成本，这就要求社会工作者必须及时调整好工作心态，用积极的态度应对特殊时期的困难，并能根据实际情况不断调整工作安排和计划，以保障服务目标的达成。

资料来源：姚柳柳，谢林芳．博雅社会工作服务中心．

复习思考题

1. 在青少年个案工作中，如何开展评估？
2. 结合实际谈谈青少年个案工作的技巧方法有哪些。
3. 何为青少年个案工作的通用过程模式？

推荐阅读书目

1. 陈志霞．个案社会工作．武汉：华中科技大学出版社，2006.

2. 许莉娅．个案工作．北京：高等教育出版社，2004.

3. WEBB N B. 儿童社会工作实务．黄玮莹，辜惠嫩，译．台北：学富文化事业有限公司，2006.

4. ALLEN-MEARES P. 儿童青少年社会工作．李建英，范志海，译．上海：华东理工大学出版社，2010.

实用量表

(一) 发展史表格

发展史表格是由南希·博伊德·韦伯（Nancy Boyd Webb）创造出来的，可以用于实务和教学。社会工作者可以运用其快速检阅青少年从出生到现在的生活，并对青少年的自我能力与弱点加以推论评估。发展史包括发展迟缓的核心评估要点、分离的困难、就学史以及情绪社会发展。青少年生活中与他人建立关系的经验或者资讯，有时候可以使家长好好地思考和了解青少年成长生活中的重要的阶段和一些片段，使父母们将焦点放在和孩子有关的经验上来，这对青少年来说是很重要的。韦伯的发展史表格的大纲[①]扫描下方二维码获得。

发展史表格

(二) 三维评估表格（韦伯）

收集青少年发展史相关资料是一个持续的过程，在这期间，社会工作者要开始评量青少年生活中诸多事件和经验的重要程度。韦伯根据三维评估中的互动的三个部分发展出三个表格以帮助社会工作者来完成三维评估，运用这三种表格，社会工作者可以把收集到的资料进行分类整合，以进一步确认对青少年生活产生重要影响的因素[②]。三个表格的具体内容扫描下方二维码获得。

三维评估表格

① WEBB N B. 儿童社会工作实务. 黄玮莹，辜惠嫩，译. 台北：学富文化事业有限公司，2006：85-86.

② 同①87-90.

第六章

青少年小组工作

本章要点

- 青少年小组工作是指通过组织青少年参加小组活动，以及小组方案的设计和资源的利用，引导青少年在小组中互动，彼此建立共同进步的和谐氛围，为小组青少年成员的认知行为的良性发展和社会功能的恢复获得成长经验。
- 青少年小组的工作过程有一个周期，即从小组的前期准备、小组初期、小组中期到小组后期，组员之间也经历了前属期、权力和控制期、亲密期、分辨期、分离期五个阶段的感情变化。

关键概念

小组工作；小组工作的阶段

第一节　青少年小组工作概述

青少年小组工作作为青少年社会工作三大方法之一有着重要的作用和影响，本节主要介绍青少年小组工作的内涵和过程。

一、青少年小组工作的内涵

青少年小组工作是以青少年群体为特定服务对象的小组工作，通过小组活动的开展促进青少年的发展。青少年小组工作又可以根据不同的分类标准划分为不同的类型。

（一）青少年小组工作的定义

小组工作既是过程也是手段，这种方法强调通过小组过程及小组动力去影响案主的态度和行为。[1] 通过小组成员的支持，可以改善他们的态度、人际关系和他们应付实际生存环境的能力。

青少年小组工作是指通过组织青少年参加小组活动，以及小组方案的设计和资源的利用，引导青少年在小组中互动，彼此建立共同进步的和谐氛围，为小组青少年成员的认知行为的良性发展和社会功能的恢复获得成长经验。

（二）青少年小组的类型

根据青少年小组的形成方式、组员参与动机、成员间的联系、小组的结构和界限、小组的性质和目的，可以将小组划分为多种类型，主要如下。

1. 教化和教育小组

教化和教育小组有明确的角色指引和行为指导规范，通过学习新知识和新方法，培养小组成员良好的品德习惯和自觉意识，实现小组成员的发展目标。例如行为规范小组不仅在于纠正青少年的不良行为习惯，更重要的是培养其行为自觉意识。

2. 兴趣小组

兴趣小组通过发展和培养组员的各种兴趣和能力，例如手工制作小组、益智游戏小组、运动类竞赛小组、舞蹈表演小组等，发掘青少年生活中的兴趣和潜能，有利于其形成良好的品格和情操。

3. 社交小组

伴随着科技的进步，青少年越来越多地依赖电子产品，网聊、网购以至于可以足不出户，社会交往能力缺乏，因此社交小组针对除了学业之外的关系的改善和互动开展活动，通过组员之间的互相理解、帮助、鼓励和支持，增强青少年的社会交往和适应能力。例如中学生的人际交往小组，帮助中学生提升人际关系处理技巧。

4. 成长小组

成长小组成员通过自画像、成长五部曲等自我探索的过程，重新认识自己、了解自己，从而充分整合和利用自身内外部资源，实现新的突破和成长。比较常见的有户外素质拓展小组，在小组活动过程中最大限度地发掘自己的潜能。

5. 治疗小组

治疗小组是通过组员的交流和分享，帮助有“问题”的组员恢复社会功能，改变不良的行为和态度，重塑其人格，发掘其潜能，最终实现青少年的生活正规化和健康成长。例如为智障青少年提供治疗康复小组，帮助他们适应生活；为网瘾青少年提供矫治小组，帮助其逐步远离网瘾危害等。

---

① 刘梦．小组工作．北京：高等教育出版社，2003：3.

案　例

分享丧亲之痛的支持性小组

一个青少年社工意识到两个生活在某地区的青少年都经历过丧失父母之痛，他们会了解彼此的需要。在介绍他们会面之前，社工没有过多地强调他们的共性特征，只是告诉他们彼此的一些信息，并询问了他们参与会面的兴趣。社工鼓励他们将会面看作一次和他们不同年龄的人认识的机会，而不是主要讨论他们的丧亲之痛。在第一次聚会中，社工比青少年更紧张，社工事后反映，在小组导入和对话的参与程度方面，她可能做得有些过头，会议很呆板和正式。然而，会面期间，社工曾因接听电话而离开，留下两个人单独对话。当社工回来时发现，两个年轻人聊得很愉快。他们再次表示对会谈以及社工做此安排很感兴趣。

资料来源：SAPIN K. 青少年社会工作基本技巧．赵凌云，陈元元，等译．上海：华东理工大学出版社，2015：112.

二、青少年小组工作的过程

青少年小组的工作过程有一个周期，即从小组的前期准备、小组初期、小组中期到小组的后期。

（一）小组前期准备

小组的前期准备是酝酿和计划阶段，具体而言有以下几个方面的工作。

一是需求评估。青少年小组工作开展的实践是基于对问题的需求评估而决定的，通过与青少年“同行”建立信任关系，评估他们的真实需要，从而制订介入计划，而不是基于社会工作者的“专业需求”建立的评估。

二是确定目标。当工作者找到了案主的真实需要后，目标的确定则是水到渠成的过程。首先将小组目标加以概念化，然后思考协议目标、沟通目标、过程目标、实质目标和需求目标分别是什么，并在开展这一动态过程中不断修订。

知识窗

小组工作的目标

协议目标：小组的总目标，是比较广义和原则的目标。

沟通目标：小组的一个分目标，为总目标服务，强调组员的互相沟通。

过程目标：小组各个阶段的分目标，为每一节组员新的需求服务。

实质目标：小组目标的内容，小组只能在这些目标范围内工作。

需求目标：个别组员的特殊需求，他们希望在小组中达到的个人目的。

三是招募组员和组前见面。通过海报、宣传单、电话等方式招募“有条件”的组员，同时兼顾小组的开放程度和组员参与的动机对小组结构的影响。而组前的见面会谈，主要是与潜在的组员建立好关系，向他们介绍小组的目标与情况，积极了解他们对小组的期待，从而进一步评估组员需要，筛选合适的小组成员。

四是设计小组活动方案。在正式开展小组之前，需要制定内容比较灵活的小组计划书，包括小组的理念、理论框架、目的以及每一节的活动安排等，以便随着小组的发展和组员的改变而进行适当的调整，也是为后期小组评估奠定基础。

（二）小组初期

小组初期，组员开始聚集，相互熟悉和探索了解小组功能、共同兴趣及目标，通过几次小组活动开始形成彼此认同的小组规范和目标，因此小组初期的内容主要包括第一次的聚会和小组规范的形成。

第一次聚会，组员的心理呈两极化：有的兴奋、有的焦虑，一方面自己拥有独立性，另一方面又渴望与他人互动交流，此时工作者的引导显得非常重要，通过寻找组员的相似性、引导组员彼此交谈、消除组员顾虑、真诚并仔细聆听他人的发言等方式技巧来使小组成员情感得到满足，将小组顺利推进到下一个阶段。

小组规范的形成，是成员之间相互认同和默契的表现，从成员内部自发形成并自觉遵守，是一个小组张弛有度、动态平衡发展的保证。制定小组规范时需要遵循开放、平等、尊重、保密、非批评和团结合作的原则，因此小组规范形成时期的游戏一定要围绕增强凝聚力和包容他人进行。

（三）小组中期

小组中期活动时组员开始关注自己在小组中的权力和地位，关心自己被小组和他人接纳的状况，小组进入重整与归纳阶段。通过几次小组活动，成员在自我暴露增加、权力控制欲增强的同时会再次回应本次小组对他们的意义，在冲突磨合中组员凝聚力渐强、小组概念和目标逐步深化，小组进入成熟阶段。

在青少年小组中，矛盾和冲突是多种多样的，工作者面对冲突的技巧一般有三种：一是表达对成员的温暖、诚恳、同理和尊重以稳定其情绪；二是把冲突留给小组成员自己解决，通过鼓励性、启发性的语言让组员表达看法，在组员的共同参与中达成解决问题的共识；三是在冲突中寻找发展的契机，引导组员面对冲突、解决冲突并获得进一步的成长。

（四）小组后期

小组后期是指小组的目标已达成或者是小组因各种原因不能顺利继续开展而中途解散，虽然说这是小组的最后一次聚会，但是需要整理的相关事宜仍比较多，具体有：巩固组员积极正面的情绪体验、评估小组目标的实现情况、了解和处理组员关于结束的情绪和感受、协助组员制订将来的计划、跟进服务等。

整个的小组工作过程都很关键，它对青少年的改变有着非常重要的作用：一是小组可以为青少年提供同伴增强的机会，同伴给予的经常性的多样的鼓励、赞许，远比成人给予的增强更有效；二是小组的过程更能刺激出大多数当事人的真实世界，以帮助组员学习到新的观念、行为，并为过渡到现实生活中提供良好的帮助和训练；三是小组规范对组员的行为能起到很好的制约作用；四是小组能够提供很多的示范者、行为预演的协助者，也可以提供如实验室般模拟练习的机会，这些练习中不同性格的人相互交流和反馈，大家在小组内获得的经验将有助于组员重新建立良好的人际交往和行为习惯；五是小组工作为青少年建立正向积极的伙伴关系提供了良好的支持，并创造了安全开放的交往环境，改变了他们与社会隔离的封闭状态。例如在学校尤其是小学，以离异家庭的孩子们作为工作对象的小组正在增加，多种原因说明学校是小组活动非常恰当的场所，因为这些孩子们恰巧是很多时间在学校，这样会比较高效，同时学校对孩子来说也是一个大家庭，而且离婚问题会影响孩子的学业，也是应该在学校干涉的课题。

知识窗

小组的“基本原则”

- “要”倾听每个人的发言
- “要”允许别人表达自己的观点
- “要”对小组外的人保密
- “要”认真考虑你自己的言行
- 如果有不同意见，“要”让其他人知道
- “要”和小组中的其他成员一起讨论
- “试着”保持冷静，不要对意见过度反应
- “不要”认为别人应该做所有的工作
- “不要”指望每个人都同意你的看法
- “不要”沮丧，就算你的所有建议都没有被接受
- “不要”打断或者批评别人的发言
- “不要”攻击别人
- “不要”忽视小组的其他成员
- “不要”不做任何解释就让别人去做上述任何一件事情

资料来源：SAPIN K. 青少年社会工作基本技巧 . 赵凌云，陈元元，等译 . 上海：华东理工大学出版社，2015：169.

第二节　青少年小组工作实务

青少年小组工作可以创造安全开放的交往环境，为青少年提供与同伴交往的机

会，并通过小组过程和小组动力促进小组成员认知行为的良性发展以及社会功能的恢复。

一、青少年小组工作的模式

青少年小组工作主要有以下四种模式：社会目标模式、互惠模式、治疗模式以及发展性模式。

（一）社会目标模式

青少年小组工作的社会目标模式基于社会变迁理论中人的关系与社会的关系和系统功能理论下的社会目标模式，总目标是培养小组成员的社区归属感，实现社会整合。具体到青少年小组工作的目标，一是要发展和提高青少年的社会意识和参与社会事务的能力，提高他们实现社会发展的责任心；二是鼓励青少年表达自己的心声，在小组工作中积极为他们提供社会参与的空间和途径，增强他们的自尊心和应对社会环境方面的个人能力；三是培育和发展青少年社区领袖，使他们有醒觉和能力去推动社会变迁。

社会目标模式非常注重公民参与，尤其是利用社区领袖解决问题，民主化的原则使得该模式有着强大的生命力，也正是因为如此该模式较多地被运用于困难群体中，例如单亲家庭青少年自强小组、失业青少年就业互助小组等。

（二）互惠模式

互惠模式又称互动模式、调解模式，它的理论基础是系统论和场域理论，强调小组成员这一子系统和小组环境与社会环境这一整体系统之间的关系，同时也关注小组成员间的互动与沟通。因此互惠模式下的青少年小组工作是一个互动体系，社会工作者是其中的“案主”，作为使能者为成员提供信息引导小组自主发展，使成员在相互依存中得到成长。该模式非常注重成员的潜能和互助系统，小组的目标来自组员的讨论，组员自主地选择策略去解决自己面临的问题，因此常被运用于青少年就业辅导小组、人际交往小组等互惠性的实务工作中。

（三）治疗模式

治疗模式又称预防与康复模型，它充分吸纳了精神医学、心理咨询与治疗的理论和技术，以治疗个人为小组的工作任务，协助适应不良的个人达到和恢复预期的社会功能。青少年小组治疗模式着眼于矫治、治疗与预防等过程，也可以说是一次再教育的过程，因此它的服务对象是已经有问题或有特殊需要的人群，例如网瘾、吸毒等青少年的戒瘾脱毒小组工作，智障青少年、自闭症青少年等特殊群体的康复治疗等。

（四） 发展性模式

发展性模式在有共同的小组目标、小组的民主过程、小组的集体参与之上，更强调小组的自治与决策，它关注的是人遇到问题时个人潜能的发挥，通过宣泄、支持、现实导向、自我欣赏，每个人都有完成个人目标的可能。在这种类型的小组中，组员不会被贴上标签，因此它被运用于各类人群中，青少年实务领域也不例外，如大学生活适应小组、自我成长小组等。

批判性思考问题：

社会工作者在四种模式中扮演的角色有何不同？

二、青少年小组工作的技巧

为顺利推进青少年小组工作，社会工作者可恰当运用以下工作技巧。

（一） 促进沟通

小组互动是小组改变的动力，沟通是小组互动的基础。社会工作者要注意信息传递的外部环境与语言的选择，在青少年小组中尤其要避免空泛的道理和讲述过于抽象的问题。小组工作者要给组员提供合作性的目标，并始终关注小组中的互动模式，适时加以调整，例如鼓励沉默的组员发言、阻止说得过多的组员、提供平等的交流机会等。

（二） 榜样示范

在青少年小组中树立榜样，发挥其示范性、感染性的作用，促使青少年产生赞赏、效仿等情感及行为，以达到学习的效果。

（三） 情景感染

小组活动中的情景对参与者有感染力，可以使参与者受到思想的影响与情绪的调动，好的活动要注意营造适宜的场景。

（四） 竞赛激励

根据青少年争强好胜、积极向上的心理特点，小组活动中可适当运用评比、竞赛、奖励等手段，促使参与者积极参与活动，促使其感情动机以及获得自我成就的需求更强烈。

（五） 角色模拟

将青少年置身于一种人为的角色情景之中，帮助他们学习、理解和认识角色规范。通过对角色的切身体验，促进其社会性的发展。在角色模拟中，青少年可以获得多方面的发展，例如社会交往技能的掌握、积极道德的模仿等。

三、青少年小组工作的注意事项

在开展青少年小组工作时，社会工作者需要充分考虑青少年群体的阶段特征，合理设置小组环节，以青少年发展为导向，注重压力预防训练，尊重青少年的身心发展规律，创造平等、尊重并相互信任的氛围，同时社会工作者还需注意控制小组的规模和频率。

（一）以青少年发展为导向

小组工作应以促进青少年个人和团体的成长为目标。团体工作的力量在于为青少年提供一个发展性的合宜的社会化进程、社会支持以及社会交流，在促进个人发展的基础上，影响其家庭及社区系统的动力。

（二）注重压力预防训练

放松训练是一种有用的缓解压力的途径。事实上，各种各样的缓解压力的方式都适合儿童和青少年，包括改变紧张状态、放松肌肉群和想象舒缓的音乐以及放松的情境。让孩子们能够理解精神紧张与身体反应之间的关系，放松可以提升相互接纳的程度并鼓励成员间的相互交流。

（三）尊重青少年的身心发展规律

青少年社会工作活动需要符合青少年的兴趣，并且对于目标群体而言是可获得的。《联合国儿童权利公约》第 31 条认为，儿童有权享有“休息和闲暇，从事与儿童年龄相宜的游戏和娱乐活动，以及自由参加文化生活和艺术活动”。一般来说，青少年会喜欢玩电脑游戏、音乐游戏和参与体育运动等，图画、照片、DVD 等都可以称为小组活动的材料，创造性的活动和材料对青少年来说尤其重要（见图 6－1）。小组领导者可以选择绘画和手工来促进成员的发展，小组成员或许擅长运用绘画来表达自己往往难以通过语言来表达的情感。

首先需要重视游戏的作用。对很多发展领域而言，游戏是有价值的。“我建议孩子们玩的游戏要具有重复性和探索性的特点，不仅代表着‘好玩’，也是一个孩子们发展认知和情感技巧的非常重要的特征。考虑到游戏的各种形式，很容易识别到游戏可能的价值——增强生理的技巧和形成有序思考，甚至是建立道德规则的早期模型。”①

① SAPIN K. 青少年社会工作基本技巧．赵凌云，陈元元，等译．上海：华东理工大学出版社，2015：136.

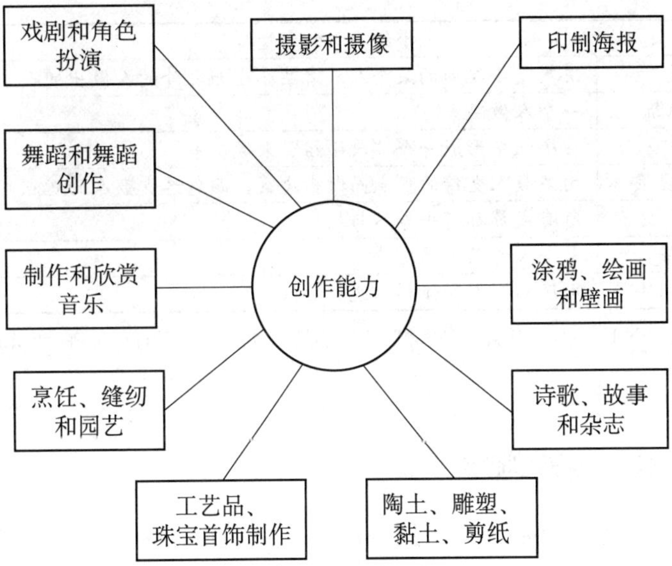

图 6-1　艺术活动

资料来源：SAPIN K. 青少年社会工作基本技巧．赵凌云，陈元元，等译．上海：华东理工大学出版社，2015：128.

另外，适当的策划室外活动对青少年社会工作来说也很有必要。在户外开展社会工作的计划需要考虑较多的因素，包括位置、访问、人员配备、活动、费用和保险。在使用户外场地的时候需要特别关注和健康以及安全有关的事项。户外环境往往是不可预料和难以控制的，如果活动内容涉及将青少年带进一个新领域，青少年需要了解社工为其安全和福利所承担的责任，以及意外情况的应对计划，并给予青少年参与活动的同意书。①

（四） 在小组中创造平等、 尊重并相互信任的氛围

很多青少年在情感上是比较敏感的，好的小组氛围可以让参加者感到舒适，增加他们对小组成员的信任，与别人更好地分享交流。小组工作者需要具备强亲和力与沟通力，在活动中，工作者的态度应该是亲切和蔼的，应多关注参加者的情绪，不仅仅是从言语线索，还要关注他们的表情和身体状态。

知识窗

小组决策的类型

小组决策的类型	
没有决策	避免，忽略，决策的机会被交给了其他人

① SAPIN K. 青少年社会工作基本技巧．赵凌云，陈元元，等译．上海：华东理工大学出版社，2015：169.

续前表

小组决策的类型	
外部决策	决策是小组内的某个人或者某个小组之外的人做出的
领导者的独断	一个人做决策
少数人的决策	在小组中形成一个“次小组”来做决策
大多数人的决策	由多数人支持的观点而做出决策，而忽略少数人的观点
民主决策	所有成员都有平等参与权
一致的决策	每个人都同意的决策
包含个体差异的决策	彻底的探索和谈判以达成协议

资料来源：SAPIN K. 青少年社会工作基本技巧．赵凌云，陈元元，等译．上海：华东理工大学出版社，2015：173.

（五）小组的规模和频率

一般来说，小组的开展至少每周一次，最少 4 人，最多 12 人。小的团体要强调出勤率和积极的参与，而大些的团体则要注重任务和目标导向。

案　例

孩子心·悦纳路——母亲离家出走的留守儿童小组

一、小组特征

性质：支持小组

节数：5 节

人数：6 人

日期：×年×月×日至×年×月×日

地点：SA 社工站活动室

二、具体服务内容

母亲离家出走的留守儿童悦纳自我小组，以“接纳自我·触动悦纳”为主线，共开展五节小组。根据不同的目标和主题，设计不同的活动内容。小组内容从引导服务对象学会悦纳自己、欣赏自己到学会接纳、欣赏他人；从自我接纳和自我欣赏练习中，引导服务对象学会爱自己的方式，体验自我对话与自我接纳，帮助服务对象认识自己具备的积极特质。具体服务实施过程详见以下表格。

第一节　爱心小天使

本节目标：

1. 服务对象互相认识。
2. 培养小组凝聚力和信任感。
3. 引导服务对象学会爱自己。

时间	目的	内容/活动	所需物资
15分钟	服务对象之间互相认识，活跃小组气氛，减少服务对象间的陌生感，起破冰的作用	1. 社会工作者自我介绍，引导服务对象自我介绍。 2. 认识接龙游戏。 两人同时出伸右手，拇指相对，旋转之后握手，跟对方说“我叫×××，今天见到你很开心，我们握个手”，然后两人猜拳，输了的人要站在赢家身后，双手搭在其肩膀上，跟随赢家去认识新的人，最后形成一条长龙。赢家可以要求服务对象模仿自己的一个动作。	泡沫垫20张
5分钟	小组的含义	社会工作者向服务对象介绍小组是什么？ 通过图例告诉服务对象，小组是“有一个人，有一天他遇到了一个问题，这是一个很大的问题，他感觉被压得喘不过气，不管去哪里这个问题都会一直跟着他，睡觉的时候，吃饭的时候……他觉得很孤独，觉得自己与朋友不一样，这种感觉是难以想象的，他的朋友中只有他是这样的。突然有一天，他遇到了一个人，跟他有同样的问题，于是他们一起分享问题，互相安慰，一起哭，一起笑。很快他们就发现自己渐渐地好起来，可以驾驭这个问题。他们发现原来他们自己可以互相解决问题。接着他们又遇到一群有同样问题的人，他们互相帮助，共同解决问题”。	小组介绍图
10分钟	订立小组契约	1. 小组契约——社会工作者引导服务对象订立小组契约。 2. 保密——尊重服务对象的隐私，只在组内讨论小组的内容，不能外传。 3. 真诚——在小组中的分享要真诚。 4. 信任——要信任服务对象。 5. 小组成员在契约上画自己的爱心手模。	海报纸1张；彩笔1盒
25分钟	1. 介绍小组的目标 2. 引导服务对象学会爱自己	爱的问答 社会工作者给服务对象发带有假手的爱心抱枕，向服务对象提问“有没有爱的人？最近一次是谁抱你？孤独的时候想抱谁？”等。进而引出本小组的第一个目标是服务对象要学着“拥抱自己，欣赏自己，爱自己”。引导服务对象与抱枕拥抱，同时分享抱的感受。	抱枕6个
5分钟	总结本次活动，预告下节小组活动	一句话分享感受 邀请服务对象用一句话分享参加本节小组的感受，社会工作者总结本次小组，预告下节小组活动的时间和内容。	

第二节 爱自己的方式

本节目标：
1. 培养小组的凝聚力和信任感。
2. 学习爱自己的方式。
3. 学会自信乐观地面对未来。

时间	目的	内容/活动	所需物资
5分钟	梳理上节小组内容，介绍本节小组目标	1. 引导服务对象回顾上节小组内容和小组契约。 2. 社会工作者介绍本节小组目标“学会自我赞美与欣赏”。	小组契约；泡沫垫20张

时间	目的	内容/活动	所需物资
10分钟	热身游戏，活跃小组气氛	大树与松鼠 参加者三人为一组，其中两人相对站立，双手放在对方肩膀上，即为大树，一人蹲在两个人中间，即为松鼠。当社会工作者喊“大树”时，松鼠不动。做大树的两个人就要迅速找另一只松鼠保护起来；如果喊“松鼠”，则大树不动。当喊“暴风雪”时，所有的大树、松鼠都迅速动起来，重新组合。	
20分钟	引导服务对象学习爱自己的方式，自信乐观地面对未来	大拍卖 社会工作者跟服务对象一一介绍“9种怎样爱自己的方式”宝物，假如现在你们有100万元，你们要决定用多少钱买这些方式（强调这些方式是宝物）。采用拍卖会的形式，增加趣味性，完成拍卖后，竞投最多“方式”便是优胜者。社会工作者引导服务对象分享自己所拍得的宝物。 1. 停止所有的批评：批评不能改变任何事情，不要批评自己，应学习接受自己，每个人都会改变，当你批评自己时，只会带来负面的改变，至少你的心情沮丧；但是如果你接受这种批评，便会带来正面的改变。 2. 学会说不：当被欺负、嘲笑和命令时，要学会说“不要随便嘲笑我”“不要随便欺负我”“不要随便命令我”，每个人都是独一无二的，学会做自己，不应为讨好别人去做事。 3. 保持温柔、善良、忍耐：对自己温柔，善待自己，爱自己像你爱你爱的人一样。 4. 赞美自己：赞美自己，告诉自己已经做得很好。 5. 支持自己：想办法支持自己，不要拒绝别人的帮助，需要帮助不是弱者的表现。 6. 对自己错误的行为要忍耐：这些行为曾经帮助过你解决问题，只是现在有更好的办法，接受自己的不完美，不完美才是人的常态。 7. 爱惜身体：多运动，多吃饭，多睡觉。 8. 感受自己的感受：站在镜子前，把对自己的爱和宽容表达出来，拥抱自己，对自己说“我爱你”“我很重要”。 9. 现在就做：这些改变现在就可以开始施行。	200张标有5万元的纸；9个标有拍卖物的硬卡纸；拍卖锤子1把
5分钟	总结本次小组活动，预告下节小组活动	一句话分享感受 邀请服务对象用一句话分享参加本节小组的感受，社会工作者总结本次小组，预告下节小组活动的时间和内容。	

第三节　能量珠宝

本节目标：

1. 认识自我和接纳自我。
2. 营造和培养积极的自我概念。
3. 接纳自我的体验，通过佩戴象征性手链，帮助服务对象提醒自己具备的积极特质。

时间	目的	内容/活动	所需物资
5 分钟	梳理上节小组内容，介绍本节小组内容和目标	1. 引导服务对象回顾上节小组内容、小组契约。 2. 社会工作者介绍本节小组目标“认识自我和接纳自我”。	小组契约
10 分钟	热身游戏，提升小组凝聚力，活跃小组气氛	不倒森林 服务对象围成一个圆圈，给每个服务对象发一根塑料棍，服务对象们双脚开立，手心托着棍的一头，保持棒直立。当社会工作者喊“换”时，服务对象要快速移动（顺时针）去接住自己旁边服务对象棍子，只有在所有服务对象的棍子都不掉到地上的情况下，算成功，培养服务对象互相帮助和协作的能力。	塑料棍 6 个
25 分钟	认识自我和接纳自我，营造和培养积极的自我概念	1. 花样年华 活动开始询问服务对象有没有好好思考过自己身上所具备的优点，可以是性格特质、人格、身体部位等。引导服务对象思考，并在花瓣上写下自己的优点，帮助服务对象了解自己的长处，告诉服务对象，人身上的优点就是我们的能量，可以帮助我们这些花儿绽放，变得更加美好。 2. 我的希望球 引导思考自己目前有哪些缺点，哪些是比较大的缺点，哪些是比较小的，分别填在图画里。告诉服务对象不要把这些看成缺点，而是看成待改善的地方，这些地方帮助我们自己变得更加美好，不能急于一时去改变，即使不想改也没有关系。只要我们认识自己的这些点，去接纳它们，承认它们是我们身上的一部分。当有一天你们想改变的时候，就可以改变，这是你们的希望球，它可以帮助你们变化得更好，更爱自己。如果目前做不到也没有关系，这并不意味着自己很差。	“花样年华”图纸 6 张；“我的希望球”图纸 6 张
15 分钟	通过佩戴象征性的手链，帮助服务对象提醒自己具备的积极方面；接纳自我的体验	能量珠宝 在上面环节结束，引导服务对象在小组成员面前分享自己的两幅画。“花样年华”图和“我的希望球”图。社会工作者给出代表优点的黄色珠宝（黄色是太阳的象征）和代表缺点的绿色珠宝（绿色是希望的象征），每位同学一根绳子和一些珠宝，社会工作者教服务对象串成手链，手链要用两组颜色组成。社会工作者给予服务对象暗示“这就是你们的能量手链，当你们心情不好或被人批评指责时，要看着自己的手链，对自己说‘我确实是有很多地方需要改进，但我也有很多优点，我是有价值的，我爱我自己’”。	黄色珠宝 1 盒；绿色珠宝 1 盒；弹性线 1 捆；剪刀 2 把
5 分钟	总结本次小组活动，预告下节小组活动	一句话分享感受 邀请服务对象用一句话分享参加本节小组的感受，和自己的小天使本节表现。社会工作者总结本次小组，预告下节小组活动的时间和内容。	

第四节　触动悦纳——镜子练习

本节目标：

1. 自我欣赏练习，体验自我对话。
2. 服务对象互相分享及支持，提高小组凝聚力。

时间	目的	内容/活动	所需物资
5分钟	梳理上节小组内容，介绍本节小组目标	1. 引导服务对象回顾上节小组内容和小组契约。 2. 社会工作者介绍本节小组目标“自我欣赏练习，体验自我对话”。	小组契约
10分钟	热身游戏，活跃小组气氛	欢乐泡泡 给每位服务对象分发一个气球和一只彩笔，服务对象在气球上写或画属于自己的Logo。当音乐开始时服务对象要向上抛自己的气球（意义：把自己的不开心的事向上抛），把其他服务对象的球向下压，并踩爆（意义：驱散其他服务对象不开心的情绪），最后一个球留在空中，为胜利者，每位服务对象给他一个爱的抱抱。	儿歌 2 首；气球 10 个；打气筒1个；彩笔1盒
20分钟	服务对象互相分享及支持，提高小组凝聚力	同舟共济 社会工作者在地上铺一层纸，纸相当于一条船，纸外就是汪洋大海。现在，需要服务对象站在船上，一个也不能少，必须生死共命。让服务对象自己想方设法使全体服务对象都登上船。引导服务对象互相讨论。可以背人或抱等方式，体现服务对象间的团队合作。完成后将面积减半，增加难度，服务对象努力越多，小组凝聚力越高，让服务对象体会团队合作的力量，服务对象分享本活动的感受。	海报纸1张；泡沫垫20张
15分钟	学会接纳自己，体会自己对话；学会自我赞美与欣赏	镜子练习 镜子能够反映我们对自己的感受。社会工作者提问服务对象镜子的用处，引出本节小组的内容“在镜子中发现自己的美”，学习欣赏镜子中的自己，并对自己说些正面的话。服务对象两两结合，互相练习，社会工作者在一旁协助。 练习一：对着镜子，注视着自己的眼睛，说出“尊重自己比什么都重要。一个人无论有怎样的缺陷，怎样的不如意，别人可以不爱你，但你自己绝不可以不爱自己，别人可以抛弃你，但有一个人不能抛弃你，那就是你自己”。 练习二：对着镜子，注视着自己的眼睛，对自己微笑，根据前面小组中谈到的优点，对着镜子说出来，以“你很好，我爱你，爱你的好与不好，接受现在的自己”为结尾。 练习三：引导服务对象想一些最近想要改善的一个点，对着镜子说“我愿意改变，变得更好”。服务对象练习结束，分享本节小组的感受。	镜子 10 个
5分钟	总结本次小组活动，预告下节小组活动	一句话分享感受 邀请服务对象用一句话分享参加本节小组的感受和自己的小天使本节表现。社会工作者总结本次小组，预告下节小组活动的时间和内容，且为最后一节小组。	

第五节　请给我留言

本节目标：

1. 接纳他人体验，学会欣赏他人。
2. 用感恩的态度去接纳身边的人。

时间	目的	内容/活动	所需物资
5 分钟	梳理上节小组内容，介绍本节小组目标	1. 引导服务对象回顾上节小组内容、小组契约和爱心小天使。 2. 社会工作者介绍本节目标“接纳和欣赏他人，接纳他人体验”。	小组契约
10 分钟	热身游戏，活跃小组气氛	诺亚方舟 社会工作者与动物（每个服务对象代表一种动物），大家围坐一圈，不要有空位。社会工作者说“我是社会工作者，今天要开船了。老虎跟我来！小白兔跟我来！”被叫的动物就要跟在社会工作者后面绕圈子走。当社会工作者喊“洪水来了”时所有跟在社会工作者后面的动物要尽快抢座位，抢不到的算掉进水里，由他当诺亚，而他的动物名字就由原来的社会工作者取代。	泡面垫 20 张；手绢 1 张
20 分钟	接纳他人体验，接纳自己和学会欣赏他人；用感恩的态度去接纳身边的人	请给我留言 阶段一：准备一张白纸，上面写着：“我是××，我很想知道你眼中的我是什么样子的，请形容一下我好吗？爱你。”这张白纸在小组成员之间传递，每个学生写下描述这位服务对象的内容，采用匿名回答。白纸最后回归到该同学手中。 阶段二：用报纸折成一个高帽，当服务对象分享时，戴着这个高帽，站在椅子上面，引导服务对象分享哪些优点（性格、相貌、处事等）是之前就察觉的，哪些优点是不知道的。要引导服务对象用真诚的态度去发现别人的优点，注意体验被人称赞的感受，用心去发现他人的长处，做一个乐于欣赏他人的人。	“请给我留言”纸条 10 张；报纸 2 张；椅子 1 把
15 分钟	探讨小组离别时的感受	乘公交车 告诉服务对象现在要体验小组分离时的感受。椅子像公交车那样摆放，两排中间有一个过道。在房间的角落放置泡沫垫，坐在椅子上的人要背对着泡沫垫。服务对象一开始都坐在椅子上，坐在车上的人可以讲话，但坐在泡沫垫上时就要静静感受，不能发出声音。播放背景音乐，当社会工作者轻拍一位服务对象（也就意味着到站）时，这位服务对象就要悄悄地离开，每站之间隔两分钟。当公交车上最后一个人离开时，可以沉默一段时间，这样服务对象对空了的位置有直观的感觉。当组员重聚在一起时，空椅子要保留在原地。通过这个练习讨论各自的感受。 社会工作者提问：“当××离开时，你有什么感受？这是我们最后一节小组，你觉得如何？在这个小组你学到了什么？如果有好朋友问你这个小组怎样，你会怎么说？” 社会工作者引导服务对象：“虽然我们小组结束了，但你们还可以互相帮助，你们现在是一个团体。”	大海报纸 10 张，在海报上画公交图；颜料蓝色、红色、黄色、褐色各一瓶；刷子 2 只
5 分钟	结束小组活动	分享感受 与服务对象一起回忆每节小组的内容（通过打印的照片），社会工作者总结本小组。	问卷 10 份；抱枕 10 个

资料来源：彭丽珊．武汉市阳光社会工作服务中心．

复习思考题

1. 请结合所学内容，对案例“孩子心·悦纳路——母亲离家出走的留守儿童小组”进行完善。

2. 结合实例谈谈青少年小组工作的技巧有哪些。

推荐阅读书目

1. 吴增强．青少年心理辅导：助人成长的艺术．上海：华东师范大学出版社，2013.

2. 卡罗尔．青少年小组游戏治疗师手册．刘梦，等译．北京：中国人民大学出版社，2007.

3. SAPIN K. 青少年社会工作基本技巧．赵凌云，陈元元，等译．上海：华东理工大学出版社，2015.

第七章

青少年社区工作

本章要点

- 青少年社区工作是根据青少年的身心特点、动机需求、兴趣爱好，以调动包括青少年在内的社区居民参与为重点，营造社区内有利于青少年健康成长的发展环境和引导青少年在力所能及的范围内与社会形成互动。
- 青少年社区工作要始终以青少年发展为核心，根据社区内青少年的不同特色，逐步设立多元化、有针对性的服务项目。

关键概念

社区资源；社区矫正；社区青少年

第一节　青少年社区工作概述

青少年社区工作方法是和青少年个案工作、青少年小组工作相并列的青少年社会工作三大直接方法之一。与其他两种方法相比，青少年社区工作更宏观，涉及面更广。本节内容主要介绍青少年社区工作的内涵以及过程。

一、青少年社区工作的内涵

青少年社区社会工作以调动包括青少年在内的社区居民参与为重点，动员一切社会资源，服务于青少年，具有形式的多样性、资源的充分性以及影响的易及性这三个特点。

（一）青少年社区工作的概念

社区工作与个案工作、小组工作不同的是它不直接解决个人与家庭的问题，而是以整个社区为工作对象，通过整合社区内外资源、完善社区的服务组织，致力于社区人人平等地参与社会生活、解决社会问题，来促进社区健康发展。

青少年社区工作是在专业价值观的指导下整合资源、服务青少年的实务性工作。其工作目标是根据青少年的身心特点、动机需求、兴趣爱好，以调动包括青少年在内的社区居民参与为重点，营造社区内有利于青少年健康成长的发展环境和引导青少年在力所能及的范围内与社会形成互动。

（二）青少年社区工作的特点

1. 形式的多样性

形式多样、内容丰富的社区活动和社区服务，不仅可以吸引青少年群体的眼球，而且可以使青少年群体直接受惠。通过社会工作者的引导，社区工作能帮助青少年树立正确的价值观、改变偏差行为，同时培育社区青少年志愿服务队伍、发掘青少年领袖，在提高他们的社会服务意识的同时增强其社区归属感。

2. 资源的充分性

社区是青少年成长的重要外部环境，蕴含多种支持青少年健康成长的可用资源，包括健身娱乐设施、青少年活动空间、支援服务的人员等。例如可以利用社区的学校为青少年提供场地和职业培训，可以利用社区企业为青少年提供实习机会和残障青少年的庇护工场，可以利用社区公共活动室成立图书室、托管室等。

3. 影响的易及性

青少年一般是社区里最为活跃的群体，往往也是活动中最容易调动和服务的群体，他们的好奇心和热情使得他们更容易被社区活动所吸引，一般参与意愿和参与程度都较高。社区环境的改善和活动的常规化、正规化会使青少年得到正面的感受，从而为他们的健康成长提供一个良好的、持续的环境动力。

二、青少年社区工作的过程

青少年社区工作主要包括两个层面的工作方向：一是将社区居民组织起来，整合社区内的有效资源；二是将社区内的青少年组织起来，动员他们参与社区发展，在社区参与的过程中提升青少年服务社会的意识和能力。

当社会工作者在以上两个层面开展社区工作时，社区工作的基本技巧和方法是社会工作者必须了解和掌握的基本知识，包括对社区及社区工作的界定，以及社区工作开展过程中必须掌握的认识社区、建立关系、制订计划、社区行动、成效评估等。

（一）认识社区

认识社区是指社会工作者进入社区，了解社区的一般情况和青少年所面临的问题以及可以利用的资源，其主要目标有以下三点。

一是了解社区的基本情况，包括社区的历史、地理环境和设施、人口状况、权利关系、组织和文化特色等。这些自然和人文因素构成了相对独特的社区文化或社区类型，在青少年社区工作实务领域中，会根据他们所在区域的文化特色而采用不同的服务策略。

二是调查和分析青少年面临的困境或问题。每个社区面临的情况不一样：有的社区青少年文化、学习和娱乐设施缺乏，有的缺少朋辈群体、社区生活比较单一，有的因贫困病残等连基本生活都没办法保障，有的面临家庭暴力摧残等。在介入之前，首先要清楚社区中青少年面临的问题，找准介入目标。

三是发掘和链接社区内各种可利用的资源，这也是这一阶段工作的重点。社区内的资源一般包括：人力资源，即社区内的人力、技术、智慧、人际关系等；物力资源，即社区的硬件设施和设备等；财力资源，即服务可能的经费来源。在社区内活跃的人群、组织或者机构，会对青少年形成直接的、较为持久的影响，因此全面掌握社区组织的情况是青少年社区工作的重中之重。

知识窗

“赞赏式探究”

赞赏式探究（appreciative inquiry）：以优势为本的青少年与社区社会工作及其研究和组织管理路径，这种方法通过确定相关个人、组织或社区的优势、“梦想”与实现路径，来探索改变的可能性，并朝此方向开展工作，使变化具有可持续性。

（二）建立关系

专业关系的建立首先是与青少年，其次是与和这些青少年有关的社区居民、社区机构或团体等。社会工作者可以通过开展社区的青少年活动或者是家庭服务活动，探访社区中的重要人物和社区组织，在联系和交往中双方逐步了解，获得相互支持。

（三）制订计划

计划的制订首先取决于第一阶段资料收集的多寡，计划的实施力度取决于第二阶段关系建立的程度，一份有效的社区青少年服务计划要符合该社区的青少年需求，而且从长远来看还要有利于促进青少年能力的发展和福利的提升。除了对正常的青少年服务外，还要兼顾社区内“特殊”青少年的服务，例如单亲家庭的子女及困难家庭子女的辅助服务、失足青少年的矫治服务、残障青少年的康复服务、外来务工子女的支持服务或者留守儿童的增能服务等。

（四）社区行动

通过一些带有青少年特征的宣传教育活动、会议等，激发青少年积极参与社区事务、解决社区问题，“参与实践学习”的理念和方法适合青少年成长的需要。

关于青少年社区介入，实践中也总结了较多的技巧供参考，例如，通过在社区新建青少年宫、图书室等从直接的物质性建设目标入手介入，通过媒体报道的事件从建设社区相关社会舆论入手介入，通过申请外部项目或经费从调动社会资源、争取社会力量入手介入，还有从教育性的服务、突发性事件等方面入手介入等。

（五）成效评估

服务计划的成效评估也是不容忽视的一部分。评估的具体内容包括具体工作的直接成绩、社区整体青少年发展状况的影响等方面。评估除了有一些量化的指标，更关注长远效应。考察评估社区计划的实施效果有助于使未来设计的方案更加合理有效。

随着经济体制的改革和市场经济体制的建立，越来越多的“单位人”变为社区人，而青少年学生除上学、外出之外的时间外也基本待在社区内，可以说社区是他们成长的一个重要平台，青少年社区工作更宏观、涉及面更广。因此每一个活动的策划、计划的制订到实施的策略，我们都需要考虑：一是制定全面协调可持续的整体方案以保证社区工作的正规化，例如社区青少年的建档与管理、教育培训、业余生活建设等需要保证利用的可及性和周到性。二是制定有章可循的管理规定以保证社区工作的制度化，无论是组织、机构还是个人，都应该遵循社区发展的规定，以增加居民对社区工作的信任度。

第二节　青少年社区工作实务

青少年社区工作相关实务内容主要包括青少年社区工作的四大模式、青少年社区工作的技巧以及青少年社区工作的注意事项，本节主要围绕上述三方面内容进行介绍。

一、青少年社区工作的模式

青少年社区工作的模式就是一般社区工作模式在青少年社会工作领域的特殊运用，包括地区发展模式、社会策划模式、社区教育模式、社区照顾模式四大模式。

（一）地区发展模式

地区发展模式主要鼓励青少年通过自助及互助去解决社区内的问题，提升青少年的民主参与意识和自我服务能力，发掘和培养当地人才。社会工作者在此过程中需要担任使能者、协调者和辅导者的角色。作为使能者，社会工作者要广泛动员青少年参与调查，明确自身问题；作为协调者，不仅要促进青少年之间的沟通协调，还要协调相关部门和组织进行沟通和讨论，从而达成共识；作为辅导者，社会工作者要训练青少年解决问题和组织资源的能力，最终实现问题的解决。

（二）社会策划模式

社会策划模式强调专业人员的参与，通过有关专家精心的调研、论证、计划、落实、推行来解决社区内的问题。这一模式是一种自上而下的方法，青少年比较被动。在这一模式中社会工作者需要担任技术专家或者组织实施者的角色，所以对其能力要求比较高。

（三）社区教育模式

在这一模式下，社会工作者常常扮演导师、教练、顾问的角色，通过社区教育，协助青少年提高参与社区事务和社区建设的意识、动机和能力。社区教育一般分为三类，即补偿式教育、控制式教育和解放式教育。补偿式教育是指通过非正规教育帮助青少年掌握基本的知识技能；控制式教育是指建立青少年的社会行为规范等方面的教育活动；解放式教育是注重发掘青少年在知识、行为、态度、价值观等方面的潜能，发挥青少年的力量，促进社区的发展。

（四）社区照顾模式

社区照顾是社会工作者动员社区资源，让服务对象在家里或者社区中得到照顾的方式。青少年所生活的社区里有熟悉的人群，有进行正常生活的条件，这对青少年是十分有利的。在青少年社会工作中，社区照顾的服务对象主要是一些残障青少年，包括有身体残疾、智力残疾、精神失常等问题的青少年，以及这些残障青少年的"照顾者"，为他们提供照顾和支援服务。

二、青少年社区工作的技巧

建立关系、多方参与、资源整合以及社区预防是青少年社区工作的常用技巧。

（一）建立关系

在青少年社区工作中，首先，社会工作者需要掌握与社区群众初步接触的一般沟通技巧；其次，还要善于对社区内的青少年以及其家庭开展家访、街头谈话、电话访谈等；最后，除了与社区居民的交流，社区工作还需要与社区政府机构、社会团体联络，维持与这些群体的关系，获取他们的支持也是社会工作者需要具备的能力。

（二）多方参与

多样化的社区活动阵地是开展青少年社区工作的依托。一般而言，青少年社区活动阵地的形式有三种。一是自办型，即由社区组织独立创办，如"青少年法律援助中心"；二是联办型，即由社区组织与其他部门联合创办青少年活动阵地，实现大家共建、社区主管、共同利用、共同受益；三是挂靠型，即充分利用大企业、大集团在场地、设备、资金等方面的优势，把原来的企业活动中心、职工之家等建成社区青少年活动阵地。

知识窗

社区“青少年空间”

“青少年空间”是在共青团中央和地方政府的支持下，由中国青少年宫协会和香港青年协会合作，在社区内设立的青少年综合服务场所。

一般青少年空间的场所面积为300平方米～1 000平方米，设计时尚动感、色彩明亮，服务方式突出引导、专业化、个性化，为青少年及家长提供游戏娱乐、兴趣学习、拓展训练、社区参与、自在空间、网络互动、成长辅导、家长援助等多个方面的服务，鼓舞青少年自主参与、自主选择、自我设计和自我实践。

青少年空间的设立将有助于实现青少年学校教育、家庭教育和社会教育的三位一体有机结合，整合全社会的力量，帮助青少年释放压力、增强自信、装备自我、发挥潜能，从而成长为乐观向上、勇于担当、健康发展、积极奉献的社会主义新人。目前，“青少年空间”是社区为青少年提供服务的一个成功范例。

（三）资源整合

社会工作者要对社区内与青少年问题相关的资源有足够的敏感度，加强青少年与资源的双向联系，促进青少年群体对资源的利用，提升青少年利用资源的信心和能力。

（四）社区预防

青少年的成长和生活离不开生活环境，青少年的很多不良行为，在很大程度上是因受他们所处环境的影响，因此，应注重对青少年生活环境的改善和调试，为青少年成长创造良好的环境，有针对性地为青少年提供有利于促进健康成长的资源，帮助青少年顺利实现社会化，达到青少年相关问题的有效预防，从而促进构建和谐社区。

三、青少年社区工作的注意事项

维护青少年的合法权益和营造青少年健康发展的成长环境是社区工作的重点。

（一）工作重心始终指向青少年发展

青少年社区工作是利用所在社区的资源为青少年开展的服务，工作重心始终坚持为青少年成长服务，社区的人力资源、物力资源、知识资源都要本着对青少年有利的方向加以组合和利用。

知识窗

根据《上海市社区青少年分类管理办法（试行）》，社区青少年被分为红色、蓝色、绿色三类服务对象：红色服务对象是指有“轻微罪错”“严重不良行为”或比较明显的心理障碍和疾病的社区青少年，红色服务对象必须开立个案（除有比较明显的心理障碍和疾病的社区青少年外）；蓝色服务对象是指有“不良行为”、12个月以上持续失学、失业或比较严重的心理问题的社区青少年；绿色服务对象是指除上述两类外的社区青少年。

（二）青少年社区工作需要多元、有针对性的项目

要按照社会工作个别化的原则，根据社区内青少年的不同特色，逐步设立多元化、有针对性的服务项目，例如，面向社区内全体青少年，旨在促进青少年发展、强化社区支持、增强青少年社区凝聚力的儿童/青少年之家、社区图书馆、社区春晚；面向不同程度的社区青少年开展后续教育、就业服务、行为修正；等等。

案　例

需求为本到资产为本——一个农村社区发展路径的转变和实践

一、引言

W乡镇Y社会工作服务站（简称社工站）位于湖北省武汉市黄陂区W乡镇，成立于2012年，是以高校教师领办，乡镇、社区共建为模式，由××大学与W乡镇共同发起、共同建设而成。Y社工站自成立以来，以留守儿童、留守妇女、留守老人为主要服务对象开展农村社区社会工作服务。

二、服务初期：需求为本，支援发展

作为政府主导引入的专业服务机构，在面对农村社区居民对“社工”这一新兴行业知晓度低的情况下，专职社工进驻社区后首要的任务是打开工作局面。Y社工站最重要的举措是开办“四点半课堂”，拉近与居民的关系。机构认为，儿童作为家庭关注的核心，照顾者在留守儿童的学习辅导、家庭教育方面都深感力不从心，社工从儿童的服务切入，可以由点及面地吸纳更多服务对象参与。

W乡镇属于典型的外出打工型乡镇，耕地基本流转给当地的家庭农场和粮食企业，打工收入占当地居（村）民总收入的60%～70%。随着青壮劳力的流出，常年留守在家的基本都是老人、妇女和儿童。乡镇总人口为73 000多人，“三留守”群体的人数分别是：留守妇女9 636人，留守老人7 810人，留守儿童20 894人。W社区属于W乡镇下辖社区，总人口4 558人。其中老人826人，妇女600多人，儿童近800人。社区老龄化情况严重，且70%的老人为留守老人。同时，因为W社区是整个乡镇的教育、商业、行政中心，实际居住在该社区的还包括大量的陪读家庭和外来人员。总体上，“三留守”群体的需求包括：(1) 留守老人在健康维护、精神慰藉和生活照料方面存有较大的服务需求。(2) 绝大部分的留守妇女因子女教

育、老人照料等缘由而不得不放弃外出务工的机会留守在家。她们基本都已不再从事农业生产，且没有职业，闲暇时间多，但闲暇生活较为单一，对文化娱乐需求大，对家庭教育存有需求。同时，因技能和就业机会局限，留守妇女的就业意愿强。(3) 留守儿童因监护人文化程度有限，对学业辅导和课后素质教育需求大；长期缺乏父母亲情的关爱和呵护对儿童青少年心理、性格和成长造成不同程度的影响，但家长或监护人对留守儿童心理关注和疏导缺位，留守儿童的心理健康和安全方面值得关注。

为此，Y社工站开展了一系列针对“三留守”群体的服务活动：(1)“Y伴成长”儿童青少年服务，为儿童青少年提供“四点半课堂”、学习兴趣小组、多元智能开发、心理健康及安全教育服务；(2)“我爱我家”妇女家庭服务，为妇女及家庭提供兴趣学习班、家庭关系辅导、亲子教育、个案辅导服务；(3)“花开夕阳”老年人服务，提供日常探访、健康保健、困难帮扶及文化娱乐服务；(4)“同心你我”社区服务，开展社区大讲堂、社区文化组织培育、社区志愿服务等。这些系列活动的开展得到了社区居民的欢迎，并被给予了极高的评价。

然而，随着服务的开展，Y社工站发现所开展的活动越来越难满足村民的服务需求，并且在活动开展过程中遇到了比预想中更大的阻力，与“助人自助”“案主增能”的服务理念相去甚远。因此，Y社工站决定转变服务视角，重新定位农村社会工作服务的方向，开始转向以资产为本的服务视角。在这种视角下，社工秉持“助人自助”的工作理念，同时借助社区社会工作的方法，激发村民的社区参与，培育社区认同感，转变等、靠、要的思想；通过激活社区资源，激发村民的改变意识；通过发展村民互助组织，提升村民的自我服务水平和能力；通过建构社区服务自身的造血功能，探索农村社区和“三留守”群体问题的解决之道。这一过程中，社工要注重培育和发展村民的自我服务意识和能力，建立村民的社区共同体意识。

三、服务转变：资产为本，内生发展

（一）“欣赏性探访”，挖掘社区资产

资产为本的社区发展视角关注的是社区资产，希望通过鼓励、动员社区资产，寻求社区发展与公民意识培养的机会，因此以对“社区资产”的系统考察作为社区介入的基本原则。社工在进行入户走访时加上访问居民的个人才能、兴趣、经验、愿意为社区出力的技能和意愿等问题；在服务对象建档表上登记服务对象的强项及才能；在拜访社区的部门、团体、组织等时要注重了解它们的强项及可为社区尽一份力的资源和意愿。

通过对社区居民开展大量、深入的入户探访，Y社工站发掘并总结了服务对象的个人资产：首先，老年人自助意识强烈。其次，青壮年妇女闲暇资源充足且各怀技能。再次，社区有具备领袖潜质的文艺骨干。同时，Y社工站列出了W社区资产列表（见表7-1），掌握了W乡镇社区所拥有的自然资源、组织资源、社会资源、人力资源。这些资源对社区发展可起何种作用，能解决社区哪些问题，怎样才能发动社区内在力量和资源，推动社区发展，成为Y社工站的主要任务。

表 7-1　W 社区资产列表

资源类型	资源明细
个人资产	留守妇女拥有手工技能，十字绣、毛线针织等 老年人抚养孙辈，心态乐观 退休医生：免费为村民诊病，养生知识丰富 楚剧爱好者：爱好楚剧，希望发展楚剧
社区组织资产	社区老年学校：大部分老年人通晓乐谱，会弹胡琴、喜欢唱歌、人缘好、热心 社区党支部，党员队伍 妇女广场舞队 5 个
社区团体和部门资产	幼儿园 2 所、中小学各 1 所 街道办、社区居委会、司法、街道文化站、老年学校、Y 驿站、Y 家园、党员群众服务中心等
自然资源和物质资产	木兰旅游风景区 8 处 社区广场、Y 社会工作服务站场地
社区外资源	华中农业大学社工实习生、学生志愿者

（二）组织居民会议，结合社区资产，重新定位社区需求

社工改变之前以专业调查、访谈结果来确定社区问题/需求的方法，注重社区居（村）民、组织、团体的参与，让他们界定社区问题，并积极参与、推动社区问题的解决。首先，社工举办了社区居民大会，召集居（村）民参与讨论社区需要解决的问题有哪些。具体而言，社工通过社区宣传招募及邀请的形式召集议事会成员。其次，社工将前期社工站调研的结果向与会人员进行了汇报，在向参会的居民介绍完本社区资产之后，让大家一起补充和完善社区资产地图。最后，社工以“说出你觉得社区需要解决的问题或需要提供的服务”为讨论议题，让每个参与者结合社区资产地图，提出五个问题或需要得到的服务，然后根据参与者的表决最终确定。

最终这次大会确定了问题或服务需求：(1) 儿童的学习辅导及教育需要提供服务。(2) 社区文化生活单调。(3) 妇女创（就）业需求强烈。(4) 老年人居家生活照顾需求。

（三）资产为本的社区服务开展过程

在上述需求中，儿童学习辅导及教育需求主要由社工站组织的“四点半课堂”服务来完成。这种需求，与当前社工站正在开展的服务相契合。但是，学生人数的增多导致了志愿者数量的短缺。在积极联系各大高校学生志愿者团队，引入大学生志愿者作为课业辅导老师的同时，动员中小学老师、退休教师参与课业辅导。另外三类需求，则需要进一步挖掘社区资本，推动服务的开展。主要的工作步骤如下：

(1) 积极开展活动，深入挖掘社区资本，带动居民积极主动参与社区服务。

(2) 通过培育骨干，发展社区互助组织。

(3) 培育社区自助组织，满足留守妇女创业需求。

(4) 通过新建社区资本、引入外来资本，充实社区资本。

四、服务展望：骨干培育，居民参与，协同发展

综上所述，Y 社工站在探索农村社区发展的过程中，经历了从资产为本的社区

发展模式向资产为本的社区发展模式的转变。2016 年 7 月 1 日，W 乡镇遭受几十年一遇的特大洪灾，致使 W 乡镇社区近 600 户村民家中受淹，受损严重，W 村 100 多户村民全部受灾。面对这场突然而来的几十年一遇的洪灾考验，社区居民们发扬了邻里互助、团结起来共渡难关的精神，让我们看到了一个互助友爱的社区的新生。在社工站的居民 QQ 群里，有很多居民向社区汇报最新的水灾险情，有的居民还主动把附近的老人接到自己家楼上。有的居民家里无法做饭，邻居们会做好饭菜送过来；衣物、被子被水冲走，其他居民倾其所有主动接济。灾后，面对受损的家园，社区内生力发展，提升了社区居民的社区凝聚力、社区意识，让他们有自主解决问题的意识和能力。这也是 Y 社工站致力于社区发展的初衷。

从几年的服务中，社工深切地感受到社区是社区成员的利益共同体，社区成员是社区发展的主体，是服务的受益者与使用者，只有他们最清楚自己的需要，也只有他们最关心与自己需求相关的服务。未来社工站在唤醒居民主体意识的同时，将持续开展居民培力服务，注重居民能力的培育和骨干人才队伍的培养，让居民在服务中培育自主管理和服务的意识，自发、自主地参与服务和提供服务，建立一个更健康、更富足及充满关爱的社区。

资料来源：本案例由华中农业大学万江红教授提供。

复习思考题

1. 小组讨论并完成一份针对社区青少年的服务方案。
2. 结合实际谈谈青少年社区工作的技巧有哪些。
3. 阐述青少年三大直接的社会工作方法的适用情景。

推荐阅读书目

1. 顾东辉．社区青少年社会工作研究．上海：华东理工大学出版社，2006.

2. COURNOYER B. 社会工作技巧手册．朱孔芳，杨旭，丁慧敏，译．上海：华东理工大学出版社，2008.

3. ROSE S R. Group work with children and adolescents：prevention and intervention in school and community systems. Thousand Oaks：SAGE publications，1998.

第八章

青少年社会工作项目管理

本章要点

- 青少年社会工作项目指以社会工作机构为主体的社会福利供给部门为实现特定的青少年服务目标，利用有限的内外部资源，在一定时间内，针对青少年及其家庭，为满足青少年的多层次需求，改善青少年的成长环境，预防青少年社会问题，投入社会工作者、服务经费、服务物资等资源，秉持青少年社会工作专业价值和伦理规范，以科学知识为基础，运用专业工作手法开展的具有一定独特性、创新性和风险性的社会工作服务活动。
- 青少年社会工作项目管理是为实现项目特定目标，采用青少年社会工作助人方法开展的项目设计、项目实施与项目评估的管理活动。

关键概念

项目；项目管理；需求评估；项目评估

回想你在专业学习过程中了解到的那些社会工作项目，社会工作者能够准确判断青少年面临的问题和需求，社会工作者也能通过娴熟的技能、适当的介入模式，大大改善青少年的不利处境，挖掘并提高青少年的潜能，这些优秀案例很容易激起你跃跃欲试、想要投身青少年社会工作服务的热情。当你在社会服务机构开展实习时，很快你会发现事情并不像想象中的那般容易，青少年面临的处境往往非常复杂，他们的问题和需求似乎很难用书本上的某一种介入模式来解决，完成实习后你会发现，青少年服务对象的改善似乎并没有想象中的那么大。

毕业后你会发现，作为一名社会工作者，你不仅需要从事青少年社会工作服务，还需要参与青少年社会工作服务项目的申报、投标、洽谈等事务，项目立项后，你需要按照项目协议的要求对项目服务、项目进度、项目财务等方面进行管理。此外，你还需要考虑在项目管理的通用知识上结合社会工作专业服务，让服务更加贴近青少年的需求。

不管你目前是在从事专业学习、专业实习还是专业服务，你在参与青少年社会服务项目的过程中都会遇到各种各样的疑惑，而理解青少年社会工作项目管理是回答这些疑惑的关键。本章我们会具体地描述青少年社会工作项目管理的概念和通用过程。

第一节　青少年社会工作项目管理的概念

青少年社会工作项目管理是青少年社会工作的重要内容之一，本节主要介绍社会工作项目的定义和特征、社会工作项目管理的定义和特征，以及青少年社会工作项目管理的定义与特征。

一、项目与社会工作项目

社会工作项目是项目作用于社会工作领域的具体形式，因而社会工作项目除了具备目标性、周期性、过程性、关联性、独特性和限定性这些基本项目特征外，还具有其自身独有的特征。

（一）项目的定义与特征

1. 项目的定义

项目是项目管理存在的先决条件，在讨论项目管理之前，需要对项目的内涵和特性进行相应界定。项目起源于军事类活动，扩展于工业领域，随后逐渐延伸至社会服务领域。不同专业领域对项目的定义和解释不同，综合而言，大多数概念界定围绕着项目达成目标、项目实现条件、项目时间安排、项目活动特性和项目结果五大组成要素进行阐述。

知识窗

美国项目管理协会（Project Management Institute，PMI）成立于1969年，为项目管理知识体系建构和行业标准拟定做出了卓越贡献。PMI编写的《项目管理知识体系指南（PMBOK指南）》是项目管理领域最具权威性、应用最广的教科书，项目管理专业人员资格PMP（Project Management Professional）认证成为全球权威项目管理资格认证。

PMI将项目界定为“人类社会特有的一种为创造特定的产品或服务而开展的一次性努力”①。国际标准化组织（ISO）将项目界定为“由一系列具有开始和结束日期、相互协调和控制的活动组成的，通过实施活动而达到满足时间、费用和资源等

① 项目管理协会．项目管理知识体系指南（PMBOK指南）．5版．北京：电子工业出版社，2013：4.

约束条件和实现项目目标的独特过程”[①]。从上述两种定义可以看到，总而言之，项目是在一定时间周期内，人们为了实现特定的目标，投入一定的人力、物力、财力等资源所进行的一系列活动的总和。

2. 项目的特征

不同组织或不同专业领域的项目各有特性，一般而言，项目具有六个方面的共同特性，分别是目标性、周期性、过程性、关联性、独特性和限定性。

（1）项目的目标性。项目的目标性是指项目为了实现特定的目标而产生，项目的目标可以是有形的基础设施建设，也可以是无形的社会服务产出。项目的目标包括项目产出物目标（如项目产出的数量、质量等）和项目工作目标（如项目的成本、人力资源等）。

（2）项目的周期性。项目的周期性指项目具有明确的开始和结束时间，一旦达到约定时间，无论项目目标是否实现，项目都必须结束。项目的非连续性会引发高度的风险和不确定性。

（3）项目的过程性。项目的过程性是指项目通过规划、组织、执行、决策和控制等过程最终达到项目目标。

（4）项目的关联性。项目的关联性是指项目是为实现特定目标而进行的一系列活动的总和。为实现特定项目目标，项目活动存在逻辑或者技术关系，在执行项目时，项目中的各项活动必须按照顺序进行，否则项目将面临失败的危险。

（5）项目的独特性。项目的独特性是指不同项目在周期、目标、过程、执行规划等方面具有自身的特征，即使重复的项目活动也总会有一些全新的和独特的地方。

（6）项目的限定性。项目的限定性是指项目处在各种宏观环境和微观环境的制约中，受到人力、物力、财力、技术和信息等各方面的限定，这些限定性因素也是决定项目成败的关键因素。

（二）社会工作项目的定义和特征

1. 社会工作项目的定义

社会工作项目指社会工作服务机构或其他公共服务部门，在一定时间内，针对特定服务对象，为实现特定社会服务目标，投入社会工作者、服务经费、服务物资等资源，秉持社会工作专业价值和伦理规范，以科学知识为基础，运用专业工作手法开展的一系列助人活动的总和。

2. 社会工作项目的特征

社会工作项目除具备目标性、周期性、过程性、关联性、独特性和限定性这些基本项目特征外，还具备如下特征。

---

① 国际标准化组织．项目管理 项目管理质量指南（ISO 10006：1997）．

（1）社会工作项目实施的主体是社会组织。社会工作项目的实施主体一般是在民政部门登记注册的社会组织，如社会工作服务机构（服务中心、服务社等）、行业协会（如社会工作协会、联合会）等。

（2）社会工作项目的价值指向是助人自助。社会工作项目是由社会工作者主导实施的项目，项目从设计到介入都体现了对困难群体的关爱、赋权增能、促进社会公平正义的价值理念。

（3）社会工作项目的目标体现人的改变。社会工作项目的服务对象是人，特别是社会的困难群体，如青少年、老年人、残障人士等。社会工作项目的目标注重人的改变，通常是为了预防或解决特定群体的问题、改善困难群体的现状、提升他们应对环境的能力等。

（4）社会工作项目周期的确定性。社会工作项目立项后项目实施主体需按照项目约定时间提供服务。社会工作项目一般不会因项目目标已实现而提前结束项目，即便项目的服务目标已达成，项目资助方也希望项目服务机构继续开展服务，项目服务机构一般也会服务至项目时间结束。项目到期后，项目资助方会采取项目评估的方式对项目成效进行检验，项目评估结果可作为项目是否续约的依据。

（5）社会工作项目遵循一定的通用过程。社会工作项目的通用过程包括项目设计、项目实施和项目评估。

（6）社会工作项目的关联性体现在项目的逻辑框架中。社会工作项目注重需求分析-问题界定-项目目标-介入模式-活动设计-服务成效之间的内在逻辑框架。在项目执行过程中，项目各项活动除按照顺序进行外，还需要根据项目内外部环境的变化与限制、服务对象的实际情况实时进行监测、评估与改善，以确保项目服务的需求-问题-介入之间的逻辑性。

（7）社会工作项目兼具重复性和独特性的特点。社会工作项目的重复性体现在资助方会为特定区域或特定服务对象持续购买同类型服务项目上，如广州市的家庭综合服务中心项目、武汉市的“三社联动”社会工作服务项目，都是政府以街道为单位向社工机构采购社会工作服务，这些项目的服务周期、服务对象、服务内容的重复性较大，被称为“持续性项目”。尽管这些持续性的项目在服务周期、服务地域、服务对象、服务内容方面重复性较高，但项目实施机构、项目服务指标、项目服务重点会因资助方、项目落地方的要求不同而不同。

（8）社会工作项目兼具限定性与资源性的特点。社会工作项目会受到政策环境、资助方要求、服务对象诉求等多方面的限制，但社会工作者作为资源链接者具备资源整合、支持网络建设、志愿者动员、社会组织挖掘与培育等多方面的能力，善用资源、提升能力、构建网络是社会工作者在项目运作过程中常用的有效方法。

3. 社会工作项目的类型

社会工作项目按服务对象和服务内容可划分为不同的类型。

（1）按项目服务对象划分，社会工作项目包括青少年社会工作项目、妇女儿童社会工作项目、老年人社会工作项目、家庭社会工作项目、残疾人社会工作项目和优抚安置社会工作项目等。

（2）按项目服务内容划分，社会工作项目包括社区社会工作项目、学校社会工作项目、医务社会工作项目、禁毒社会工作项目、司法社会工作项目、社会组织孵化社会工作项目等。

（三）青少年社会工作项目的定义和特征

1. 青少年社会工作项目的定义

青少年社会工作项目指以社会工作机构为主体的社会福利供给部门为实现特定的青少年服务目标，利用有限的内外部资源，在一定时间内，针对青少年及其家庭，为满足青少年的多层次需求，改善青少年的成长环境，预防青少年社会问题，投入社会工作者、服务经费、服务物资等资源，秉持青少年社会工作专业价值和伦理规范，以科学知识为基础，运用专业工作手法开展的具有一定独特性、创新性和风险性的社会工作服务活动。

2. 青少年社会工作项目的特征

青少年社会工作项目是社会工作项目的类型之一，除具有社会工作项目的基本特征外，青少年社会工作项目还有如下几个方面的独特特征。

（1）项目实施主体多样化。青少年服务既是政府行为的一部分，又是一种社会行为，不仅需要政府的行政举措，还需要社会的共同参与，需要通过家庭、社区、社会组织等多层面的社会行为为全体青少年提供服务。① 一般而言，青少年社会服务项目的实施主体可以划分为政府组织和非政府组织两种，政府组织主要是工会、青年团、妇联等准行政体系组织，非政府组织包括专业社会工作机构、慈善类组织、社会团体等民间组织。目前，青少年社会工作项目管理的主体实施单位以专业社会工作机构为主，其形式主要是政府和其他资金提供者通过项目委托的方式授权专业社会工作机构全权负责项目管理工作，在项目结束时，资金提供者通过单方评估或者委托第三方评估的形式评价项目实施状况。

（2）项目服务领域广泛化。从服务对象来看，青少年社会工作项目的服务对象包括流动与留守青少年、家庭变动与家庭暴力中的青少年、网络成瘾与物质依赖青少年、越轨青少年等；从服务内容来看，青少年社会工作项目的服务内容包括思想道德品格辅导、心理及认知辅导、生涯发展辅导、就学就业辅导、生活方式与人际交往辅导、行为偏差矫正服务、弱势青少年福利保障服务等；从服务方向来看，青少年社会工作项目包括发展性青少年社会工作项目、预防性青少年社会工作项目和治疗性青少年社会工作项目。

（3）项目资源整合化。资源是项目计划活动和完成项目的核心。传统的青少年社会工作服务主要在社会组织内部开展，服务资源主要局限于组织内部既有的资源，青少年社会工作项目则非常注重外部资源的挖掘和引入，积极加强与各相关机

---

① 陆士桢，王玥．青少年社会工作．2版．北京：社会科学文献出版社，2010：150.

构和人员的合作，保证各类资源的有效利用和整合。青少年社会工作项目的开展建立在广泛社会支持的基础上，促使青少年能够在比较顺畅的情境下进行自我增能和转变，从而实现项目的持久化和规模化。

二、项目管理与社会工作项目管理

尽管目前项目管理的定义还存在分歧，但社会工作项目管理的定义则较为明确。社会工作项目管理是指社会工作项目实施主体为了实现既定项目目标而展开的项目计划、组织、领导、协调和控制等活动的总和。

（一）项目管理的定义

项目管理的本质是对项目的科学化管理，它有严格的管理程序和操作规范，运用专业的知识、技能、方法和工具，规划和控制分配给项目的资源，并通过协调组织中的人际关系，满足和超越项目各方对项目的要求和期望。目前关于项目管理的定义纷繁复杂，不同的人、不同的领域对它存在不同的理解。对项目管理的定义分为学科论、专业论、方法论、过程论和活动论。

1. 学科论

项目管理是一门专门研究项目开发、规划、执行和控制的学科。学术界普遍认为项目管理是在第二次世界大战期间和战后逐渐发展成为一门完整的独立学科的。2004 年，美国项目管理研究会修订的第三版项目管理知识体系正式出版。基于美国项目管理知识体系标准，我国项目管理研究委员会于 2001 年正式推出了《中国项目管理知识体系》。

2. 专业论

项目管理具有其本身特有的方法和体系，它主要通过一批受过训练的专业人员，将各种专业的知识、手段、技能和技术应用于项目中，借助专业的评估方法，达到人们的期望和需要。从事项目管理的人员有专门的资格认证要求，1984 年，PMI 设立了项目管理资质认证制度，截至 2020 年 1 月，PMP 全球持证人数已达到 1 037 480 人。项目管理从业人员有专业操作守则和可以遵循的技术规范。项目管理在西方发达国家已经具备专业的资质，但是在我国还不能成为一门专业。

3. 方法论

项目管理是通过一组预设数据的输入获取一组预设数据输出的方法集合体。项目管理的方法集中体现为解决不同问题采用的特定工具，如项目逻辑框架表、甘特图表、关键路径法等项目开发设计工具、项目进度计划等项目监测与控制工具。20 世纪 50 年代，在西方发达国家中，项目管理已作为一种重要的管理手段，广泛应用于科学研究和生产实践中。

4. 过程论

项目管理是以项目为对象的系统管理方法，是通过一个临时性的专门的柔性组织，在有限资源的约束下，运用系统的观点、方法和理论，对项目进行高效率的计划、组织、指导和控制，以实现从项目决策开始到项目结束全过程的动态管理和项目目标的综合协调与优化。简而言之，项目管理过程是对与项目密切相关的绩效、时间、成本、范围进行管理控制的过程，可以有效实现利益相关者的目标。

5. 活动论

现代项目管理理论认为，项目管理是为了实现既定项目目标而展开的项目计划、组织、领导、协调和控制等管理类活动。① 项目管理具有活动目标、活动阶段、活动人员、活动结果和活动评估等众多活动指标内容。

项目管理不仅仅是一门学科、一个专业，同时也体现为一种项目运行的方法和管理过程性活动。基于活动论的观点，项目管理是为了实现既定项目目标而展开的项目计划、组织、领导、协调和控制等活动的总和。现代项目管理不仅需要运用项目专项管理的知识、技能、方法和工具，同时也要吸纳项目本身所属具体专业领域的知识和方法。目前现代项目管理已经开始进入社会生产和生活中的各个领域，社会工作项目管理是其突出代表之一。

（二）社会工作项目管理的定义

社会工作项目管理指社会工作项目实施主体为了实现既定项目目标而展开的项目计划、组织、领导、协调和控制等活动的总和。传统社会工作的理论发展主要借鉴社会学、心理学、教育学和哲学等学科理论，融众家之长，在追求绩效、责任和目标的时代背景下，社会工作作为一种专业的助人方法和行为，要求采用一种高效且系统的运作方法提供社会服务，而社会工作服务导入项目管理思想、引进项目管理方法，对社会工作的发展产生了很大的推动作用。

三、青少年社会工作项目管理的定义与特征

青少年社会工作项目管理的定义和开展与青少年这一群体的特征密切相关。对项目管理的内涵和特征进行描述有助于社会工作者更好地理解实施项目管理的必要性。

（一）青少年社会工作项目管理的定义与内涵

在政府购买服务的宏观政策背景下，以项目化运作的方式开展青少年社会工作服务成为社会工作机构的现实选择，推动了青少年社会工作项目管理的产生与发展。青少年社会工作项目管理是项目管理学知识和技术在青少年社会工作实务中的应用，项目管理已成为青少年社会工作服务管理的一个发展趋势，青少年社会工作服务导入项目管理思想、引进项目管理方法，对青少年社会工作的发展有很大的推动作用。

① 戚安邦．项目管理学．北京：科学出版社，2007：10.

青少年社会工作项目管理是为实现项目特定目标，采用青少年社会工作助人方法所开展的项目设计、实施与评估的管理活动。对于青少年社会工作项目管理的定义，最重要的内涵包括以下三个方面。

1. 根本目标

青少年社会工作项目管理的根本目标是满足项目不同利益相关方对项目的要求和期望，实现成本、时间和成效的有效平衡。利益相关方指会影响项目和会被项目影响的主体，青少年社会工作项目的利益相关方包括青少年及其家庭、青少年朋辈群体、学校、社区、政府部门、项目资助方、项目实施机构、项目社工等。青少年社会工作项目管理旨在构建两个方面的平衡，一个是不同利益相关方要求和期望的平衡，另一个是项目成本、时间和成效的平衡。科学有效的项目管理能使不同利益相关方的期望得到均衡和实现，在约束资源环境下实现社会效益的最大化。

2. 主要手法

青少年社会工作项目管理的主要手法是在一般项目管理的知识、技能、方法的基础上，借助青少年社会工作的专业价值、知识和技术。项目管理的引入让青少年社会工作者的角色发生变化，除扮演传统青少年社会工作者的角色外，还要求社会工作者将社会工作专业价值和介入技巧与项目管理技术和方法相结合，形成项目规划、项目执行、人力资源管理、财务管理和调查评估等多方面的能力。

3. 基本过程

青少年社会工作项目管理是由一系列项目阶段构成的完整过程，包括项目设计、项目实施和项目评估。青少年社会工作项目的设计是项目实施机构在了解青少年需求的基础上提出的为青少年服务的概念设计，或者是应项目资助方要求设计的青少年社会工作服务项目。项目设计是由一组有助于正式授权开始一个新的青少年社工项目的活动组成的，包括项目目标、范围、方案、资源和成本等综合性工作；项目实施是具体开展青少年社会工作实务的过程；项目评估主要是对青少年社会工作项目的评估和总结。

（二）青少年社会工作项目管理的特征

1. 项目采购、监管以政府为主导

青少年社会工作项目资金来源逐渐多元化，但政府购买依然是青少年社会工作项目资金来源的最稳定、最普遍的形式。青少年社会工作项目的实施主体包括项目资助方、项目监管方和项目实施方。青少年社会服务项目的实施主体可以划分为政府组织和非政府组织，政府组织主要是民政、团委、妇联、工会等准行政体系组织，非政府组织包括专业社会工作机构、慈善类组织、社会团体等民间组织。当前青少年社会工作项目的资助方、监管方以政府部门为主，项目管理的实施方以专业社会工作机构为主，其形式主要是政府或其他资助方通过项目委托的方式委托专业社会工作机构负责项目运作与管理工作，在项目结束时，项目资助方通过单方评估或者委托第三方评估的形式评价项目实施状况。青少年社会工作项目的青少年社会工作服务既是政府行为的一部分，又是社会行为的一种，不仅需要政府的行政举措，还需要市场、社会的共同参与，需要通过市场、家庭、社区、社会组织等多层面的社会行为为全体青少年提供服务。①

2. 项目管理方式集成化、专业化

项目集成管理是项目管理的关键环节，是一项系统性、全局性和整合性的管理工作。青少年社会工作项目管理方式以集成管理为主，意味着对项目各要素关系的合理配置和有效协调，从而将项目的各项活动、各要素和所有相关方集成为有机整体。青少年社会工作项目集成管理包括以下几个方面：项目运行风险及发展规律的探究，项目运行的宏、微观环境的分析，项目人力资源管理，项目实施方式的选用等。在上述基础上，青少年社会工作项目管理者制定出项目各方面要素合理配置的集成计划方案，包括项目范围、时间、成本、价值、资源等一系列项目要素管理，对青少年案主、政府、社会组织、其他赞助者、社会工作者等项目相关利益主体的集成管理，以及对项目实施阶段的全过程的集成管理。②

3. 项目管理目标多元化

与一般意义的项目管理不同，青少年社会工作项目管理的根本目标在于通过一系列有组织的行动，期望对青少年产生某些类型影响的干预或者提供某类服务。但是，在实际运作过程中，青少年社会工作项目管理目标涉及不同项目利益相关方的要求，并主要通过满足项目利益相关方的目标最终实现项目的根本目标。项目利益相关方主要是指与项目存在利害关系并能对项目造成正面或负面影响的个人或群体。③ 由于不同项目利益相关方的期望和需求不同，因此项目管理者必须平衡项目利益相关方的需求，促进项目的顺利实施。在青少年社会工作项目管理中，主要存在政府、社会组织、项目赞助者、青少年、社会工作者和其他干预群体等项目利益相关方，但是一个项目不可能使所有项目利益相关方的需求获得相同程度的满足，对项目主要需求的识别和满足成为项目管理的战略选择。实践表明，青少年社会工作项目的主要利益相关方是政府、项目赞助商和青少年三者，项目管理者试图通过平衡三者的利益需求促进项目的良性循环，提升机构运作效率。

批判性思考问题：

在青少年社会工作项目中，如何协调政府、项目赞助商和青少年三者的利益需求？

---

① 陆士桢，王玥．青少年社会工作．2版．北京：社会科学文献出版社，2010：150.

② 戚安邦．项目管理学．北京：科学出版社，2007：346－347.

③ 宾图．项目管理．鲁耀斌，董圆圆，赵玲，等译．北京：机械工业出版社，2007：10－30.

4. 项目实施管理重视整合内外部资源

资源是项目活动计划和项目活动完成的核心。传统的青少年社会工作服务主要在社会组织内部开展，服务资源主要局限于组织内部既有的资源，如社工、督导、培训。在善用组织内部资源的基础上，青少年社会工作项目也注重外部资源的链接和整合。项目的资源可以是有形的硬件设备、人力、资金资源，也可以是无形的价值、知识、文化、技术资源，青少年社会工作项目的资源包括政治资源、经济资源、文化资源、环境资源、组织资源等。

5. 项目成效管理注重品牌化

青少年社会工作项目管理在管理层面汲取了管理主义注重服务成效与社会效益的理念，在操作层面吸纳了专业主义注重服务的专业性和个别化的特点，大大提升了青少年社会工作项目的影响力，项目管理品牌化理念的引入，进一步凸显了青少年社会工作项目的社会效应。青少年社会工作项目的品牌化彰显了青少年社会工作的专业优势，也为青少年服务带来了更多的资源凝聚。①

第二节　青少年社会工作项目管理的通用过程

青少年社会工作项目管理的通用过程主要包括青少年社会工作项目设计、青少年社会工作项目申请、青少年社会工作项目实施、青少年社会工作项目评估。

一、青少年社会工作项目设计

青少年社会工作项目设计阶段主要包括项目需求评估和制订服务计划两部分内容。需求评估可就项目背景和利益相关方进行分析，服务计划的制订则主要包括设置项目目标、制定项目实施策略、拟定项目方案等内容。

（一）项目需求评估

需求评估是开展社会工作项目的基础，没有需求评估就不能开展任何青少年社会工作实务项目。一般情况下，需求评估开始于项目提议之前，其逻辑主要是论证项目存在的合理性与可行性，在项目运行过程中，需求评估也可以为项目运行提供指导。青少年社会工作项目评估涉及对青少年服务对象需求、他们拥有资源的情况、他们的生态系统以及存在的问题与解决途径等方面进行综合分析并形成阶段性的评估结论，这是开展青少年社会工作服务的前提。在执行需求评估的过程中，评估者必须注重对项目利益相关者——机构、资助者、青少年及其家庭系统之间不同

① 王瑞鸿．社会工作项目精选．上海：华东理工大学出版社，2010：14－15．

诉求的理解，并对这种差异化的需求保持敏感性。在需求评估的过程中，评估者需要充分理解评估的目的、项目的预算及可以利用的资源，并验证获取的特定信息；通过设计科学的方法收集和分析青少年相关需求的数据；在此基础上，撰写项目需求报告，最终确定是否应该开展有关青少年服务的项目以及如何开展该项目。青少年社会工作项目设计的需求评估主要包括项目背景分析、利益相关方分析。

知识窗

英国学者布赖德肖（Bradshaw）将需求分为规范性需求、感觉性需求、表达性需求和比较性需求。规范性需求指行业专家、专业人员、行政人员依据专业知识或现有的规范规定指出的在特定情况下应满足的需求；感觉性需求是指个人被问及是否有某种需求时，主观表达的感受；表达性需求指个人或群体通过行动来表达和展现的需求；比较性需求是基于和其他地区、群体或某种事物做比较而得出的需求，可以是专家提出的也可以是个人或群体提出的。

1. 项目背景分析的内容与方法

社会工作项目具有一次性、独特性的特点，项目是情境中的项目，在进行项目设计之前，对项目背景的分析可以帮助我们了解、分析项目所处的情境，有利于项目设计更加具有现实意义和创新性。

（1）项目背景分析的内容。项目的背景分析包括宏观环境分析和微观环境分析。宏观环境分析包括问题的基本情况描述、政府针对该问题的主要政策或社会服务、设计的项目与社会问题和社会政策之间的相关性，具体分析内容如下。

1）问题的基本情况描述：国家、某一地区或社区当前面临的某一问题的现状，如××地区青少年贫困现状、××城市青少年犯罪现状、××社区单亲家庭青少年发展现状、××初中校园霸凌现象等。

2）政府针对该问题的主要政策或社会服务：政府针对这一问题的社会政策和社会服务有哪些，回应了潜在服务对象哪些方面的要求，哪些方面的需求尚未考虑到或较少回应等。如针对××社区单亲家庭青少年的发展问题，低保救助政策、教育救助政策回应了青少年的经济需求、受教育的需求，但青少年面临的朋辈交往、社区融入等需求较少得到满足，从而让青少年陷入朋辈支持缺乏、社区排斥的处境，这一处境又引发了青少年心理健康发展问题。

3）设计的项目与社会问题和社会政策之间的相关性：项目设计通常包括回应特定群体存在的现实问题、响应政府的社会政策或社会服务，项目设计、社会问题、政府政策之间存在逻辑上的相关性。

微观环境分析包括类似项目经验分析和项目实施地分析，具体内容如下。

1）类似项目经验分析：类似项目经验分析包括针对这一社会问题，不同项目实施主体曾经做过哪些相关的项目，这些项目的服务经验和服务模式有哪些，有哪些是可以借鉴的，有哪些是不足的，这些实施主体可以是政府机构、专业社工机构、基金会等。比如针对初中生校园霸凌问题，不同国家、不同地区、不同社会组织曾经实施过的同类型社会服务项目有哪些。青少年社会工作者可以通过小组会议的形式总结出以往针对初中生校园霸凌问题的干预方法，分析哪些介入方法是有效的、有效的原因是什么，哪些是成效不显著的、成效不显著的原因是什么。通过类似项目经验分析可以形成项目设计的一个概念思路，提炼项目的创新性。

2）项目实施地分析：项目实施地分析是对项目实施地的状态进行描述，包括项目实施地的地理、经济、政治、人口、社会、文化、自然条件等基本情况介绍，项目目标群体的数量、年龄分布、家庭状况、经济状况等基本现状的描述，实施地现有的资源与服务基础等其他与项目相关方面状况的介绍。如××社区单亲家庭青少年的发展问题的项目实施地分析要包含如下内容。(a) 社区的基本情况：社区的类型、社区的地理位置、社区面积、社区居民的主要构成、社区的经济生活生产、居民收入主要来源、社区的发展历史等。(b) 目标群体分析：社区中单亲家庭青少年的数量与比例、在社区中的地理位置分布、家庭经济状况、居住环境、学业表现、健康状况、心理状况、社会交往状况等。(c) 社区资源分析：社区的资源分析包括内部资源和外部资源、有形资源和无形资源、硬件设备和软件技术。按照资源的性质，资源可分为政治资源、经济资源、文化资源、环境资源、组织资源等。而社区的政治资源则包括社会政策、社会服务、社区工作人员的数量与工作职责；经济资源包括社区的企业、商铺；文化资源包括社区内的公办与民办教育培训机构及相关从业人员、社区志愿服务文化、社区传统文化、社区影响力等；环境资源包括社区的场地、社区内外的基础设施、公共设施、自然环境等；组织资源包括社区的社会组织资源、落地社区开展服务的社会组织、以往的类似项目服务经验等。

（2）项目背景分析的方法。项目背景分析的方法主要包括查阅二手资料、采访社区专家、个人/社区生命故事访谈法等，不同的调查方法各有利弊，在分析过程中，需要根据实际情况选择多种不同的调查方法，互相弥补不足之处。

1）查阅二手资料。二手资料包括社区地图、社区基本基本情况、针对项目目标曾经实施或准备实施的政策、计划与服务等。查阅二手资料是一种高效的方法，有利于我们较为全面地了解项目实施地、服务对象的基本情况。但与项目服务直接相关的二手资料较难获取，易得的二手资料可能与项目服务关系不大，资料的准确性也有待核实、查验。

2）采访社区专家。采访社区专家指的是采访对社区历史、事件、情况熟识的社区人员，包括社区的工作人员、社区内活跃的组织、社区居民等，以居民口述史的方式对社区进行分析，对导致社区或服务对象现状的原因有一个历史进程上的理解。这一方法通常较为耗费时间，需要采访多个社区专家核实。

3）个人/社区生命故事访谈法。个人/社区生命故事访谈法是社工与服务对象高度互动、参与的一种方法，通常可以采用个别访谈、焦点访谈的方式进行。访谈的过程有利于促进社工与服务对象彼此关系的建立与理解，促进社工对服务群体被排斥、边缘化过程的了解。个人/社区生命故事通常较为耗费时间，不同目标群体的生命故事可能差异很大，较难直接、迅速地甄别问题。

2. 利益相关方分析的内容和方法

利益相关方指与项目有一定利益关系的个人、群体或组织，通常指会对项目产生影响或项目会影响到的个人、群体或组织。对利益相关方的分析包括三个步骤：明确利益相关方主体、分析利益相关方的需求、制订利益相关方管理计划。

（1）明确利益相关方主体。可以用“头脑风暴”的方法来识别项目的利益相关方，列举出他们所属的群体、姓名、职务、工作职责、关心的问题、项目期望得到的支持。利益相关方通常包括项目资助方、项目落地地区政府官员、社区工作人员及落地地区的社会组织、项目目标人群及其家庭、社工项目实施机构与项目团队成员。

（2）分析利益相关方的需求。通过查阅资料、召开会议、访谈等方式全面地了解利益相关方，包括他们的兴趣和期望、动机和态度、对谁有影响力、谁可以影响他们、在项目中的潜在作用等。

（3）制订利益相关方管理计划。每个项目的相关利益主体对项目都有自身的要求和期望。如政府希望项目管理能预防青少年社会问题，促进青少年发展，并产生一定的社会效益；资助方（如基金会、企业等）则希望增强自身在服务青少年领域的参与权，提高青少年对资助方的认知度；青少年希望能满足发展需求，提升自我社会功能；社区期望项目能给社区的青少年事务带来好处；社会工作机构希望通过对青少年社会工作项目管理提升机构的公信力和号召力，增加机构运作的资金来源，扩展服务领域；项目团队成员希望如期完成项目任务、提升专业能力。需要针对不同利益相关方的需求、资源采取不同的应对策略。在不同的项目发展阶段利益相关方的期望、态度、权力会发生变化，需要根据不同时期的特点制定不同的策略。

知识窗

利益相关方矩阵分析方法是常用的分析方法，矩阵横轴表示利益，纵轴表示权力，以利益和权力的大小为分析维度可将利益相关方分为低利益-低权力的“骑墙者”、低利益-高权力的“潜在反对者”、高利益-低权力的“拥护者”、高利益-高权力的“提倡者”。根据不同利益相关方的类型可以采取不同的策略，以促使利益相关方态度转变。

（二）制订服务计划

在开展需求评估、撰写需求评估报告之后，需要制订项目服务计划，具体包括设置项目目标、制定项目实施策略和拟定项目方案。

1. 设置项目目标

项目目标设置分为总目标和具体目标，总目标是整体描述项目预期达到的效果、对目标群体带来的改变和影响，具体目标指项目所要实现的服务性目标。具体目标的设置应符合 SMART 原则，其中 S（specific）指的是项目目标要具体、明确，M（measurable）指的是项目目标的可测量性，A（attainable）指的是项目目标是可以实现的，R（realistic）指的是项的目标是可以被证明、被观察的，T（time bound）指的是项目目标在特定的时间限制下可完成。项目目标的设置是为了回应并解决项目需求评估中呈现的需求与问题。

2. 制定项目实施策略

项目目标确定后，可采用SWOT态势分析方法制定项目实施策略，其中S（strengths）指的是项目实施存在的优势分析，W（weakness）指的是项目实施存在的劣势分析，O（opportunities）指的是项目实施存在的机遇分析，T（threats）指的是项目实施可能存在的风险因素分析。本阶段的任务是从项目的优势、劣势、机遇、风险四个方面综合评估项目现状并选择有利策略。

3. 拟定项目方案

项目方案需根据项目目标、实施策略、项目服务内容合理安排项目资源，项目具体计划通常包括活动目标、策略、形式、时间、地点、人员分配、物资准备、资金预算、宣传方法、风险预估与应对等。项目方案初步拟定后，项目实施团队需要对项目方案进行评估，项目方案的设计涉及项目的多个利益相关者，并且需要对经费、时间、人力等资源进行合理安排，从而形成多样化的备选方案。接下来，需要对备选方案进行项目方案评估，项目方案评估即是对众多备选方案进行科学评估，寻找满足青少年服务对象需求、符合机构发展目标/能力、资助方需求的最佳结合点，用最优方案确定项目服务主题、服务内容。

二、青少年社会工作项目申请

青少年社会工作项目立项依托于项目的申请，项目申请的流程包括撰写项目服务方案/项目建议书、开展项目申请工作、项目立项与项目协议签订。具体内容如下。

1. 青少年社会工作项目资助主体

社会工作者在撰写服务方案前需了解项目资助主体。青少年社会工作项目资助主体包括政府部门、慈善机构、基金会、行业协会、企业等，具体包括各级民政部门、社会救助管理站、未成年人保护中心、共青团、妇联、各级慈善总会等。近年来，越来越多的社区向社会服务机构购买青少年寒暑假托管社会工作服务项目。

2. 青少年社会工作项目的申请方式

青少年社会工作项目的申请方式包括社会服务机构自主开发项目和参与项目申报。社会服务机构自主开发项目指服务机构在发现青少年需求的基础上拟订项目建议书自主实施或寻找潜在的项目资助方，自主开发项目在确认项目主题时要综合考虑资助方兴趣、青少年及其所在地区的需求、机构的能力。参与项目申报的方式主要包括项目招投标、竞争性磋商、多方询价、公益创投、项目路演、项目申报书评审等。参与项目申报要求服务机构在申报项目时紧密结合项目申报指南提交项目申报材料，主要包括申报机构资质、执行团队资质、项目实施地域、服务对象、服务内容、财务预算等。

3. 青少年社会工作项目立项与协议签订

不同类型的项目立项流程有所区别，整体来看立项的流程包括挂网公示、发放项目中标/入选通知书、签订项目协议。签订项目协议是项目立项最重要的标志，项目协议中需约定项目周期、地点、对象、内容、指标、资金拨付时间与方式、双方权利义务等。

三、青少年社会工作项目实施

青少年社会工作项目的实施可分为筹备阶段和实施阶段。筹备阶段的工作任务是为项目顺利实施而进行的一系列准备活动，确认项目实施的重要环节，主要包括项目范围管理、项目团队建设与管理、项目制度建设。项目实施阶段的工作任务是保障项目按计划、按进度、按预算稳步推进，保障项目达到预期目标。

（一）项目筹备阶段

1. 项目范围管理

项目范围管理是项目筹备阶段的管理内容之一，主要涉及项目的实施地域范围、服务对象的筛选标准、项目目标、项目产出物等的管理。对于青少年社会工作项目范围管理而言，首先是确定项目实施地域范围——面向市、区、街道还是社区，项目在多大范围内为多少数量的青少年提供服务；其次是制定服务对象的筛选标准——是为特定类型如贫困家庭、单亲家庭青少年还是所有类型的青少年提供服务；再次是制定科学的项目目标——为哪类青少年提供服务，服务的效果是什么；又次是控制项目产出物范围——青少年获得的服务类型或产生的影响如何；最后是项目范围的认可与接受——利益相关主体确认和接受项目目标和工作范围，社会工作机构和项目赞助者之间需要就这些问题达成项目共识。

2. 项目团队建设与管理

项目团队建设与管理是项目准备阶段的核心工作，主要涉及项目成员的确定、项目专业知识的培训、项目团队的分工与协作。首先需要确定项目成员，包括项目负责人、项目督导、项目团队成员，根据项目服务内容和协议要求选聘团队成员——具备社会工作专业背景、持有社会工作职业资格证书、具备青少年社会工作项目实务/督导/管理经验等；其次开展有关青少年社会工作项目培训——内容包括项目背景、专业伦理价值、目标青少年群体的需求及介入策略；最后明确团队成员的分工与协作——根据项目实际和团队成员具体情况开展项目服务分工，让团队成员对项目的目标、内容、分工、督导安排等达成共识。

3. 项目制度建设

在项目准备阶段开展项目制度建设有利于项目按进度、按质量、按预算实现既定项目目标。项目制度包括团队管理制度、服务管理制度、财务管理制度、沟通管理制度、风险应对管理制度、档案管理制度、社会监督与投诉处理管理制度等，具体工作内容包括管理制度的制定与学习，必要时需向项目服务对象、社会大众公开或部分公开项目制度，便于服务对象了解服务流程、自身权益，接受社会大众的监督。

（二）项目实施阶段

项目实施阶段的工作任务是保障项目按计划、按进度、按预算稳步推进，保障项目达到预期目标。项目实施阶段是项目管理阶段最核心的部分，体现了项目管理方式集成化的特点。

青少年社会工作项目在实施阶段以集成管理为主，即对项目各要素关系的合理配置和有效协调，从而将项目的各项活动、各要素和所有相关方集成有机整体。青少年社会工作项目管理包括项目进度管理、项目资源管理、项目沟通管理、利益相关方管理、项目财务管理及其他项目要素管理。①

1. 项目进度管理

项目进度管理是确保按时完成项目而开展的一系列项目管理活动的过程。青少年社会工作项目进度管理具体包括：项目活动分解，即将青少年社会工作项目分解成具体的项目活动，并且每一项具体的项目活动都有活动步骤和项目产出物；项目活动排序，即对分解之后的各项青少年社工项目活动的先后顺序进行合理的安排；项目活动资源估算，即主要是辨识和明确开展青少年社工项目活动所需资源的类型、数量和质量以及资源投入时间；项目进度计划安排，指确定项目和项目活动的开始和结束的时间进度，一般青少年社工项目计划书中对项目开展时间都有明确的规定；项目进度计划控制，即确保项目按照进度计划完成而开展的管理与控制工作，主要以项目活动进度表作为完成的依据。

知识窗

项目进度管理的常用工具是甘特图（Gantt chart），又被称为横道图、条状图，由亨利·劳伦斯·甘特（Henry Laurence Gantt）提出。甘特图通过图示中活动列表和时间列表呈现项目内容顺序、持续时间，横轴表示时间，纵轴表示项目内容，用线条描述项目服务内容和实际完成情况。这一工具以图表的形式直观呈现项目内容何时开始、实际进展与计划的对比，便于评估项目工作、监控项目进度。

---

① 戚安邦．项目管理学．北京：科学出版社，2007：346－347.

2. 项目资源管理

青少年社会工作项目主要分为自主开发和外部委托两种类型，无论哪种类型的服务方式，都建立在广泛资源支持的基础上，主要包括人力资源、行政资源、企业资源、社区资源、NGO资源等，人力资源管理主要是对项目内部实施的管理。在开展青少年社会工作项目服务的组织内部，一般采取分工协作的方式，甚至打破项目组的设置，利用组织或机构的力量开展资金募集、专家资源的联系和行政资源的获得等工作，主要管理工作是资源信息的收集、筛选、联络与监督。青少年社会工作项目人力资源管理包括项目人员的配备、开发、建设以及项目团队的管理，从事青少年社会工作项目的以年轻的社会工作者为主，因此，项目人员的激励机制建设和项目团队协作精神建设是其管理的中心工作。此外，青少年社会工作项目的人力资源管理还包括志愿者人力资源的招募和管理，通常设立专门的志愿者管理岗位，利用精神鼓励的方式协助志愿者成长。

在青少年社会工作项目实施过程中，一般会设置联络组，负责社会资源的募集和链接。资源包括以下几类：（1）人力资源，包括志愿者、义工、专家队伍等；（2）行政资源，即各级政府的相关部门、学校、医院等行政事业单位；（3）企业资源，涉及各大、中、小型的爱心企业；（4）社区资源，涵盖社区中热心青少年公益服务的各类人力和物力资源；（5）NGO资源，包括各类慈善基金会和志愿性社团组织等。

3. 项目沟通管理

青少年社会工作项目沟通管理实质上是对项目资源收集、加工和使用方面的管理，以便项目实施过程中人们的沟通行为和结果能够满足项目对信息资源的需求。青少年社工项目管理者首先应按照项目目标与决策的需要定期对利益相关方收集项目进度、项目服务内容、项目成效等方面的信息，以便与项目团队对接下来的项目实施进行调整与完善，从而降低项目的不确定性，并做出科学合理的项目决策。

4. 利益相关方管理

青少年社会工作项目管理涉及政府、社会工作机构、青少年服务对象、社会工作者、其他赞助者等众多的利益相关方。青少年社会工作项目利益相关方主要包括项目负责人、项目团队、项目实施组织和其他全体利益相关者。利益相关方管理实际上是对不同利益主体的集成管理，管理的具体内容包括：对项目负责人的选拔、培养和监督，对不同青少年社工项目负责人之间的关系协调；对项目团队自身建设的集成管理，包括项目人员配备、团队组建、组织激励和冲突管理等方面，以及项目团队与项目实施组织、项目负责人之间的管理工作；对青少年服务对象的筛选、不同服务模式的介入、服务资源的分配与关系维护、青少年服务对象之间合作与竞争关系的处理；政府、项目资助方、项目落地单位关系的维护，不同利益主体期望的回应与项目资源的分配等。利益相关方之间关于最佳行动策略的不同建议会造成冲突并导致不合理的资源分配方案，利益相关方管理则是期望通过合理的资源分配平衡各相关利益方的诉求。一个项目不可能使所有项目利益相关方的需求获得相同程度的满足，因而对项目主要需求的识别和满足成为项目管理的战略选择。

5. 项目财务管理

项目财务管理包括项目成本管理和财务规范管理。青少年社会工作项目成本管理是为了实现项目价值的最大化和项目投入的最小化而开展的相关管理工作，主要包含项目成本和项目价值两方面的工作。由于当前青少年社会工作项目资金数量有限，而项目所需人力、物力和财力的支出纷繁复杂，一方面，项目管理者必须节省项目开支，保障项目的持续进行和项目目标的顺利实现，另一方面，运用社会工作专业技巧提升项目的社会效用，充分实现项目价值，从而吸引更多的资金注入和资源支持。青少年社会工作项目财务规范管理是为了实现项目资金按照法律法规的要求规范使用的管理工作，主要包括财务管理制度、财务人员资质、项目资金支出结构、支出凭证等是否符合相关法律法规的规定。

6. 其他项目要素管理

其他项目要素管理包括项目质量管理、项目风险管理、项目档案管理、项目宣传管理等。

（1）项目质量管理。项目质量管理的主要任务是确保项目服务内容、服务数量、介入方式能够回应服务对象的需求。项目质量管理的过程包括规划服务质量标准、实施服务质量标准和服务质量过程控制。对青少年社会工作服务项目来说，项目质量管理的方法包括确定项目建档、走访、个案、小组、社区工作服务流程与服务标准、定期调查青少年及其家庭的满意度、干预过程进行前测与后测等。

（2）项目风险管理。项目风险管理的目标在于提高项目中积极事件的概率和影响，降低项目中消极事件的概率和影响。项目风险管理的内容包括规划风险管理、识别项目风险、规划风险应对、控制项目风险。① 青少年时期是个人人生发展的高风险时期，风险管理在青少年社会工作项目中尤为重要，社会工作者需要从个体、家庭、社区、学校、社会多个层面识别项目潜在的风险，制定项目风险应对措施，控制项目风险。

（3）项目档案管理。项目档案管理的目标在于客观、及时、真实记录项目服务过程，便于项目服务痕迹的追溯，便于项目实施单位开展自我评估、资助方进行项目验收。项目档案管理的内容包括项目档案制度的建立、档案的分类管理和档案资料的保密等。

（4）项目宣传管理。项目宣传管理包括对内宣传管理和对外宣传管理。对内宣传管理的目标在于扩大项目服务内容、服务流程等在服务对象中的知晓率；对外宣传管理的目标在于扩大项目的影响力，便于项目形成广泛的社会影响力和品牌效益，达到整合项目服务资源、争取资金支持的目的。

---

① 项目管理协会．项目管理知识体系指南：PMBOK 指南．5 版．北京：电子工业出版社，2013：309.

四、青少年社会工作项目评估

政府购买社会工作服务项目的普及、社会政策理念的转变、社会工作专业的发展、项目本身的特质共同推动了社会工作项目评估的发展。政府购买社会工作服务项目让政府产生了社工服务项目“向社会交代”的政策理念，即要求承接社会工作项目的组织对项目实施过程、服务成效做出详细的说明和量化的应答。20 世纪 90 年代以来，社会工作界大力倡导“以证据为本”的发展理念，强调社会服务干预的证据性和服务效果的证明性，促进社会工作项目服务的针对性和有效性，进一步促进了项目评估的发展。① 项目本身的特质是社会工作项目评估的直接缘由。由于项目具有一次性、独特性和风险性等基本特性，项目决策需要以项目评估作为依据，加强决策的科学性和优化决策结果以提升项目效果。② 项目资助方通过自身或者聘请专业评估机构对社会工作项目进行评估来判断项目是否满足了服务对象需求，是否继续投资该项目。

（一）青少年社会工作项目评估的含义

项目评估就是在一定的政治和组织环境下，采用科学研究的程序，系统地调查旨在改善社会环境和条件的社会干预项目的绩效。项目评估需要运用科学的概念和技术，以期实现对项目的改善，并通过对社会行为的了解来减少社会问题。③ 社会工作项目是由社会工作者参与和实施的，旨在改善服务对象的生活境遇、提升个人福祉、促进其发展的一系列专业活动，这类项目需要科学的专业化评估，即社会工作项目评估。社会工作项目评估是指用科学的研究方法对社会服务项目的设计、决策、实施和成效等方面进行测量、比较和评价的一类活动。④

青少年社会工作项目评估主要是对针对青少年这一特定群体开展的服务项目进行的评估活动。从评估对象来看，青少年项目评估的整体对象是服务项目的计划、实施过程和效果，其具体的评估对象包括青少年个体、家庭、学校、社区及照管机构等。青少年社会工作服务项目包括个人性的、群体性的或社区性的，服务内容包括救助、救治、预防与发展。无论何种层面的项目，都需要在决策和实施活动过程中开展一系列分析与评估活动。

（二）青少年社会工作项目评估的基本类型

青少年社会工作项目评估包括项目运行前评估、项目运行中评估和项目结束后

① 罗伊斯，等．公共项目评估导论．王军霞，涂晓芳，译．北京：中国人民大学出版社，2007：12－14.

② 戚安邦．项目评估学．北京：科学出版社，2012：7.

③ 罗希，李普希，弗里曼．评估：方法与技术．7 版．邱泽奇，王旭辉，刘月，等译．重庆：重庆大学出版社，2007：21.

④ 顾东辉．社会工作评估．北京：高等教育出版社，2009：5.

评估三个阶段。项目前评估是在项目设计阶段对项目进行需求分析（包括项目的背景分析、利益相关方分析），项目中评估主要是在项目实施阶段开展的项目过程监督与跟踪检查，项目后评估即在项目完成后对项目进行的结果评估。项目前评估和项目中评估分别在本节“一、青少年社会工作项目设计”“三、青少年社会工作项目实施”中做了介绍，这里详细介绍项目后评估即项目结果评估。

结果评估是项目评估的核心所在，是测量和判断社会工作项目干预结果的一种评估模式。结果评估主要是在项目结束阶段对项目的成效进行评价与评估，目的在于判断项目提供的服务是否达到预期目标，是否可以满足服务对象的需求。从评估范畴来看，青少年社会工作项目的结果评估可以分为项目绩效评估、项目影响评估和成本-收益分析等方面。评估的内容主要分为两个方面：一是通过实证测量的方法描述青少年服务对象的改变现状；二是依据项目目标及标准对项目运行结果及目标实现程度进行规范性的评判。一般而言，如果项目运作促进了服务对象的良性改变，形成了良好的社会效用，项目则被视为有效；反之，则认为项目运行无效或者未达到预期目标。另外，项目结果评估还应对青少年项目服务中所运用的专业理念、方法与技巧进行反思，检验项目支撑理论与项目实践的契合度，进一步提升社会工作者的专业素养。

（三）青少年社会工作项目评估的方法

青少年社会工作项目评估包括内部自评和外部评估，内部自评主要是社会服务机构或项目实施团队自主开展的项目评估，外部评估为项目资助方或第三方评估机构对项目开展的评估。项目评估的方法有很多种，包括成本-效益评估、平衡计分卡评估、满意度调查、单对象设计、增权评估、逻辑框架法评估、结果导向评估等。根据青少年社会工作项目特点，这里重点介绍增权评估、逻辑框架法评估和结果导向评估。

1. 增权评估

增权评估强调通过引导项目利益相关方特别是服务对象参与项目评估来提高参与者的自主能力、促进其发展，该评估方法适合青少年社会工作项目实施团队在项目实施不同阶段开展项目自我评估。费特曼、卡夫塔里安和万德斯曼（Fetterman、Kaftarian & Wandersman）在其共同编写的《增权评估：自我评估和问责评估的知识与方法》(*Empowerment Evaluation: Knowledge and Tools for Self-assessment and Accountability*）一书中将增权评估定义为“利用评估概念、技巧和结果来促进进步和培育自主”，增权评估的价值理念为“助人自助及以自我评估与反思作为服务的改善”[①]，该评估方法要求利益相关方参与项目设计、实施、评估整个过程，提

① FETTERMAN D M. Empowerment evaluation: an introduction to theory and practice//FETTERMAN D M, KAFTARIAN S J, WANDERSMAN A. Empowerment evaluation: knowledge and tools for self-assessment and accountability. Thousand Oaks: SAGE Publications, 1996.

出意见建议并采取行动，以实现自我评估、自我决定、自我发展的项目目标。

批判性思考问题：

增权评估背后的理念有哪些？

增权评估的首要工作任务是发掘利益相关方的能力并激活他们参与项目的动力，这些能力不仅包括知识和技能，还包括利益相关方的生活体验、人生阅历、对实务问题的认知及改善现状的意见建议。增权评估主张利益相关方参与整个项目评估过程，反思后将评估结果应用于项目实施过程中的评估方法，与青少年社会工作服务项目极为契合，青少年社会工作项目实施团队可在项目设计之初便采用该方法开展项目设计、实施、成果检验等自我评估。一是因为青少年处于身心发展的多变时期，对新事物充满好奇，具备参与项目的动机；二是青少年可在增权评估过程实现自我评估、自我反思和自我发展。

费特曼建议增权评估可分为三个步骤：确定项目目标与使命、检视项目处境、规划项目未来。[①] 以青少年社会工作项目为例，增权评估的工作任务如下。

（1）确定项目目标与使命。在项目设计阶段，组建利益相关方评估团队，成员包括资助方、政府、所在地区组织、青少年及其家庭、社工、机构人员、评估专家等。评估团队对项目目标、使命做出理解并达成一致，在不同阶段还可对项目目标进行分解。

（2）检视项目处境。在项目实施阶段，项目评估团队就项目进展情况对发现的问题进行重要性排序，筛选出目前需要评估的关键问题并对这些问题进行公开、充分、民主的讨论，总结项目阶段性成果，形成项目评估意见。

（3）规划项目未来。在总结项目成果、形成评估意见的基础上，评估团队结合项目内外部资源（人力资源、组织资源、财力、专业水平），根据项目工作目标，在充分讨论的基础上规划项目下一步的服务内容、介入策略。

2. 逻辑框架法

逻辑框架法是由美国国际开发署（United States Agency for International Development，USAID）开发并用于公共项目的计划、实施、监测与评估的工具，该工具的目的在于理清项目总目标、具体目标、项目投入、项目产出之间的逻辑关系。逻辑框架法的核心概念是特定的条件会产生特定的效果，项目的资源投放、提供的活动及项目服务成效之间存在一定的逻辑关系。如对青少年社会工作服务项目投放一定人力、物力、财力、知识和技术，对青少年开展特定的项目活动，在充足的资源、专业介入、青少年积极参与的情况下，项目即可以实现预期的服务目标。

项目资助方或第三方评估机构常采用逻辑框架法评估项目的运行管理过程和服务成效，评估的工作内容如下。

（1）评估机构设计评估方案，量化评估指标。项目评估方案包括评估原则、评

① 陈锦棠，等．香港社会服务评估与审核．北京：北京大学出版社，2010：22-23.

估流程、评估安排（时间、地点、人员）和评估指标。评估指标一般是百分制量化指标，评估指标包括项目计划（需求评估、目标设定、服务策略）、项目投入（人、财、物）、项目产出（实际完成的项目指标量）、服务成效（服务对象改变、社会影响力）。

（2）项目服务机构按照项目方案要求准备和提交评估资料。项目服务机构按照评估方案要求向评估机构提供评估资料，通常包括项目协议、项目需求评估报告、项目计划书、项目自评估报告、服务记录、财务资料等文件。

（3）评估机构开展项目评估。评估机构通过组建专家团队开展项目实地评估，实地评估的方式包括现场听取汇报、开展利益相关方满意度调查、现场查阅项目服务档案等。评估团队重点考察项目运作管理过程是否完成协议约定的服务内容和服务数量。项目运作管理情况包括需求分析的准确性、服务计划的科学性、服务过程的专业性和服务目标的实现程度。

（4）评估机构出具项目评估报告。评估报告完成后，评估机构向委托方提交项目评估报告，项目评估结果可作为项目拨款依据，还可为资助方决策项目是否继续提供参考。

3. 结果导向评估

相对于逻辑框架法关注投入、活动、产出、结果的项目运作过程和因果关系链条，结果导向评估模式认为投入和活动不仅会带来产出、初始结果，还会带来中期结果和长期结果。结果导向的评估方法关注的重点不再是项目投入的人力、资金、实际完成的服务数量，而是服务对象是否获得了有效的服务，这些服务是否改善了且可以持续改善服务对象的处境。

就青少年社会工作项目来说，项目实施团队可采用增权评估动员利益相关方参与项目设计、实施、评估全过程，提升利益相关方的自主能力；评估机构可采用逻辑框架法评估项目运作管理过程的规范性和专业性；此外，项目实施团队和评估机构宜采用结果导向评估方法评估项目服务效果，服务的结果是检验项目服务水平的核心标准，也是证明政府资金有效使用、回应公众问责的有效手段。

案 例

贫困单亲家庭未成年子女精准帮扶项目申报书

一、项目背景

（一）项目的意义和必要性

贫困单亲家庭未成年子女具备“贫困”“单亲”“未成年”三方面特点。贫困单亲家庭未成年子女的困境表现在个人经济贫困、家庭功能不健全、学校关爱缺位、社区资源匮乏和社会支持不足五个方面。

目前有关贫困单亲家庭未成年子女的社会工作服务供给不足，现有相关项目主要是社区社工服务项目、青少年社区教育项目等，大多以社区或未成年人整体为服务对象，较少考虑和覆盖贫困单亲家庭未成年子女的特点与需求，导致社工服务力度不强，重物质帮扶轻精神帮扶，帮扶不够精准，服务成效不足。

本项目从贫困单亲家庭未成年子女的现实特点与需求出发，从个人、家庭、学校、社区、社会五个层面出发构建贫困单亲家庭的未成年子女社会支持网络，实现对贫困单亲家庭未成年子女的精准帮扶，以改善贫困单亲家庭未成年子女的生活现状。

（二）项目可行性：配套物资、工作团队、既有经验、活动能力等

1. 配套物资

本机构为项目配备行政人力、财务管理、办公场地、办公设备、社会资源库等所需物资支持，分别为……

2. 工作团队

项目执行团队成员××人，团队成员简历如下……

3. 既有经验

项目团队成员长期从事青少年社工服务，了解服务对象群体的特点与需求，提供过类似服务项目的服务与督导工作，具体为……

4. 活动能力

团队掌握并了解了项目实施地贫困单亲家庭未成年子女的基本信息和需求，已基本完成服务对象的筛选工作，与相关社区和家庭取得了联系。

（三）项目创新性：项目的特点及与其他同类社会服务项目相比的独创性与区别

1. 服务对象的特殊性

贫困单亲家庭未成年子女是被忽视的社会困难群体，项目的实施可降低未成年越轨行为的发生概率，体现社会组织扶贫助弱、关爱社群、服务社会的宗旨。

2. 服务理念的系统性

构建个人、家庭、学校、社区、社会五位一体的服务体系，提升服务对象应对困难的能力和社会资本。

3. 介入方法

以社区资产建设为视角，活化社区志愿者、社会组织力量为本社区内的贫困单亲家庭未成年子女提供服务，体现项目的可持续性与可复制性。

二、项目方案

（一）项目主要内容

1. 个人层面

物质帮扶，在需求评估的基础上为服务对象链接其个人健康、日常生活、学习所需的物资；精神帮扶，在心理健康量表测量的基础上为其提供心理健康评估、个别咨询与个案服务，必要时提供个案管理和心理咨询转介服务。

2. 家庭层面

提供亲子关系调适、家庭教育支持等服务，改善亲子关系，提升家长家庭教育和沟通能力，为单亲家长抚育子女提供支持。

3. 学校层面

链接高校、社区志愿者为服务对象提供学业辅导，开展校园宣传活动，加强朋辈群体支持，预防服务对象受到校园欺凌。

4. 社区层面

社会政策支持，协助服务对象按相关社会政策申请如低保救助、教育救助、大病救助、临时救助等；活化社区资源，推动社区社会组织资源服务贫困单亲家庭未成年子女。

5. 社会资源

媒体支持，为有需要的对象链接媒体资源以获得社会关注与救助；企业支持，为有需要的服务对象争取爱心企业的长期帮扶。

（二）实施地域、受益对象

1. 实施地域

××市××区××街道符合条件的对象

2. 受益对象

（1）直接受益对象：××户单亲贫困家庭及其子女。

（2）间接受益对象：参与本项目的志愿者个人及团体、社区社会组织、服务对象所在学校等。

（三）项目进度安排

1. 制定需求评估量表，×年×月

（1）指标：基本情况、生理、心理、行为、亲子关系、学业、社会支持评估量表××份。

（2）预算：××元。

2. 开展项目需求调查并撰写报告，×年×月

（1）指标：需求评估量表××份；需求评估报告××份。

（2）预算：××元。

3. 制定项目服务计划与项目管理制度，×年×月

（1）指标：项目服务计划书××份；项目管理制度××份。

（2）预算：××元。

4. 提供个人层面服务，×年×月

（1）指标：物质帮扶，根据需要提供，累计不少于××元的物质支持；精神帮扶，每月每人提供××次心理健康咨询服务。

（2）预算：××元。

5. 提供家庭层面的服务，×年×月

（1）指标：亲子关系调试××次；家庭教育辅导××次。

（2）预算：××元。

6. 提供学校层面的服务，×年×月

（1）指标：学业辅导××次；校园反暴力欺凌服务××次。

（2）预算：××元。

7. 提供社区层面的服务，×年×月

(1) 指标：协助有需要的对象申请政策与支持；整合社区社会组织为服务对象提供服务不少于××次。

(2) 预算：××元。

8. 提供社会层面的服务，×年×月

(1) 指标：公共平台报道不少××次；爱心企业等社会资源帮扶不少于××次。

(2) 预算：××元。

9. 制订项目绩效评估计划，×年×月

(1) 指标：项目绩效评估方案设计与效果测评××份。

(2) 预算：××元。

10. 开展项目绩效评估工作

(1) 指标：服务效果反馈表与服务成效报告××份。

(2) 预算：××元。

(四) 项目解决的问题与社会效益

1. 预计解决的问题

(1) 个人层面，服务对象的身体和心理状况得到改善。

(2) 家庭层面，服务对象及其家长习得亲子关系调节方法，亲子关系得到改善。

(3) 学校层面，服务对象学业状况改善，校园欺凌事件减少。

(4) 社区层面，服务对象从社区获得资源的能力提升。

(5) 社会层面，服务对象社会支持系统提升。

2. 社会效应

(1) 社会政策方面，项目组拟定服务对象关爱的政策建议，引发政策制定部门对服务对象的关注。

(2) 社会力量方面，项目组动员个人、社会组织、企业参与到本项目中，引发社会力量的关注与支持。

(五) 宣传总结：项目的宣传和总结方案

1. 服务对象与志愿者招募

招募服务对象，在已有服务基础上挖掘、筛选、确定服务对象；招募社区志愿者与社会组织，联系社区或社区走访获得；招募高校志愿者，利用高校青年志愿者协会平台线上与线下平台发布招募信息。

2. 项目资源供应方联络

通过机构资源手册走访、联系获得；通过网络发布资源需求；社区走访获得社区资源。

3. 项目总结方案

开展项目前测与后测，用量化的方法客观评估项目介入成效；通过走访、电话访谈的形式调查服务对象满意度；制作项目成果展示手册；撰写并公开发表项目服务模式总结，推广项目服务方法。

资料来源：涂晓芬．武汉珞珈社会工作服务中心．

复习思考题

1．举例说明青少年社会工作项目与一般社会工作项目的共同点、区别有哪些。

2．青少年社会工作项目管理的通用过程有哪些？

3．举例说明青少年社会工作项目在实施阶段需要注意哪些问题。

4．针对一个具体的案例，尝试拟订一个利益相关方管理计划。

5．在项目的不同实施阶段，需要开展哪些项目评估工作？

6．试比较不同项目结果评估方法的优缺点。

推荐阅读书目

1．陈锦棠，等．香港社会服务评估与审核．北京：北京大学出版社，2010.

2．罗伊斯，等．公共项目评估导论．王军霞，涂晓芳，译．北京：中国人民大学出版社，2007.

3．顾东辉．社会工作服务项目评估：以上海阳光中心的“‘青苹果’禁毒教育计划”评估为例．中国社会工作，2011（25）：23－25.

4．顾东辉．社会工作评估．北京：高等教育出版社，2009.

5．项目管理协会．项目管理知识体系指南：PMBOK 指南．5 版．北京：电子工业出版社，2013.

6．SHTUB A，BARD J F，GLOBERSON S. 项目管理过程、方法与效益．汤勇力，李从东，胡欣悦，译．北京：清华大学出版社，2009.

7. GINSBERG L H. 社会工作评估：原理和方法．黄晨熹，译．上海：华东理工大学出版社，2013.

8．FETTERMAN D M. Empowerment evaluation：an introduction to theory and practice // FETTERMAN D M，KAFTARIAN S J，WANDERSMAN A. Empowerment evaluation：knowledge and tools for self-assessment and accountability. Thousand Oaks：SAGE Publications，1996.

PART THREE

| 下篇 |

特殊青少年社会工作实务

第九章

流动与留守青少年的社会工作介入

本章要点

- 流动与留守青少年是青少年群体中的困难群体。流动青少年面临着学校适应、城市适应的挑战；留守青少年不得不面对家长教育缺失的处境，容易出现各类心理问题。流动青少年的需求有家庭情感的需求、人际交往的需求、学校教育的需求、社会支持的需求；留守青少年的需求包括安全与生活保障的需求、家庭情感与监护的需求、学校教育的需求、社会支持的需求。
- 流动青少年的介入模式包括优势视角介入模式、结构家庭治疗介入模式、成长小组介入模式、社区工作介入模式，留守青少年的介入模式包括个案管理实务模式、理性情绪治疗模式、治疗小组实务模式、社区工作实务模式。

关键概念

流动青少年；留守青少年；社会支持；家庭治疗；行为矫治

第一节　流动与留守青少年

青少年处于心智发展、感情沟通、初步社会化的黄金时期，若对频繁流动或长期留守的青少年缺乏适当的引导和介入，会对青少年个体、家庭及社会的发展产生不利影响。流动青少年面临学校适应、城市适应的挑战，留守青少年不得不面对家长教育缺失的处境，因而对流动与留守青少年的社会工作干预与介入成为社会工作的重要服务领域。

批判性思考问题：

流动与留守青少年问题产生的社会根源是什么？

一、流动青少年

流动青少年指由于父母或亲友离开户籍所在地外出打工而跟随父母或亲友外出求学、打工的青少年，本书所指的流动青少年指跟随父母外出求学的青少年。

根据教育部2020年6月发布的2019年教育统计数据计算，我国在校的流动青少年在2019年达到2 132.7万人（全国小学随迁子女在校人数[①]、初中随迁子女在校人数[②]与普通高中随迁子女在校人数[③]相加，无未入学、辍学儿童以及中等职业教育学校随迁子女数据），数量在最近五年内呈稳步上升趋势。庞大的流动青少年群体的生存状况关系到青少年的健康成长、家庭功能的健康健全和社会的稳定发展。

流动青少年进入城市受到来自社会制度、经济环境、文化环境等方面的制约，为其健康成长带来了不利影响，他们面临来自社会的各种压力。社会制度方面，虽然国家出台了系列政策文件促进流动青少年就近入学，但长期城乡二元结构的影响仍然没有根除。一方面部分流动青少年不清楚就近入学政策，在思想上仍然持有“入学难”的观念；另一方面就近入学需要五证齐全，对于部分流动青少年来说具有一定的困难，现实上仍存在“入学难”的问题。经济环境方面，大多数流动青少年的家庭处于社会经济地位的较低水平，他们的基本生活、教育学习、娱乐活动难以保障；文化环境方面，流动青少年进入城市，需要不断学习和适应城市的生活方式、价值观念、人际交往等社会规范，城市融入困难让流动青少年承受着巨大的成长压力。

流动青少年面临的不利处境引发了该群体的系列问题，这些问题包括不公平的教育机会、较低的心理适应能力、社会融入困难，具体表现为就学困难、成绩不佳、辍学风险、朋辈欺凌、低自尊、社会敌视、违法犯罪等。在众多的问题中，流动青少年的主要挑战表现为如何适应新的学校环境和城市环境。当融入新环境遇到困难时，流动青少年极易形成自卑、自闭、排斥他人甚至敌对的心理，会表现出不知所措、敏感、封闭、多疑、缺乏合作意识等，进而影响到成长和发展。

针对流动青少年面对的问题，政府、社会组织部门采取了一系列措施。一是政府制定相关政策保障流动青少年的受教育权，如教育部2003年发布了《关于进一步做好进城务工就业农民子女义务教育工作的意见》的通知，指出流入地政府负责农民工子女接受义务教育并以全日制公办中小学为主。二是逐步推进户籍制度改革，提升流动青少年的社会保障水平，如深圳采用“积分入户”居住证模式，对持

---

① 中华人民共和国教育部．小学学生数．（2020－06－09）．http：//www.moe.gov.cn/s78/A03/moe_560/jytjsj_2019/qg/202006/t20200611_464829.html.

② 中华人民共和国教育部．初中学生数．（2020－06－09）．http：//www.moe.gov.cn/s78/A03/moe_560/jytjsj_2019/qg/202006/t20200611_464845.html.

③ 中华人民共和国教育部．普通高中学生数．（2020－06－10）．http：//www.moe.gov.cn/s78/A03/moe_560/jytjsj_2019/qg/202006/t20200610_464560.html.

有长期居住证并满足一定积分条件的人员赋予“居民”身份，让他们享有户籍制度所对应的社会保障。三是开展专项服务项目，满足流动青少年的生存与发展需要，如提供流动青少年职业发展服务、安全教育服务、性与生殖健康服务、权益维护服务等。四是各级民政、团委、妇联通过向社会组织购买服务的形式在学校、社区、救助站、青少年活动空间、妇儿中心等开展专业性、公益性、公共性的流动青少年服务，服务内容包括学校社会工作、社区困难青少年救助、流动家庭亲子关系维护、青少年成长教育等专项服务。五是各类民间慈善救助组织、基金会、爱心企业自发开展的各类促进流动青少年发展的公益项目，服务内容涉及身体及心理健康关爱、志愿服务、促进职业成长等。

批判性思考问题：

你认为这些措施对流动青少年的帮助程度如何？还有哪些方面是没有考虑到的？

二、留守青少年

留守青少年是指父母双方外出务工或一方长期在外打工另一方无监护能力或离异或死亡而被交由长辈、他人抚养、照顾或管理的青少年。根据全国妇联 2013 年 5 月发布的《我国农村留守儿童、城乡留守儿童状况研究报告》指出，我国农村留守儿童（6～14 岁）数量超过 6 000 万人，五年间增加 242 万人。[①] 而民政部数据显示，2018 年我国共有农村留守儿童 697 万余人，其中 6～16 周岁的约为 545.75 万人，五年内数据出现迅速且持续的下降，民政部分析其原因一是进城务工人员随迁子女的增加，二是部分父母返乡，三是城镇化的推进[②]，但这一群体的存在仍然不容忽视。

同流动青少年一样，留守青少年的产生是城乡二元结构体制下经济社会发展的产物，追及“留守”的原因无外乎农民想获得更多的收入不得不选择进城打工。城乡二元结构使进城打工的农民工无法长期将子女带在身边照顾，农民工无法承担子女在城市中高昂的学习、生活费用，在简陋的农民工子弟学校入学又无法解决升学考试问题，教育机会不平等是制约青少年进城的重要原因。

国内外的研究表明，留守青少年面对的问题包括：一是心理健康方面，容易出现心理问题躯体化、恐惧、敌对、偏执、强迫和人际关系敏感；二是自我意识方面，留守青少年自尊较低，存在盲目反抗心理，对父母充满怨恨；三是情绪与社会支持方面，感到焦虑、抑郁、自信心不足；四是社会行为方面，自暴自弃、欺负与攻击他人、抽烟、酗酒、抢劫甚至违法犯罪；五是学习状况方面，学习兴趣不高、辍学严重。留守青少年处于自主欲望日增、叛逆性渐强的阶段，在众多的问题中，

---

① 全国妇联课题组．我国农村留守儿童、城乡流动儿童状况研究报告．（2013－05－10）．http：//acwf.people.com.cn/n/2013/0510/c99013－21437965.html.

② 中华人民共和国民政部．图表：2018 年农村留守儿童数据．（2018－09－01）．http：//www.mca.gov.cn/article/gk/tjtb/201809/20180900010882.shtml.

留守青少年的突出问题表现为家庭情感支持不足带来的亲子关系疏离和教育缺失，隔代监护带来的安全隐患、不良行为习惯等。①

针对留守青少年开展的服务主要包括以下四类：一是建立青少年托管机构，如成都市每年拨付专项资金建立家庭服务中心，开展医疗保健、家庭服务、心理咨询等工作，同时建立学生托管公益机构，“管好、看好、养好”当地的留守青少年；二是建立全日制寄宿学校，河南某些农村地区建立了全日制寄宿学校，为留守青少年建立学习和生活档案，设置亲情热线电话，让外出打工的家长可以通过学校和子女保持联系；三是建立留守青少年档案，如安徽建立了留守青少年托管机制，建立留守青少年档案，设置专门的教育领导组，教育领导组为留守青少年家庭提供家访服务，定期与外出父母沟通子女生活学习状况；四是利用暑假开展关爱留守青少年服务项目，如在武汉农村地区，团委利用高校社团资源为留守青少年开展心理辅导、情绪管理、行为矫正、成长教育等方面的服务。②

三、流动与留守青少年的支持系统

社会支持分为正式支持系统与非正式支持系统，正式支持系统指来自政府和社会服务系统的支持，非正式支持系统指来自个人社会网络，如家人、亲友、邻居、伙伴等的支持。下面从社会政策与社会福利资源、社会服务机构资源、社区资源、学校与教师资源、家庭资源、朋辈群体、志愿者资源七个方面分析流动与留守青少年的支持系统。

（一）社会政策与社会福利资源

社会政策在现代社会工作服务体系中扮演着越来越重要的角色，它是社会服务的风向标，也为社会服务的开展提供环境。在社会工作实务过程中，社会工作者一方面要熟悉、善用社会政策与福利资源为流动与留守青少年提供服务，如在各大城市广泛开展的“四点半课堂”可以满足青少年学习、娱乐、社会交往、安全等方面的需要；另一方面，社会工作者要发挥倡导者的作用，在社会工作研究、实务工作的基础上，结合现有流动与留守青少年现状，从服务对象的角度提出政策倡导，推进政府制定有益于服务对象的社会政策与福利。

（二）社会服务机构资源

社会服务机构作为社会力量，在流动与留守青少年服务方面发挥着重要作用。近年来，我国社会组织的蓬勃发展和社会组织注册门槛的降低吸引了大量社会组织参与到社会服务中，如各地成立的志愿者联合会，在针对流动与留守青少年服务方面起到了积极作用。社会工作者在提供服务的过程中应当灵活调动社会组织的力量，为流动与留守青少年提供服务。

---

① 罗静，王薇，高文斌．中国留守儿童研究述评．心理科学进展，2009，17（5）：990－995.

② 中国留守儿童网，http：//www.zgliushou.com.

（三）社区资源

社区作为社会工作者开展服务的阵地，为流动与留守青少年服务的开展提供基础数据、人力、物力、场地、组织协调等方面的资源与支持。针对流动青少年，善用社区资源为青少年提供社区活动参与、日常照护、社会交往、行为规范习得等服务，促进流动青少年的社区融入；针对留守青少年，社区在满足留守青少年生命安全、情感沟通等方面发挥着重要作用。

（四）学校与教师资源

学校是社会工作者发现问题、提供服务以及促进保障的支撑性资源，也是社会工作者提供服务、青少年健康成长的重要场所。教师资源作为社会工作者服务开展的合作伙伴，发挥着服务转介、协作支持的作用。

（五）家庭资源

家庭是青少年社会化的重要场所，也是青少年的情感寄托，同时为青少年需求的满足提供支持与平台。对于流动与留守青少年，情感需求的回应与满足贯穿于青少年整个发展阶段，社会工作者需要借助家庭资源给青少年带来情感上的满足和精神上的支持。社会工作者服务的开展同样离不开家庭的支持与协助，良好的家庭关系的建立会对服务的开展起到积极作用。

（六）朋辈群体

朋辈群体作为青少年成长阶段最重要的社会交往群体，会影响到青少年的价值观和行为规范，善用朋辈群体资源引导流动与留守青少年形成符合社会要求的人生观、价值观、行为取向，对青少年的成长至关重要。

（七）志愿者资源

志愿者资源在社会服务中发挥着越来越重要的作用。社会工作者一方面可以在现有志愿者资源的基础上开发服务项目，引导志愿者服务于流动与留守青少年；另一方面，社会工作者可采用“社工＋义工”的服务模式，通过志愿者的招募、管理、激励等机制，培养志愿者服务团队为流动与留守青少年提供服务。

批判性思考问题：

以上这些支持系统在流动与留守青少年的成长过程中发挥何种作用？

第二节　流动青少年社会工作介入

流动青少年进入城市后会受到来自社会制度、经济环境、文化环境等方面的影响，其中可能存在会对其健康成长带来不利影响的因素。在此背景下，社会工作者对流动青少年进行介入显得十分必要。由于服务对象的特殊性，社会工作者开展服务前需要准确把握流动青少年的需求，选取恰当的实务模式有针对性地开展服务。

一、流动青少年的需求

流动青少年通常具有以下四大需求：家庭情感的需求、人际交往的需求、学校教育的需求以及社会支持的需求。

（一）家庭情感的需求

流动青少年跟随父母来到新的环境生活，一方面，父母受工作性质的影响缺乏与青少年沟通和交流的时间，对青少年学业方面的辅导有限，家庭互动内容比较单调；另一方面，父母对新环境往往也缺乏一定的认知，也不能帮助青少年适应新的环境。作为流动青少年最重要的情感归宿地，在不能获得外部环境支持（例如社区融入、新学校适应困难）的情况下，家庭便成为他们获得情感支持最便利且现实的途径。面对这类需求，社会工作者在协助父母完成家庭管理和教育职能的同时，也应关注促进亲子之间的有效互动与沟通，在基于亲子关系的基础上协助提升亲子沟通能力，满足流动青少年的情感需求。

（二）人际交往的需求

人际交往是人们进行意义构建、文化分类、社会关系再生产的过程。流动青少年在面对新的学校或社区环境时需要一个适应周期来调整自我的心理预期与行为方式。随父母进城后，脱离了之前所熟悉的生活圈，在缺乏正确引导的情况下，流动青少年容易产生人际交往障碍，心理上容易陷入自卑、孤独甚至自我封闭。社会工作人员在协助青少年培养自身对环境的适应能力的同时，需要加强对人际交往方面的关注，提升青少年人际交往能力，协助流动青少年习得人际交往的技巧与方法，从而建立自己的人际交往网络。

（三）学校教育的需求

学校是流动青少年融入新环境的直接平台，也是满足青少年教育需求的重要资源。首先，学校教育为社会工作者辅助流动青少年提高再学习能力方面提供了一个最基本的服务场所和发展平台；其次，提高打工子弟学校的设施水平、提升学校教学质量、改善学生学习环境是其中的重要内容；最后，社会工作者需要发挥社会倡导的职能，倡导改善流动青少年的受教育环境，充分保障流动青少年受教育的权利。

（四）社会支持的需求

流动青少年的社会流动、社会化及情感归属等都需要一个社会支持网络，包括学校、社区、家庭等社会文化机构以及有关的大众传媒、社会组织、社会活动等。流动青少年社会支持的需求主要体现在社区融入和构建社会支持网络这两个方面。良好的社区环境与社区资源保障为流动青少年的社区融入提供了一个客观前提，而思想观念、生活消费方式以及社交方式的变化则为流动青少年提出了主观要求。社会工作者可以利用这个网络系统，协助流动青少年解决他们所面对的身心问题，提高自我发展的能力。

二、流动青少年社会工作的实务内容

流动青少年主要面临教育机会不公平、心理适应能力较差、社会融入困难等问题。从流动青少年的需求和问题出发，社会工作实务内容可涵盖以下五大领域：身心健康关爱、职业生涯规划、学习学业辅导、矫正行为偏差以及促进社会融入。

（一）身心健康关爱

（1）辅导流动青少年了解与青春期有关的身体发展、心理发展的规律及知识。

（2）协助流动青少年掌握应对身体、心理方面问题的技巧，帮助流动青少年积极应对青春期。

（3）协助流动青少年习得人际交往的方法与技巧，建立良好的朋辈支持系统。

（4）帮助流动青少年建立积极的人生观、世界观，形成符合社会规范要求的自我认知。

（二）职业生涯规划

（1）帮助流动青少年形成对自我的客观认知，了解社会环境状况、行业状况，明确自己的兴趣。

（2）协助流动青少年形成生涯规划与决策的能力。

（3）开发、发展流动青少年的潜力。

（三）学习学业辅导

（1）协助流动青少年适应学校学习、生活环境。

（2）激发流动青少年的学习动机。

（3）提高流动青少年独立学习的能力和自觉性。

（4）协助流动青少年发展学习能力，掌握学习方法与技巧。

（5）为流动青少年提供课业辅导的资源。

（6）协助家庭重视对流动青少年的教育，加强对学习学业情况的监管。

（四）矫正行为偏差

（1）培养流动青少年养成良好的行为与生活习惯。

（2）杜绝青少年进入不良娱乐休闲场所，如网吧、酒吧等。

（3）预防青少年犯罪。

（4）建立社区、学校、家庭、社会工作者支持网络。

（五）促进社会融入

（1）协助流动青少年了解所在城市的生活习惯、文化风俗、价值规范等。

（2）帮助流动青少年习得城市生活的行为方式。

（3）促进流动青少年参与所在社区的服务。

三、流动青少年社会工作的实务模式

流动青少年社会工作的实务模式主要包括优势视角介入模式、结构家庭治疗介入模式、成长小组介入模式以及社区工作介入模式。在开展服务的过程中，需结合服务对象面临的具体问题选择恰当的实务模式。

（一）优势视角介入模式

1. 优势视角的基本理念

（1）赋权：西门（Barbara Levy Simon）将赋权的概念建立在五个理念之上：与案主和委托人之间的合作伙伴关系；对扩大案主能力和优势的强调；关注个人或家庭与环境；将案主视为积极的能动主体；将个人的精神指向一直受到剥夺和压制的人群。优势视角提供了一种态度和承诺：个人和社区的优势是可以再生、可以再发展、可以扩展的资源。流动青少年社会工作的一项重要工作便是对青少年赋权，通过提升青少年的权利，改善流动青少年的处境。

（2）成员资格：优势取向承认我们服务的所有人如同我们自己一样，是人类社会的成员，并享有随成员身份而来的自尊、尊严和责任。流动青少年进入城市，成为城市中的一员，应该得到身份的承认，得到相应的自尊、尊严并承担相应的责任。

（3）抗逆力：抗逆力是应对和解决问题的能力，当个人、群体或社区在遇到困难时有能力解决问题。流动青少年进入新的社会环境，处处都是挑战，他们拥有处理这些困难和挑战的能力，社会工作者所要做的便是帮助他们找到外部的支持资源、内在的优势力量并将其运用到人际交往、解决问题、情绪管理等日常生活情境中，提高流动青少年的自我效能感。

（4）治愈和整合：治愈意味着整合和调动身体与心灵的机制，去面对障碍、疾病和断裂。治愈和自我再生产是生命支持系统的内在本质，对我们大多数人而言，在多数时候它会觉醒。我们具有指导什么对我们最好、当遭到机体或环境的挑战时应该如何应付的朴素智慧，在这一理念的指导下，社会工作需要协助流动青少年不断尝试、发现、体验、检验、强化自身应对外部环境的身体与心灵机制。

（5）对话与合作：在对话中，我们确认别人的重要并开始弥合个人、他人和制度之间的裂缝。人们通过对话来确定他人的重要性，社会工作者与流动青少年的对话需要有同理心和对他人的认同和包容，避免家长式的交流，对话应建立在平等的关系之上，在此基础上才能产生信任。合作包括与流动青少年的合作，也包括流动青少年与其他人的合作，要欣赏合作的优势才能获得更多的资源和信息。

2. 优势视角的原则

（1）个人、小组、家庭和社区都有优点，都有他们内在和外在的资源，外部的支持包括正向的连接关系、坚定清晰的规范、关怀支持的环境、积极合理的期望、有意义的参与机会等。

（2）贫穷、歧视、疾病和困难可能是伤害，但它们也可能成为挑战和机遇。流动青少年对新环境的适应困难也是在青少年时期形成独立自主、坚韧人格品质的成长机会。

（3）认真地对待个人、群体及社区的理想和抱负，因为人的成长和转变的能力是巨大的，常常超出人们的预期。在开展流动青少年辅导工作的过程中，社会工作者尤其要注意协助流动青少年形成对未来生活的期望，善用这一期望激发流动青少年改变、成长。

（4）社会工作者只有通过与服务对象协作才能更好地为他们服务。社会工作者在辅导的过程中切忌采用家长式作风，应尊重青少年的价值、行为，合作协商制订并实施服务计划会让辅导过程事半功倍。

（5）每一种环境都充满资源。无论流动青少年及其家庭面对何种情境，社会工作者都要善于发现个体、家庭自身及周围环境中的资源。①

（二）结构家庭治疗介入模式

结构家庭疗法由米纽庆（Minuchin）创立，它将家庭作为治疗单位，通过改变家庭中不利于家庭功能发挥的结构促进家庭的成长，使家庭的功能得以发挥。

1. 结构家庭治疗的理论观点

（1）以家庭作为治疗的单位。

（2）相信个人的问题是家庭互动过程中问题的反映。

（3）家庭功能发挥不良是因为家庭结构不合理，通过改变家庭的结构与组织，可以使家庭的功能正常发挥。

（4）不把个人行为问题作为治疗的焦点，而把改变家人的交往方式作为治疗的手段与中心。

（5）治疗不采用直接的、单对单的谈话方式，而是多元化、多层次地介入家庭成员的交往过程中。

---

① SALEEBEY D. 优势视角：社会工作实践的新模式. 李亚文，杜立婕，译. 上海：华东理工大学出版社，2004.

(6) 注重此时此地的现实情况，而不注重对家庭历史的回顾与家庭问题成因的追溯。

2. 结构家庭治疗的程序

(1) 进入家庭。这既是家庭治疗的开始，也是家庭治疗的基础。治疗师要与家庭成员打成一片。这个过程是家庭治疗师通过适应家庭文化、情绪、生活方式和语言，加入家庭并与他们建立融洽的治疗关系而完成的，而不是以专家或权威的姿态高高在上地予以指导。

(2) 评估家庭结构。在这个过程中，治疗师通过关注家庭的组织结构和持续的互动模式来评估家庭，并特别关注功能失调行为得以展现的社会背景。评估的重点是家庭的等级、子系统的功能状态、可能存在的结盟和联盟、当前的界限品质状况，如界限的渗透性、弹性和僵化性。

评估是结构家庭治疗的一个整合的和持续进行的部分。当治疗师进入家庭后，就不断形成关于家庭结构排列的假设，比较关心家庭怎样灵活地适应发展变化以及危机情境，家庭成员如何联合起来解决冲突等方面的线索。

评估也是动态性的过程，治疗师可通过角色扮演来观察个体或子系统之间的互动，有时会故意制造真实的互动。在这一过程中可能会出现父母无法合作的情况，或者出现父母与孩子存在不同的结盟方式的情况，治疗师可在现场针对这些行为的成因进行家庭讨论。

(3) 打破旧的系统平衡。治疗师为了使家庭的结构发生有益的改变，必须首先打破家庭系统中旧有的失调行为模式的平衡状态。这一过程具有高度的指导性。与大多数治疗模式中治疗师要保持价值中立的立场不同，结构家庭治疗师的表现是常常需要与不同的个体、亚系统或同盟站在一边。治疗师经常是先支持处于劣势或边缘地位的家庭成员，然后再公平地分配自己的支持力给其他成员；也可以支持一个强势地位的成员并让他/她突破其他家庭成员所能容忍的范围，以引发其他成员的挑战；还可以加入家庭中的某个联盟来对抗一些家庭成员。但是，不管治疗师支持哪个家庭成员，加入哪个联盟，最后他一定要结合整个家庭形成一个治疗系统。

(4) 家庭的重新建构。一旦家庭系统平衡被打破，家庭治疗就进入了最后的改变阶段，即家庭结构的重建。在这一阶段，治疗师的主要任务就是帮助家庭重新建立支配家庭互动的系统，以取代家庭中功能失效的交往模式。重建包括改变家庭规则、明晰界限和重新结盟，改变支持某种不良行为的模式。家庭治疗师的工作就是经常通过重设框架使每个成员意识到问题属于家庭，而不是属于个体。新的家庭功能互动形式必须取代旧的功能失调模式，并让家庭明白必要的结构改变是解决家庭问题的根本所在。①

---

① 重庆市渝中区社会工作者协会．实务理论：结构式家庭治疗理论解析与运用．(2017-03-01). https://www.docin.com/p_2038344527.html.

（三）成长小组介入模式

小组工作又被称为团体工作，是通过运用小组动力互动及同辈支持，发掘个人的潜力，达到改变、促进成长的目的。从流动青少年自身来看，小组工作的内容有新环境（城市、学校）适应、朋辈交往技巧学习、职业规划认知、偏差行为矫正；从流动青少年家庭来看，需要开展亲子沟通技巧学习方面的教育小组。

小组工作的发展性模式强调的是运用小组动力，协助个人预防社会功能的失调、恢复个人的社会功能以及促进个人与社会的和谐共处。特罗普（Emanuel Tropp）指出，小组的目标之一就是宣泄阻碍个人有效完成社会行为的负面感情；通过小组的归属感为组员提供支持，发掘内在能力；学会认识别人和自己，学会自我欣赏；了解更多应对生活困难的方法，增强决策能力和对自己生活负责的能力。通过发展性小组工作的开展，加强组员之间的交流互动，可以提升流动青少年应对城市生活、学校生活的能力。

（四）社区工作介入模式

社区层面的社会工作介入可以从两个方面开展：一是社会工作者通过整合社区资源，构建为流动青少年服务的支持系统，为流动青少年的健康成长营造良好的环境；二是通过创造机会，鼓励流动青少年参与到社会服务中，提升流动青少年对社区的归属感。如在广州、深圳、武汉地区广泛开展的“四点半课堂”服务能够为流动青少年提供社区托管、课业辅导、朋辈交往、兴趣培养等服务，保障流动青少年安全的同时促进流动青少年的健康成长、创造机会让流动青少年融入社区。社会工作者还可以以“四点半课堂”为平台，提升流动青少年参与社区服务的意识和能力，通过为社区提供力所能及的志愿服务、公益演出、社区宣传等服务提升流动青少年对社区的归属感，提升居民对流动青少年的接纳水平。

第三节 留守青少年社会工作介入

留守青少年是青少年社会工作的重要服务对象，青少年社会工作者在开展服务前需进行评估，把握留守青少年社会工作的实务内容，选择合适的实务模式。

一、留守青少年的需求

留守青少年的需求主要呈现在以下四个方面：安全与生活保障的需求、家庭情感与监护的需求、学校教育的需求以及社会支持的需求。

（一）安全与生活保障的需求

留守青少年的父母在外务工，这对家庭的安全保护功能提出了严峻的挑战，安全问题成为留守青少年的首要问题。邻里、社区可代替家庭承担部分监护功能，对于那些普遍存在外出打工现象的“打工村”地域而言，社区、邻里的监护功能也被削弱，自我监护成为一种常态。满足留守青少年的安全需求是家庭、社区的责任，也是全社会的责任。在家庭监护功能缺失的前提下，如何整合社区资源、提升社区监护服务能力是满足留守青少年其他需求的基本前提。

（二）家庭情感与监护的需求

在社会环境中，家庭给予个人感情的交流和爱的体验是最多的。不同于流动青少年，留守青少年对家庭情感的需求更加迫切，他们的父母长期在外，父母与孩子的沟通越来越少，感情越来越疏离，容易产生家庭沟通的虚无感。此外，留守儿童的监护多为隔代监护，隔代教育带来的家庭监督能力弱化易导致课外教育不足，近年来留守青少年集体辍学打工以及“留守”转“流浪”的现象频发。

（三）学校教育的需求

流动儿童对新教育环境和教育模式有一个适应的需求，而留守儿童面对的是学校教育能完整执行的需求，在我国义务教育阶段，留守青少年的辍学率要远高于其他青少年群体。学校教育在这两个不同的群体之间所呈现的问题特点有所不同，对留守青少年而言，对学校教育最迫切的需求就是有效地完成义务教育。

（四）社会支持的需求

留守青少年多在农村地区，我国农村的基础设施不完善，城乡之间对青少年公共服务支持建设存在巨大差距。如青少年宫、图书馆、博物馆等，农村地区对这些更是鲜有投入。农村地区对法制监管的淡薄也不利于社会监管机制的完善和发展。在基层经济支持受限的前提下，社会工作者可积极引入非营利组织和非政府组织支持乡村流动青少年教育、文化、娱乐方面的投入。

知识窗

基本公共服务均等化，一般指政府要为社会成员提供基本的、与经济社会发展水平相适应的、能够体现公平正义原则的、大致均衡的公共产品和服务，这是人们生存和发展最基本的条件的均等。主要内容包括基本民生性服务、公共事业性服务、公益基础性服务和公共安全性服务等。从长远来看，公共服务均等化有益于改善留守青少年基本生活条件，提供公共服务支持，增强留守青少年社会支持。

二、留守青少年社会工作的实务内容

针对留守青少年开展的实务主要包括生命安全保护、亲子沟通辅导、矫正行为偏差、保障就学就业、支持体系构建五大部分。

（一） 生命安全保护

（1）协助青少年及监护人习得必要的青少年保护知识及技巧。
（2）通过学校、社区构建留守青少年安全保护网。

（二） 亲子沟通辅导

（1）协助留守青少年加强与监护人的沟通。
（2）增加留守青少年与父母沟通的频率。
（3）提升父母、留守青少年的沟通能力。

（三） 矫正行为偏差

（1）培养留守青少年健康的生活习惯。
（2）预防留守青少年出现偏差行为。

（四） 保障就学就业

（1）提升留守青少年所在学校的教学质量。
（2）激发留守青少年的学习动力，增加学习的自觉性。
（3）促成留守青少年掌握学习技巧。
（4）加强家庭对留守青少年的学习学业监管。

（五） 支持体系构建

（1）形成学校、家庭、社区相互合作的留守青少年支持体系。
（2）为留守青少年整合社会力量资源，开展关爱服务。

三、留守青少年社会工作的实务模式

适用于留守青少年社会工作的实务模式主要有个案管理实务模式、理性情绪治疗模式、行为治疗小组实务模式以及社区工作实务模式。

（一） 个案管理实务模式

美国社会工作协会将个案管理定义为：一种提供服务的方法，运用这种方法，专业社会工作者评估当事人及其家庭的需要，在适当的时候安排、协调、监管、评估和争取包括多种服务的一揽子服务，满足当事人的服务需求。个案管理通过系统地评估服务需求，整合社会资源，为当事人提供综合性服务，解决服务对象的具体需求。

留守青少年所面临的问题与需求常常是综合性的，比如学业困难、经济困难、难以管教、亲子关系疏离，社会工作者需要通过个案管理的方式评估留守青少年的需求，分析社会环境中可用的资源，为留守青少年提供综合性服务（见图 9-1）。

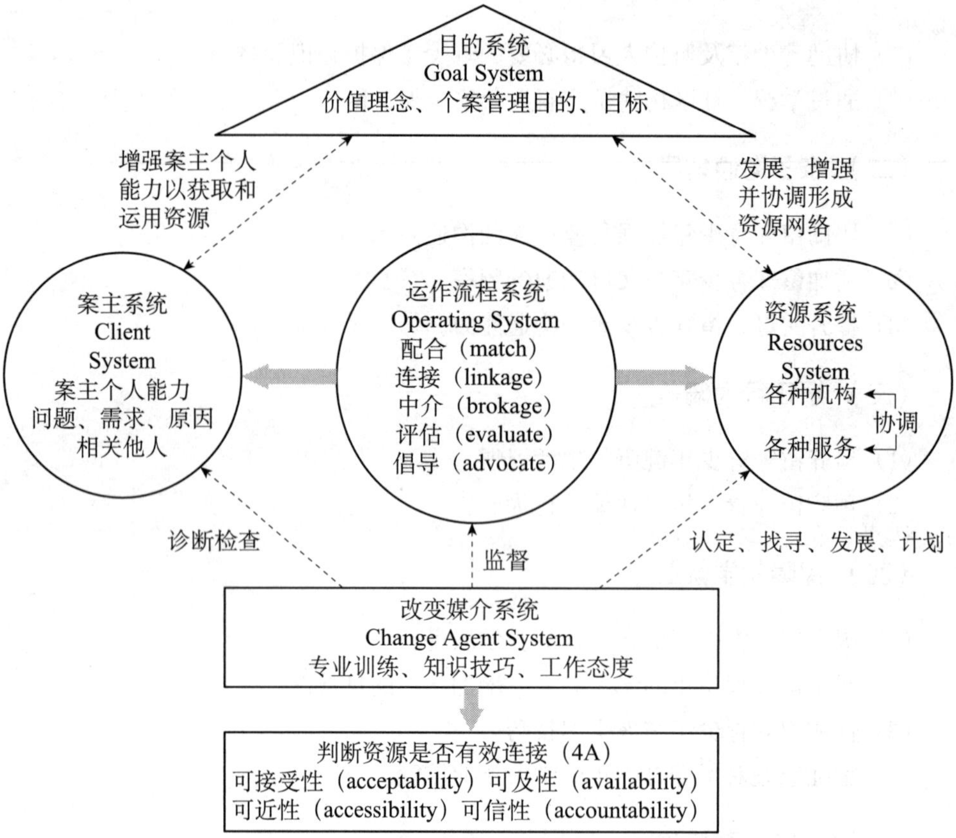

图 9-1 个案管理实务相关体系互动关系

资料来源：许莉娅．个案工作．北京：高等教育出版社，2013：272.

（二）理性情绪治疗模式

艾利斯（Albert Ellis）认为，人的情绪和行为障碍不是由某一激发事件（activating event）直接引起的，而是由于经受这一事件的个体对它不正确的认知和评价所引起的信念（belief），最后导致在特定情景下的情绪和行为后果（consequence），这一观点又简称为 ABC 理论。

理性情绪疗法认为，人们的情绪障碍是由人们的不合理信念所造成的，因此简要地说，这种疗法就是要以理性治疗非理性，帮助求治者以合理的思维方式代替不合理的思维方式，以合理的信念代替不合理的信念，从而最大限度地减少不合理的信念给情绪带来的不良影响，通过以改变认知为主的治疗方式，来帮助求治者减少或消除他们已有的情绪障碍。

1. 心理诊断（psychodiagnosis）

这是治疗的最初阶段。首先治疗者要与案主建立良好的工作关系，帮助案主建立自信心。其次应澄清案主所关心的各种问题，将这些问题根据其性质和案主对它们产生的情绪反应分类，从案主最迫切希望解决的问题入手。

2. 领悟（insight）

这一阶段主要帮助案主认识到自己不适当的情绪和行为表现是什么，并且认识到产生这些症状的原因是自己造成的，要寻找产生这些症状的思想或哲学根源，即找出它们的非理性信念。

3. 修通（working through）

这一阶段，治疗者主要采用辩论的方法动摇案主的非理性信念，例如用夸张或挑战式的发问要求案主回答他对A事件持与众不同的看法的依据。通过反复不断的辩论后，案主理屈词穷，不能为其非理性信念自圆其说，从而真正认识到他的非理性信念是不现实的、不合乎逻辑的，也是没有根据的。关键是让案主能够分清什么是理性的信念，什么是非理性的信念，并用理性的信念取代非理性的信念。这一阶段是理性情绪疗法最重要的阶段。介入时还可结合其他认知和行为疗法。

4. 再教育（reeducation）

这也是治疗的最后阶段，是为了进一步帮助案主摆脱旧有思维方式和非理性信念，探索是否还存在其他非理性信念，并与之辩论，使案主学习到与非理性信念进行辩论的方法，并逐渐养成用理性方式进行思维的习惯，建立新的情绪反应模式。

在理性情绪疗法的整个过程中，由于与非理性信念进行辩论（disputing）是帮助案主的主要方法，由此可获得设想的疗效（effect），所以由ABC理论建立的理性情绪疗法可用“ABCDE”五个字头作为其整体模型，即：

A（activating events）：诱发性事件；

B（believes）：由A引起的信念（对A的评价、解释等）；

C（emotional and behavioral consequences）：情绪和行为的后果；

D（disputing irrational believes）：与不合理的信念辩论；

E（new emotive and behavioral effects）：通过治疗达到的新的情绪及行为效果。

理性情绪治疗模式常用于人际交往困难、无心学业、行为偏差方面的留守青少年。社会工作者的任务是协助留守青少年找到引发适应困难或行为偏差的事件，找出案主背后的信念，分析这一事件产生的情绪和行为后果，通过会谈技巧的运用协助案主与不合理的信念辩论，最终达到协助服务对象形成新的情绪及行为的目的。

（三）行为治疗小组实务模式

行为治疗小组实务模式的基本假设是，所有的问题行为、非理性的认知方法、情绪都是后天学习的结果，它们可经由新的学习历程而得以矫正，从而发展出一套控制自己的人生、有效处理当前和未来问题的方法。行为治疗小组实务模式以科学的方法原理和治疗程序为基础，系统地运用实验室研究得出的学习原理帮助人们改变不良的行为。它的突出特点是，在治疗过程中需要详细的目标、具体的说明、及时的测量和记录，评价和治疗是同时进行的。小组的结果可以客观评量，小组治疗过程中的技术也可以不断改善。常见的行为治疗小组包括社会技能训练小组、压力管理小组和自我指导行为改变小组。

（四）社区工作实务模式

在社区中，可以构建社区社会支持网络为留守青少年搭建安全网、学习网和成长网。社会工作者通过加强社区、学校、家庭之间的合作互动，促进留守青少年健康成长。近年来，一些流动人口流入地在社区开展“小候鸟”计划，在暑假协助流动人口家庭为留守青少年提供服务，如广州市广爱社会工作服务中心开展的“展翅南村：‘小候鸟’暑期成长计划”，通过为南村镇的“小候鸟”提供暑期系列服务，帮助“小候鸟”提升应对留守生活的能力，以此减轻甚至是消除“小候鸟”父母因“小候鸟”无人监管而引起的担忧与焦虑。该项目的主要内容为：(1) 开展体验父母工作环境活动、体验父母生活工作活动、亲子互动活动、亲子沟通互助小组等服务，协助“小候鸟”认知自身的处境、理解父母的行为和感受、学会控制自身的情绪。(2) 开展日常任务服务、历奇活动、毕业典礼表演活动等服务，协助“小候鸟”学习如何用钱、如何求助、如何安排时间、如何获得成功、如何解决问题、如何提升自我，从而让“小候鸟”学会规划未来的生活，自己成为问题解决的主体，并且可以运用自身的能力去改变和面对留守生活。(3) 邀请专业人士开展青春期教育、防火防灾教育等服务，协助“小候鸟”运用所学的知识提升应对留守生活可能产生的危机。

案 例

“守护花开”留守女童安全自护教育小组

一、小组背景

武汉W地区是三留守人员聚居区，其中留守儿童20 894人，留守儿童中祖辈监护的约占60%，父母监护的约占30%。社工在服务开展及与留守儿童、监护人和学校老师的访谈中了解到：

(1) 留守女童自我防护知识、性安全知识缺乏。从访谈中了解到，绝大多数留守女童表示“从未有人告诉过她们要保护自己的身体”，也没有家长教孩子“认识自己身体的隐私部位，其他人不能碰”。在问及青春期健康防护知识时，绝大多数女生表示不太清楚。

(2) 学校缺乏性安全知识教育课程。在三所规模较大的中小学中均未开展性安全知识的教育课程，也没有给学生开展青春期自我防护知识教育。

(3) 监护人对儿童生命安全教育意识缺乏，对留守女童安全教育缺位。在对监护人的调查中发现，有一半以上的家长从未引导孩子认识过自己和异性的身体。近50%的家长没有告诉过孩子身体的隐私部位其他人不能碰。家长对孩子的安全教育仅限于不要和陌生人说话、不要陌生人东西、上下学的交通安全等，涉及孩子性安全教育的几乎没有，而且有些监护人甚至没有意识到孩子会遭受性安全危险。

从以上调查了解来看，在武汉 W 地区不论是留守女童自身还是其监护人及学校都缺乏性安全防范意识，造成留守女童在安全自护方面缺乏保护意识和技巧。本服务通过小组的形式对留守女童开展安全自护教育，以期增进组员的安全自护意识和学习安全自护的方法。

二、小组基本信息

（1）对象及人数：W 中学一、二年级留守女生 12 人。

（2）活动地点：W 中学学生活动室。

（3）小组时间：×年×月×日到×年×月×日。

（4）招募方式：1）学校张贴宣传海报进行宣传招募；2）与学校老师沟通，由老师推荐符合报名要求的学生。

三、小组内容

第一节　嗨，你好！青春的朋友

目标：
1. 增进组员的认识，营造融洽的活动氛围。
2. 制定小组协议，让组员之间彼此尊重，履行协议。
3. 促进组员对自身身体的认知和了解。

时间	活动名称	活动目标	具体内容	所需物资
5 分钟	小组介绍	让小组成员认识社工，了解小组	社工自我介绍（包括姓名及在组中的角色等），小组名称，大致内容，生命教育的主题	计时器
15 分钟	自我介绍	组员进行个性化自我介绍，社工初步观察和了解各组员	鼓励组员在陌生的组员面前勇敢大胆地进行自我介绍，尽量让其他组员迅速地认识自己	计时器、纸、笔
5 分钟	热身游戏	活跃气氛，带领组员进一步接触和认识	社工带领组员喊一些打招呼、激励或增强凝聚力的口号，如“你好吗”“加油”“必胜”等等；个人向其他组员两手击掌，并同时喊这个口号	计时器
15 分钟	头脑风暴	制定小组契约及规则，使组员对小组更有归属感并承担相应的责任；保障小组活动的开展	由组员和社工以头脑风暴的形式制定小组契约及规则，社工应充分调动组员的积极性，使她们自觉自主地订立以后应遵守的规则	纸、笔
5 分钟	小组期望	增进组员对小组目的的认识	社工向组员介绍小组的目的，并对组员的疑问进行澄清	计时器、奖品
10 分钟	身体的变化	增进组员对身体的认识，了解青春期身体的变化	进入青春期后，身体会出现变化，社工让组员分享她们观察到的身体变化，并了解组员对这些变化的认识情况、认知的途径等	
5 分钟	回顾	了解小组的效果及组员的意见，便于小组做改进	邀请各组员简要地说出此次小组活动的感受及意见；预告下期活动内容	计时器

第二节　青春——期待美丽的蜕变

目标：

1. 学习青春期的生理知识，对青春期的生理变化理解和接纳。
2. 从生理上建立对生命教育中性教育层面的认知和理解。

时间	活动名称	活动目标	具体内容	所需物资
5 分钟	回顾与介绍	回顾上一次的内容，加深小组契约的约束力	社工简短回顾，重申契约，并介绍这一次小组活动的主题	计时器
20 分钟	生命成长历程	增进组员对生命成长历程的认知，增加组员对青春期生理变化的认知	以视频播放的形式让组员了解生命的孕育过程和成长历程，以及进入青春期生理上发生的变化	计时器、奖品、游戏道具
15 分钟	青春期的烦恼（生理）	对青春期的生理知识（生理现象、性卫生知识）建立正确的理解和认知，深化主题	1. 与组员分享对青春期经历的生理变化的感受及遇到的困惑 2. 观看青春期生理知识视频，社工向组员介绍月经、排卵等与性相关的知识及保健知识	计时器、投影仪
20 分钟	分享、评估、总结	加深组员对青春期生理知识的理解，分享收获，培养接纳的心态	邀请各组员讨论和分享刚才的活动中自己收获的知识，发评估卡，测试组员对知识的记忆和理解，预告下一次的活动时间、地点、内容	计时器、评估卡

第三节　青春——我们一起经历的烦恼

目标：

1. 了解组员青春期经历的心理和社会层面的困惑。
2. 引导组员正确认识青春期烦恼。

时间	活动名称	活动目标	具体内容	所需物资
5 分钟	回顾与介绍	让小组成员静下心来回顾上一次的内容，进入小组活动状态	社工简短地对上一次的小组活动做一个回顾，并介绍这一次小组活动的主题	计时器
30 分钟	青春期烦恼	了解组员青春期遇到的烦恼，及带给自己的影响	青春期烦恼：让组员以绘画的形式，画出对青春期的感受、遭遇的烦恼；分享组员画作，了解组员对青春期的感悟和遭遇的困惑；遵守保密原则	纸、笔
15 分钟	分享、回顾、总结	分享生命体验中的感受，引导组员形成正确的性心理	1. 社工通过组员的分享引导组员认识青春期是人生历经的一个阶段，这个阶段常会遇到的烦恼和困惑是哪些，该如何正确认识和面对这些烦恼 2. 与组员一起总结本次活动内容，然后预告下节内容，布置任务赞美身边的人或自己，了解获得赞美时的感受和表现是什么	计时器

第四节 青春——做自信的自己

目标：

1. 引导组员悦纳自己，建立自信。
2. 帮助组员学习以自信的心态面对生活。

时间	活动名称	活动目标	具体内容	所需物资
5 分钟	回顾与介绍	回顾上一次的内容，进入小组活动状态	社工简短地对上一次的小组活动做一个回顾，并介绍这一次小组活动的主题	计时器
20 分钟	优点大比拼	自我披露与分享，强化自我认知，悦纳自己，建立自信	组员分成 6 组，每组两人。两个组员相互向对方列举自己的优点，列举得越多越好，且要互相做记录，需求在 15 分钟内完成任务；然后以组为单位，组员依次向大家宣读自己的优点；再由其他小组的组员从列举的优点中任意选择提问，被问组员举一些事例详细阐释自己的优点（你最欣赏自己的什么部位，你拥有什么样的良好品质）	计时器、奖品
15 分钟	背上赞美	引导组员练习发掘自己的优势、潜能，在对自己形成一种肯定的信念后，通过他人的赞美来强化组员的自我肯定	组织组员站成一个大圈，给每位组员发一支签字笔，背上贴上一张 A4 纸，组员听到口令后开始互动，可以随意走动，每位组员要用发自肺腑的语言去赞美其他每一位组员，同时要把赞美的话写在相应的组员背上，寓意就是背上赞美，收获更多来自他人的肯定	计时器、A4 纸、签字笔
15 分钟	游戏分享	强化组员的自我肯定，建立自信	引导团体分享，如“别人赞美你时，你是什么感觉?”最后，将组员背上的赞美纸张送给组员作为礼物	计时器
5 分钟	回顾、总结	分享小组成员的收获与感受，强化急救知识记忆	邀请组员或组员轮流表达自己对本次小组活动的感受，社工带领大家回顾活动全过程，提醒下一次活动的时间地点	计时器

第五节 酸酸甜甜——爱的味道

目标：

1. 培养组员树立正确的异性交往观，正确对待异性之间的友谊和亲密关系。
2. 培养组员的性道德，在接纳自我的基础上，自尊自重，洁身自好。

时间	活动名称	活动目标	具体内容	所需物资
10 分钟	回顾	分享收获，加深记忆，提高参与的积极性	回顾以往四期的内容，鼓励组员分享自己的收获，简单介绍本期活动内容	计时器

续前表

时间	活动名称	活动目标	具体内容	所需物资
30 分钟	我们的交往	1. 引导组员正确理解爱 2. 正确理解和认知异性之间的亲密关系	1. 头脑风暴： 爱是什么 如何认识爱 探索正确的爱 2. 案例分享	计时器、纸、笔
10 分钟	角色扮演	培养组员正确表达爱的方式	组员分成 6 组，分别模拟正确的异性交往方式和表达爱的形式	计时器、奖品
10 分钟	分享、回顾、总结	分享小组成员的收获与感受，强化与异性交往的模式，引导组员自尊自重	邀请组员或组员轮流表达自己对本次小组活动的感受，提醒下一次活动的时间地点	计时器

第六节 保护自己，大声说 NO

目标：

1. 提高组员的自我保护意识，学习自我保护技巧。
2. 引导组员正确辨别性侵犯行为，并增强自我保护能力。

时间	活动名称	活动目标	具体内容	所需物资
10 分钟	分享收获	分享收获，加深记忆，提高参与的积极性	在社工带领下，回顾以往五期的内容，鼓励组员分享自己的收获，简单介绍本期活动内容	计时器
10 分钟	你画我猜	热身游戏，活跃气氛，检验组员对前五期活动内容的记忆程度	组员分为 4 个小组，分别准备一些与性教育有关的题目分到每个小组，每个小组选择一个代表来画这个题目，让其他组员来猜，猜对有奖品	计时器、奖品、事先准备好题目、纸、笔
20 分钟	大声说 NO	1. 提高自我保护意识 2. 学习自我保护技巧 3. 辨别性侵犯行为 4. 拒绝和防范性骚扰与性侵犯	由社工事先排练并角色扮演各种性侵犯的行为，引导组员思考并积极回答和指出哪些是性骚扰和侵犯行为，并记录在一张纸上，再由组员与社工一起补充；之后向组员讲解 NOT 口诀	计时器、纸、笔
10 分钟	小技巧	提高自我保护意识，学习自我保护的方法	1. 各种避孕的方法及其优缺点 2. 每位组员学习如何使用安全套	计时器、安全套
10 分钟	分享、回顾、总结	分享小组成员的收获与感受	邀请组员或组员轮流表达自己对本次活动内容的感受，并说明学到了哪些知识，提前告知活动结束时间，让组员有心理准备	计时器

（1）什么是性侵犯？性侵犯包括非身体接触的性侵犯和身体接触性侵犯。非身体接触的性侵犯包括性挑逗语言、向他人暴露生殖器等；身体接触的性侵犯包括强行触摸他人身体的隐私部位、强奸等。

（2）在面对性侵犯的时候，要立即采取下面三个建议的行动。

1）N（no）：摇头，大声说不。

2) O (off)：然后立即跑开，离开现场。

3) T (tell)：然后求援，告诉你信任的人（例如你的父母、老师、亲戚）。

第七节　感谢一路有你有我

目标：
1. 回顾前五次活动，分享组员的成长收获。
2. 深化生命教育的主题，加深对生命的理解和尊重。

时间	活动名称	活动目标	具体内容	所需物资
20分钟	回顾	处理离别情绪	向组员说明本次是小组最后一期，与组员一起回顾和分享前六次活动内容，组员分享参加小组的感受和所得	计时器
20分钟	展望未来，彼此祝福	活跃气氛，加强组员之间的信任关系，营造和谐友好的氛围	社工发给每人一张小卡片，让组员在上面写下对其他组员贴心的或者鼓励的话并分享（在赠送礼物环节一起赠予）	计时器、卡片、纸、笔
10分钟	礼轻情意重	加强组员之间的信任关系，营造和谐友好的氛围	互赠礼物，表演节目，填写同学录	计时器、同学录、笔
10分钟	评估与结束	分享小组成员的收获与感受，社工对小组全过程做总结，处理离别情绪	填写评估表，合影留念	计时器、评估表

资料来源：蒋俊杰．武汉市阳光社会工作服务中心．

复习思考题

1. 流动与留守青少年有哪些需求？
2. 就流动与留守青少年而言，社会工作者可利用的服务性资源有哪些？
3. 常用的流动与留守青少年介入模式有哪些？这些模式的异同点在哪里？

推荐阅读书目

1. 黄德祥．青少年发展与辅导．台北：五南图书出版公司，1994.

2. 米纽庆．结构派家族治疗技术．新北：心理出版社股份有限公司，1999.

3. 何昕．“城中村”的孩子们：以流动儿童为主的社会工作实务研究．贵阳：贵州人民出版社，2011.

4. 杜智鑫．被忽视的一代：船房社区流动儿童社会融合调查研究．北京：中国发展出版社，2016.

5. 陈旭．留守儿童的社会性发展问题与社会支持系统．北京：人民出版社，2013.

第十章

家庭变动与家庭暴力中的青少年社会工作介入

本章要点

- 广义的家庭变动是指在社会转型大背景下，家庭结构、家庭功能、家庭关系发生的变化；狭义的家庭变动是指微观层面的变动，形成特殊的家庭形式，比如离异家庭和重组家庭。单亲或重组家庭结构发生变化会对青少年的健康成长产生影响，因此，家庭变动中的青少年社会工作介入是十分必要的。
- 要关注家庭暴力中的青少年，包括虐待、忽视与目睹暴力。虐待指的是青少年遭受家庭成员一系列的身体与精神伤害；忽视指的是家庭成员对青少年没有提供必要或适当的情感支持、家庭教育、医疗或其他法律认可的青少年成长所必需的家庭照顾。

关键概念

家庭变动；单亲家庭；重组家庭；家庭暴力；虐待和忽视

第一节　家庭变动与家庭暴力

社会工作专业一直以“人在情境中”为特色，在社会工作实务中，社会工作者常采用系统论的视角来理解青少年的问题，家庭便是这一生态系统中最重要的一环，无论家庭中父母或其他亲戚是否健在、是否彼此联系，有时即使孩子的亲生父母并不是他的重要他人，也会有其他成年人扮演照顾者的角色，是孩子的重要他人。因此，针对青少年开展的社会工作通常是服务于青少年家庭的。不管青少年的处境如何，青少年社会工作都意味着为青少年及其家庭或照顾者提供服务。

一、青少年与家庭

家庭能够为青少年提供经济支持、情感支持和教育功能，并能协助青少年完成社会化，对青少年个性的形成和人格的发展具有重要的奠基作用。青少年家庭社会工作的核心愿景就是使孩子生活在健康、稳定和有助于成长的家庭中。

（一）家庭影响青少年的社会化进程

区别于学校教育与社会环境，家庭具有更强烈的不可移转性、不可选择性，因此它对青少年的重要影响首先体现在这种特性上。家庭教育的特点表现在以下几个方面：终身性——名副其实的“终身教育”，在人生的任何阶段，个体与家庭的联系都是割舍不断的，有天然的连续性；亲情性——血肉之情浓于水，情理交融，更具感染力；实践性——父母是孩子的第一任老师，言传身教的影响更为重要。所以说，家庭环境对儿童及青少年的成长、成才都具有举足轻重的作用。

（二）青少年家庭社会工作服务

青少年家庭社会工作就是指以家庭为中心，为在家庭环境中的青少年个人及其家庭提供服务，提高家长的养育技巧，帮助青少年的家庭恢复或增强其功能，从而实现青少年的健康成长的社会工作服务。青少年家庭社会工作相信，家庭有产生正向改变的能力，社会工作要以家庭的具体情况为基础，回应青少年以及其家庭的需求。

青少年家庭社会工作的核心愿景是使孩子生活在健康、安稳与有助于成长的家庭中。生活在功能健全、可提供有力支持的家庭环境中，是孩子健康成长的基本条件。如果家庭功能良好，孩子便能从中获益。但养育孩子并不是父母与生俱来的本领，社会工作者便格外重视为父母提供渠道，使其成为“称职的父母”。

值得一提的是，受到性别角色社会化与传统文化的影响，整理家务、照顾子女通常被视为母亲的天赋与责无旁贷的工作，相较对“母职”的传统界定，社会对“父职”的标准低很多。但由于现代社会中妇女投入就业市场、性别平权等因素的影响，传统父亲的角色也开始面临转变，父职参与和行动应该有不同的样貌。无论是父亲还是母亲，都应该在教育孩子的过程中承担责任。但事实上，很少有父母受过相关的训练或教育来学习如何当有效的、称职的父母，许多人的教育方式是以自己的童年经验为基础的，这也是造成亲子冲突的重要原因。因为父母所习惯的、过去的教养方式不一定适合当下的情况，他们都曾经历过青少年时期的种种困惑与情绪，但在教育孩子的时候，却又只能以自己父母错误的教养方式“重蹈覆辙”，反而激化了亲子间的矛盾。

理想的亲子关系，是父母在孩子成长的过程中，给予孩子不同发展阶段所需要的东西（见表 10－1）。对于青少年家庭而言，亲职教育的重点是要协助父母认识到青少年的独立并不是在拒绝父母，父母应该增强孩子尝试独立的行为，帮助孩子建立自我认同；协助父母认识到青少年可以同时追求独立和依赖，这是正常的情况，父母需要理解这样的困惑；协助父母认识到青少年仍然需要陪伴，并且不管是父亲还是母亲，都需要在工作与家庭生活中进行平衡。

表 10-1　　孩子的成长阶段与父母的角色

孩子的年龄段	发展的重点	建议父母的指导方向	父母的角色
0～3岁	环境	保障安全与舒适	保姆/护士
3～7岁（幼儿园）	行为	建立规则界限	行为教练
7～12岁（小学）	能力	创新/发掘挑战	老师
12～18岁（中学）	价值观/信念	多角度/选择权交给孩子	军师
18～25岁	身份	肯定他的独特性/倾听	知音
25～33岁	使命	支持他的人生方向	启蒙者

资料来源：郑立峰．家庭系统排列：重建家庭秩序 让爱自然流动．北京：化学工业出版社，2019：149.

知识窗

在近代家庭教养理论中影响最大的要数鲍姆林德（Diana Baumrind）的父母教养方式理论。鲍姆林德是美国加州大学伯克利分校的发展心理学教授，她在20世纪60年代研究了100多个家庭，发现不同的父母教养方式主要的差别就在于爱和规矩这两个维度上。她用了比较专业的词汇满足需要（responsiveness）和坚持要求（demandingness）来代表爱和规矩。根据爱和规矩这两个维度上的强弱结合，可以勾画出四种父母教养方式（见表10-2）。

表 10-2　　建立在爱和规矩维度上的父母教养方式

	高度规矩	缺乏规矩
高度满足	严格型（authoritative）	溺爱型（permissive）
缺乏满足	严厉型（authoritarian）	忽略型（neglecting）

资料来源：王涛．规矩和爱．北京：北京理工大学出版社，2012：48.

二、家庭变动与青少年

家庭变动可以简单理解为家庭规模、家庭关系、家庭结构、家庭功能发生了改变。家庭变动在一定程度上会带来家庭气氛、家庭关系、家庭经济状况等方面的变化，影响家庭功能的正常发挥。当然，家庭变动带来的并不都是负向影响，也并非所有家庭变动中的青少年都会出现问题。相对而言，离异和单亲家庭中的青少年较易受到家庭变动的负面影响，是社会工作者需要关注的重点对象。

（一）家庭变动

随着政治、经济、文化、社会的快速发展与急剧变迁，家庭规模、家庭关系、家庭结构、家庭功能也发生了变化，从而引起家庭变动。家庭变动的含义有广义和狭义之分：广义的家庭变动是指宏观层面的社会状况导致家庭形态的变化，比如空巢老人家庭、留守妇女家庭、留守儿童家庭等；狭义的家庭变动指的是家庭内部关系变化导致微观家庭内部结构、家庭规模的变化，比如单亲家庭、失亲家庭、重组家庭、寄养家庭等。狭义的家庭变动受宏观社会结构的影响。

批判性思考问题：

你还可以举出其他家庭变动的形式吗？

社会转型使家庭结构、婚姻方式、生育制度及家庭生活方式发生着前所未有的变化，主要表现在两方面：

一是家庭规模小型化，家庭类型多样化。自计划生育政策实施以来，我国的人口数量得到了有效控制，但随之而来的是家庭规模的逐渐缩小，即使 2016 年开始实施全面二孩政策，2021 年开始实施三孩政策，这一趋势也未发生逆转。随着社会的不断变化发展，家庭类型呈现出多元化的格局，如没有婚姻关系的离婚家庭、没有血缘关系只有婚姻关系的丁克家庭、既没有婚姻关系又没有血缘关系的独生家庭、无论是农村还是城市都存在的非婚姻关系的同居生活方式等。面临社会转型带来的生活压力，人们对两性情爱和家庭幸福追求更加强烈，而家庭成员的关系趋向平等化，包括夫妻之间、亲子之间关系的平等化。

二是家庭既能够提供儿童健康成长和发展积极社会功能的环境，也可能会使儿童面临很少（或没有）情感、生理支持或没有机会以有意义的方式发展的环境。对父母的安全依附程度是儿童日后发展各种关系的基础，尽管家庭的众多任务之一是培养独立自主的儿童，但是文化和环境（如贫穷、精神疾病、离婚、婚姻失败、种族歧视、失业压力等）会影响家庭结构和家庭功能。①

（二）家庭变动对青少年成长的影响

家庭变动带来的并不都是负面影响，例如父母结束了长期的矛盾冲突选择离婚，家庭气氛反而可能发生好的转变。家庭结构变动不会直接导致青少年出现问题，也并非所有家庭变动中的青少年都会出现问题，真正影响青少年发展的是家庭内的气氛（情绪）状况、家庭成员间的关系是否和谐、家庭经济的稳定性、教导子女的方式及角色典范等因素。而家庭变动在一定程度上会带来这些因素的变化，影响家庭功能的正常发挥，例如父母离异或重新建立新的家庭，家庭经济社会地位相应发生变化，相对于双亲家庭，离异单亲家庭面临更多经济上的问题，也更易缺乏资源来应对困境。

1. 社会交往影响

在传统观念的影响下，社会大众常会不自觉地给离婚家庭的青少年贴上“问题

---

① ALLEN-MEARES P. 儿童青少年社会工作．李建英，范志海，译．上海：华东理工大学出版社，2013：86.

标签”。加上媒体舆论习惯将“离婚”与各种负面事件联系在一起，无形之中加深了人们对离婚家庭青少年的刻板印象。双亲家庭中的孩子受这些刻板印象的影响往往对这些父母离异的青少年抱有成见，并与其保持距离。在社会舆论的压力下，离婚家庭中的青少年常常被隔离在同辈群体之外，人际交往的需要得不到满足，逐渐走向沉默寡言和敏感多疑；而他们的消极和孤僻又成为他人不愿与其深交的理由。如此恶性循环，使离婚家庭的青少年陷入了人际交往的困境。

2. 行为偏差影响

美国犯罪社会学家阿马托（Paul R. Amato）和凯恩（Jennifer B. Kane）曾进行以家庭结构对孩童的影响为研究主题的实证研究，并获得了13 000多名青少年的第一手资料。他们发现，家庭结构与青少年的行为之间存有相当的联结关系，是导致青少年行为越轨、药物滥用、过早性经验、学业失败以及心灵创伤的高危险因子。这些出身离婚家庭的青少年所面临的成长困境，随着他们的成长历程，将会如影随形地一直持续到他们进入成年期。①

单亲家庭中大量的青少年失去父母双方刚柔相济的教育中的某一方，增加了这些青少年心理调适的困难。相较于家庭结构完整的青少年，他们更容易在情绪、品德、性格、学习等方面出现问题。而且单亲家庭不像双亲家庭对子女会有严格的监督，往往会疏于对子女管教，致使他们易受社会不良因素的影响。② 因此，作为孩子的监护人和教育责任人，父母的教育方式和教养态度对孩子的健康成长至关重要。派特逊（G. R. Patterson）认为，良好的管教方式有助于子女发展出良好的行为，过于放纵或严厉都影响子女的正常社会化。父母如果能做好监督者的角色，将减少子女与不良少年的接触，进而减少越轨行为。美国犯罪学者鲍姆里恩德（D. Baumrind）也指出了亲职方式，如父母对子女行为的反应和要求，与越轨行为的密切关系。他认为，父母对子女的支持和鼓励越多，要求越严格，子女就越不会出现越轨行为。③

3. 心理情绪影响

家庭的情感氛围对青少年的心理健康具有重大影响，家庭情感关系紧张，诸如苛责、敌视等高情绪化的表达方式易使青少年产生恐惧、焦虑、安全感丧失等心理感觉。与稳定的家庭相比，家庭变动中的家长更易形成不良的家庭教育模式，比如，离婚家庭中带孩子的父亲或母亲，或多或少会在孩子面前埋怨另外一方，虽然在一定程度上可以发泄心中的不良情绪，但成长中的青少年缺乏判断意识，会被误导，认为曾经最亲近的母亲或父亲是个不值得信赖的人。这种前后矛盾的感受会促

---

① AMATO R，KEITH B. Parental divorce and adult well being of children：a meta - analysis. Psychological bulletfin，1995（10）：26 - 46.

② MATSUEDA L，HEIMER K. Race，family structure and delinquency：a test of differential dssociation and social control theories. American sociology review，1987，6（52）：826 - 840.

③ CONGER K J，CONGER R D. Differential parenting and change in sibling differences in delinquency. Journal of amily psychology，1994，8（3）：287 - 302.

使青少年缺乏安全感，影响青少年健全人格的建立。

（1）青少年思想意识尚不成熟，尚未对家庭结构变迁形成正确的认知，易形成自卑、自闭、抑郁、焦虑、恐惧、嫉妒等心理感受。家庭成员的情感支持可以减少子女在人际关系敏感、抑郁和偏执方面的表现[①]，能提高青少年的自信心[②]；在社会交往中会表现出更多的人际信任，有助于形成较亲密的情感关系；还能帮助青少年形成积极的人生观和价值观[③]。

（2）家系困惑是寄养儿童（和青少年）所面对的独特的心理问题。家系困惑是指寄养儿童、收养儿童，或由捐献精子或卵子而人工授精出生的儿童所特有的一种潜在的身份认同困境。对于儿童来说，确定的家系关系以及关于他的家系的相关信息，是建立儿童所有个体形象和外在世界图景的必要条件。获取家系关系和相关信息是每个人的权利，每个人都会去追寻他所出生的家庭、种族、民族、宗教的传统，这是一种迫切的内驱力，缺失自己出生时的传统是一种剥夺，可能导致个人的心理发展障碍。[④]

寄养儿童的保护性因素主要产生于他们的家庭，包括寄养家庭和原生家庭，以及学校和社区的环境。在这些环境中包含着关爱的、有信心的、支持性的关系，这些关系可以让寄养儿童产生安全感。学校和社区中还可能提供许多参与的机会，让寄养儿童获取更多的社会支持、社会角色和社会经验，从而帮助他们抵御危机，提升寄养儿童的抗逆力。[⑤]

（3）处于离婚家庭中的青少年面临着多方压力。在离婚、单身、再婚和同性恋家庭中，缺席的父母对孩子而言仍然有意义地存在着。对那些完全不知道父母任何消息的收养孩子来说，失踪父母的“幻影”一样对他们有着重要的影响力。韦伯同样认为缺席的父母在孩子的生命中扮演着重要的象征性角色，且发现这些孩子会在有象征性意义的日子里哀悼他们已逝去的父母。以心理动力学来定义的话，这些孩子经历了“客体失落”（object loss），即失去了一个重要的依附角色。这种失落会让孩子觉得自己是一个孤单的个体。[⑥] 孩子们会担心和自己居住的父母一方会离开，也担心如果对父母表达愤怒，分居的一方会再也不来探望自己。而且孩子会经常自责，认为是自己的不好（行为）导致了父母的离异。总之，离异所带来的一系列变化，如家庭经济地位降低、亲属关系发生变化、转学或者居住条件发生改变，都可能导致青少年情绪失落，甚至崩溃。

家庭不良环境会对青少年的发展产生消极影响，塑造良好的家庭环境对青少年形成健全的人格具有重要作用。家庭变动打破了原有的、稳定的和谐家庭状态，随

---

① 雷泉，易文涛．高中生心理健康状况与父母养育方式的关系研究．思想理论教育，2006（23）：40－43.

② 袁静，余毅震．父母养育方式对高中生心理健康状况的影响．医学与社会，2007（3）：32－33.

③ MASTEN A S. Resilience in developing systems：progress and promise as the fourth wave rises. Development and psychopathology，2007，19（03）：921－930.

④ WELLISCH E. Children without genealogy：A problem of adoption. Mental health，1952，13（1）：41－42.

⑤ 王玥．家庭寄养青少年的家系困惑与抗逆力问题．中国青年研究，2014（5）：11－15.

⑥ WEBB N B. 儿童社会工作实务．黄玮莹，辜惠媺，译．台北：学富文化事业有限公司，2006：274.

之会带来一系列的家庭问题。因此，家庭变动中的青少年更可能面临问题，应在得到全社会广泛关注的基础上获得正确的引导。

三、家庭暴力与青少年

家庭暴力是一个全球性问题。处于家庭暴力中的孩子通过耳濡目染，被潜移默化，在他们长大后大大增加了使用暴力的可能性。社会工作者需要提高对这类青少年处境的关注。

（一）家庭暴力

2015年12月颁布的《中华人民共和国反家庭暴力法》对家庭暴力的定义为家庭成员之间以殴打、捆绑、残害、限制人身自由以及经常性谩骂、恐吓等方式实施的身体、精神等侵害行为。在近年来关于影响青少年犯罪因素的研究中，诸多的研究者开始关注家庭暴力，家庭暴力对青少年犯罪有显著的推动作用。[①] 考虑到青少年是处于发展阶段的未成年人，不只是身体上的受伤会对他们造成负面影响，因此本节对家庭暴力的讨论将会包括虐待和忽视等内容。

1. 虐待

虐待是指青少年通过非意外事件遭受到来自家庭成员的一系列身体伤害，导致死亡、造成畸形、引发生理或情感健康的损伤以及某种身体功能的丧失和损害。其具体指标包括以下内容。

（1）身体受虐待的指标：

1）瘀伤。

a. 瘀伤和伤痕；

b. 不同恢复程度的瘀伤；

c. 成片的瘀伤，表明和客体的重复行为有关。

2）灼伤。

a. 香烟烫伤；

b. 绳索勒伤。[②]

3）破口。

a. 组织的撕伤（特别是嘴唇，强迫性饮食的指标）。

4）骨骼的伤害。

a. 长骨的骨折和骨端的分裂。

5）内伤。

a. 腹腔内膜发炎；

b. 小肠内有血液凝块（小腹被踢所致）；

c. 器官破裂。

---

① 熊淑萍．试析家庭暴力对青少年犯罪的影响．法制与社会，2013（15）：182-183.

② 此处将“绳索勒伤”归属于“灼伤”，因参考其他教科书，所以不做改动。

6）头部的伤害。

a. 头发的缺少，头皮上有光秃之处；

b. 腭部和鼻部有骨折；

c. 硬膜下有血肿。

7）其他指标。

a. 严重的发展迟缓；

b. 不一致的治疗历史；

c. 对孩子为什么和怎么受到伤害的解释不一致。

（2）受性虐待的生理指标：

1）幼儿性病的出现；

2）外生殖器部位的生理损伤；

3）攻击性的名声；

4）怀孕；

5）勾引性行为；

6）过分关注外生殖器；

7）关于性方面的超出其年龄的知识。[①]

知识窗

我国宪法明确规定，禁止虐待儿童。《中华人民共和国未成年人保护法》《中华人民共和国预防未成年人犯罪法》也明确禁止父母或者其他监护人虐待儿童。法律专家表示，当前刑法中，并没有专门的“虐童罪”，比较接近的两条法律为虐待罪和故意伤害罪。虐待罪是指对共同生活的家庭成员，经常以打骂、捆绑、冻饿、限制自由、凌辱人格、不给治病或者强迫过度劳动等方法，从肉体上和精神上进行摧残迫害，情节恶劣的行为。《中华人民共和国刑法》第 260 条规定，“虐待家庭成员，情节恶劣的，处二年以下有期徒刑、拘役或者管制。犯前款罪，致使被害人重伤、死亡的，处二年以上七年以下有期徒刑。”

2. 忽视

忽视指的是家庭成员对青少年没有提供必要或适当的情感支持、家庭教育、医疗或其他法律认可的青少年成长所必需的家庭照顾。

案　例

2013 年 6 月 21 日 9 时许，南京市江宁区麒麟派出所社区民警王平元上门走访辖区居民乐燕（女，22 岁）时，发现家中无人应答，乐燕手机处于关机状态。王平元觉得事有蹊跷，便叫来锁匠将门打开，发现两名幼女一个在门边，另一个在床边，均已没有呼吸，她们正是乐燕 3 岁和 1 岁的女儿。2013 年 2 月份，孩子的父亲

① ALLEN-MEARES P. 儿童青少年社会工作．李建英，范志海，译．上海：华东理工大学出版社，2013：123－125.

李文斌因为吸毒被抓，2013 年 8 月底出狱。而乐燕也因涉嫌故意杀人，被江宁警方刑事拘留。2013 年 9 月 18 日，乐燕被南京市检察院以故意杀人罪起诉，在南京中院公开开庭审理。

资料来源：https：//baike. baidu. com/item/6 · 21 南京女童饿死案 .

（二） 家庭暴力产生的原因

（1）个人病理模式论认为，施暴者有精神疾病或性格缺陷，如缺少自尊、不成熟、精神分裂症等，这导致他们背离非暴力的行为规范，因此应给予官能不全者和没有学会以非暴力方式自我表达者以治疗。目前此种理论和观点在心理学和精神病学领域仍然流行。[①]

（2）在西方社会，最古老也是被广为接受的观点是基于心理学的对家庭暴力的解释。不同于对精神疾病的关注，心理理论侧重施暴者和受害者在心理上的倾向性。施暴者往往被描述为充满嫉妒心、过度依赖和有强烈占有欲；而受害者则被形容为精神压抑、过度依赖和有强烈的不安全感。施暴者通常具有某种心理上的事先的自我控制和缺少自尊的模式。[②]

（3）生物学的解释为我们提供了一套有关家庭暴力成因的理论。这些理论以生物化学或遗传学等科学为基础。医学生物学的解释常常纳入关于施暴成瘾的说法，认为其表现形式是传统的精神病症，所依据的是性格症状“类型”的描述。还有一些有关施暴成瘾的解释则立足于肾上腺素或肾上腺皮质激素的化学失衡。在探讨家庭暴力时，这些解释通常适用于以医学研究方法来探究化学物质和攻击性、情绪变化、异常行为及精神疾病之间的关系。[③]

（4）暴力循环理论（亦称为“代际的暴力传递”）意指生长在暴力家庭中的人，通过习得的行为，可将暴力直接传递给下一代，由此形成一个暴力不断再生的循环。在暴力家庭里，一个处于儿童期的人，若常常遭受或目睹暴力，会倾向于成长为易于诉诸暴力的成年人。这样的儿童也可能没有机会学习适当的解决冲突的技能。这些缺失的机会会导致在成年施暴者中常见的愤怒情绪控制缺陷。此外，一些社会学者在采纳以家庭为取向的理论时还指出暴力循环理论的一个变量，即一方面，暴力行为是儿童时期在发生暴力的家庭里习得的，另一方面，社会上还存在一种“亚文化模式”，在这种环境下，诉诸暴力是作为更广泛的生活方式而习得的，如从邻里之间、从犯罪亚文化或团伙中，或从诸如警察和军队这样的特定职业中习得的。[④]

---

① 黄列．家庭暴力的理论研讨．妇女研究论丛，2002（3）：56－64.

② ROUNSAVILLE B J. Theories in marital violence：vidence from a study of battered women. Victimology，1978. 3（1）：11－31.

③ HAGUE G，MALOS E. Domestic violence：action for change. Cheltenham：New Clarion Press，1998.

④ 同①.

父母冲突的频度、在冲突内容上的激烈程度、对冲突解决评价的好坏以及应对效能的高低和威胁评价的多少都与青少年社会适应存在密切联系。具体而言，父母冲突形式和冲突内容强度与青少年内部外部适应联系紧密：父母言语、身体和情绪冲突越多，青少年的学习问题和不良行为越多，而身体、言语冲突越多时，抑郁越多、自尊水平越低；与父母和孩子有关的冲突越强烈，青少年的自尊水平越低，抑郁和学习问题越多，而且与父母有关的冲突越激烈，青少年的不良行为越多。无论从冲突的形式上还是从冲突的内容上看，都会使孩子感到家庭气氛的紧张、压抑，从而积累很多负性情绪和想法，于是可能通过逃学、抽烟、喝酒等方法缓解自己的压力。父母关系的恶劣和暴力的存在也会使青少年在与他人交往时产生怀疑和不自信，特别是在与异性交往时，这种情况更有可能发生，这一点在婚姻冲突代际传递的研究中已经得到证明。①

知识窗

虐待性家庭经常以家庭成员间的暴力行为为特征，包括代际虐待模式。因此养育子女可以看成一种受早先一代父母养育模式所影响的适应性挑战。在社会中没有制度准备为任何人提供养育方式，总是在家庭中从一代到下一代传递其养育模式。如果这个家庭有足够的支持，这种虐待型模式会保持隐匿状态。如果这个家庭面临着压力或反复的危机，这种虐待模式就会显露出来。也就是说，家庭的功能不良和压力超过其资源时，容易导致儿童虐待事件的发生。当一个家庭各种事情都很顺利时，虐待几乎不可能发生。一些家庭在过大的压力下生存，一种压力引起另一种压力的产生。例如，疾病能够导致一个家庭长期的失业和贫穷。一些家庭通过猛烈攻击或采取侵犯性行为来应对压力。这一模式或概念引导实务工作者致力于减轻这些家庭的压力，并增加其资源，以恢复其平衡。

资料来源：ALLEN-MERAES P. 儿童青少年社会工作．李建英，范志海，译．上海：华东理工大学出版社，2013：123－125.

第二节　家庭变动中的青少年社会工作介入

现代家庭很容易产生危机，比如离婚、丧偶、重组、未婚生子等，这些危机带来了家庭结构的变化、家庭情感的冲突。处于青春期的青少年在适应单亲家庭与重组家庭两种相互联系的特殊家庭形式时存在诸多困惑。如何解决家庭变动中青少年所面临的困难，使其健康成长，是青年社会工作者特别要关注的问题。

---

① TALLMAN I，GRAY L N，KULLBERG V，et al. The intergenerational transmission of marital conflict：testing a process model. Social psychology quarterly，1999，62（3）：219－239.

一、家庭变动中的青少年的需求

埃里克森（E. H. Erikson）认为青少年阶段的危机是角色混乱。每个人都有不同的需求，同一个人在不同的阶段需求也不同。根据埃里克森的分析，青少年的需求主要包括获得清晰角色的需要、社交的需要、相互尊重以及获得认同感的需要。在家庭变动这一特殊环境下的青少年需求具体表现如下。

（1）衣、食、住、行、乐等需要是青少年健康成长的基本需求。处于家庭变动的青少年，比如离婚家庭中的青少年，家庭经济结构发生变化，基本需求的满足程度与同龄人相比较欠缺，或是相反的情况，父亲或母亲为了弥补家长角色的缺失，过分给予物质支持，两种情况对青少年的健康成长均会产生不良影响。

（2）家庭是青少年社会化的第一场所，家庭教育对青少年的社会化发展有非常重要的作用。家庭教育的主要内容包括以下三个方面：基本生活技能、基本行为规范、基本道德意识和价值判断。家庭结构、家庭关系的变化影响家庭教育功能的正常发挥，与结构完整的家庭相比，变动家庭中的青少年更容易受到不良家庭文化、不当行为方式的影响。

（3）青春期是青少年的生理和心理变化发生的特殊时期，他们从幼稚走向成熟，从家庭进入更广阔的社会，生理和心理的大幅变化给青少年社会关系网络带来了新的变化，生命中的重要他人已不再只限于父母，还包括朋友和师长等。缺失家庭关爱的青少年则更倾向于从家庭之外的社会关系网络获得可靠的持续性的支持，寻求爱与归属。

（4）处于家庭变动与青春期的双重影响下，青少年在社会化过程中，因社会关系的重大改变而产生各种矛盾和压力，迫切需要被理解与被尊重。有时他们会因寻求关注而做出更为叛逆的行为，社会工作者在规范其行为的基础上要关注其深层次的需要。

二、单亲家庭中的青少年社会工作介入

所谓的单亲家庭指的是只有父亲或母亲一方与其不具备独立生活能力的、年龄在 18 周岁以下或虽然年龄已满 18 周岁但正在接受全日制教育的未婚子女共同生活的家庭。单亲家庭的成因有：离异、父母一方死亡或者未婚生子。

离异家庭是指家庭夫妻关系破裂，双方通过法律程序解除婚姻关系，由父亲或母亲一方与未成年子女共同生活形成的家庭。离异家庭是单亲家庭最主要的一种表现形式。欧美国家在 20 世纪六七十年代的离婚高峰促成了大量离婚式单亲家庭的出现。中国从改革开放至今，由于快速增长的离婚率，离婚式单亲家庭占比重逐渐上升。基于我国民政部门的统计，借用《社会服务发展统计公报》的数据，2017 年我国依法办理离婚手续的共有 437.4 万对，比上年增长 5.2%；2018 年共有

446.1万对，比上年增长2.0%。自2009年以来，我国离婚率连续10年递增。在当前离婚率居高不下的情况下，成长于离婚家庭中的青少年逐渐成为人们关注的群体。一项对1 000个离异家庭子女的调查统计显示，45%的孩子有自卑心理；40%的孩子性格孤僻、情感脆弱；25%的孩子情绪波动，起伏不安；24%的孩子心理早熟。①

批判性思考问题：

离婚率持续增长对青少年社会工作者提出了哪些新的挑战？

（一）实务内容

就家庭变动议题而言，大人必须承担造成家庭问题和解决家庭问题的责任。此外，也必须不断地提醒孩子：目前的情况不是他们引起的；而且，就因为他们是孩子，他们也无法补救目前的状况。一般来说，社会工作者要帮助孩子达成以下目标。②

1. 认清事实

认清事实，包括婚姻破裂、父母再婚、父母单身状态的事实等。孩子可能会否认这些事实，或幻想他们希望的状态或结果。因此大人可以用孩子能够理解的方式来给孩子提供信息，包括目前生活如此安排的理由。在告知的过程中，必须充分考虑到孩子的感受，也要考虑到他们对大人的复杂动机的有限理解能力。

2. 远离父母的冲突和痛苦

远离父母的冲突和痛苦，并且继续他们自己习惯的和他们年龄该有的娱乐。那些把孩子当作知己的父母，不管他们知情还是不知情，都需要被告知他们应该去找一个同伴分享他们的需要，而不是把孩子当作知己。

3. 处理失落感

这里的失落是指孩子对那位缺席父母的困惑和抗拒。在团体或个别会谈中，或与父母一起的亲子会谈中，孩子应该被鼓励说出他们的感觉。

4. 处理愤怒和自责

在离婚的情况下，孩子对父母产生强烈的愤怒情绪是很常见的，即使他们已经目睹了父母多年的痛苦冲突，孩子仍然相信离婚是可以避免的。有些孩子还会把父母的离婚归因于自己，认为父母因为他而争吵，或是他曾经惹父母生气。

5. 接受父母的状态（离婚、再婚或单身生活）会持续不变

这个目标是要鼓励孩子不再怀抱着他们的家庭会奇迹式地重建的希望。我们成年人知道生命中没有一件事是真正永恒不变的，但是孩子会一直梦想着父母会团聚或父母会离开新关系，这个希望会让他无法把情感投注在现在的家庭上。要让孩子

---

① 高雪玉．重组家庭如何教育孩子．现代家教，2002（8）：16－17.

② WEBB N B. 儿童社会工作实务．黄玮莹，辜惠媺，译．台北：学富文化事业有限公司，2006：281－283.

理解，如果一直祈求别的东西，就会失去现在所拥有的东西。

6. 对未来关系的乐观预期

有些对离婚家庭孩子的长期追踪研究指出，离婚家庭的孩子在自己的亲密关系里，对爱与忠诚度产生了焦虑和煎熬。但是大多数孩子仍然发展得很好，这证明了生命韧性让孩子克服了父母离婚的压力。

（二）实务模式

1. 个案工作介入

自我潜能的发掘是以单亲家庭青少年个体和家庭为服务对象，通过对单亲青少年需求的把握，帮助其调整心理情绪状态，激发潜能，实现自我认同。社会工作者与接受服务的单亲家庭青少年是彼此信任合作的和谐关系，工作者要遵从尊重和同感的原则，充分调动单亲家庭青少年本身的潜能和积极性，共同探讨其自身的问题，帮助理清其家庭及所处的社会环境，并协调包括单亲家庭在内的一切可调用资源，增进其独立解决问题的能力。工作者应该扮演好忠实倾听者的角色，引导单亲青少年尽情吐露心声，并启发他们诉说自己真实的想法，减轻心理负担；工作者要扮演好使能者的角色，要积极参与单亲青少年自我认同困境的解析，对他们给予适宜的肯定和鼓励，认可他们的自我价值，鼓励他们发挥自己的优势，形成自己的认知方式。①

2. 团体工作介入

（1）随着家庭结构和家庭动力的改变，青少年的成长往往伴随着一种受害者的情绪，要鼓励他们通过参加团体工作缓解不良情绪和改善社会适应能力。通过团体工作的开展，使其在涉及家庭议题时能够更加放松，并且在团体中获得社会支持。拥有融洽、支持氛围的团体会让孩子们感知到自己的能力，不会认为自己只能作为一个争吵离异家庭中的一员。

（2）离婚小组团体工作的普遍目标：提供支持的环境，面对并表达与父母离婚相关的情感，理解与离婚相关的概念与厘清之前的错误观念。更加具体地来说，就是通过提供信息和朋辈支持使离婚经历正常化；理清与离婚相关的信息；重建离婚带来的情感困难的一面；帮助孩子处理离婚这一压力体验，提升父母的支持和卷入。团体工作向那些父母离异的孩子提供了一个机会，使他们能够在群体中表达自己，在朋辈中确认和分享他们的经历。事实上，与那些和自己有同样经验的孩子们讨论挫折事件会让他们感到舒服，这种分享的氛围在一定程度上可以缓解孤单和无助的感觉，发展出一种同志般的友谊，因为他们看到自己的同龄人也正在经历困境并为此奋斗。

---

① 高中建，刘超，李冲．单亲家庭青少年成长困境的社会工作介入初探．青年探索，2011（1）：65－69.

3. 亲职教育

亲职（parenthood），或说为人父母，是指一个人认同自己和子女之间有特殊的连带，孩童会因为这样的连带而期待父母照顾并安排社会位置。这个词通常是中性的，不一定指父亲或母亲。[①] 高淑贵提到的亲职角色包含四种：情感表达、养家持家与家务安排、教育与辅导、社会联系。[②]

在实务过程中，亲职教育通常有三个步骤：

第一步：问题界定。在界定问题时，社会工作者需要了解问题的前因后果，并将问题分解为具体的、可观察以及可测量的项目，社工必须协助家长对"问题行为"进行具体的描述，才能在此基础上观察亲子间的互动。在界定问题时，应该将家庭的全体成员都纳入其中，了解家庭成员在行为激发或强化当中扮演的角色。所以问题界定不仅可以借助问卷量表等工具，也可以采取居家观察亲子互动、与家庭成员进行会谈等多种方式。

第二步：观察和行为测量。社工要教导父母观察和记录实际的行为，了解他们认为的孩子的"问题行为"何时出现，何时没有出现，例如有暴力行为的青少年在什么时候会动用暴力，什么时候不会出现暴力行为，对谁使用暴力，不会对谁使用暴力。父母也必须审视自己的行为对孩子行为的影响，有暴力行为的父母可能会助长孩子的暴力行为。这一套行为的测量应该是贯彻服务始终的。

第三步：行为规划与练习。社工需要协助家庭成员拟订行为规划，规划的内容包括为了解决问题，家庭成员的哪些行为应该增加，怎样通过技巧增强这些行为，家庭成员的哪些行为应该减少，如何削弱这些行为。家庭成员需要按照这样的规划进行练习，并且在未来的生活中继续使用这些技巧，鼓励需要增加的良性行为继续增加下去。

三、重组家庭中的青少年社会工作介入

重组家庭指婚姻双方离婚后，一方或双方再次结婚组成的家庭。有子女的重组家庭可以分为三种家庭结构类型，即生母-继父家庭、生父-继母家庭和继父-继母家庭。非血缘的亲子关系使得重组家庭的子女教育问题尤其敏感和突出，许多继父母感觉在处理与继子女关系时如履薄冰，继父母与继子女的关系微妙而脆弱。

批判性思考问题：

重组家庭可能面临的困难有哪些？社会工作可介入的角度又有哪些？

（一）实务内容

重组家庭中的青少年社会工作服务的主要目的是帮助重组家庭建立良好的亲子

① 彭怀真．家庭与家人关系．台北：洪叶文化事业有限公司，2015：178.

② 高淑贵．家庭社会学．台北：黎明文化事业公司，1991.

关系。这一过程有以下原则。

1. 爱与归属的原则

家庭是情感陪伴的主要来源，爱与归属的原则是处理好重组家庭亲子关系的基本原则。寻求爱与归属感是孩子的心理需求，可以减轻青少年的孤独感和寂寞感，获得认同感和安全感。重组家庭结构较复杂，家庭成员之间有效的沟通是成员之间接纳与认可的前提条件。家庭成员之间的接纳与认可、爱与关怀的给予，可以满足青少年的情感需求，建立起相互信任和谐的家庭氛围。

2. 理解的原则

著名教育家陈鹤琴曾经说过："怎样能把孩子培养好呢？栽花的人先要懂得栽花的方法，花才能栽好；养蜂的人先要懂得养蜂的方法，蜂才能养好；养牛、养羊、养鸟、养鱼都很需要先懂得专门的方法，才可以养得好。"① 显然，要想知道怎样培育孩子，必须理解孩子所处的各阶段的思想与行为特征。处于青春期的青少年具有朦胧的成人意识，第二性特征出现之后，他们自我感觉已不再是小孩子，渴望独立自主、不受成人的限制和约束，具有强烈的逆反心理；他们愿意自己独立处理问题，不愿意成人过多地管教自己，自己的事情不让成人过问。在这种情形下，如果亲子之间的沟通渠道不畅通，有时候就会出现父母不理解孩子、孩子不理解父母的情形。

要真正做到相互之间信任与理解，首先需要营造良好的家庭氛围，父母要做好榜样，夫妻之间情感融洽，相互信任，相互理解与包容。其次，父母以一种朋友的角色与青少年去交流，充分体现平等自由。最后，以一种平常心去感悟孩子的所思所想。之所以是理解，就是不包含任何批评或赞扬，思考孩子的不良行为或好的行为原因是什么，不盲目做评价，这样才能建立起亲子之间良好的沟通桥梁。

3. 公平的原则

重组家庭包含四种家庭形式：生母与继父带孩子的家庭、生母继父不带孩子的家庭、生父继母带孩子的家庭、生父继母不带孩子的家庭。在处理继子女与继父母的关系上有三种类型，第一种类型：继父母与继子女为了避免矛盾，相互尊重，但没有情感上的交际；第二种类型：继父母明显偏袒一方子女，易造成家庭矛盾；第三种类型：继父母视孩子为己出，公平对待每个孩子，家庭关系和谐。公平原则有利于继父母在孩子心中树立好的形象，更易于孩子敞开心扉接纳继父母。公平原则是父母获取子女尊重与信任的前提。

4. 尊重的原则

在关系中如果只有一方被尊重，这就是不平等。我们必须很确定地表现出

---

① 陈鹤琴．陈鹤琴教育文集：下卷．北京：北京出版社，1983：749.

对孩子及其权利的尊重。只有当我们对一个孩子和他的能力有信心时，才能表现出对他的尊重。尊重孩子，就是要将他视为一个和父母有同等权利做决定的人。但类似的“权利”并不表示孩子可以做任何大人能做的事，而是指我们每个人在家庭系统中扮演着不同的角色——而每个人都有受到在那种角色中被尊重的权利。

班杜拉的社会学习理论中谈到，青少年通过观察历程就能进行学习，并不需要个人亲身体验。经由观察学习，被观察者也即示范者的行为就成为观察者的“楷模”，再经由自我系统的作用，观察者“模仿”了被观察者的行为表现，编码储存在个体内部，进而显现相似的行为。只要父母的坚持建立并表现出对孩子的尊重，便很容易引导孩子尊重规律。想要在继父母与继子女之间建立相互尊重的原则需要注意：第一，维持友善并保持愉快的气氛；第二，避免任何说教；第三，相互尊重。

（二）实务模式

在重组家庭社会工作服务中，社会工作者常用联合家庭治疗模式进行介入。萨提亚（Virginia Satir）的联合家庭治疗模式影响深远，在婚姻治疗、药物滥用、精神健康以及青少年行为矫治中应用非常广泛。重组家庭关系十分复杂，不仅需要关注个体案主，更需要关注与案主相关的家庭成员，比如继子女与继父母之间的微妙关系就需要从整个家庭系统入手。也就是说，联合家庭治疗模式以家庭为治疗对象，而非只关注单独的个体。该模式认为：（1）个人本身是一个系统；（2）家庭是另一个系统；（3）个人和家庭所处的环境又是另外一个系统。个人系统的形成受家庭系统影响很大，同时家庭系统的形成也是家庭中个人系统互动的结果。

1. 联合家庭治疗模式的主要内容

（1）家庭成员的自尊。家庭成员的过低自尊往往和父母的自尊程度有关，也和父母对子女的教养方式有密切关系。家庭成员的过低自尊往往伴随如下特征：自我否定，难以与人沟通，害怕失败，不敢冒险，寻求权威庇护，心理防御机制明显。

（2）家庭沟通。家庭沟通的形式反映了家庭成员各自的自尊程度。沟通是一个多方传递的过程，涉及自我、他人以及情境三方面因素，良好的沟通应该是这三个方面之间的合理顺畅沟通。常见的沟通姿态有四种：讨好型、责备型、超理智型以及打岔型。社工的任务就在于帮助案主建立良好的自我评价，开展表里一致的家庭沟通。

（3）家庭规则。主要有四种错误的家庭规则：第一，非人性化的家庭规则；第二，绝对化的家庭规则；第三，矛盾性的家庭规则；第四，不合时宜的家庭规则。

社会工作者应该帮助家庭成员发现这些不恰当的家庭规则，并分析其中的问题，以推动家庭规则的合理化，从而促进家庭成员和家庭的良性发展。

（4）人对事物的反应过程。人对事物的反应过程主要包括六个程序：

第一，发生事件。有一件客观发生的事情，如重组家庭中孩子放学回家，继父只注意看报纸，不跟孩子说话。

第二，形成事件图像。孩子在头脑中产生一幅图像：继父只注意报纸，不跟自己说话。

第三，对事件做出主观解释。对这一图像孩子做出一个解释：他一定不关心我，才不理我。

第四，对事件的解释产生的主观感受，感到被伤害。

第五，对已有感受的进一步主观感受。因为觉得被伤害而产生对继父的愤怒，甚至牵连到生母与生父，感到被抛弃、被遗忘。

第六，由此产生外显的行为。因心理失落感而产生对生母继父不理不睬、逃课、发脾气等表示不满的行为。

在这个过程中，案主的主观感受使最终的行为反应大大偏离了事件的本来面目。引导者应聚焦于事件本身，具体分析影响这一过程的因素，澄清案主主观化的偏离，帮助案主建立准确的判断和积极的感受。影响这一过程的因素有以下几个方面：

第一，错误的图像。在重组家庭中，孩子对某些信息特别敏感或者特别容易忽略某些信息。

第二，歪曲的解释。在重组家庭中，由于各成员的生活经历与感受不同，又缺乏有效的沟通，易产生误解。所以澄清家庭成员对同一事情的不同印象，可以使案主改变对事物原有的印象。

第三，感受。随解释而来的感受。

第四，感受的感受。由原有感受引发的感受与反应。

2. 联合家庭治疗模式的具体干预

从实际干预过程出发，萨提亚将联合家庭治疗模式划分为三个阶段，每个阶段都有不同的治疗目标和治疗方法。

第一阶段：接触期。这是联合家庭治疗的第一步，主要工作目标有三个：第一，与案主家庭建立信任关系；第二，观察案主家庭的交往互动方式；第三，与案主进行沟通。社会工作者在这一阶段扮演着家庭联结者的角色。

第二阶段：转变期。这是联合家庭治疗模式最重要的阶段，这一阶段的专业目标就在于运用专业理念和方法帮助案主认清自我，并推动案主及其家庭的改变。与此相关的主要方法有：第一，追溯以往生活经验，以便探求案主当前行为偏离的原因，其中还有弗洛伊德的影响痕迹；第二，赋予旧经验以崭新的意义，视角的转换将为案主打开新的世界；第三，促使案主将对旧经验的新理解落实到行为的新选择上，这是案主真正转变的体现。

第三阶段：巩固期。这一阶段的目标主要有三个：第一，巩固案主已经取得的专业治疗效果；第二，帮助案主整合治疗经验；第三，提醒案主今后可能面对的新挑战。如果这三个目标都已经达到，则可以宣布结案。为了更准确地做出判断，萨提亚从专业的角度列出了判断案主家庭真正健康的结案标准：第一，家庭成员可以表里一致地进行沟通；第二，家庭成员能够彼此接纳；第三，家庭成员能够明白自己与别人相互间的看法；第四，家庭成员已经摆脱了过去负面的影响；第五，家庭成员相互支持；第六，家庭规则富有灵活性；第七，家庭成员能够自由选择行为。①

萨提亚联合家庭治疗模式旨在对家庭关系进行改善，覆盖面很广，因此形式多样，通常以家庭个案、团体活动、工作坊等形式进行。常用的萨提亚家庭治疗技巧包括以下几种。

（1）沟通游戏：以沟通为主题进行体验式活动，活动形式多样，可以通过设定情境让父母与孩子进行沟通训练，也可以角色互换，让父母扮演孩子的角色，体会孩子内在的感受。

（2）家庭规则转换：尽可能多地列出家庭规则，寻找每条规则的核心内涵与该规则存在的意义，在不改变规则内核的基础上，将规则中的强迫性语句变为选择性语句，例如将“应该”变为“可以”，将“绝不”“永远”变为“有时候”，更多地拓展规则的可能性。

（3）家庭雕塑：由一位家庭成员当导演，在一定空间内，根据某一主题或特定的时间点（如特定的问题、危机事件、家庭关系的某一维度等）来调摆家庭成员的肢体，决定每个人的位置。透过肢体动作的示范能重现过去的家庭经验，最后所形成的场面代表着这个人对家庭关系的象征观点，并通过对场面的理解来增加家庭成员对自我与家庭动力的感知。

（4）家庭重塑：利用家庭关系图、影响轮、家庭生活编年史等工具，建构父母原生家庭与当下家庭的发展，将当下与过往连接，帮助家庭成员去除纠结、更新经验、转化能量、释放情绪，实现自我的整合。

第三节　家庭暴力中的青少年社会工作介入

社会工作者在对家庭暴力中的青少年进行介入时需要了解以下内容：家庭暴力

---

① 许莉娅．个案工作．北京：高等教育出版社，2004：200-205.

中的青少年需求、实务内容以及可采用的实务模式。

一、家庭暴力中的青少年需求

处于家庭暴力中的青少年通常具有以下需求：安全的需求、教育的需求以及权益保护的需求。

（一）安全的需求

青少年既可能成为家庭暴力的直接受害者，即遭受家长的暴力而受到生理和心理上的伤害，也可能由于目睹暴力成为间接受害者，生活在充斥着暴力的家庭中，得不到关注和照料，感情需要和欲望得不到满足，变得充满敌意和恐惧。家庭暴力带来的身体伤害，紧张、害怕、孤独等消极的情绪反应，自尊心、自信心下降，尝试用暴力行为或破坏性行为发泄情绪等问题让家庭暴力中的青少年极度渴望安全的环境。

（二）教育的需求

家庭是个人社会化的第一场合，青少年通过观察、模仿、示范和演练等过程习得规范与行为。充斥着暴力的家庭，家长教育子女的方式简单、粗暴，棍棒代替说理，滥施家长权威；抑或父母之间的关系紧张，双方的冲突也习惯通过暴力方式解决。这些会使青少年形成一系列非理性认知，例如“是我/妈妈不听话才会被打”“打人能解决问题”“如果别人不听话，打他就可以了”，这样的非理性认知对孩子的发展有极为负面的影响，需要通过引导与教育重建其认知。

（三）权益保护的需求

对青少年，尤其是对学龄期儿童的家庭暴力发生在家庭内部，施暴者往往是孩子的父母，而他们又是孩子生活上的依靠和精神上的寄托，未成年的孩子作为受害人很难主动去寻找家庭以外的人对自己实施保护，因此许多家庭暴力问题难以被发现，社会干预便无从做起。[①] 即使社会干预可以保护一时，但没有完善的儿童保护制度、监护权监管制度等制度层面的建设，家庭暴力中的儿童权益也最终难以保障。

二、实务内容

针对家庭暴力中的青少年开展的社会工作实务主要包括改善青少年生存环境、

① 关颖．家庭暴力对儿童的伤害及其社会干预．当代青年研究，2006（5）：22-27.

增强案主支持系统、整合社会资源、社会倡导与行动。

（一）改善青少年生存环境

沃尔夫（Wolfe）认为，干预应该把"对受害者的责备"降至最低，注重加强青少年生存环境的预防性因素，而非以青少年的行为本身为目标。若以孩子为干预目标，则隐含了这样一层意思，即他或她在虐待性行为中是有过错的。沃尔夫建议：（1）更改案主或其家庭成员的有害性特质；（2）减少家庭的不和谐，并增加对孩子的接纳；（3）注重外在机构来支持家庭和孩子。干预必须消除恶劣的亲职模式和虐待的代际传承；并在社区层次提供足够的经济、社会和其他资源（如学习适当的亲职模式的机会）。①

（二）增强案主社会支持系统

社会支持系统在人们的社会功能中起着重要作用。社会支持系统可以缓冲个人压力，提供精神和物质支持。社会支持系统中的非正式支持系统如家庭成员、朋友、亲戚、邻居等与案主有着密切的关系。非正式支持系统为案主提供支持，案主的改变就有了动力和支撑。对于家庭关系不和谐、虐待孩子的家庭，做好案主亲朋好友、邻居、老师的工作尤为重要。这样可以改善家庭关系，增强非正式支持系统的力量。

（三）整合社会资源

社会工作在介入过程中对社会资源的整合和利用至关重要，有助于案主解决问题。整合社会资源，包括与志愿者、家庭、学校、社区、单位、重要他人、社会组织、政府组织、社会政策等相关资源的联系与整合。社会工作者扮演个案管理的角色，协调各种社会服务机构和专业人员为案主提供全方位服务，同时在整合资源的过程中要注意增进案主对资源的认识，提升其运用资源的能力。需要注意的是必须尊重案主个人意愿，如果案主不希望某个资源层面的介入，工作者要尽量避免涉及这些资源。

（四）社会倡导与行动

社会工作者为案主争取资源与所需服务时，还应倡导社会公平与正义，通过社会倡导和行动，努力去修正和完善足以对案主产生负面影响的政策或程序，促使制定新的政策法规。例如，为家庭暴力中的青少年权利进行倡导，呼吁家庭采取正确的家庭教育方式等。一般倡导技巧包括：与机构面对面进行协商，向监督机构进行投诉，联合其他机构，采取法律行动，提供专家意见，广泛收集相关信息，联络社

---

① ALLEN-MEARES P. 儿童青少年社会工作．李建英，范志海，译．上海：华东理工大学出版社，2013：143.

会各界人士，游说政府官员和人民代表。[1]

三、实务模式

在社会工作介入过程中，社会工作者可以给案主提供三方面的帮助：具体服务、提供信息、指引方向。具体服务是指社会工作者在为案主服务时，要解决他们的实际困难，关注他们的心理需求。提供信息是指提供案主所需的信息，信息应该是通俗易懂和善加组织的，千万不能随意、没有条理地给案主一些高深莫测的信息，让案主陷于困惑境地。特别是案主处于极大压力之下时，可能不太会用语言来表示其困惑，社会工作者必须注意案主的非语言信号。指引方向指的是在介入过程中，案主常常需要工作者指引方向。在实施的过程中，案主方面的介入重在增强案主的力量，发挥案主的潜能。[2]

（一）情绪疏导

社会工作者要倾听案主所思所感，宣泄个人经历、所思所感有助于案主心理健康，要营造一种安全的、开放的氛围倾听案主的心声。社会工作者可以用引导宣泄的方式来帮助案主释放焦虑和打开感情的枷锁，鼓励案主诉说他们经历的悲伤、恐惧、羞愧、愤怒和紧张。除了释放情感外，社会工作者要把重点放在案主如何处理这些情感上。对于目睹暴力的青少年，可以整合认知行为与游戏治疗，为其提供一个表达过去创伤记忆及痛苦感受的机会，并进行社会技巧训练，如放松训练、情绪管理等，同时也教导青少年自我保护的方法。

（二）认知行为治疗

通过认知重建来改善案主的情绪和行为，提升其解决问题的能力。社会工作者要让案主了解他们自己的对话、假设和信念对他们生活所起的作用与影响，理解认知与其生活情景密切相关的道理，协助案主辨识影响其认知的不良功能信念和思考模式。被忽视儿童和受虐待的儿童，以及其自身曾受虐待的父母在接受治疗时应该倾向于遵循下列七个阶段的过程：

（1）觉醒：他们是真正的受害者，以及他们曾害怕承认自己的真实感受。

（2）抗议：一旦他们认识到自己是受害者，就能够开始体验自己的痛苦和真实感受；在治疗过程中，他们应该被允许复述自己的感受。

（3）沉默：当他们获得新的意识和洞察力时，无论是以积极的还是消极的方式表现出来，都会开始感到他们有部分责任，出于某些原因或其他因素，他们感到“是自我找的”。

（4）绝望：在治疗过程中，儿童开始意识到他们的童年是非正常的，他们对这

---

① 朱眉华，文军．社会工作实务手册．北京：社会科学文献出版社，2012：65－75.

② 同①.

种失落感到特别忧伤。对那些直到成年才进行治疗的人来说，这种情绪尤为明显。

（5）关系重估：在儿童期受虐待的儿童和成人为满足他们人际关系的需要寻求完整感。

（6）关系调和：一旦这些儿童和成人面对了自己的感情，就会准备面对他们的加害者。

（7）重建：儿童被鼓励和其他人多接触。①

（三）危机介入

危机可分为两类：内在情绪变化和压力（失去心爱的人、失去工作、车祸）；社会性灾难事件（地震、水灾）。危机介入就是帮助处于危机中的案主更有效地处理或调适紧急情况下的压力的密集性干预实践。首先，社会工作者要辨别儿童对家庭中的虐待和被忽视的回应方式，警惕案主出现强烈甚至极端的反应：

（1）认同攻击性行为；

（2）神经质的适应——例如，分神、强迫或病态性恐惧行为；

（3）沉默——他们认为自己应对造成自身混乱的事件负责；

（4）精神疾病——他们接受了父母的病态世界观，并生活在一个半精神错乱的状态下；

（5）抑郁——他们责备自己；

（6）冷漠——他们对自己存在的各方面进行拒绝；

（7）报复——他们以有预谋的报复来疗伤；

（8）逆反；

（9）找寻——他们到处寻找求安全；

（10）早熟——他们变成了“小大人”。②

而危机介入一般有六个步骤：通过让案主发泄和创造一个信任和希望的氛围，努力减轻失能的紧张；社会工作者努力理解造成危机事件的原因；社会工作者给出自己对危机的印象和理解，并同案主一起核查这些感觉；案主和社会工作者一起努力寻找能够恢复平衡的具体补救方法；新的应对方法可能需要引入；当实现了原定目标，并经过一系列面谈之后，最终结案。

案 例

叙事治疗的实践：单亲儿童抗逆力提升服务

一、接案

服务对象父母离异5年，父亲常年在厦门打工，只有过年回来团聚几天，姑姑

---

① ALLEN-MEARES P. 儿童青少年社会工作．李建英，范志海，译．上海：华东理工大学出版社，2013：135－136.

② 同①135.

和大伯一家对服务对象姐弟俩都较为疼爱，但由于地域限制，很少有机会可以见面。服务对象日常与爷爷奶奶和弟弟住在一起，但爷爷奶奶对母亲的态度很差，两年不曾让服务对象见过母亲，母亲离异后也从未主动来看望过她，服务对象时常想念母亲。奶奶、爷爷告知社会工作者，服务对象没有做姐姐的样子，经常和弟弟打架，爷爷认为服务对象很调皮、不听话；服务对象告知社会工作者爷爷奶奶偏爱弟弟，“自己要做家务，弟弟却不用”，“明明是他的错，爷爷奶奶就要说我”。服务对象自小学2年级起开始自己洗贴身穿的衣裤，学做家务，具有一定照顾自己日常生活起居的能力，但她却时常有面容不干净、衣衫不整洁的情况；此外，服务对象同一辈分的孩子中除她外均是男孩，在班级里也总是被其他同性同学排斥，她认为班上8个女生里，除了1个关系好的、1个中立的，其他都排斥自己。服务对象表示：“我就是很害怕在人多的时候说话，要是能像×××（朋友1）一样就好了”“她们不要在我朋友面前说我坏话就行”“希望我的朋友对我真诚一些”“学习成绩好一点就好了”。

二、需求评估

以充权理论为分析框架，服务对象需求的产生可归因于“内外部推动力”的不足。具体而言，内部推动力方面，服务对象抗逆力的内部推动力方面水平较低，表现为她的自我认识和自我评价都较为负面，负面情绪易积累而不易对外表达，处理困境的方法为以外在的逃避回避内在的愤怒，负面情绪及问题久积不退；外部推动力方面，特殊的家庭经历使得服务对象可以获取的家庭支持十分有限，而现有的家庭成员又无法为她提供有力支持，而且，服务对象的同龄朋友圈很小，时常受到班级其他女同学的排挤，能够得到的朋辈支持有限。此外，内部推动力的不足导致服务对象在处理与家庭成员和朋辈群体关系时处于弱势地位，外部推动力不足又强化了服务对象对自我的负面认知，内外部双方相互作用，对服务对象的整体抗逆力水平产生了负面影响；而抗逆力水平较低又直接作用于服务对象的直接服务需求。因此，要将服务对象从困扰她的迫切问题中解放出来，就需要提升其抗逆力水平，协助服务对象完成内外部充权。

三、介入

介入目标	表现指标	介入方法	达成预期目标的时间
强化“目标专注”这一优势因子，提升学习成绩，初尝成功体验	（1）服务对象能够独立制定适合自己的期末复习目标； （2）服务对象能够在复习小组中和同学相互监督，及时复习； （3）服务对象期末复习目标能够全部达成。	在征求服务对象意愿的基础上，建立期末复习小组	期末考试成绩公布时

续前表

介入目标	表现指标	介入方法	达成预期目标的时间
对内发展积极认知，对外察觉支持力量	(1) 服务对象在面谈推进过程中至少能够出现1次对自己的积极评价； (2) 服务对象能够发现1名新的会员，纳入新的会员名单中，并与新会员完成1次交心的谈话； (3) 服务对象能够完成与爷爷奶奶的1次谈话，并就双方的矛盾冲突达成解决共识； (4) 服务对象与弟弟的关系得到缓和。	叙事治疗面谈	
发展亲密的友谊，强化独立运用外部支持力量应对困境的能力	(1) 服务对象能够加入某个朋辈团体中； (2) 服务对象能够在团体中发展起1段双方认可的稳定的友谊关系； (3) 服务对象能够被朋友以外的至少1名其他团体成员接纳； (4) 服务对象能够在参与团体活动的过程中表达自己的观点，且表达越来越主动； (5) 服务对象能够克服害怕心理，共同完成面向其他群体的团体目标。	发展服务对象加入青少年志愿者团体	

四、总结评估

5——完全达成目标；4——大致达成；3——部分达成；2——目标相距甚远；1——未能达成。

成果目标	表现指标	指标达成情况及依据 (如未达标请简述原因及改善建议)
强化“目标专注”这一优势因子，提升学习成绩，初尝成功体验	(1) 服务对象能够独立制定适合自己的期末复习目标； (2) 服务对象能够在复习小组中和同学相互监督，及时复习； (3) 服务对象期末复习目标能够全部达成。	5 完全达成目标 服务对象制定的语文65、数学60、英语80分的期末学习目标，在经历了一个月的小组互助学习后全部达成：语文67、数学74、英语82。
对内发展积极认知，对外察觉支持力量	(1) 服务对象在面谈推进过程中至少能够出现1次对自己的积极评价； (2) 服务对象能够发现1名新的会员，纳入新的会员名单中，并与新会员完成1次交心的谈话； (3) 服务对象能够完成与爷爷奶奶的1次谈话，并就双方的矛盾冲突达成解决共识； (4) 服务对象与弟弟的关系得到缓和。	3 部分达成 通过面谈服务对象发掘了1名朋友（W）、1位亲属（姑姑）作为新的会员，并且通过与新会员的谈话，使服务对象收获了积极评价，认识到自己对于姑姑的价值。服务对象在会谈结束之际，与爷爷奶奶完成面对面谈话，就日常生活中的矛盾冲突点进行梳理，并达成新的行动共识，避免了矛盾升级。爷爷奶奶对服务对象参加社会工作者站的活动表示了极大的支持。 但是，在面谈的最后，服务对象的弟弟拒绝参加面谈，在面谈过程中捣蛋不止，尽管在面谈中与社会工作者曾达成短暂共识，但在面谈结束时已经失效。服务对象与弟弟的关系也依旧存在许多矛盾。

续前表

成果目标	表现指标	指标达成情况及依据 (如未达标请简述原因及改善建议)
发展亲密的友谊，强化独立运用外部支持力量应对困境的能力	(1) 服务对象能够加入某个朋辈团体中； (2) 服务对象能够在团体中发展起1段双方认可的稳定的友谊关系； (3) 服务对象能够被朋友以外的至少1名其他团体成员接纳； (4) 服务对象能够在参与团体活动的过程中表达自己的观点，且表达越来越主动； (5) 服务对象能够克服害怕心理，共同完成面向其他群体的团体目标。	4 大致达成 服务对象主动加入青少年志愿者队伍中，并完成了两个半月的执勤，其中9月和10月志愿者执勤的表现积分位居第3和第1。 服务对象建立了与W更加亲密的友谊关系，服务对象告知社会工作者“因为W，我现在很多不敢做的事情敢做了”。 一方面其他团体成员认可服务对象的付出，可通过评分表现得出；另一方面服务对象在团体中的参与度日渐升高，具体表现为服务对象在活动中敢于奉献自己、表达自我，可以认为服务对象对团体的认可度提升。 服务对象在参与团体活动的过程中，能够克服个人喜好，为了达成团体目标共同完成社区表演。 此外，在社区志愿者行动过程中，服务对象开始主动承担小领队的职责，协助社会工作者带领小组员完成小组送饺子、采集秋季绘本素材等任务，应对问题的态度变得积极、主动。

资料来源：周晓溪，陈敏君，徐瑞雪．武汉阳光社会工作服务中心．

复习思考题

1. 什么是家庭变动？家庭变动产生的原因有哪些？我们应该如何应对家庭变动对青少年带来的不良影响？

2. 为了帮助重组家庭青少年顺利度过家庭变动过程中的心理困难期，请设计一个“相亲相爱一家人”重组家庭子女成长小组活动方案。

3. 了解家庭暴力相关状况，设计一次关于家庭暴力的宣传活动。

推荐阅读书目

1. 费舍尔．青少年家庭治疗：发展与叙事的方法．上海：华东师范大学出版社，2017

2. 西盖蒂．儿童与青少年认知行为疗法．北京：中国轻工业出版社，2014.

3. 于晶利，刘丽艳．家庭社会工作实务．上海：上海人民出版社，2012.

4. 埃里克森．同一性：青少年与危机．孙名之，译．浙江：浙江教育出版社，1998.

5. 韩晓燕．青春护航：社会工作案例精选．上海：华东理工大学出版社，2013.

6. 王涛．规矩和爱．北京：北京理工大学出版社，2012.

7. ALLEN-MEARES P. 儿童青少年社会工作．李建英，范志海，译．上海：华东理工大学出版社，2013.

实用量表

1. 家庭结构图

家庭结构图可以称为家系图，也可以称作家庭树，是一种对家庭的纸笔模拟工具，可以用来描述家庭中三代甚至四代之间的情况，可以记录其间的主要代际压力、代际关系和家族的重大事件。家庭结构图是进行评估时非常有用的一个工具，社会工作者可以在它的帮助下，将案主的核心家庭或者扩展家庭中的所有成员都用纸笔表现出来，并且可显示成员的相关信息，如性别、年龄、职业、婚姻状况、死亡日期及原因以及各成员之间的关系和关系的品质（如亲密与否）。

社会工作者通常和家长一起建构家庭结构图。如果青少年在场，那么在建构的过程中我们可以获知青少年究竟知道多少扩展家庭的成员；如果青少年不在场，应寻找一个时间单独和青少年一起建构一份家庭结构图，并且与父母建构的做一个对比。

扫描下方二维码获取家庭结构图绘制指南。

家庭结构图绘制指南

2. 家庭生态图

家庭生态图是展示案主所在的社会环境以及各个系统之间的相互作用与相互影响的图示，是对案主与其主要的环境间互动进行视觉描述的工具。它与家庭结构图一样是一种纸笔模拟工具。通过使用生态图，社会工作者可以了解青少年案主及其家庭与主要的环境之间的关联以及关联的品质如何，也可以看出可利用资源的分布以及哪些方面的支持存在不足或缺失。总的来说，生态图是在个人及家庭与其他系统（社区、学校、教会等）之间的或有益身心或冲突重叠的一幅重要的连接图。[1]

在建构生态图时，社会工作者要依据案主和家庭关于生活中发生的事件的报告和理解来建构和发展生态图（也可以获得其他附带信息加以补充）。在此过程中，社会工作者可以和案主一起分享以便获得案主的积极参与。生态图也可以用来评量案主生活空间以及环境的变化。案主或其他家庭成员对过去与各种系统和组织的关系进行回忆，与最近的情况一比较，发生了怎样的变化就如在眼前了。所以，生态图也可以作为一种记录工具来使用。

---

① ALLEN-MEARES P. 儿童青少年社会工作．李建英，范志海，译．上海：华东理工大学出版社，2013：13.

扫描下方二维码获取家庭生态图绘制指南。

家庭生态图绘制指南

3. EMBU 父母教养方式评价量表

父母教养方式评价量表（Egma Minnen av Bardndosnauppforstran，EMBU）是 1980 年由瑞典于默奥（Umea）大学精神医学系佩里斯（C. Perris）等人共同编制的用以评价父母教养态度和行为的问卷。该问卷让被试通过回忆来评价父母的教养方式，因此应用范围广泛，但测试者需要考虑被试的年龄。年龄过小的被试可能对父母的评价失之偏颇，缺乏客观性，而年龄过大回忆起来又缺乏准确性。据测试的经验，青、中年期的被试对问卷的回答较为客观、稳定。用于年龄过小或偏大的被试时，对结果的解释要慎重，也可用作访谈文本参考。

扫描下方二维码获取量表。

EMBU 父母教养方式量表

第十一章

网络成瘾与物质依赖青少年的社会工作介入

本章要点

- 成瘾是个体自身与环境变量互动的产物，即个体对物质和非物质存在着无法抵制的沉溺状态，从而导致个体自身及其生态系统被破坏的一种行为模式。
- 网络成瘾是在一定的社会情境影响下，个体行为障碍和心理失调导致对网络的一种失去自我的沉迷状态，并产生持续负面效应的行为。物质依赖是个体发生的强迫性用药行为和其他反应，该行为对个体机能和社会机能产生持续性的破坏性影响。
- 社会工作对青少年网瘾和物质依赖的介入，不仅仅是对成瘾行为的戒断性治疗过程，更加注重推动成瘾青少年的进一步发展，是一个预防、治疗和发展三位一体的过程。

关键概念

成瘾；网络成瘾；物质依赖；支持系统；社会工作介入

第一节　网络成瘾和物质依赖

成瘾是个体自身与环境变量互动的产物，即个体对物质和非物质存在着无法抵制的沉溺状态，从而导致个体自身及其生态系统被破坏的一种行为模式。

一、成瘾的解释

从物质成瘾到行为成瘾，成瘾的外延在不断拓展，目前学界关于成瘾的争论并未得到解决。青少年成瘾主要是指青少年群体在与社会环境系统互动过程中出现的对物质和非物质的一种沉溺状态，包括物质成瘾和行为成瘾两大类。

（一）成瘾的含义

在18世纪以前，社会上基本不存在有关成瘾的概念，成瘾是社会发展的产物。早期，成瘾主要是指有机体对某类物质的身体依赖，主要用于描述摄入化学制品或麻醉药的行为。随着研究的发展，基于物质摄入的成瘾定义逐渐受到挑战，因其无法解释对非物质的上瘾，如在一部分人身上存在着过度沉湎于某种事物或活动的行为，这类行为可能不涉及任何具有直接生物效应的物质，被行为科学称作“行为成瘾”。从物质成瘾到行为成瘾，成瘾的外延不断拓展，但学术界关于成瘾的争论并未得到解决，不同的理论对成瘾行为存在不同的解释。目前，有代表性的理论取向有三种：

一是疾病模式说。该学说建立在医学解释上，源于医务工作者对酗酒的研究和讨论。18世纪末和19世纪初，美国内科医生本杰明·拉什（Benjamin Rush）将酗酒者对饮酒存在的不可遏制的强制性冲动描述为“意志的疾病”，使得成瘾问题被径直地拉入医学领域，引起广大医务工作者的深入探讨。① 从医学角度出发，成瘾被认为是一种以脱离控制为特征的现代疾病，并且与人们的生物性遗传因素密切关联，可以通过治疗被阻止但不可能被治愈。

二是行为模式说。在行为传统领域中分析成瘾占据主导地位的研究方法是社会学习理论和行为主义理论，前者认为成瘾是个体通过与外界社会相互交往而习得的结果，后者则将成瘾物质视作阳性强化因素，通过奖赏机制促使个体重复使用行为，直至成瘾。两种理论奠定了成瘾行为主义模式的基础，该模式强调，成瘾是一种训练习得行为而非现代疾病，主要是环境压力或缺乏足够抗逆力导致的负面环境强化，从而促使个体出现反复的不良行为。

三是认知模式说。成瘾行为与认知的发展产生互动，并由认知不良和认知偏差造成。人们不能充分理解和领会某类物质或者行为会导致长期的负面作用，而且发展出正当性理由为成瘾行为进行合理性辩护。

疾病模式将成瘾行为归结为个体的生物特征，行为模式则归结成环境的强化刺激，认知模式将问题定位于人的认知层面。事实上，如果仅仅将三种模式作为单独假设来考虑，对于成瘾的认知和治疗往往失之偏颇，而将三种模式综合在一个框架内考虑则更为恰当。从社会工作视角看，成瘾行为更多地被视作个体自身与环境变量互动的产物，本书将成瘾界定为在社会情境作用下，个体对物质和非物质存在着无法抵制的沉溺状态，从而导致个体自身及其生态系统被破坏的一种行为模式。

批判性思考问题：

如何理解将三种模式综合在一个框架中考虑？

---

① BARBER J G. 戒瘾社会工作. 范志海，李建英，杨旭，译. 上海：华东理工大学出版社，2008：13.

（二）青少年成瘾

青少年成瘾主要是指青少年群体在与社会环境系统互动过程中出现的对物质和非物质的一种沉溺状态，包括物质成瘾和行为成瘾两大类。物质成瘾是青少年对某类物品的使用正在进行并将之作为生命主要焦点的一种行为模式，包括酗酒、抽烟、吸食毒品、物质滥用等；行为成瘾亦被称为"非物质相关成瘾"，指的是那些原本正常、令人愉悦的行为活动转变为不可抗拒的渴望及难以自控的冲动驱使的不适当、反复出现的行为，即使这些行为明显对他人或自己有害，但仍不断出现[①]。两类成瘾问题都严重影响了青少年的身心健康，促使青少年失去自我控制或感觉无力，甚至诱发严重的社会问题。

目前，我国青少年成瘾问题以网络成瘾和物质依赖为主。2020 年 4 月，由中国互联网络信息中心（CNNIC）发布的《第 45 次中国互联网络发展状况统计报告》显示，截至 2020 年 3 月，30 岁以下的网民约占全体网民的 44.7%，其中 10 岁以下的网民约为 3.9%，10～19 岁的占 19.3%，20～29 岁的约为 21.5%。[②] 网络发展对青少年犹如一把双刃剑，一方面，互联网正日益成为青少年发展与成长的重要平台，青少年利用网络可以摄取广泛的知识，认知世界，扩展人际网络，获取丰富的信息资源，另一方面，青少年由于种种原因容易沉溺网络不能自拔，由网络成瘾引发的心理障碍或社会适应障碍逐渐增多。我国青少年网络成瘾主要体现为五种类型：网络游戏成瘾、网络交际成瘾、网络色情成瘾、网络信息收集成瘾和计算机成瘾。不同类型的网络成瘾者的症状表现各异，对身心发展的影响也不同，而青少年网络成瘾往往表现为多种成瘾类型的混合体，其影响程度与范围相互交织而产生综合作用。网络成瘾对青少年个体和社会都产生了一定的负面影响，从青少年个体来看，网络成瘾损害了青少年的身心健康，弱化了青少年的道德感，阻碍了青少年的人际交往，并造成了青少年的学业挫折；从社会危害分析，网络成瘾导致青少年社会责任感的缺失、青少年越轨和犯罪行为的频发。[③]

当前全球范围内青少年物质依赖问题越来越引起社会的关注，在发达国家如美国，多达 30%～40%的青少年曾经滥用物质[④]，我国青少年物质依赖问题也非常严峻，围绕毒品和物质滥用的健康和社会问题持续增长。研究发现，90%以上的物质滥用者在青少年时期便开始使用物质，而且青少年一旦开始使用，就特别容易产生物质滥用或依赖。[⑤] 我国青少年的物质依赖主要分为烟草依赖、酒精依赖、违禁类物质依赖和精神类物质依赖四种类型，不同类型的青少年物质依赖的动机、表现和危害存在差异。青少年物质依赖的现状呈现以下基本特征：（1）俱乐部药物盛行，

---

① GRANT J E，POTENZA M N，WEINSTEIN A，et al. Introduction to behavioral addictions. American Journal of Drug and Alcohol Abuse，2010，36（5）：233－241.

② 第 45 次中国互联网络发展状况统计报告 . http：//www.cac.gov.cn/2020－04/27/c_1589535470378587.htm.

③ 章友德 . 青少年社会工作 . 天津：天津大学出版社，2010：203－205.

④ 顾东辉 . 社区青少年社会工作研究 . 上海：华东理工大学出版社，2006：69.

⑤ 陈科文 . 对青少年药物使用和滥用的病因学研究 . 中国药物依赖性杂志，2000（2）：84－87.

俱乐部药物滥用主要包括烟、酒、快乐丸、甲基安非他明和 LSD 等；（2）青少年物质依赖的方式是抽烟、喝酒和用药，三者往往交叉融合；（3）朋辈影响凸显；（4）性别比不平衡，男性高于女性；（5）边缘青少年是非法药物滥用的主要群体；（6）好奇心驱使和压力再犯并存。[①] 因此，把握青少年物质依赖现状，认识其问题的产生症结，是从社会工作视角介入青少年物质依赖问题的前提条件。

知识窗

截至 2019 年年底，中国有吸毒人员 214.8 万名，占全国人口总数的 0.16%（不含戒断三年未发现复吸人数、死亡人数和离境人数），系连续第二年减少，同比下降 10.6%。其中，35 岁以上 109.5 万名，占 51%；18 岁～35 岁 104.5 万名，占 48.7%；18 岁以下 7 151 名，占 0.3%。冰毒是滥用“头号毒品”，海洛因、冰毒和氯胺酮是三类主要滥用品种。复吸人员滥用合成毒品占主流，交叉滥用者更加突出。毒品市场花样多，新类型毒品不断出现。为吸引消费者、迷惑公众，一些毒贩不断翻新毒品花样，变换包装形态，“邮票”“奶茶”“聪明药”“0 号胶囊”“犀牛液”“娜塔莎”等新类型毒品不断出现，具有极强的伪装性、迷惑性和时尚性，以青少年在娱乐场所滥用为主，给监管执法带来难度。据国家毒品实验室检测，全年检测出新精神活性物质 41 种，其中新发现 5 种，新精神活性物质快速发展蔓延是目前全球面临的突出问题。

资料来源：2019 年中国毒品形势报告 . http：//www. nncc626. com/2020 - 06/24/c _ 1210675813. htm.

由于青少年处于身心发展的关键阶段，心智和情感发育尚未完善，缺乏对事物的是非认知和正确的价值判断，容易接受和习得周边的新鲜事物，其成瘾现象更为广泛，成瘾危害更加巨大，戒瘾任务更为艰巨。因此，我们必须加强青少年成瘾问题研究，找准问题症结，提出有效对策和建议。由于青少年成瘾问题本身是社会建构的结果，青少年生活的许多因素不是仅仅为固定的生物过程所决定，还会受到社会互动的影响，本章将从社会工作视角探讨青少年网络成瘾和物质成瘾两大问题，研究不仅仅关注行为对象本身，而是更多地从行动个体与社会环境交互性出发，关注那些促使青少年儿童陷入成瘾的不良环境的功能状况。

二、网络与青少年

网络是一把双刃剑，过度使用网络给青少年正常的生活学习带来了不利影响。且随着网络的普及，“网络成瘾”一词也越来越多地进入人们的视野。无论是成年人还是未成年人都可能会存在网络成瘾问题，而青少年网络成瘾问题尤为引人注目。

（一）网络成瘾的内涵

20 世纪 90 年代，国内外学术界开始关注网络成瘾问题，不同学科从不同视角探索了网络成瘾的内涵。关于网络成瘾的定义目前仍处于争论之中，主要有三种界

① 于晶利，杨奎臣 . 青少年社会工作实务 . 上海：格致出版社，2012：120.

定视角：

第一种是从行为学层面将网络成瘾界定为网络行为控制障碍。1994年，美国学者戈德堡（Goldberg）首先发现"网络成瘾"现象，并将其命名为"网络成瘾综合征"（Internet Addiction Disorder，IAD），它是指个体由于过度使用互联网而产生明显的社会和心理损害的一种现象，戈德堡认为它是作为应对机制的行为成瘾。学者格里菲斯（Griffith）认为网络成瘾属于技术成瘾，是行为成瘾的一个子类。①阿姆斯特朗（Armstrong）对网络成瘾的概念描述得比较全面，指出成瘾者有大量行为和冲突控制障碍，并归纳出五种网络成瘾类型：网络性成瘾、网络关系成瘾、网络强迫行为、信息超载和电脑成瘾。我国学者林绚辉也将网络成瘾视作行为冲动的失控状态。②

第二种是从心理控制障碍角度出发将网络成瘾定义为病理性的网络使用。美国学者金伯利·杨（Kimberly S. Young）提出病态网络使用的概念，认为网络成瘾是没有麻醉中毒作用的冲动性障碍，是一种"冲动-控制"失调症。③皮特（Peter Mitchell）将网瘾定义为："强迫性的过度使用网络和剥夺上网行为之后出现的焦躁和情绪行为。"我国台湾学者周倩认为网络成瘾是持续的网络使用导致的一种着迷状态，渴望再度使用，在心理和生理上对网络带来的快感产生依赖。

第三种是从非障碍和非病态视角将网络成瘾称作网络依赖或适应不良。戴维斯（Davis）认为网络成瘾更多地体现为一种"依赖"。④霍尔（Hall）和艾利克斯（S. Alex）等人认为网络的过度使用并非一种障碍和病态，而是属于生活中的良性问题，它弥补了个体在生活其他方面缺少的满足感，是大多数人生活中都有可能遇到并需要克服的问题，表现为一种行为适应不良。网络成瘾是现代社会信息技术高速发展而形成的一种对网络过度依赖的行为。⑤

综上所述，关于网络成瘾的界定主要从行为控制、心理控制障碍和非障碍视角加以阐释，而缺乏从"环境-个体"交互性角度考察网络成瘾的含义。本章采用"网络成瘾"的概念名称，认为其是在一定的社会情境影响下，个体行为障碍和心理失调导致对网络的一种失去自我的沉迷状态，并产生持续负面效应的行为。

（二）青少年网络成瘾的原因

青少年网络成瘾的过程与机制相当复杂，具有多元致瘾因子，现主要从物质性、心理学、社会性因素及生物学等角度分析成瘾的多重原因。

一是物质性阐释。物质性阐释主要是将成瘾之源设定在物质自身之内，把网络本身作为网络成瘾的核心要素，具有代表性的是杨（Young）提出的ACE解释模

---

① GRIFFITHS M. Internet addiction: does it really exist//GACKENBACH J. Psychology and the internet: intrapersonal, interpersonal and transpersonal implications. New York: Academic Press, 1998.

② 林绚辉．大学生上网行为及网络成瘾探讨．中国心理卫生杂志，2001（4）：281－283.

③ 顾海根．青少年网络成瘾预防与治疗．上海：华东师范大学出版社，2007：88.

④ 顾海根．大学生因特网成瘾障碍研究．合肥：中国科学技术大学出版社，2008：18.

⑤ 同④2.

型。该模型认为网络具有匿名性（anonymity）、便利性（convenience）和逃避现实（escape）特性，这三大特性是网络成瘾最主要的诱因。匿名性是指网络具有隐藏个体真实身份的特征，便利性是个体可以非常方便地从网络中获取信息而无须承担责任，逃避现实是个体在遭遇困扰时可以借由网络世界寻求安慰。在“身份丧失”（匿名性）的条件下，网络对于青少年的吸引力更大，崇尚自由的青少年可以毫无约束地从网络中获取安全感和满足感，在缺乏外界监管的条件下容易深陷其中，形成网瘾。

二是心理学解释。从心理学层面解释，青少年的认知发展特征、需求满足特点和人格特质是网络成瘾的主体性诱因。从认知发展特征分析，青少年具有的乐于探索新知识的特性与所处阶段的情绪发展、个性成熟度及是非价值观判断发展不同步，自制力水平较低，渴望被同辈群体接纳，导致难以抵制网络新奇刺激信息的诱惑而沉沦上瘾；从需求满足特点来看，由于部分青少年无法通过现实途径满足心理发展需求，因此他们希望通过网络的“心理补偿”方式满足需求，这种方式容易让青少年过分脱离现实世界，从而发展出“病理性补偿”的过程，最终形成网络成瘾；就人格特质而言，网络成瘾与多项人格特质存在相关关系，网络成瘾者在人格上具有孤独、抑郁、焦虑、自卑、多疑、内向、自制力差等特性。①

三是社会性因素。青少年网络成瘾既是个体发展特征的产物，同时也是社会问题的一种表现方式。首先，不健康的家庭环境氛围容易导致青少年网络沉溺状态，家庭成员中存在赌博、酗酒等成瘾问题对青少年具有示范和强化作用，促使青少年网络成瘾更加顽固；家庭教育缺失与不当的教养方式损害青少年的自尊与自信，也促使他们利用网络作为发泄途径。其次，学校推行的应试教育制度让学业失败群体利用网络活动的成就感建立一种积极的自我认同感；同时，学校教育制度中比较缺乏对青少年人格综合素质的培养和相关互联网道德教育。再次，现阶段我国关于网络管理的法律法规不健全，相关政府部门执法不严，为青少年网络成瘾提供了相应的社会环境。最后，社区教育欠缺，社区青少年活动资源不足，不能满足青少年发展的需求；同时，社区网络教育体系不健全，缺乏对青少年网络行为的引导，形成青少年网络成瘾的“社会土壤”。

四是生物学分析。人类个体的任何心理及其行为的发生必然有其生理的基础和条件。生理学研究发现人脑中存在一个“快乐中枢”区域，每当网络成瘾者上网时就会刺激大脑进行化学反应产生刺激，释放较多的多巴胺，进而使人产生快感。如果这种刺激是经常性的，大脑会强化自身的这种化学反应，从而产生成瘾行为。因此，青少年网络成瘾不仅仅由心理和社会因素决定，同时也受到生理上的影响。

三、物质依赖与青少年

物质依赖，是指长期滥用某种物质后产生的一种心理上与躯体上的强烈而不能

---

① 吴增强，张建国．青少年网络成瘾预防与干预．上海：上海教育出版社，2007：38.

克制地寻觅该种物质的状态，冀以体验重复使用该物质的心理快感，同时避免戒断的躯体不适。青少年物质依赖成因复杂，既受个体自身因素的影响，也受到个体与社会环境互动的影响。

（一）物质依赖

识别物质依赖问题是建立有效的治疗性关系的前提和基础。由于“依赖”“滥用”“成瘾”三者含义接近，密切相关，且临床甄别效度颇不理想，因而研究中相互混用的现象一直比较普遍。[①] 通常，物质依赖和物质成瘾被作为同一概念使用，1957 年，世界卫生组织将反复使用物质而产生不利后果的行为定义为“物质成瘾”，由于大家一致认为成瘾具有人格贬损的含义，因此 1965 年世界卫生组织正式建议用“物质依赖”替代“物质成瘾”，此后，学术界开始广泛采用“物质依赖”一词。为了表达方便一致，本书采用“物质依赖”的概念名称进行研究，将“物质依赖”和“物质成瘾”两个概念相互通用。

在区别物质依赖和物质滥用方面，从一般意义出发，两者均指对物质的紊乱使用，这种使用产生有害后果；从科学角度分析，两者具有较为明显的区别，物质依赖是物质滥用发展到一定程度的质变，物质依赖者一般属于物质滥用，而物质滥用者则并不一定表现为物质依赖。物质滥用者为不断享受用药后产生的欣快满足感，会变本加厉地使用这类物质，其结果是导致物质依赖。[②] 可见，物质依赖者对物质的渴求程度和使用频率均高于物质滥用，其对身体和心理的损害大于物质滥用。

1965 年，世界卫生组织将物质依赖定义为物质和有机体相互作用产生的一种特定的心理状态，该状态表现为连续的或周期性的强迫用药行为和其他反应。目前，关于物质依赖的定义主要涉及物质的非常规使用和使用产生的直接相关严重后果两方面，这种定义偏重纯粹的医学临床诊断，忽视物质依赖的外部社会环境影响。然而实际上，物质依赖问题不仅仅表现为使用者的一种自我执行，同时也取决于社会性的需求和增加，诸如某一时间、某个地点、某些情感状态暗示了对物质的追求。[③] 本章认为物质依赖是指在一定社会情境中，个体发生的强迫性用药行为和其他反应，该行为对个体机能和社会机能产生持续性的破坏性影响。

（二）青少年物质依赖的原因

青少年物质依赖成因复杂，既有个体自身因素的影响，也是个体与社会环境互动的结果，现从个体、家庭和社会层面加以阐释。

1. 个体原因

物质依赖行为是个体行为与外在环境交互作用的结果，是青少年面对成长危机

---

① EARLEYWINE M，等．成瘾障碍的心理治疗：物质滥用、酒精依赖和赌博成瘾的临床治疗指南．张珂娃，包燕，池培莲，译．北京：中国轻工业出版社，2012：12.

② 管林初．药物滥用和成瘾纵谈．上海：上海教育出版社，2012：2－5.

③ BARBER J G．戒瘾社会工作．范志海，李建英，杨旭，译．上海：华东理工大学出版社，2008：19.

时对内在心理冲突和外在不良环境的回应和表达。一是青春期的好奇感和无知感。由于青少年心智和情感发育不成熟，社会认知比较肤浅，因此对物质依赖的严峻形势和毒品犯罪的态势缺乏全面、深刻的了解和必要的警觉性。受青春期好奇心驱使，为了寻求精神刺激或缓解压力，青少年反复使用某类或多类物质，从而形成物质依赖。二是社会角色紧张。社会角色紧张是导致青少年物质依赖的重要心理基础，具体包括父母、学校、社会对青少年的社会期望和青少年自我期望的不均衡、青少年实现社会角色的目的和手段之间的矛盾性以及在实现社会角色过程中的挫折感。当青少年面临社会角色的紧张和压力时，容易使用迷幻物质麻痹情感，宣泄不满情绪。三是不良人际交往模式。社会交往理论认为，一个人越轨行为的形成主要是同有越轨行为的人交往的结果。同辈群体是青少年社会化的重要影响因素，青少年的失范行为往往形成于向周围同辈群体的学习和模仿中，青少年对不良物质的接触、使用和沉溺往往受物质依赖群体的诱导。据武汉市戒毒中心调查的数据，第一次吸毒时的毒品由朋友提供的占 81.9%。[①]

2. 家庭原因

家庭是最重要的社会化机制之一，家庭环境与青少年物质依赖行为密切关联，淡漠和冲突性家庭关系是引发青少年物质依赖的重要因素。家庭成员关系的亲密度和感情认同程度与青少年越轨行为具有较强的相关关系，疏离型的家庭关系容易导致青少年的逆反心理，甚至产生反社会行为，增加产生物质依赖的风险。同时，家庭成员的偏差行为与物质依赖具有互促关系，如果家庭成员存在物质依赖行为和其他反社会行为，共同的生活经历会构成一种生活方式的环境条件，此类家庭中的青少年更加容易接触某类成瘾物质，形成物质依赖行为。实证调查显示，父母的共患精神疾病和物质滥用与下一代物质滥用和精神行为问题有关。[②]

3. 社会层面原因

社会层面的解释聚焦于物质依赖青少年的社会态度、社会矫治模式和宣传教育方面。首先，社会态度对物质依赖青少年的宽容和歧视并存。一方面，社会转型导致价值观念的多元化，传统的道德体系受到各种挑战，新的道德力量还未形成，因此社会处于失范状态，人们的社会态度显示对物质依赖行为的“宽容”会影响青少年对物质依赖行为的价值判断；另一方面，社会制度、文化传统对物质依赖人员及其行为存在社会排斥，建构了一个非支持性的社会环境，促使他们与物质依赖亚文化群体建立更为紧密的联系，陷入上瘾-戒瘾-复吸的恶性循环状态。其次，物质依赖矫治模式的个体化倾向。现行物质依赖矫治体制关注的重点是青少年个体，缺乏对形成物质依赖的群体条件和社会情境的综合考量。戒瘾之后的青少年仍然与原有

① 尹利民．世纪之交的反思：青少年吸毒成因心理倾向的实证研究．浙江学刊，2001（1）：84－87.

② 赵敏，等．青少年物质滥用与父母物质滥用及精神疾病的关系．神经疾病与精神卫生，2004（1）：5－7.

物质依赖群体保持联系，无法真正脱离物质依赖的生活情境，戒瘾工作并未取得实质性成效。最后，物质依赖宣传教育不足。由于当前我国物质依赖知识教育十分不足，因此不利于青少年形成对物质依赖危害性和预防策略的正确认知。

第二节　网络成瘾青少年的社会工作介入

网瘾青少年的实务内容通常包括培养自我应对技巧、提供心理援助与辅导、形成科学的网络认知、建立家庭应对机制以及相关社会政策倡导等。本节内容主要是对网瘾青少年的需求、实务内容和实务模式进行介绍。

一、网瘾青少年的需求

网络成瘾的背后通常是行为主体未得到满足的需求，网络成瘾青少年一般都有强烈的情感需求或自我实现需求。

（一）情感需求

青少年社会性需求迅速发展，受人尊重的需求、友谊的需求和交往的需求驱使青少年建立朋辈群体并从中习得与人交往的技能，体验并满足尊重与爱的需求。如果青少年不能从现实的家庭、同伴、学校得到满足，就很容易陷入自信不足甚至自我封闭的处境，而网络给了青少年在虚拟空间表达自己的机会，才会导致沉迷成瘾。

（二）自我实现的需求

青少年时期自我意识发展但经济和生活上并没有完全独立自主的底气，自尊心强烈的他们重视别人的看法与态度，但在现实生活中往往受到家长、学校多方的约束，反而很难满足自我实现的需求，于是网络变成了青少年追求“自我价值”的不二选择。

案　例

小明（化名）初中毕业之后上了一所职业学校，但是没多久觉得学习没有意思就退学了，之后小明就整天无所事事，痴迷于网络，并且结交了一帮游手好闲的“哥们儿”。社工对小明的情况进行了一些了解，发现小明幼时父母离婚，现和母亲生活在一起。但是母亲因为工作对其学习、生活极少关心，缺少管教和正常家庭温暖。通过和小明的会谈，社工了解到小明觉得自己从网络中获得了家庭不曾给予他的归属感，从他的那些“朋友”那里获得了家庭所不能给予的温暖。从这里可以看出家庭以及朋辈对于案主痴迷于网络的影响，之后社工通过帮助案主界定什么是真正的朋友，积极为案主寻求家庭与社会的支持来协助案主认识自己、发展自己。

二、网瘾青少年社会工作的实务内容

社会工作对青少年网瘾的介入不仅仅是对网瘾的戒断性治疗过程，而且更加注重推动网瘾青少年的进一步发展，是一个预防、治疗和发展三位一体的发展过程。同时，社会工作还关注对网瘾青少年提供服务过程中的重要环境状况，将网瘾青少年的社会工作介入置身于一个更大的环境背景中，将青少年的微观世界方面纳入评估体系。

（一）培养自我应对技巧

应对行为是指在面对环境时，人有意识地努力对自我行为进行某些控制。青少年阶段显得更加以自我为中心和具有更强的自我意识，自主意识增强，青少年个体成为自我行为的主要应对者，这种应对行为是戒除网瘾的重要变量因素。在网瘾青少年社会工作实务中，社会工作者需要处理的两种行为包括依附和成长。依附是使网瘾青少年在他们的环境中与他人有亲密性关系，主要包括发展和维持亲密的家庭成员关系和朋友、师生等非正式群体之间的支持性关系，以及使用他们所属组织（家庭、学校、协会等）的能力。成长是帮助网瘾青少年澄清自我价值和发展目标，对自己的目标、思想、心理和行为等表现进行发展式管理，利用自我式管理成功脱离网瘾。主要包括增强青少年的情绪管理能力，即情绪认知、情绪表达、情绪调控等能力，完善自我心理调控系统；强化社会交往技巧训练，促进网瘾青少年人际关系的建立、维持和调控，帮助他们发展良好的人际关系，协助他们从人际关系中获取各种支持性资源；拓展课外活动，因为运动为网络成瘾者提供良好的心理系统开放情境，运动情境促进网络成瘾者心理系统内突变，通过开展一系列身体类运动，培养网瘾青少年新的兴趣点，帮助他们从活动中寻求自信，引导他们逐渐摆脱对网络的依赖。

（二）提供心理援助与辅导

心理需求和动机是个体行为最主要的内在驱动力，在面对网瘾青少年开展工作时，社会工作者不仅应该注意他们的网瘾行为，还应高度关注其心理需求，在争取各种资源戒除网瘾行为的同时，还应保证青少年心理需求的满足；同时与网瘾青少年的家庭和所在机构（如学校、实习场所等）联结人进行会谈，收集青少年成长史方面的资料，为提供心理辅导奠定良好的基础，并运用个案工作方法对其家庭成员进行心理辅导。实务工作者要认真聆听网瘾青少年自身对网络的认知和内心需求，充分了解网瘾青少年的特殊心理需求，利用各种资源满足其合理需求。社会工作者要让网瘾青少年认识网络成瘾的危害，从而在心理上引起对网瘾的反感，转变青少年对网络的态度。人本主义认为人天生具有自我实现的心理需求，网瘾青少年同样具有自我实现的心理需求，实务工作者要注重网瘾青少年谋求发展的心理需求，开展相关教育活动，使其掌握一定的专业理论知识和相应的就业创业技能。在提供个案心理辅导时，实务工作者必须关注网瘾青少年过去的经历，主动询问案主对过去在他们和各种系统之间关系的回忆，从而理解网瘾发展的连续性，这一点在实务工作中显得尤为重要。

（三） 形成科学的网络认知

从认知行为理论出发，个体认知扮演着中介与协调的作用，不适宜的行为产生于错误的知觉和理解，因此修正行为首先要改变错误认知。网瘾青少年的不良行为产生于对网络使用的扭曲认知，个体对世界的认知扭曲也会加强对互联网的依赖，要想帮助网瘾青少年走出困境，社会工作者必须帮助他们对上网行为形成正确的认知，修正不理性的网络行为：利用个案工作方法对网瘾青少年进行个体化的戒瘾服务，引导青少年将网络视为拓展个人才能的优势工具，提升青少年抵御不良网络信息侵蚀的能力；运用小组工作方法进行网络素养教育，发动学校力量，利用专家资源，开展一系列网络素养教育活动，让广大青少年确立正确的网络使用观念，做到适度上网和健康上网；运用社区工作方法进行宣传，让社区民众树立正确的网络规范认知，发动社区力量监督网络环境，营造积极健康的网络氛围。

（四） 建立家庭应对机制

从情感角度来说，问题性儿童总是出自问题性的家庭环境。因此，实务工作者要把网瘾青少年的家庭作为其切身环境中的一个关键性生活空间评量其功能发挥的水平，从家庭环境和家庭功能出发探讨建立网瘾青少年的家庭应对机制。家长有义务以一种平等的身份给予孩子更多的关注和支持，改变单一的通过控制上网时间控制青少年的网络使用的方式，帮助家庭成员掌握正确的网络知识和与网瘾青少年的沟通技巧，从家庭层面形成正确的网瘾预防技巧；改变家庭成员对网瘾青少年的不切实际的期望，减轻其外在期望性压力，降低青少年寻求网络资源构建自尊的风险性因素；改善网瘾青少年与其家庭环境间的功能不良，增进家庭关系网中的情感表达与交流，促进建立亲密依恋的亲子关系；促进家庭成员形成模范示范行为，在父母等家庭成员的正面影响下，让网瘾青少年在与家庭成员的沟通中内化习得适当的价值观及行为方式，逐渐摆脱网络依赖。

（五） 相关社会政策倡导

网瘾青少年存在的问题常常可归因于不利的环境因素，而环境因素则更多地受法律和政策的影响。因此，实务工作者在为网瘾青少年提供直接服务的同时，也必须在政策和方案制定上发挥影响作用。社会工作者必须彻底了解青少年网络方面的政策和方案，告知决策制定者当前有关青少年网络规范的疏漏，在政策听证会上从作证从而影响团体的公共政策，并与政策制定者分享他们对最有效的介入和方案的观察。社会工作者可以在实证调查的基础上为净化网络环境进行立法呼吁，促进国家和地方政府出台净化青少年上网环境的相关法律与政策，为青少年提供一个相对健康的网络环境，预防青少年网络上瘾；运用法律和政策建立健全网络道德，规范网络监督机制，以正确的道德价值观念引导青少年，帮助青少年形成正确的网络使用规则；提升网瘾青少年的社会参与度，避免网瘾青少年的边缘化。

三、网瘾青少年社会工作的实务模式

在对网瘾青少年开展服务前需要强调其工作的前提是在社会工作者和青少年之间建立相互尊重和平等接纳的专业关系。社会工作发源于人道主义与民主的理念，其基本价值是对所有人的平等、价值与尊严的尊重，而且在社会工作看来，每个人都是独特的，每个人都是有内在价值的。但是，从公众认知视角来看，网瘾青少年基本被视作问题性少年，常常被贴上负面标签并处于负面舆论中。社会工作者要去除问题标签，消除歧视和偏见，实现完全接纳，以平等和尊重的态度接纳网瘾青少年，向网瘾青少年表述他们是被认同和被需要的。同时，社会工作者要热心、真诚、亲切地对网瘾青少年的经历时常表达同理心，有意识地加入他们的主观情感经验中去，努力成为其生活中的重要他人。积极聆听是建立尊重关系的有效手段，社会工作者通过积极聆听网瘾青少年的语言陈述，既可以理解他们的真正想法，也能让他们感受到被接纳和被尊重，从而产生正向意义的效果。在他们表达困难或负面事情的时候，社会工作者要站在青少年立场表达出支持和鼓励，包括语言支持和非语言支持，因为青少年不喜欢被评判和被批评，更不喜欢“问题化”。

（一）预防与发展相结合

在青少年社会工作服务中，我们应该发展出一套方案来从根本上预防网瘾出现，并对问题原因进行思索，而不仅仅是针对问题症状进行处理。与其坐等青少年出现网瘾征兆，不如向建立旨在促进生理和心理健康发展的条件方向努力。网瘾青少年的实务工作应该坚持预防和发展为主，采取一些预防性策略避免青少年形成网瘾，提供发展性服务提升戒除网瘾之后的个体发展能力。这种介入策略着力于促进网瘾青少年正常发展和提高社会交往技巧方面。例如，运用角色扮演、模仿、反馈等技巧，帮助网瘾青少年澄清在思考问题和网络行为方面的扭曲之处，同时协助青少年抗拒同伴压力，使他们能够和同伴、成人成功地实现良性互动。这里尤其需要注意的是，发展性服务必须持续跟踪网瘾青少年的进展，以评量其需要和服务之变化。

（二）优势视角

传统以问题为本的治疗取向往往忽略了网瘾青少年的优势，使青少年自身并不积极地致力于丰富他们的环境，反而最终认为他们自己是引发成瘾的缺陷集合体。社会工作者不只关注网瘾青少年存在的问题和障碍，更加倾向于寻找他们的能力、优势和资源，通过一系列方法激发他们的力量，让其通过发挥自身优势改变自我，解决问题。社会工作者应当努力探索、发现及应用网瘾青少年案主熟悉网络、具有较高网络技能水平等优势和资源，寻找网络的正面效应和优势的共同点，开展发挥他们特长和优势的各类活动，使青少年重建现实自信，为其未来发展积累资本。

批判性思考问题:

结合第四章第复原力的概念，说说你对发掘网瘾青少年优势资源的重要性的理解。

（三） 个别化

个体需要分为人类的共同需要和不同个体的特殊需要两类，网瘾青少年的需要同样有共同需要和特殊需要的区分。在社会工作看来，每一个网瘾青少年案主都应被视作独立个体，必须考虑个体在特定环境下经历的行动、角色和人际关系模式，采取差别化的介入策略。社会工作者应根据网瘾青少年的生理和心理状态、兴趣倾向、特长爱好、家庭背景以及智力、学历等实际情况，协助他们自由组合、制定戒断网瘾的个性化菜单。

（四） 生态系统

社会工作者应当使用生态观点和系统概念，把网瘾青少年在环境中的各部分看成一个整体。社会工作生态观点论强调人、社会环境和物理环境三者之间的关系，认为青少年的整个世界由完整而重叠的次系统或环境构成，这些系统间交互作用的质量决定了青少年发展的结果。因此，父母、社区和学校作为参与儿童互动的次系统，都是介入的重要目标。在网瘾青少年社会服务中，社会工作者必须对影响青少年行为的家庭结构、社会结构和政府活动的改变保持警觉，对青少年所处的各种系统的功能有良好的认知；经常性地开展家庭访问、学校探访和社区走访，充分了解青少年的社会技巧、网瘾程度、家庭动力、社会支持等方面的完整信息。

第三节 物质依赖青少年的社会工作介入

本节主要介绍物质依赖青少年的社会工作介入。其实务内容主要包括改变不良认知、建立资源链接、修复受损功能以及案例跟踪服务。社会工作者针对具体情况可以选择不同的实务模式，如生理-心理-社会模式、个人-家庭-社区模式以及同伴辅导与自助小组模式。

一、物质依赖青少年的需求

物质依赖青少年主要存在以下需求：心理行为治疗需求、被尊重与自我实现的需求、修复社会支持系统的需求以及政策与福利需求。

（一）心理行为治疗需求

物质依赖不仅仅是外部系统作用的结果，同时也是青少年自身参与发展的结果，物质依赖与青少年个体的生理因素、人格状况以及心理动机存在直接的关系。研究表明，存在物质依赖的人大多脾气暴躁、偏执、冲动，有暴力倾向，很容易与他人发生冲突。他们一方面需要进行心理治疗，矫正其不合理的认知，建立新的正向信念，另一方面需要通过行为治疗培养良好的行为习惯。

（二）被尊重与自我实现的需求

青少年自身是戒除物质依赖的重要主体性因素。但物质依赖青少年长期处于亚文化语境，与主流文化有冲突。一方面，传统的基于学业成败的评判体系容易将物质依赖青少年边缘化，并且产生学校、教师和同学等多重性歧视，会严重影响物质依赖青少年的戒瘾行动。另一方面，在传统文化的影响下，物质依赖青少年容易遭受社区内部群体的排斥和歧视，社区内部的“污名化”给他们带来严重的心理压力，进而导致戒瘾困难和戒瘾之后的复发。严重的污名化、标签化使青少年被尊重和自我实现的需求无法得到满足，容易产生低自尊、低自我效能感，不利于青少年的发展。

（三）修复社会支持系统的需求

家庭、学校、社区是个体社会化的重要载体，对青少年的生理和心理发展各自具有重要作用。良好的社会支持系统有助于青少年形成正确的行为规范，促进青少年身心的健康发展。青少年要想获得健康的心理发展，就需要与一个或多个爱他并与他建立了情感关系的照管者形成持久、可选择的依恋关系，社会工作者需要考虑的就是为这些青少年维持、加强或提供感情联结和有效依恋的经历。①

（四）政策与福利需求

目前，物质依赖青少年的正式社会支持系统主要由政府行政部门和类行政组织构成，它们之间的协调和资源整合程度较低，存在“重管理，轻服务”的现象，以提供一般性的社会救济和生活保障为主，远远不能满足物质依赖青少年在生理、心理和社会方面的特殊需求。因此，政府首先要转变传统的管理和管治的政策取向，

---

① 托马斯．儿童青少年社会工作：照管社会工作理论与实践．田国秀，等译．北京：中国人民大学出版社，2010：16.

树立服务的理念，真正做到用心、用情、用意对待每一位物质依赖青少年。其次，政府可以通过项目运作的方式将服务分包给专业的社会工作人员，建立健全物质依赖青少年的福利服务网络，为物质依赖青少年提供有力的物质保障。最后，政府应注重资源的协调和整合，在一个总体性协调的框架下构建责权明确、分工协作的福利传输体系，创设一个为物质依赖青少年提供帮扶的政策环境，让物质依赖青少年真切地获得政府的实质性帮助，如戒瘾服务、劳动技能培训服务、再就业服务等政策的制定与完善。

批判性思考问题：

存在哪些非正式的社会支持系统？这些非正式系统如何与正式社会支持系统相互补充？

二、物质依赖青少年社会工作的实务内容

物质依赖青少年社会工作的主要任务被界定为生理康复、心理戒瘾以及社会融入三个相互关联的目标体系，其实务内容主要包括改变不良认知、帮助青少年建立资源链接、对青少年及周围系统实施功能修复、提供戒瘾后的跟踪服务，其目标在于营造一个充满关爱和人性化的戒瘾环境，恢复并提升物质依赖青少年的社会功能，促进其回归社会。

（一）改变不良认知

物质依赖行为的发生与依赖者认知和社会认知紧密相关，物质依赖青少年因依赖行为产生自我认知和自我效能感低下，甚至将物质依赖视作一种身份和地位的象征；社会对于物质依赖青少年排斥和歧视，并形成了持续性的负面评价。认知改变是行为变化的前行动阶段，其实务重点是促使服务对象进行讨论和反思。社会工作者可运用个案和小组工作方法对青少年的认知进行解构，树立“问题本身不是问题”的观念，鼓励他们去寻找物质依赖的个体危害、家庭损伤和社会性影响，降低物质依赖的欲望，激发戒除物质依赖的内在动机；帮助青少年剔除负面社会标签效应，消除他们对物质依赖的认同感，形成正确的物质使用认知，提升自我效能感；同时，运用社区工作方法宣传青少年物质依赖常识，倡导社会消除对他们的否定性评价，促使各相关部门积极关注物质依赖青少年的身心康复，改变传统以惩罚和改造为主的戒瘾措施，采取人性化的戒瘾方法，真心接纳他们回归社会。

（二）建立资源链接

资源不仅包括有形资源，如金钱、住所、衣服，而且包括无形资源，如积极的自我概念、认知技巧、健康、身体能力、支持性社会网络。物质依赖青少年往往遭受资源不足的困扰，既不知道有哪些资源，也不清楚资源的获取途径，属于资源获取困难群体。在制定治疗方案时，社会工作者要对物质依赖青少年的问题及他们的

资源系统进行评估，运用科学化、专业化的方法将不同的助人资源和不同的需求相连接。在戒瘾治疗中，要安排医学、心理学专业人员和学校人员共同参与，保证资源的有效利用和相互配合；通过开展小组工作和广泛的宣传讲解，增加青少年父母对物质依赖及其后果等相关资料的了解，争取家庭资源的支持；动员社区资源，增加对物质依赖青少年及其家庭的物质帮扶和心理关怀，有条件的社区可以建立由公共财政支持的物质康复中心，为社区内物质依赖青少年提供专业化服务；寻求政策等行政性资源的支持，大力倡导完善有关物质依赖青少年支持性的规章制度，规范物质使用许可制度，改变导致青少年物质依赖的制度设计，将需要政府和社会帮扶的青少年纳入社会救济系统之中。

（三）修复受损功能

物质依赖是青少年面对成长危机时的一种非常规应对方式，是生命功能的非正常体现，由此会导致个体功能和家庭功能缺损。社会工作介入青少年物质依赖行为应注重对他们的功能修复，主要包括个体心理和社会功能修复与家庭关系修复两方面。社会工作者要引导青少年挖掘生命潜能，理解行为动机与后果，提升自尊与自信，帮助他们树立戒瘾信心，建构积极的生活意义；提供足够的物质依赖方面的信息，引导其反物质依赖的态度；强化青少年自我控制训练，增加他们的亲社会联结，提供相应的学习与发展机会；加强抗拒同伴压力的技巧训练，引导其断绝与不良群体的联系与接触；修复物质依赖青少年与重要他人的依恋性亲密关系，帮助其获得情感支持；提供职业训练、娱乐机会和婚姻指导等一系列特殊服务，增强青少年的社会适应力。在家庭功能修复方面，社会工作者要教授家庭有关青少年物质依赖的技巧与方法，训练父母积极倾听、沟通的技巧和解决冲突的方法，并对家庭系统功能失调的沟通模式进行家庭治疗，鼓励家庭成员与成瘾青少年的互动与交流。

（四）案例跟踪服务

物质依赖的复发率是非常高的，而且青少年的复发压力多产生于社会，社会环境的优劣对物质依赖复发具有决定性影响。因此，在物质依赖青少年社会工作实务中，生理戒瘾之后必须有大量康复和回归社会工作的跟进，避免其陷入戒除——物质再依赖——再戒除的恶性循环状态。其具体措施可以从以下几方面着手。从个体层面进行干预，社工们要细致辨别导致物质依赖复发的“高危情境”，主要包括个人的本性和人际关系的影响，通过幻想疗法等自我监控措施教会青少年发现潜在的复发高危情景，引导他们正确应对可能出现的复发危机。[①] 从家庭、工作和社会支持网络入手，对戒瘾成功青少年的社会关系网络进行跟踪回访，教授家庭、朋友、学校及其他重要他人对青少年成功戒瘾行为进行适当的持续性强化，强化其社会支持；对戒瘾后青少年提供再社会化培训，如对失业青少年进行就业培训指导，指导

---

① BARBER J G. 戒瘾社会工作. 范志海，李建英，杨旭，译. 上海：华东理工大学出版社，2008：100－101.

他们申请及获取工作。从文化、政策等宏观系统出发，创设有助于戒瘾青少年回归社会的政策环境、舆论氛围与社区情景，对其权利主体身份提供制度保护，让他们能够真正融入主流社会，实现自立和自强。

三、物质依赖青少年社会工作的实务模式

青少年物质依赖形势极为严峻。根据中国国家禁毒委员会办公室的数据，截至2019年年底，全国共有吸毒人员214.8万名（不含戒断三年未发现复吸人数、死亡人数和离境人数），其中35岁以下105.3万名，占49%，其中18岁以下未成年人有7 151名。[①] 而根据国家食品药品监督管理总局的数据，在2016年在药物滥用人群中，35岁及以下的青少年占51.7%，其中25岁及以下人群占15.5%。[②]

吸毒人员具有三重属性：吸毒人员是违法人员，必须接受戒毒；吸毒人员是脑疾病患者，需要接受必要的治疗；吸毒人员是受害者，需要全社会关爱，需要帮助以回归社会。针对吸毒人员，政府既应惩罚又应教育和救治。《中华人民共和国禁毒法》首次将社区戒毒、社区康复、戒毒药物维持治疗等列入条款，补充了开办戒毒康复场所等内容。同时，还就帮助吸毒者接受药物治疗、心理治疗以及法制教育、道德教育等做出了具体的规定。

哈米德·戈兹（Hamid Ghodse）将戒毒社会工作的专业介入方法分为五类：（1）评估潜在的诱发或导致持续吸毒的原因；（2）解决吸毒相关的问题或吸毒导致的后果；（3）更多针对吸毒行为本身，旨在减少或停止吸毒（未涉及其他问题或环境因素）；（4）针对帮助案主改变的动机，而不是改变行为本身；（5）旨在帮助已经发生改变的案主预防复吸。[③]

一般来说，物质依赖青少年社会工作的实务模式主要有以下几种。

（一）生理-心理-社会模式

药物滥用行为最可怕的后果就是其成瘾性或依赖性。药物依赖主要有三种，即生理依赖、心理依赖和社交依赖。生理依赖是指吸毒者身体的器官、机能受药物控制，久而久之便会产生耐药性，而一旦停止服用该药物，又会出现强烈戒断症状，令吸毒者异常痛苦。心理依赖是指吸毒者在心理上通过药物获得满足感或逃避现实生活中的痛苦，靠药物得到所需要的慰藉。社交依赖是吸毒者因受某些社群的亚文化影响而开始其吸毒行为，并且这种行为得到小圈子成员间的互相默认甚至赞许，逐渐养成了习惯。有些吸毒者成功戒除了“身瘾”，并且也摆脱了“心瘾”，却在回

---

① 2019年中国毒品形势报告．(2020-06-24)．http://www.nncc626.com/2020-06/24/c_1210675813.htm.

② 国家药物滥用监测年度报告（2016）．(2018-06-04)．http://www.nncc626.com/2018-06/04/c_129886311_2.htm.

③ GHODSE H. Drugs and addictive behavior: a guide to treatment. 4th ed. Cambridge: Cambridge University Press, 2010: 1-50.

归社会后，因经不起朋辈的教唆而再次吸毒。针对这三种依赖，戒毒社会工作需要有三个层面的介入，即生理层面的介入、心理层面的介入和社会环境层面的介入。生理层面的介入主要是身体检查、生理脱毒和生理康复，以帮助吸毒人员身体得到恢复，注意、记忆和思考的能力比吸毒时有所改善。“综合健康医学模式”便是以美沙酮门诊为核心展开服务的。①

知识窗

美沙酮是治疗毒瘾的替代药物，是当前生物医学治疗方式的主要手段。其主要依据是生物-心理-社会医学模式的健康理念。这种模式需要对影响健康的各种因素进行综合分析，构建全面的健康观，把生命视为一个开放系统，通过与周围环境的相互作用及系统内部的调控来决定健康的状况。社会工作者将“综合健康医学模式”运用于美沙酮门诊，则十分重视戒毒人员的生理、心理、社会层面的影响因素，并为戒毒人员提供生理戒毒、心理戒毒及“社会无缝连接”计划，如为戒毒人员提供心理治疗，帮助其恢复与重建社会功能，从而促使戒毒人员逐步脱离毒品及替代药品。

心理层面的介入主要是指通过心理脱瘾，用心理治疗等各种方式帮助戒毒人员摆脱与毒品相关的各种不良心理和行为，重塑生命的意义，重新构建健全的人格和行为模式。社会环境层面的介入是通过适应性训练、人际交往和就业服务等，帮助吸毒人员回归社区，重构社会支持体系，重建个体生活。②

知识窗

“点点青少年药物成瘾关爱中心”（以下简称“点点”）是全国首家青少年药物成瘾关爱公益机构。自成立以来，“点点”在参考国外的 TC（Therapeutic community）戒毒模式之后，以“康复岛”的方式，采用“心理社会康复模式”致力于对成瘾青少年的关爱和防治。在对成瘾者的治疗与康复方面，社工利用精神医学、行为科学、社会学和心理学等学科的知识及原理，注重运用个体治疗法、人本主义治疗法、动机强化法、动机式晤谈法及行为强化疗法等心理社会康复方法，并充分调动患者（即戒毒人员）、家属及医护人员的潜能，以此帮助患者达到身心康复的目的。

资料来源：李晓凤：我国禁毒社会工作实务模式有哪几种？．（2017－07－12）．https：//www.sohu.com/a/156556605_825958.

（二）个人-家庭-社区模式

个人-家庭-社区模式融合了“人在情境中”“生态系统理论”“全人概念”等理念元素，以整合的视角关注人与社会环境的互动。在社区戒毒社会工作中，需以需求和问题为导向，聚焦个体因素、社会生活事件及生活环境的互动影响，不仅要从

---

① 李晓凤：我国禁毒社会工作实务模式有哪几种？．（2017－07－12）．https：//www.sohu.com/a/156556605_825958.

② 香港社会服务发展研究中心．禁毒社会工作实务手册．广州：中山大学出版社，2013：8.

吸毒人员吸毒行为的功能（如满足某种需求）来探索吸毒背后潜在的问题根源，而且要为预防复吸梳理出可供识别的高危情境等诱发因素。个人-家庭-社区模式强调对人产生直接影响的主要是个体次系统、家庭次系统和社区次系统。戒毒社会工作需将服务对象置于这些系统环境中，通过专业介入，探索并改变影响吸毒人员行为的潜在系统问题，如个体错误的认知、家庭成员支持的缺位、社区污名化排斥等，进而通过链接这些系统中的资源，改善系统之间的互动方式，重构戒毒者的社会支持网络，消除复吸的诱发因素，帮助个体获得成长和改变。

一方面，作为一名为遭受社会歧视和主流文化排斥群体提供服务的社会工作者，在针对个体次系统开展服务时，尤其要注意超越巨大的心理和社会的偏见以及歧视行为，避免用经验判断和自身系统已有的价值标准对他们的价值进行判断。社会工作者要将物质依赖青少年视为一种特殊的拥有权利与责任的主体来关爱和接受，充分尊重他们的意愿，建立彼此喜欢和信任的专业关系，避免将其置于一个强制性压力的环境中被迫接受社工服务。同时，社工们在主观意识和行动上要自觉纳入物质依赖青少年的关系网络中去，争取最大限度地获得他们的理解和支持，以他们认可的方式接纳他们。

另一方面，社会工作者要承认青少年案主自己做决定的基本权利，同时在案主自决中必须发挥专业的主动性，适时适当主动出击，与其所在家庭、学校、社区建立常态互动，积极寻求需要帮助的潜在目标群体，在尊重青少年意愿的情况下提供主动性帮助。在戒瘾阶段，青少年可能会明显缺乏有用且有效的信息或能力，社会工作者要适当地扮演教育者角色，与青少年分享知识和有益的观点，但青少年要自主决定是否接受社工的教导。同时，在与物质依赖青少年配合的过程中，社工要适时地提出建议，这些建议可能是青少年最佳的行动引导，当然，必须让青少年案主知晓他们可以自由地接受或者拒绝任何提议。

此外，应依据多重系统构建多元化介入策略。考察个体与其主要环境的交互性是社会工作实务的一个基本领域。在对物质依赖青少年提供服务的过程中，我们不仅要关注依赖者本身存在的问题，还必须了解其周遭社会环境中所发生的一切，包括他们所处的微观系统、中观系统、外部系统和宏观系统，并通过改变系统间的关系以使青少年的利益最优化。研究表明，家庭支持构成了物质依赖青少年最基本、最深刻的内在动力，同时，家庭关系构成了他们最具有决定性的支持网络。[①] 因此，家庭治疗是物质依赖青少年社会工作实务中的重要方法，建立家庭支持为本的治疗康复体系至关重要，其关键是构建充满积极反馈和饱含家人爱意的家庭氛围。物质依赖亚文化是形成物质依赖的一个重要微观环境系统，青少年渴望为同辈群体接纳，并且希望通过共同的价值理念获得同辈团体的认同，因此，社会工作者必须加强对物质依赖青少年周围同辈群体的实务介入，降低不良同辈文化对青少年的负面影响。同时，良好的社区环境是物质依赖青少年康复和回归社会的重要环境支撑，

① 王瑞鸿．戒毒社会工作：理念、原则及其方法．华东理工大学学报（社会科学版），2006（4）：12-15.

社会工作者要引导社区创新形式，积极探索建立治疗与发展相结合的实务路径，真正契合物质青少年的真实需求，帮助他们实现自我价值，体现发展功能。[①] 另外，环境的重要维度还包含资源、制度、预期和法律政策等，社会工作者必须成为宏观政策的倡导者，不断推动完善青少年物质适用的政策法规。

所以，在个人-家庭-社区模式中，社区戒毒社会工作特别强调了“去机构化”和“正常化”，即远离大型机构照顾的隔离与非人性化，帮助戒毒人员回归正常的生活环境——家庭和社区，按照一定社会的文化和社会价值，尽可能正常地生活，在正常生活的指引下，通过寻找其自身的优势，重建生命的意义，导向积极的改变。[②]

知识窗

“魔方模式”：以深圳市温馨社会工作服务中心为例

深圳市温馨社工机构通过禁毒社工的反复实践，总结了在多元生活空间介入的、具有整合意义的“魔方模式”。在生态系统理论的指导下，“魔方模式”综合了“社区服务”“家庭服务”“学校服务”“美沙酮服务”“无缝接轨服务”五大方法，通过五个方面的互动，来促进环境和个人的改变。

同时，针对药物滥用的情景，“魔方模式”将三级预防按照基层、中层、深层划分。其中，基层预防指通过宣传等方式，在社会大面积进行浅层次的禁毒宣传，以改变社会的总体环境；中层预防指针对社会高危人群，如滥用药物行为高发地区的群体、遭受毒品间接危害严重的群体进行预防干预，阻止其进一步受到毒品的危害；深层预防指针对毒品滥用者及其家庭开展的工作，借此预防毒品危害的不断深入。简言之，该模式基于生态系统理论，从多层次、多方向来开展禁毒社会工作，增强了服务的计划性和延展性，也能深入地帮助吸毒者成功戒毒。

资料来源：李晓凤：我国禁毒社会工作实务模式有哪几种？.（2017 - 07 - 12）. https://www.sohu.com/a/156556605_825958.

（三）同伴辅导与自助小组模式

同伴辅导与自助小组模式即发挥自助和互助功能，创设“集体治疗”环境。如何帮助受助对象达到自助目的，关键在于提高受助对象自我成长和自我发展的能力。尤金（Eugen Verhellen）认为：“要使儿童变得更加有能力，认可儿童的自我决定就变得非常重要。”[③] 社会工作者要避免用“救世主”心态投入物质依赖青少年实务过程中，而应倾向于把他们看作有自我能力和潜力改变的群体，让青少年参与到解决自身问题的过程中，增强他们对自身能力、自主性和自我功效的信心，充分发挥“自助”功能。作为社会情感存在的自我发展是通过与他人的关系形成的，因

① 彭善民．篆刻艺术小组：戒毒社会工作的本土创新．福建论坛（人文社会科学版），2010（7）：146 - 157.

② 香港社会服务发展研究中心．禁毒社会工作实务手册．广州：中山大学出版社，2013：8 - 9.

③ 托马斯．儿童青少年社会工作：照管社会工作理论与实践．田国秀，等译．北京：中国人民大学出版社，2010：28.

此要开设物质依赖青少年互助小组，创设“集体治疗”环境。由于小组内成员同为物质依赖青少年，可相对降低他们内心的自卑感，同辈正向的示范效应也有利于案主重新拾起自信，充分发现自身潜在的优势与能力，同辈中的相互鼓励、支持和监督，也会使得戒瘾心理更为坚定，戒瘾成效趋于稳固。因此，以一组具有相似背景的物质依赖青少年为工作对象，通过团体情境或团体互动实现娱乐、教育与治疗目标的小组工作成为现实选择。[①] 建立同辈群体之间的互助联结，可以运用参与性方法培训戒瘾中的志愿者为同伴教育者，之后由同伴教育者开展同伴教育活动和参与性的交流支持活动，建立物质依赖青少年同辈群体之间的相互支持网络。

案　例

网瘾青少年的社会支持网络建构

社工在对青少年网络脱瘾的社会工作专业服务中最大限度地挖掘和利用社会资源为其提供各种社会支持，最终形成一个比较完善的社会支持网络。社工系统在与案主系统的交互作用中提供了案主个体自身的支持；社工系统在与行动系统的交互作用中提供了家庭、朋辈群体以及政府部门的支持。网瘾青少年在获得这些有形资源支持的同时，也得到了相应的情感支持，其自我满意度有了很大的提高。

1. 个体自身的支持——“QQ 读书会”

上海市 Y 区 K 街道社工点社工在工作中发现社区青少年由于在个性、能力、文化基础与素质、家庭状况、人际关系以及各种社会资源等方面缺乏正向优势，使他们普遍缺乏正确的生活目标与信念，具有不少负面、混乱的价值观，当面临情绪、心理、人际关系问题及社会生活中遇到困扰时，他们缺乏积极的态度和策略去应对和处理。因此社工认为需要为社区青少年构筑一个共同的“心灵家园”，使他们能够通过相互交流、讨论，不断思考和澄清自己的人生观、价值观，获得自我潜能的激发与成长。在工作中社工感到青少年对于一些传统的权威型的谈话交流抱有一种潜在的排斥感，他们将与自己有年龄、身份差距人的谈话先验地理解为“说教”，所以这种方式无法达到预期的目标，反而会引起青少年的反感。大部分青少年对网络都非常热衷，社工尝试建立了 QQ 群，将社区青少年、社区居民志愿者、企业团组织的青年志愿者、高校实习志愿者、高校党组织的青年志愿者凝聚、组织、整合起来，形成一个和谐、交流、分享、互助、合作、自启启人、自益益人的网络文化教育虚拟社区。QQ 群里就社会、家庭和个人责任感及价值观等进行定期主题讨论，开发、引导、协助青少年以自身正向的力量为自己努力建设、营造一个富有启示价值的“心灵家园”，通过平等的交流与沟通，使“家人”得以认识自身与他人的问题、需求、资源与潜能，进而互助合作，以应对、缓解各自存在着的问题和困难。

2. 朋辈群体的支持——“阳光部落俱乐部”

上海市 B 区 G 社工点社工在社区青少年社会工作服务过程中，通过对辖区内

---

① 彭善民．篆刻艺术小组：戒毒社会工作的本土创新．福建论坛（人文社会科学版），2010（7）：146－157.

社区青少年的排摸、建档和日常服务的接触，逐渐发现青少年有很多共同的兴趣爱好，但由于社区条件所限，没有活动的场所。尤其是一些团队性的体育运动，需要有人组织，而社区环境比较单一，缺乏青少年的休闲娱乐设施。社工在工作实践中感到，成立一个便于社区青少年开展活动、联结社区资源的青少年自治组织能够回应这些问题。"阳光部落俱乐部"在这样的背景下建立起来。"阳光部落俱乐部"包括网上社团、网络论坛、足球训练营、篮球协会、电子竞技俱乐部等兴趣活动团体和"阳光部落"团支部。俱乐部的成员主要是社工的服务对象辖区内的社区青少年；社工认为同质性的成员会导致组织狭窄和失去生命力，因此俱乐部也吸纳大学生志愿者、社区内就业的其他青年、来沪工作的外来青少年以及在校的初高中生。异质开放性组织使成员们开阔了视野，能够和不同于自己"圈子"的青少年交流，也能够了解不同人多样的生活和丰富的体验。"阳光部落俱乐部"丰富的兴趣团体是根据参与成员的需求逐渐成立的，由他们自发形成并自我管理，这就需要有一定的纪律来维持团队活动的稳定。原本自由散漫的社区青少年，在娱乐过程中，通过社工的指导，自然而然地产生了团队意识和纪律观念。这样的自治团队能够让青少年产生归属感，获得朋辈群体的支持。

3. 家庭的支持——"家长沙龙"

上海市X区T社工点社工在对网瘾青少年个体干预的过程中发现，网瘾青少年家庭内部存在的一些问题直接或间接导致了青少年网络成瘾的现状。家庭内部系统运作不良，比如夫妻关系、亲子关系等存在问题。社工的工作需要家长的配合，也需要家长自身的改变。因此，家长既是行动系统的一部分，又是目标系统的一部分。"家长沙龙"的治疗小组正是在这样的背景下成立的。该小组活动在社工的引导下进行，家长成员分享自己家庭内部的许多故事，包括自身的故事、孩子网瘾的经历等。故事的分享缓解了家长的紧张情绪，减轻了心理压力，这对家长来说是一种心理和精神的支持。此外，该小组还在上海12355青少年公共服务平台的帮助下请上海市的心理咨询师为家长讲解父母对子女良好的教育方式、亲子沟通和夫妻沟通的技巧等。这在很大程度上改善了亲子关系、夫妻关系，并促进了家长自身的成长和素质的提高。家长对孩子的态度不再是排斥，而是渐渐地学会了接受，这对孩子来说是一种来自家庭内部的关爱和支持。

4. 政府部门的支持——"创e工坊"

上海市P区T社工点社工针对多数网络成瘾青少年的爱好网络和无业状况，创立了"创e工坊"。其最初目的就是要帮助许多社区青年网络脱瘾，针对社区青年学历低、就业难的现状，迎合劳动部门就业的相关优惠政策，以技能培训、就业推荐、创业指导为内容。社工大胆采用了"网络创业"脱离网络的方式，以"创e工坊"为平台，沿着step1：网络就业——step2网络博客——step3网络淘宝——step4实体开店的个案服务思路，很好地整合了团委、劳动等政府部门，企业、淘宝网等社会资源为案主的网创服务，逐步引导案主脱离网络并成功实现网络创业。在社会支持理论中，政府对困难群体的支持是最重要的力量来源。该办法得到了团区委的认可和赞同，并得到了团区委方向上的引导和资金上的支持。

资料来源：陈秀红．社工对网瘾青少年社会支持网络的建构研究：以上海市阳光社区青少年事务中心为例．学理论，2009（21）：71－72.

复习思考题

1．什么是成瘾？从社会工作视角如何理解成瘾行为？

2．什么是网络成瘾？青少年网络成瘾的原因是什么？网络成瘾青少年的支持系统有哪些？

3．什么是物质依赖？青少年为什么会形成物质依赖？物质依赖青少年的支持系统有哪些？

4．分别以一个网络成瘾青少年和物质依赖青少年作为个案，尝试运用社会工作专业方法进行介入。

推荐阅读书目

1．BARBER J G．戒瘾社会工作．范志海，李建英，杨旭，译．上海：华东理工大学出版社，2008.

2．EARLEYWINE M，等．成瘾障碍的心理治疗：物质滥用、酒精依赖和赌博成瘾的临床治疗指南．张珂娃，包燕，池培莲，译．北京：中国轻工业出版社，2012.

3．香港社会服务发展研究中心．禁毒社会工作实务手册．广州：中山大学出版社，2013.

4．王瑞鸿．戒毒社会工作：理念、原则及其方法．华东理工大学学报（社会科学版），2006（4）.

5．彭善民．篆刻艺术小组：戒毒社会工作的本土创新．福建论坛（人文社会科学版），2010（7）.

实用量表

网络成瘾量表

网络成瘾量表是中国台湾陈淑惠教授于1999年以大学生为样本，根据DSM-IV对各种成瘾症状的诊断标准编制的，共26道题目，采用李克特（Likert）自评式4点量表记分方法。该量表由网络成瘾核心症状及网络成瘾相关问题两部分组成：网络成瘾核心症状分为强迫性上网（如个体有一种难以自拔的上网渴望和冲动）、网络成瘾戒断反应（如如果被迫离开计算机，个体就会情绪低落、坐立不安）、网络成瘾耐受性（如随着使用者网络使用经验的增加，必须通过增加网络使用时间才能在网络中获得与原先相当程度的满足感）三个因素；网络成瘾相关问题分为人际与健康问题（如个体因为在网络中沉溺时间太长而与家人和朋友疏远）、时间管理问题（如个体因为在网络中沉溺时间太长而造成学业被耽误）两个因素。全量表总分代表个人网络成瘾的程度，总分越高表示网络成瘾倾向越高。

该量表被广泛用于多项网络成瘾的研究中，被证明有较好的信度和效度。陈淑惠教授两次在台湾大学的实测结果的再测信度为 0.83，各分量表之间内部一致性系数介于 0.79 与 0.89 之间，全量表内部一致性系数为 0.93。

扫描下方二维码获取量表。

陈淑惠中文网络成瘾量表

第十二章

越轨青少年的社会工作介入

本章要点

- 越轨行为是指违反重要的社会规范的行为。在日常生活中，个别人或少数人所具有的特殊爱好、行为特点，只要不与社会规范发生冲突就不属于越轨行为。越轨行为不完全等同于社会问题。青少年越轨行为是指处于青春期的青少年情绪不稳，以自我为中心，独特的自我反抗意识与青春期的躁动，使得他们容易出现心理及行为偏差。
- 开展青少年越轨行为的社会工作介入可以从三方面来进行：一是对越轨青少年的介入，以预防他们走上犯罪的道路。二是对犯罪青少年的介入，目的在于通过对犯罪青少年提供相应的服务来矫正他们的服刑动机，重建他们对自己生活的信心与希望，同时促进越轨青少年再社会化，这种服务可以分为心理服务和矫治服务两个方面；三是针对青少年所处环境的介入，目的在于为青少年创造一个健康宽容的社会环境，预防青少年越轨行为的产生。

关键概念

越轨；失范；青少年越轨；同辈群体

第一节　越轨青少年

越轨青少年是指有越轨行为的青少年，要理解越轨青少年的含义需要先理解越轨的含义。本节内容主要介绍越轨的含义及类型，青少年越轨的含义、行为特征及原因。

一、越轨的内涵

越轨行为的标准具有相对性，不同的文化类型、不同的群体价值会导致对越轨行为有不同的判定。越轨行为一般包括不适当的行为、异常行为、自毁行为、不道德行为、反社会行为以及犯罪行为。

（一）越轨的含义

在通常情况下，越轨是与社会规范相对立而存在的。社会规范是指那些从一般意义上被认为是“正常”的行为，即人们可以予以期待和赞同的行为与方法。[①] 也就是说，社会规范决定了人们的哪些行为是被社会认可和接受的，哪些行为是反常的和被社会排斥的，并由此形成社会的一套正常的交往模式，人们可以通过这个模式指导自己的行为和预测他人的行为。社会规范的重要意义也正在于此，通过预测对方的行为，使社会团体成员之间消除隔阂，保持一种稳定的关系。这种稳定的关系使人类能够形成一个理性的群体去对抗自然和愚昧，获得自身的发展；而如果人类要生存下去，就必须在生活中遵守这样的规章制度。因此，人们将违反这套规章制度的行为视为越轨，并加以制裁。由此可见，社会规范和越轨行为，其本质都是一种社会契约，人们通过对被许可的行为和被禁止的行为达成共识，保持社会的稳定。

我们所说的越轨行为便是指那些偏离了正常的准则、道德观念、价值规范的行为，也被称为偏差行为。但越轨内涵很宽泛，目前学术界尚未明确认定。学者阿尔伯特·科恩（Albert Cohen）认为：“越轨是要无赖、诈骗、撒谎、不端、犯罪、偷窃、装病、投机取巧、不道德、不诚实、陷害人、贪污、腐化、心怀恶意、过失越轨。”道格拉斯（Jack Douglas）和瓦克斯勒（Frances Waksler）将越轨定义为某一社会集团成员们判断为违反其价值观念或社会准则的某种思想、感情或行动。[②] 戴维·波普诺（David Popenoe）认为违反某个群体或社会的重要规范的行为，就是社会越轨。霍华德·贝克尔（Howard Becker）则强调社会群体造成越轨，他们制定了一些规则，违反这些规则就构成越轨。越轨行为的判定其实暗含了人们遵从或违反社会行为规范的具体背景或实际情况，因此越轨行为具有相对性，不同的文化类型、不同的群体价值对越轨行为有不同的判定。

（二）越轨的类型

社会规范对人们的约束程度不同，违反社会规范造成的影响也不同，按照越轨行为对社会行为规范的破坏类型和程度，它主要被分为以下几种类型。[③]

第一，不适当的行为，指违反道德或特定场合的特定管理机制的行为，但对社会并没有重要的损害，如在公共场合大声喧哗。

第二，异常行为，指由于情境刺激引起人们心理上的不平衡和生理上的障碍或混乱而表现出的行为，包括心理、精神疾病导致的违反社会规范的行为。

第三，自毁行为，指违反社会规范的自我毁坏和自我毁灭行为，如吸毒、酗

---

① 皮艺军．越轨社会学概论．北京：中国政法大学出版社，2004：2.

② 道格拉斯，瓦克斯勒．越轨社会学概论．张宁，等译．石家庄：河北人民出版社，1987：38.

③ 同①4－5.

酒、自杀等。其中自杀行为是越轨青少年的极端表现形式，指青少年在严峻的客观现实面前无法摆脱的自我否定形式。

第四，不道德行为，指违反人们共同生活及其行为准则的行为，这种行为通常会受到舆论的谴责。

第五，反社会行为，指对他人与社会造成破坏的行为。

第六，犯罪行为，指违反刑事法规而应受刑事处罚的行为，它与反社会行为同属最严重的越轨行为，如暴力犯罪。

二、青少年越轨

青少年越轨行为是指青少年在社会化过程中发生的偏离社会化轨迹而导致的对抗社会规范的行为。目前，青少年越轨行为越来越引起人们的重视，由于我国自改革开放 40 多年来，青少年犯罪案件数量大幅度增加，青少年越轨行为已成为一个严重的社会问题，引起了社会各界的广泛关注。

青少年越轨指的是 18 岁以上的青少年主体，在社会教育的过程中所出现的偏离社会道德规范和行为准则而体现出的对社会规范的对抗行为。《中华人民共和国预防未成年人犯罪法》（2020 年 12 月 26 日修订通过，2021 年 6 月 1 日起施行）第二十八条规定的九种不良行为中的任何一种均被视为越轨，具体包括：

第一，吸烟、饮酒；

第二，多次旷课、逃学；

第三，无故夜不归宿、离家出走；

第四，沉迷网络；

第五，与社会上具有不良习性的人交往，组织或者参加实施不良行为的团伙；

第六，进入法律法规规定未成年人不宜进入的场所；

第七，参与赌博、变相赌博，或者参加封建迷信、邪教等活动；

第八，阅览、观看或者收听宣扬淫秽、色情、暴力、恐怖、极端等内容的读物、音像制品或者网络信息等；

第九，其他不利于未成年人身心健康成长的不良行为。

青少年的越轨行为不仅仅是个别性的问题，在很大程度上已经是一个世界性的严重社会问题，并且也逐渐成为威胁青少年健康的一个比较严重的问题。我国青少年的犯罪率大幅度上升，在很大程度上也是由于青少年的越轨行为无法得到足够的重视。

（一）青少年越轨的行为特征

在现实生活中，青少年越轨行为日益严重，低龄化趋势比较明显。当前我国青少年犯罪占整个刑事犯罪的百分比呈现逐年上升趋势。随着青少年犯罪的逐步上升，犯罪低龄化的趋势越来越明显，未满 18 岁的少年犯罪呈逐步上升趋势。20 世纪 50 至 60 年代，我国犯罪人的初犯年龄一般在 16 岁，80 年代以后，11、12 岁即开始有一般违法行为，15 至 17 岁则形成少年犯罪的高峰期。

青少年越轨行为有很多的类型和表现，其特征归纳起来主要有以下几个方面：第一，越轨行为种类增多，暴力行为突出，功利型行为已成为越轨的主体。近几年来，凶杀、抢劫、强奸、伤害及爆炸等暴力行为不断增多，过去罕见的一案多罪的混合暴力型案件数量上升幅度明显。第二，越轨方式多样化、智能化、技术化和现代化。随着我国对外交流的日益扩大，国内外各种社会信息迅速广泛地传播。随着经济、科技、文化的飞速进步，犯罪手段更加向高科技化方向发展，如运用电脑、毒气、麻醉品、医药技术、窃听技术等犯罪。随着计算机的广泛运用，这方面的犯罪必将日益增多。第三，女性犯罪数量增加，且类型趋于多样化，其中性犯罪占女性犯罪的 75%，少女打群架、结伙抢劫等女性团体犯罪发生率上升。第四，青少年团伙越轨行为明显增多。

（二）青少年越轨的原因

就当前而言，我国青少年的越轨行为是指一些青少年在成长过程中所实施的违反社会公共秩序、道德规范或违反法律规范，并具有一定社会危害性的行为。这种越轨行为实质上是青少年个体与现存社会规范、社会秩序的一种摩擦和碰撞，而这种摩擦冲突总会有一个过程：从小到大、由弱到强、逐渐加剧，积累到一定程度便会产生犯罪行为。

1. 青少年自身的原因

青少年是作为个体存在的，不同于儿童和成年人。青少年成长的时期被称为青春期。青春期介于儿童期和成年期之间，这使青少年具有儿童所不具有的辨认和控制能力，但这种辨认和控制能力与成人相比还很不成熟。[①] 这主要表现为青少年情绪化、自我意识极端化等。情绪化的特质让青少年非常敏感，常因一件小事就可以发生过激行为，甚至从一个极端走向另一个极端；青少年随着身体的发育而逐渐具有主体意识，但这种主体意识稳定性不强，常会牺牲他人利益来满足这种主体意识。这种内在冲突便会导致越轨行为的发生。

除此之外，青少年的认知偏差、不良的个性特征以及心理疾病都有可能导致青少年越轨。

2. 家庭的影响

一个人从出生开始，家庭就融入了他的生活，并在个人的人格、气质、心理等方面的形成和成长中扮演着重要的角色。青少年时期是个人成长的转型阶段，是人心理层面的“断乳期”，同时更是个人从心理层面和行为层面走向成熟的时期。因此家庭在青少年的成长过程中发挥着尤为重要的作用。故而构筑一个适合青少年心

---

① 孙亚男．青少年越轨及其防控．科教导刊，2011 (9)：96－97.

理、行为发展需求的家庭环境十分重要。[①]

不良的家庭环境会直接导致青少年社会的内化产生偏离，形成不良的行为规范。家庭是孩子社会化的初始地，父母是孩子的第一任教师，家长的为人处世、待人接物和言谈举止随时随地都在对孩子进行着潜移默化的影响。他们模仿父母的言行，接受父母和社会对其行为规范的要求，并且有意识或无意识地将它们内化为自己的观念和行动，所以良好的家庭教育方式有助于青少年良好行为规范的形成。但是家庭教育方式、方法不当，就会对青少年的社会化带来不利的影响，导致越轨行为的发生。对子女无原则地、过分地迁就溺爱，会使子女养成骄横、任性、自我中心等不良的个性品质，造成这些孩子社会适应性困难。家庭关系不融洽，家庭功能不健全也会使青少年感到压力，甚至家庭暴力、冲突的影响还会使暴力行为发生代际转移。

3. 教育环境的影响

学校是青少年社会化的主要场所，它不仅传授基础知识和培养基本技能，而且进行德、智、体、美、劳的教育，把社会成员培养成合格的人才，肩负着青少年人格教育、心理辅导、生存技能教育等社会化任务，因此，学校在青少年发展和成长过程中扮演着极其重要的角色。[②] 良好的学校环境有利于青少年的成长成才，而单一的教育评估方式可能带来青少年的越轨。良好的学习环境、先进的教学设备以及高水平的教师队伍为青少年学习科学文化知识提供了强有力的保障，但越来越多的调查数据显示，单调的学习、频繁的考试和变味的成绩追求等学业压力使得学习成为青少年苦不堪言的负担。在多重压力下，这些青少年的学习兴趣荡然无存，旷课、逃学自然频频发生。另外，教师素质也会对青少年个体产生直接的影响。

4. 朋辈群体的影响

“讲哥们儿义气”是许多越轨青少年对友谊的理解。多数的青少年容易受到朋友的同化，从而沾染上一些不良的思想观念和行为方式，也许明知道不对，但是为了“义气”必须去做朋友要求自己做的事情。朋友数目的多少，在越轨青少年群体中常被作为评判个人价值的标准。呼朋唤友、寻衅滋事，在许多越轨青少年看来不以为错，反倒成为一种“醒目”的标志。

5. 社区和社会环境对青少年的影响

青少年是生活在社会中的个体，社会的特点深深地印在青少年身上。在我国社会转型过程中，社会结构和社会价值观念面临分化和重组的压力，并导致一定时期的“道德失范”状态。而青少年由于自身发展的不成熟，对“道德失范”状态影响的抵御力相对较弱，加之学校更侧重于应试教育而忽视德育，甚至是将部分少年“流放”到社会上，青少年的社会责任感和公德心会比较淡薄，常会漠视社会的利益和他人的需要，其道德观和价值观处于畸形发展状态，加之社会中存在一些管理

---

① 顾东辉．社区青少年社会工作研究．上海：华东理工大学出版社，2006：89.

② 陆士桢，王玥．青少年社会工作．北京：社会科学文献出版社，2005：255.

不善的公共场所，这使未成年人可以轻易地涉足成人娱乐场所，街头巷尾的网吧、KTV、台球会所等经常有青少年在里面流连忘返，五花八门的娱乐场所对青少年充满了极大的诱惑。

一方面，沉湎于商业性娱乐行为的青少年会对正常的学业学习产生厌倦心理，并养成不良的生活态度，诸如“人生就是为了享乐”。同时，过度的消费刺激了不良欲求，许多越轨青少年的敲诈勒索、抢劫和偷盗的行为正是为了满足自己的消费欲望。另一方面，在这些公共场所中，游客成分比较复杂，一些违法犯罪分子容易混迹其中、寻衅滋事，有些青少年往往是在这样的场所被教唆而开始他们的首次违法犯罪活动的。

第二节　青少年越轨行为的社会工作介入

青少年在成长过程中出现越轨行为，会影响青少年的健康成长，甚至可能妨碍社会的长治久安，因而青少年社会工作者对越轨行为进行介入，帮助越轨青少年回归“正轨”显得尤为重要。本节主要介绍越轨青少年的需求、实务内容以及实务模式，可以为社会工作者介入青少年越轨行为提供一些思路。

一、越轨青少年的需求

作为人类社会的一个特殊群体，青少年处在人生发展的一个特殊阶段和特定的社会历史环境，因此青少年的需要具有不同于其他年龄阶段人群的特点。[①] 青少年需要的特殊性可以归结为需要的年龄性与需要的时代性。处于过渡时期的青少年需要获得基本的生活照顾，家庭和社会应该提供青少年成长过程中所需要的基本生活和养育服务。此外，青少年还需要获得健康的照顾，包括适当的身心医疗照顾和防御保健服务。尤其是随着青少年中吸毒人数和艾滋病患者的逐年增加，对青少年的健康照顾成为社会的一项重要任务。

（一）融入朋辈群体并被同伴所接纳的需要

处于青春的叛逆期的青少年在反叛以家长和老师等为代表的社会成人世界和社会制度的同时，也有自己的社会归属需要，这就是融入青少年自己构建的朋辈群体社会。朋辈群体是青少年离开家庭、步入社会的第一个非正式社会组织，朋辈群体间的相互交流可以满足青少年情感交流、心理支持、获取生活经验和社会信息的需要。

---

① 章友德．青少年社会工作．天津：天津大学出版社，2010：29－32.

（二）与异性建立恰当的人际关系的需要

青少年的身体成长和性成熟导致性意识的萌发和对异性的好奇，同时转型时期社会的快速发展、大众传媒的影响以及教育制度中中考和高考的压力等诸多因素相互作用，使青少年难以辨别爱情和友情的区别，不知道如何处理友情与爱情的关系，早恋、失恋后抑郁情绪的出现、未婚先孕等问题破坏了青少年正常的发展历程。

（三）获得良好的家庭生活和学校生活的需要

尽管青少年时期是独立反叛期，但这个时期的青少年比以往更需要获得良好的家庭生活和学校生活以及来自家长和老师的社会支持。如果家长或者老师不懂得青少年的心理需要，只看到了他们的反叛性，就容易造成亲子关系紧张和师生关系紧张，导致青少年离家出走，或发生厌学、辍学现象。家庭和学校应努力营造良好的亲子关系、师生关系以及适当的教管环境，满足青少年健康成长的需要。

（四）免于人身安全和权益的被剥夺或被伤害

免于人身安全和个人权益的被剥夺或被伤害是全体青少年健康成长的最基本的需要。社会应该通过制定社会政策和完善社会制度确保青少年身心健康发展并满足他们的基本需要，而学校、家庭、社区应联合保障青少年的人身安全和个人权益。在实务领域，要对青少年成长和发展过程中的需求开展社会工作，发挥社会环境在青少年发展中积极的正功能，减少或消除负功能，构筑一个符合青少年需求、适合其发展的社会政策环境。

知识窗

《中华人民共和国预防未成年人犯罪法》（2020）对预防青少年越轨的相关规定（节选）

第二十九条 未成年人的父母或者其他监护人发现未成年人有不良行为的，应当及时制止并加强管教。

第三十条 公安机关、居民委员会、村民委员会发现本辖区内未成年人有不良行为的，应当及时制止，并督促其父母或者其他监护人依法履行监护职责。

第三十一条 学校对有不良行为的未成年学生，应当加强管理教育，不得歧视；对拒不改正或者情节严重的，学校可以根据情况予以处分或者采取以下管理教育措施：

（一）予以训导；

（二）要求遵守特定的行为规范；

（三）要求参加特定的专题教育；

（四）要求参加校内服务活动；

（五）要求接受社会工作者或者其他专业人员的心理辅导和行为干预；

（六）其他适当的管理教育措施。

第三十二条 学校和家庭应当加强沟通，建立家校合作机制。学校决定对未成年学生采取管理教育措施的，应当及时告知其父母或者其他监护人；未成年学生的父母或者其他监护人应当支持、配合学校进行管理教育。

第三十三条 未成年学生偷窃少量财物，或者有殴打、辱骂、恐吓、强行索要财物等学生欺凌行为，情节轻微的，可以由学校依照本法第三十一条规定采取相应的管理教育措施。

第三十四条 未成年学生旷课、逃学的，学校应当及时联系其父母或者其他监护人，了解有关情况；无正当理由的，学校和未成年学生的父母或者其他监护人应当督促其返校学习。

第三十五条 未成年人无故夜不归宿、离家出走的，父母或者其他监护人、所在的寄宿制学校应当及时查找，必要时向公安机关报告。

第三十七条 未成年人的父母或者其他监护人、学校发现未成年人组织或者参加实施不良行为的团伙，应当及时制止；发现该团伙有违法犯罪嫌疑的，应当立即向公安机关报告。

二、越轨青少年社会工作的实务内容

在越轨青少年介入的过程中，应该以转变青少年不良的价值信念为重点，综合利用各方面的资源，从而达到矫正的目的。

开展青少年越轨行为的社会工作介入可以从三方面来进行：一是对越轨青少年的介入，以预防他们走上犯罪的道路。二是对犯罪青少年的介入，目的在于通过对犯罪青少年提供相应的服务来矫正他们的服刑动机，重建他们对自己生活的信心与希望，同时促进越轨青少年再社会化，这种服务可以分为心理服务和矫治服务两个方面。三是针对青少年所处环境的介入，目的在于为青少年创造一个健康宽容的社会环境，预防青少年越轨行为的产生。

（一）对部分存在轻微越轨行为的青少年进行预防服务

青少年处在身心发展的关键时期，世界观、人生观和价值观不稳定，求新求变和喜欢模仿的心理特征使得他们特别容易受到外界不良信息和不良团体或人员的影响，特别是那些有偏差行为和问题行为的青少年，如果不给予及时的介入和帮助，他们很容易就会走向犯罪的道路。针对这些青少年开展预防服务，就是要及时切断他们与外界不良团体和个人的联系，帮助他们树立正确的世界观、人生观和价值观。

（二）为发生越轨行为的青少年提供心理支持，重塑其信心

青少年罪犯在服刑阶段，由于环境适应能力、辨别是非能力和心理承受能力较弱，容易产生以下问题：一是动机不端正，存在拉帮结伙、欺骗和盲目崇拜的心理；二是由于环境和身份转变所带来的自信心的下降和对未来的不确定感，都会对青少年带来不利影响。故而社会工作者要积极关注越轨青少年的心理状态，及时通过个案、小组活动等方式，帮助他们克服心理焦虑，增加其自信心。

（三）对社会化过程中的青少年进行正确价值观的引导

青少年之所以会发生越轨行为，多数是因为在其社会化的过程中没有形成正确的世界观、人生观和价值观。因此，在对越轨青少年进行社会工作介入时要对他们进行正确的三观引导教育，帮助他们从根本上转变观念，树立积极向上的正确人生目标，同时也要注意帮助越轨青少年改变不良的生活和行为习惯，学习文明健康的生活和行为方式。应当注意，社会工作者在提供专业化服务的同时要加强对这些青少年的技能培训，使他们掌握必要的生存技能，同时通过多种知识的传输与教育，提高他们的综合素质，使其能更好地适应社会。

（四）为已纠正越轨行为的青少年提供一个宽容的社会环境

不良的社会环境是青少年越轨的一个重要因素，社会工作者在为越轨青少年提供服务时也应当注意对青少年成长环境的改善。一方面社会工作者以实际的调查研究为基础，为形成青少年成长的健康环境进行呼吁，促进国家出台净化青少年成长环境的相关政策，预防青少年越轨；另一方面，社会工作者也可以通过宣传纠正社会对于越轨青少年的偏见，避免社会给青少年贴标签，以提高对越轨青少年的接纳程度。

值得一提的是，在对越轨青少年提供社会工作服务时，社会工作者应该注意以下四个方面的问题：

（1）避免给青少年贴标签，与越轨青少年真心相待。社会工作者在为越轨青少年提供服务时，首先应该真诚地对待和接纳他们，不能戴着有色眼镜去观察这些青少年，更不能给他们贴标签。同时，社会工作者也应当善于发掘这些青少年身上的优点，充分运用优势视角理论，肯定他们的优点并提升他们的信心。

（2）价值矫正，重塑越轨青少年的价值观。思想指导行动，有什么样的价值体系，个体就会表现出什么样的外在行为。因此，在为越轨青少年提供服务时，社会工作者应该注意从青少年的心理层面入手，矫正越轨青少年在社会化过程中形成的错误价值观，重塑其对美好生活的希望和憧憬。

（3）着眼未来，提高越轨青少年的生活技能。青少年越轨行为的发生是多方面原因相互影响的结果，因此要在调动越轨青少年自身积极性的同时，得到来自家庭、学校和同辈群体的支持，同时还要培养其学习及生活的技能，为其将来进入社

会打下良好的基础，避免再度越轨。

(4) 利用社会和政府的力量，为越轨青少年营造一个宽容自由的环境。营造一个宽容的社会环境，促进社会对越轨青少年的接纳，避免青少年因为其曾经的越轨行为而遭受歧视，为此社会工作者可以推动政府出台保障青少年不受歧视的专项法律法规，可以呼吁学校和其朋辈群体共同接纳青少年，让其回归正常的社会生活。

三、越轨青少年社会工作的实务模式

从青少年越轨的现状可以发现问题的严重性，因而对青少年的越轨行为进行及时的干预显得更加重要。矫治青少年越轨行为能够促进青少年自身的健康成长与发展，也能增加一份社会和谐安定的因素。国外的研究成果和干预效果共同表明了用社会工作方法介入是解决青少年越轨行为的根本途径，而我国港台地区运用社会工作方法介入也取得了良好的效果。当下我国社会工作正处在自我完善的时期，开展了许多针对不同类型服务对象的服务。与传统的思想政治教育采用的说教方式相比，社会工作方法在干预青少年越轨行为上有明显的优势，社会工作以人为本的理念体现为工作的从始至终，尊重每一位服务对象，以平等、真诚的态度进行交流，根据青少年自身的问题与特性选择适合他们的工作方法，综合各种途径，使他们的问题得到纠正并让他们获得成长，因而比其他方式更适合青少年群体。

（一）家庭矫正模式

家庭对于青少年而言极其重要。它可能是青少年问题出现的根源，也可能是其问题解决的契机。在传统文化中甚至当今中国，家族观念都具有深刻影响，家庭交往模式对青少年的社会性和独立性有极其重要的影响，因此家庭治疗成为干预青少年越轨的重要方法，而以家庭作为对象的家庭社会工作也受到越来越多的关注。具体来说，家庭治疗模式分为以下几种。

第一，结构式家庭治疗法。该治疗方法是由美国的米纽庆（Minuchin）在 20 世纪 60 年代创立的。该模式假设个人的问题与家庭的动力和结构有密切的关系，其目标不是直接解决个人问题，而是致力于改变家庭的一些结构性偏差，包括成员的沟通方式、权威的分配与执行、情感的亲近程度、家庭角色的界限是否分明等，使家庭发挥功能，并由此实现问题的解决。

第二，精神分析学疗法。该法把家庭看作关系密切的系统，其中家庭成员受其他每一位成员心理特征的影响，单个家庭成员内部的无意识冲突会相互影响。该模式认为家庭当前的问题起源于各成员早年的体验，社会工作者的任务就是发掘对象的无意识的观念和情感与当前家庭中行为问题的联系，通过对深层心理及动机的分析了解，使他们恢复“自知力”，改善其情感表达，了解其内心的渴望，促进家人的共同成长。

第三，策略性家庭治疗。该模式旨在改进认知问题，认为对家庭问题的本质要有动态深入的了解，建立有层次和有次序的治疗策略。如父母对孩子的过分保护使孩子“永远长不大”，这可能是夫妻间缺乏温情，从而将重心放在孩子身上。因此，社会工作的重点应该放在协调夫妻角色上，促使家庭成员采取积极行动，解决家庭问题。

尽管家庭社会工作采用治疗视角，但是它更重视如何发掘和利用社区资源及如何改善社区环境和家庭环境。社会工作者在运用上述方法时应该注意：首先，作为家庭生活的外部观察者，认真观察家庭结构、心理动力与行为方式；其次，作为中立的沟通者，以情绪疏导与协调彼此沟通为己任，不以家庭的任何一方立场干预其他社会成员的行为方式。如果遇到社区青少年与父母闹矛盾，社会工作者可以鼓励社区青少年表达对父母的愤怒，而不是单纯引导他们理性分析自己与父母双方面的问题，不仅仅是让他们去理解父母的苦心。在此基础上再协助双方进行良好的沟通。

案　例

小坤，初中二年级学生，从小与爷爷奶奶生活在一起，上小学时才回到父母家中。小坤的父亲原先是军人，转业后在一家国企做管理工作，工作繁忙，很少有时间回家，对小坤关心比较少。在教育孩子的问题上，小坤的母亲已经下岗在家，她觉得丈夫不顾家庭，将教育孩子的事情推给自己一个人，对丈夫很不满。尤其令小坤母亲担心和烦恼的是，小坤自从上了初二以后就不再听自己的话，逃学、沉溺于网络、私自拿家里的钱、成绩下降、砸东西、与父母顶撞，还曾经离家出走三天并扬言要退学到社会上打工，自己养活自己。小坤很想念爷爷奶奶，觉得他们才是最疼爱自己的人，自己的父亲只爱工作，不爱妈妈和自己，而自己的妈妈只知道关心自己的学习成绩，处处监督约束自己。除此之外，妈妈还因为下岗情绪不好，经常和爸爸吵架，使得家里没有温暖，缺少亲情。

资料来源：马伊里，吴铎．社会工作案例精选．上海：华东理工大学出版社，2007：65.

（二）社区矫正与预防模式

社区矫正，又称社区矫治，其一般意义是指与监禁性刑罚方式相对的非监禁性刑罚执行活动，即在正常社会环境下充分利用社区资源教育改造罪犯，通过各种强制性手段和方法使罪犯接受并参与有关的管理、教育、公益劳动等活动，矫正犯罪心理和行为恶习，从而尽快回归社会的非监禁刑罚执行活动。

社区矫正工作属于社区工作的一部分。对于青少年罪犯尤其是未成年人罪犯而言，社区矫正的重点不是惩罚，而是教育和唤醒，是在青少年遇到困难时向他们伸出援助之手，敞开关爱之心，相信他们、接纳他们，陪伴他们走过人生的艰难之旅。帮助和引导青少年罪犯改过自新、重新做人、顺利回归社会是社区矫正的终极目标。

1. 影响宏观政策与管理

社会工作者充当社会行动的倡导者、策动者、案主的辩护者与代言人，以改变社区中的权利关系与资源分配。这种方法通常会采取一些强制性措施，如为了使青少年得到全社会的关注与支持，社会工作者就进行了积极的游说和倡导。2004年，中央综治委预防青少年违法犯罪工作领导小组和中央社会治安综合治理委员会办公室联合制定了“为了明天——预防青少年违法犯罪工程”，并由共青团等20个部门共同实施，为社区青少年的利益提供了法律制度保障，青少年生活的宏观环境因此得以改变。

案　例

某街道属于城乡接合部，也是动迁安置人口的导入区。该区有一批青少年初中毕业后没有机会立即升学，也没有机会就业，基本上是待在家中自我封闭，几年来与社会联系越来越少，自卑自怨，社会参与能力也越来越弱，部分青少年出现了偏差和越轨行为。青少年问题引起了街道、政府和青少年服务相关机构的高度重视，为此有关部门成立了由街道社会发展科、街道团工委、青少年社工服务站、街道青少年保护办公室组成的青少年工作委员会，以研究在社区中需要做什么以及采取什么样的服务策略来满足青少年的需要。

资料来源：费梅苹．社区青少年社会工作方法与技巧研究．上海：华东理工大学出版社，2006：56.

2. 开展发展性服务

开展发展性服务的目的是满足社区青少年的物质和精神生活需要，引导社区青少年积极参与，增强他们的社区认同感、归属感、参与感和社会互动互助能力，为实现社区青少年的健康成长创造良好的外部环境。对于沉溺于电脑游戏的青少年，举办社区青少年电子竞技大赛，激发他们健康生活的价值取向；通过搭建活动平台，组织广大社会工作者深入了解和分析社区青少年的现实需求，提供恰当的服务以预防青少年违法犯罪，帮助青少年实现发展。

3. 进行传统的治疗性工作

传统的治疗性工作是通过整合社区内外显在或潜在的人力、物力和财力资源，针对社区青少年的不良行为或越轨行为进行具体工作，解决实际问题和提供福利。例如，整合各种人力和物力资源，为青少年提供行为矫治、心理辅导等服务；组织有一技之长的志愿者，为社区青少年实施个别辅导和小组辅导，帮助有偏差行为的社区青少年树立良好的价值观，并使其有被人关爱与支持的良好体验；以系列讲座等形式为社区青少年提供免费的技能培训服务，并为其获取就业信息，从而优化社区青少年的外在社区环境。

4. 开发具有本土特色的工作

受传统文化的影响，青少年对于自己的问题和需要一般较少主动求助。为此，社会工作者可以采用两种方法与青少年一起工作：一是机构组建外展活动，扩展工作对象的范围。二是利用网络进行辅导。具体来说，可以专门组织网络服务分队，利用QQ、微信等方式与怯于面对面交流的青少年在网上进行交流，或者通过网络完成整个服务过程，或者先在网上进行早期沟通后再进行面对面服务。

5. 引进创新的工作方法

（1）历奇辅导。近几年社区未成年人犯罪预防开始出现新的方法与一些新鲜元素，历奇辅导作为舶来品，渐渐在青少年社会工作中开始实践运用。“历奇”是从英文“adventure”翻译而来，最早源于美国“历奇计划”机构，导师通过一系列精心设计的历奇活动，循序渐进地让学员处于一个陌生、新奇又有合作气氛的环境中，经历各种难题和挑战，获得新的感受和体验，并将体验应用到日常生活中，帮助学员成长，达到教学与辅导目标的一套特定工作手法。① 其定义包括野外或户外训练、历奇活动、体验式学习和个人与团队辅导四个元素，在这四个元素的互动下，参加者能从历奇活动中获得经历和体验，使其在知识、能力和自我认识及态度上有所成长。② 例如利用野外挑战活动（远足、个人独处及攀岩训练）改善边缘青年的不良行为；长期进行历奇训练，要求青年们自力更生学习耕种、野外求生，使滥用药物的青少年建立自信；此外，还为边缘青少年或滥用药物者提供历奇活动导师及助教培训课程，让他们有机会成为助教，学以致用，增加自信。③

（2）外展社会工作。并非所有服务对象都愿意参与主流的活动，外展工作手法即社会工作者主动向外拓展，深入青少年经常出入的场所，主动与青少年接触并发现其问题和需要；及时联系有关部门共同对处于风险状态的青少年进行保护、辅导和安置。社会工作则以离散工作的方式或康乐辅导等手法把服务带到青少年生活的地区，为边缘青少年提供直接服务，在交流、谈心和互动中来识别和接触因不同原因而产生的有心理问题、家庭关系问题、社会关系问题的青少年，协助他们处理工作生活和人际交往等方面的困难，从而改善青少年的现实问题。

案　例

“社会工作者， 我想上学”——涉罪未成年人司法社会工作矫治帮教服务

一、背景介绍

2019年3月起，Y社工机构联合H市S检察院共同探索专业社会工作介入未成年人刑事检察工作路径，具体工作内容包括：涉罪未成年人案件的社会调查、矫治帮教、家庭干预等案前介入；刑事案件中未成年受害人心理疏导、司法保护；常规性未成年人犯罪预防等。本案例为司法社会工作者联合检察官针对附条件不起诉涉罪未成年人开展考察期内的矫治帮教服务，通过专业社会工作者介入涉罪未成年

① 彭振．历奇辅导对青少年社会工作实务的启示．山东青年政治学院学报，2014（4）：55－58.

② 徐汉明，等．历奇为本辅导：概念与实践．香港：香港小童群益会，2002：170.

③ 刘有权．历奇为本辅导的理念及反思．广东青年干部学院学报，2007，21（4）：14－19.

人个人、家庭及社会等系统，以提升未成年人遵纪守法的意识、修正偏差行为、改善家庭系统和社会系统，进而帮助其回归正常的生活。

（一）涉案情况

小A（化名），男，2004年11月生。2019年3月某晚，14岁的小A与三名未成年朋友相约至公园散步，在公园遇到两名同龄人在玩手机，遂临时起意抢劫。小A与朋友持铁管将两名被害人威胁至公园漆黑角落处拳打脚踢并抢走两部手机。2020年5月，一年的取保候审期后，S检察院认为小A的行为已涉嫌抢劫罪，但考虑到小A系未成年人，有自首情节，认罪悔罪态度较好，为初犯、偶犯，案发后家属积极赔偿被害人损失并取得被害人谅解，于是依法决定对小A附条件不起诉，考察期为六个月（2020年5月22日至2020年11月22日）。

（二）个人情况

1. 家庭教育情况

小A从小随父母生活，父母工作忙，家庭经济条件高于当地的平均水平，但家庭成员交流沟通的时间少。平时，小A父亲较严厉，对小A要求严格，这使得小A对父亲怀有抵触情绪、与比较温和的母亲更加亲近。进入青春期后，小A受到朋友们的影响，逐渐有了抽烟、文身等不良行为，父亲认为是因为自己管得太严厉而无法很好地教育小A，于是小A父母采取放纵型教养方式，对小A的约束也逐渐变少。

2. 学校教育情况

小A在小学阶段学习成绩处于中等水平；上初中后开始出现厌学情绪，初一期末考试成绩为300分，班级排名中等；初二开始出现上课睡觉、逃课、抽烟、文身、打架等现象，后因违反中学生纪律被学校警告，2019年3月起保留学籍休学在家。休学期间，小A与朋友仍保持密切联系。

3. 朋辈群体情况

小学时，小A与班里同学关系较好。上初中后，小A交友变化较大，一方面与有逃课、爱打球、抽烟等不良习惯的同学相约游玩，另一方面在文身店内认识了一些社会人士，小A及其学校的朋友均受其影响而开始文身。

小A开朗积极、自信乐观，有自己的想法，在朋友群体里也经常扮演着领导者的角色。他认为抽烟、文身是社会地位的标志，且能在领导团队中体会到成就感和满足感，这在一定程度上给予了小A情感支持。

4. 有关涉案行为基本认知

依据与小A的面谈发现，他没有意识到打架、抢东西会触犯法律，在警方介入调查后，小A才意识到了该事件属于抢劫行为。由于担心被惩罚，起初并没有如实陈述事实经历，经过检察干警的再次笔录，小A最终如实陈述了犯罪的过程，并意识到了该案件不仅对自己及家人造成了不良影响，而且可能给受害人留下了心理阴影，因此表示出了自己的悔意。同时，小A希望以后能够遵纪守法，学习一门专业技术，毕业后自己开公司赚钱，回归正常生活。

二、需求评估

（一）个人层面

遵纪守法意识提升及认知行为偏差修正的需求。小 A 相关法律常识不足、遵纪守法意识淡薄；有抽烟、文身等不良行为习惯，自控能力差；不良行为对小 A 的校园社交造成负面影响。

（二）家庭层面

教育方式调整及亲子有效沟通促进的需求。父亲过于严厉的教导方式和放养式教育都不能很好地适用于小 A。此外，父母忙于工作也使得他们与小 A 的沟通交流时间少，不能进行有效交流。这使得小 A 来自家庭的支持不足。

（三）社会层面

回归正常学习生活的需求。小 A 认罪、悔过态度较好并明确表示希望能够返回校园学习，但此次涉罪行为可能会使得小 A 被老师和同学贴上"标签"并受到排挤，进而影响其回归正常的校园生活。

三、帮教策略

（一）理论基础

1. 认知行为理论

认知行为理论强调，服务对象自我效能感不足或原来的自动化思考形成错误思想和错误假定，对于外在环境的认知和解读发生曲解和错误判断，无法做出正向的行为和情绪，最终导致服务对象面临的问题；服务对象的问题不是固有的，而是习得的，因此也是可以通过学习而改变的。小 A 此次涉罪行为的发生一方面是由于法律常识不足，没有认识到错误行为的严重后果；另一方面是小 A 在学习生活中的认知偏差和不良行为习惯影响到其日常行为。因此在对小 A 开展帮教工作时，可通过系统地学习法律法规提高其遵纪守法意识、引导小 A 正确认知自身在青春期的一些常见心理、行为特征并学会积极约束自身行为习惯。

2. 危机介入理论

危机介入是指对危机状态下的个人、家庭或团体提供一种短期治疗或者调试的过程，目的在于去除服务对象的紧张情绪、恢复功能，使他们走出危机并恢复社会功能。初次犯罪的未成年人多因身心发展未健全，无法处理自身危机而产生行为失控，使自己陷入更为严重的危机，如产生社会越轨行为。社会工作者介入的关键在于对服务对象提供适时干预和支持，帮助服务对象从危机处理中汲取经验，及时修正自身行为和事务处理方式的不足，积极应对危机并最终回归社会。

（二）干预目标

1. 基础目标

在矫治帮教期间，严格遵守考察条件，帮助小 A 顺利度过考察期。

2. 发展目标

（1）提升小 A 的遵纪守法意识；

（2）促进小 A 家庭亲子之间的有效沟通；

(3) 帮助小A顺利回归正常学习生活。

(三) 干预策略

1. 帮助小A学习相关法律法规，提升小A的遵纪守法意识

社会工作者通过定时安排小A以学习青少年法制教育视频课程、摘抄青少年相关的法律法规并撰写学习日记的形式加强自身行为规范意识，同时引导小A对此次涉罪行为为其自身、家庭以及社会带来的影响展开思考。

2. 针对小A开展个案面谈服务，修正小A的认知行为偏差

社会工作者在对小A开展个案会谈时可以引导其学习青春期常见的心理、行为特征，并且学会遇到困难和问题时的合理应对方式；同时社会工作者在个案会谈中可以尝试通过情景代入的方式，帮助小A正确认识青春期失范行为的类别以及后果。

3. 开展亲职教育活动，改善家庭亲子沟通环境

社会工作者在对小A家庭进行干预时，可以针对小A父母开展亲职教育，引导其学习青春期子女心理、行为特征及与子女进行良性沟通的方法与技巧，在条件允许的情况下，可以安排小A及其父母参与亲子活动，加强亲子沟通与联系，优化小A的家庭支持系统。

四、帮教实务

(一) 帮教初期

1. 关系的建立

社工首先介绍了自己，然后介绍了在取保候审期间需要对其开展帮教的主要内容，提出帮教内容可以进行协商，但目的是让其更好地回归社会，同时表示这个目标的达成不仅需要社工的帮扶，更重要的是小A本人的领悟和改变。小A听完后表示愿意接受帮教。

2. 行为矫治及人生规划的思考

根据小A在接受训诫中的态度，社会工作者与其进行了一定的沟通。社会工作者通过类比的形式，讲述了检察官、社会工作者为其做的一些工作，虽然社会工作者以及检察官有义务帮助他，但最终决定权仍在其自身，他可以选择拒绝，但自己及其监护人将要承担相应的责任。在训诫中出现语言叛逆的小A听完后，陷入了沉默。社会工作者同时也肯定了小A诚实的态度，敢于说出心里话，敢于表达自己的观点，同时也肯定了他自信的性格。社会工作者通过自我暴露的方式介绍了自己的成长历程以及跟他性格类似的一个朋友的成长历程，一个走了求学路，一个走了求职路，最终各有所获的故事，引导他思考自己的人生路，小A听得很认真，并若有所思。

在谈及家庭环境时，小A表示自己与母亲关系较好，父亲对其比较严格，且在某些事情上父子达不成一致。其中小A就举了“文身”这个例子。小A认为，法律上没有明确规定不能文身，对于这种没有明确禁止的事情，为什么不能做。社会工作者一方面了解了小A想文身的初衷，表示自己认为文身仅仅是好看，并不是

"很社会"，也不认为其具有"权威"的意义；另一方面也向其解释了在《中学生守则》中，"文身"属于不良行为习惯，且在法律条款中，取保候审期间也需要遵循相关的规定。检察官也进一步明确了不能出现抽烟、打架、文身等不良行为习惯，其中这个"等"字也包含了很多内容，这些规定最终的目的是避免未成年人受不良社会环境的影响，从而导致再次犯错甚至犯罪。社会工作者告知小A如果想早日回归正常学习生活，必须从自身行为出发并做出相应的改变。小A虽然有些不服，但还是默默地答应了。详细了解得知，小A的朋友群体中有三分之二的朋友都存在抽烟、文身等不良行为习惯，社会工作者在通过情景模拟了解小A的看法时，小A表示跟朋友在一起很开心，但他同时陈述自己不会再次出现犯罪的行为。

3. 法治教育

社会工作者以"文身"为话题再次展开了讨论。经过上次对该话题的讨论后，小A认为在附条件不起诉期间自己可以遵守规定，但过了该期间后，法律对于其文身并没有约束力，认为自己没有触犯法律的底线。社会工作者再次通过情景模拟的方式与其进行了探讨。情景如下：社会工作者问小A如果他朋友让他帮忙打架，他是否愿意参与。小A出现了犹豫，并回答"应该不会吧"。社会工作者协助小A分析，如果他继续参与打架，且触犯法律的话，他与朋友可能出现不一样的结果，并解释了原因；如果他不再参与打架可能会出现的情景，并引导他思考如何委婉地拒绝不良请求。通过分析，小A也对法律有了进一步的认识，并对特定情景有了一定的思考。最后，社会工作者给小A发了一本青少年法律宣传手册，鼓励其多了解法律知识。

在帮教初期，小A在与社会工作者的交流中很多次都注意力不集中，经常迟到，考察期需要遵守的条例也没有放在心上，来到帮教基地也只是在应付。对此社会工作者也联系检察官开展司法训诫工作，再三告诫他需要遵纪守法，但效果并不明显。经过数次会谈后，小A逐渐认同了社会工作者对其开展的帮教服务。在一次次的面谈交流中社会工作者逐渐发现小A很有自信，内心有理想，但是由于家庭因素，以及小A自身有他认为的义气心肠，众星捧月的感觉让小A习惯别人都顺从他，欺负看不顺眼的人也成了小A不以为意的事。社会工作者发现小A的问题后逐渐针对他的情况做出了相应的帮扶措施。

（二）帮教中期

1. 亲职教育

在与小A父母的会谈中，小A父亲表示，小A在这段时间内比以前有进步，主要表现在能够听取检察院这边的要求，外出时也会与他讲明自己的去向及动态。但仍然存在一些比较头疼的问题，比如喜欢和朋友一起玩，晚上仍然存在不回家的现象，内心也特别想利用兼职挣来的钱去文身等。对于这些触犯原则性的事情，小A父亲表明自己还是会坚持反对他做的。

社会工作者肯定了小A父亲在教育中对孩子既有明确要求，又有关爱和支持的做法，同时也与其探讨了家庭教育对孩子的作用，双方一致认同，家庭教育对孩子起了重要的引导作用。在教育理念方面，社会工作者间接地了解了小A父亲与母亲在教育理念上的区别。小A父亲说，在家庭教育中，小A母亲干涉得较少，而自己很重视教育，而且在某些方面也是对小A很严格。社会工作者一方面肯定了小A父亲对小A教育的重视和负责，同时也间接地提出了一些意见。小A不良行为的改变不仅需要司法系统的严格要求、社会工作者的帮扶教育，更需要家庭监护人的支持与引导。社会工作者还指明，在教育方面，如果家长有一些强制性的严格要求，可以告知，社会工作者可以通过帮扶教育进行引导，避免家长因态度强硬激起小A的抗拒心理，同时建议家长采用沟通、引导的方法，建立良好的亲子关系，引导小A从内心做出改变。在前期社会工作者与小A建立了良好的工作关系，了解了小A的问题所在，开始和小A一起制订计划，尝试修正自身存在的偏差行为。

2. 规则制定

社会工作者与小A共同学习了帮教期间的协议，进一步明确了帮教期间社会工作者及帮教对象双方的权利与义务，约定了固定的面谈时间。双方共同规定若社会工作者迟到，矫正对象有权要求社会工作者补齐帮扶内容；若矫正对象迟到，社会工作者有权取消当周服务，并如实登记上报；若有特殊情况，双方要提前告知。在告知服务内容具有保密性的同时，讲明在特定情况下，社会工作者是不能保密的，并将特殊情况一一列举。社会工作者尝试以制定规则为突破口，逐渐培养小A的规则意识，引导其行为的改变。

社会工作者评估小A可能处于疫情应激源刺激下的衰竭期，长期处于疏于学校管理的状态，突然之间难以适应中考备考状态，决定从学习和生活的规划方面进行引导。在学习上：首先，鉴于校方意见，小A目前无法回到学校全身心投入备考，但可以在家庭经济条件允许的情况下请家庭教师进行一对一教学，有针对性地查漏补缺，巩固基础知识；其次，可以通过购买学习材料进行自主学习，如中考作文集、各科目基本习题集。在生活上：首先，通过连接小A前一段时间做送花兼职感到开心的经历，帮助其回想起自己生活的动力和兴趣，同时帮助他寻找自身资源，鼓励他是可以做好自己目前的事情的；其次，把父亲对孩子肯定的评价传达给小A，引导其理解父亲其实一直以来都在关注着他的变化，并对此感到欣慰和肯定，由此疏通亲子关系，呈现小A的家庭支持系统，引导其感受到家里人的关注和陪伴。在此时此刻，社会工作者关注到小A的眼眶泛红，且有揉眼睛的动作。

3. 法治教育

由于小A上次未能准时参加集体听广播电台法治教育的活动，社会工作者安排小A观看CCTV法治专栏《守护明天》的第一集《他向同学举起刀》，这一集主要是讲述了一个好学生因忍受不了受害者的校园欺凌，拿刀砍向受害者。专家分析到目前出现校园欺凌，小学生是会主动报告的，但是初三以上的孩子会选择自己处理，忍着不报告，而且校园欺凌问题要靠学校、家长和旁观者（学生）多方合作才能更好缓解。小A自身法律意识淡薄，社会工作者在给他做普法教育的同时，用一些现实的情景让他代入——在好朋友邀请他去帮忙打架时小A是否会去，在社会工作者提出问题时，小A立马给出了肯定回答。社会工作者这时提供了其他的选项以及每个选项可能会产生的结果，侧面警告小A去帮忙打架会触犯法律，让小A在行事之前三思而后行。

4. 行为矫正

小A一直以来都有抽烟的行为，在谈及时，小A表示不知道抽烟是不被允许的行为。社会工作者告诉小A，《中华人民共和国未成年人保护法》和《中学生守则》等法律法规都有相应的规定：禁止向未成年人出售香烟以及禁止未成年人吸烟。抽烟属于不良行为，且未成年人吸烟对身体伤害很大。社会工作者在询问后发现小A两三天要抽一包烟，但是不想去买烟的时候也可以偶尔不抽烟。社会工作者和小A约定先从一周只抽一包开始，循序渐进，慢慢地来改变不良习惯。经过数次会谈后，小A已经有主动戒烟意识，并且在半个月的时间内没有抽烟，而是让母亲购买了电子烟。社会工作者表扬了小A的做法，指出这是小A进步的表现，听到社会工作者的夸赞，小A也带着一丝腼腆地露出了笑容。关于文身，社会工作者这次给小A普及了很多关于文身的知识，包括文身时的风险、文身对工作和生活可能带来的不好影响以及清洗文身的方法等。小A告诉社会工作者说要清洗的话自己可能会考虑冬天去，因为夏天会出汗，怕感染伤口，社会工作者对小A的想法做出了肯定，最后社会工作者让小A回去观看纪录片《震撼教育之少年犯》并写观后感。

（三）帮教末期

1. 暑期生活规划

小A中考结束了，社会工作者问其暑假的打算，小A说自己打算和朋友去上海玩。社会工作者告诫小A，出门一定要征求检察院的意见，并和小A再复习了一下附条件不起诉期间应遵守的规定。社会工作者建议小A安排一下自己的暑期，不能所有的时间都用来玩。小A也意识到自己可以更好地利用暑假时间，和社会工作者探讨怎样去安排暑假生活。社会工作者建议可以把每周的睡眠时间、学习时间、娱乐时间和做家务的次数安排好，同时还可以借助父亲是书法家这个资源来把自己的字练好。小A根据社会工作者的建议做出了认为自己可以完成的暑期计划表。

2. 重返校园生活

前段时间给小A制订的计划经过了一段时间后成效慢慢显现，小A每次来帮教基地不再是萎靡不振、含胸驼背，整个人看上去更加精神。小A还让他母亲买了一根电子烟帮助其戒烟，相关的法律知识也懂得了不少。在秋季，父亲将小A送去Y职业技术学校继续接受教育，社会工作者也每周与小A在线上联系，通过交流，得知小A在学校生活正常，也很珍惜在学校上学的机会，思想也成熟了不少，与老师同学相处愉快。通过小A记录的日常生活以及思想报告，社会工作者发现小A的语言表达能力不错，条理清晰，社会工作者鼓励小A多看一些作文，锻炼自己的文笔，发挥好自己的优势。小A在10月6日准备去学校，在去检察院报备情况之后来到帮教基地，将社会工作者布置的作业交过来了。社会工作者与小A沟通后，约定在开学之后每天写日记、一周一篇周记，写好发给社会工作者检查，每周观看法律新闻，并做好观后记录。

在小A开学后，经西塞山区检察院同市检察院沟通后，剩余的一个多月帮教考察工作委托给市检察院及学校心理老师代为负责，同时社会工作者也保持与小A的联系，对其在校学习、生活状况持续跟进。在2020年11月22日，小A专程请假回来办理考察结束相关手续，检察院也对小A做出不起诉的决定。在此之后社会工作者同小A开展最后一次会谈，回顾之前的目标达成情况，并鼓励他在今后的学生生活中要始终规范自身行为、努力学习，争取能够在学习期间获得“三好学生”称号。至此，小A为期半年的帮教也结束了，总体上的帮教目标已经达成，小A个人在生活与心理方面也有了较大的改变，在新的学校正常地学习生活。

五、评估总结

（一）结案评估

总体上看，前期帮教目标基本完成，小A自身的认知行为偏差有了较大的改观，亲子关系也相对和谐。为期半年的帮教工作结束后，小A最终顺利地进入职业高中学习，实现了在涉案后的愿景；小A也正确地认识到了自己在青春期存在的冲动、好讲“江湖义气”等非理性行为，并有了较大的改善；同时小A经过系统学习法律法规，自身遵纪守法意识有了较大程度的提高；小A的父母也反馈认识到了小A在青春期确实存在一些认知行为偏差，经过社会工作者的帮助，他们掌握了如何与青春期子女有效沟通的方法，亲子关系也逐渐朝着轻松和谐的方向发展，对于小A在帮教期间的认知、行为的改变很是欣慰。

（二）服务跟进

在帮教服务结束后，社会工作者跟进小A在校学习、生活情况，向其讲解学校心理健康服务中心的功能，后期如果在学校遇到一些自己难以摆脱的困境，可以及时向学校的心理老师寻求帮助，希望小A在新的学校能够好好地成长，有紧急情况可以及时联系检察官与社会工作者。

（三）反思总结

1. 工作经验反思

在六个月的帮教服务中，小A对待帮教服务的态度由最初的抵触、不在乎到后期的主动寻求改变，得益于社会工作者同小A良好专业关系的建立，让小A体会到检察官和社会工作者是在为自己以后的学习、生活着想。同时在促进亲子关系的服务中，社会工作者通过及时传递小A父母与小A之间的真实想法和情感，从侧面促进了帮教服务初期小A与父母之间的沟通、交流，为后期小A做出积极改变奠定了良好的基础。

2. 司法社工中的“强制性”与“自决原则”

针对涉罪未成年人的帮教服务属于案件办理流程，司法社会工作者与服务对象专业关系的建立在严格意义上具有一定程度的“强制性”，这就导致部分涉罪未成年人在社工服务开展的初期对社会工作者存在抵触情绪。回顾本案例中的帮教服务，在目标设置初期有基础性目标以及发展性目标，其中基础性目标由《附条件不起诉监督考察协议》明确规定，涉罪未成年人需要在考察期内严格执行有关规定内容。在帮教服务开展前期，小A曾多次迟到，且未完成社会工作者安排的学习任务。究其缘由，主要是小A及其父母对于“附条件不起诉”的判决没有足够的认识，认为该案件中小A已经被“一放了之”，没有深刻解读由社工主要负责的六个月帮教考察期要履行的规范和责任。因此社会工作者在同检察官协商后，邀请司法警察针对小A及其父母开展训诫工作，让小A及其父母认识到考察期内违反考察规定或未按照社会工作者要求接受相关帮教工作的严重后果。此后小A及其父母对于帮教工作的重视程度显著提升，帮教工作得以顺利开展。司法社会工作中的涉罪未成年人帮教服务与传统的儿童个案工作有着明显的区别：一方面服务对象接受社会工作者负责的帮教活动属于案件办理流程，服务对象的“自决权”受到一定限制；另一方面在专业社会工作中原本需要双方共同制定的服务目标中存在部分“强制性”目标。这也反映了社会工作方法在专业领域内需要灵活“嵌入”，针对工作环境和内容做出相应的灵活调整。但于此之外，社会工作者同涉罪未成年人仍是处于平等、合作的专业关系。

资料来源：杨文．武汉阳光社会工作中心．

复习思考题

1. 什么是越轨？如何理解社会工作视角下的越轨行为？
2. 青少年越轨的原因是什么？越轨青少年的支持系统有哪些？
3. 以越轨青少年为服务对象，尝试运用社会工作的专业方法进行介入服务。

推荐阅读书目

1. 费梅苹．社区青少年社会工作方法与技巧研究．上海：华东理工大学出版社，2006.

2. 马伊里，吴铎．社会工作案例精选．上海：华东理工大学出版社，2007.

3. 郑瑞隆．儿童虐待与青少年偏差：问题与防治．台北：心理出版社，2006.

4. KRATCOSKI P C，KRATCOSKI L D. 青少年犯罪行为分析与矫治（第五版）．叶希善，等译．北京：中国轻工业出版社，2009.

附 录

青少年社会工作服务指南

（中华人民共和国国家标准 GB/T 36967—2018）

前 言

本标准按照 GB/T 1.1—2009 给出的规则起草。

本标准由中华人民共和国民政部、共青团中央共同提出。

本标准由全国社会工作标准化技术委员会（SAC/TC 534）归口。

本标准起草单位：中央团校、山东青年政治学院、上海市阳光社区青少年事务中心、中国社会工作学会、北京厚德社会工作事务所、华东理工大学、上海青年管理干部学院、上海科学技术职业学院、南京市爱心传递社会工作服务中心、山东女子学院、济南山青社会工作服务中心、广州市民政局、广州市团校、广州市社会工作协会、深圳市龙岗区至诚社会工作服务中心。

本标准主要起草人：孙莹、张剑、许莉娅、廖焕标、赵记辉、陈元元、张佳华、马连平、彭振、费梅苹、陈树强、陆士桢、刘爱平、王婷、王雷、郑雄、王涓巍、赵伟、李佳轩、李璐洁、黎志芬、孙鸿平、丘英文、鄢勇兵、郭名倞、王颖。

青少年社会工作服务指南

1. 范围

本标准规定了青少年社会工作服务的原则、内容、方法、流程和管理等。

本标准适用于以青少年为对象开展的社会工作服务。

2. 规范性引用文件

下列文件对于本文件的应用是必不可少的。凡是注日期的引用文件，仅注日期的版本适用于本文件。凡是不注日期的引用文件，其最新版本（包括所有的修改单）适用于本文件。

社会工作者职业道德指引（2012-12-28）民政部

社会工作者继续教育办法（2009-09-07）民政部

3. 术语和定义

下列术语和定义适用于本文件。

3.1

青少年　adolescences

年龄范围为 6～35 周岁的人。

3.2

青少年需要　adolescences'needs

青少年健康成长和发展所需的条件、机会和资源的总和。

3.3

青少年社会工作服务　service of social work with adolescences

以青少年为对象，整合运用社会工作专业价值、理论、方法和技巧，协助其提升解决问题的能力，恢复、改善及提高其社会功能，促进其健康成长和全面发展的社会服务活动。

3.4

青少年社会工作服务机构　agency of social work with adolescences

以青少年社会工作服务为主要业务内容的组织。

4. 原则

4.1　主体性原则

尊重青少年主体地位，承认与接纳青少年的独特性与差异性，充分照顾青少年的特点和需要，开展有针对性的服务。

4.2　发展性原则

坚持用发展的眼光看待和理解青少年，强调青少年自身蕴含的发展潜力和成长的内在动力，重视经济社会发展对青少年福利的影响。

4.3　整体性原则

重视青少年与其家庭、学校、社区、朋辈及服务机构等因素的相互作用，全面系统地识别青少年的需要，提供整合性社会工作服务。

5. 内容

5.1　思想引导

主要包括但不限于以下内容：

——开展理想信念教育；

——开展国情政策教育和党史国史改革开放史教育；

——开展中华优秀传统文化、革命文化、社会主义先进文化教育；

——开展社会主义核心价值观教育。

5.2　身心健康促进

主要包括但不限于以下内容：

——开展青少年文化体育兴趣和爱好的培养活动、青少年文体交流活动；

——为青少年提供社会实践教育和学业支持服务；

——引导青少年珍惜生命，尊重生命，帮助青少年学习保护生命的方法；

——帮助青少年掌握应对风险的方法，引导青少年对风险形成正向认识；

——帮助青少年了解青春期相关生理和心理知识，积极应对心理困惑，增强解决问题的信心和能力；

——帮助青少年自我认识，并实现自我肯定；

——帮助青少年形成健康的人格，践行健康的生活方式。

5.3 婚恋交友支持

主要包括但不限于以下内容：

——帮助青少年树立文明、健康、理性的婚恋观，提供婚恋教育和指导，开展婚恋交友服务；

——帮助青少年树立正确的家庭观，传承优良家风家教；

——开展性健康和优生优育宣传教育服务；

——协助青少年建立良好人际关系。

5.4 就业创业支持

主要包括但不限于以下内容：

——开展就业创业政策宣传服务；

——协助链接就业创业资源；

——帮助提升就业创业能力；

——协助提升职业技能；

——开展就业创业指导及职业生涯规划服务。

5.5 社会融入与参与支持

主要包括但不限于以下内容：

——协助青少年建立良性社会支持系统；

——提升青少年社会融入和社会参与的能力，帮助青少年积极有序地参与政治生活和公共事务；

——营造青少年社会融入的良好环境；

——提升青少年参与社会公益和志愿服务的意识与能力。

5.6 社会保障支持

主要包括但不限于以下内容：

——开展残疾青少年关爱和扶持保障服务；

——开展流浪未成年人社会救助服务；

——开展进城务工青年与其未成年子女帮扶服务；

——开展农村留守儿童关爱和救助服务；

——协助解释办理城乡居民医保。

5.7　合法权益维护

主要包括但不限于以下内容：

——开展青少年权益保护相关政策法规宣传教育服务；

——拓展青少年权益表达渠道，支持普遍性利益诉求表达和反馈；

——开展侵害青少年合法权益行为预防和干预服务；

——协助青少年提升自我保护能力；

——倡导营造家庭、校园和社区的安全环境。

5.8　违法犯罪预防

主要包括但不限于以下内容：

——开展法制宣传教育；

——协助开展青少年社会文化环境、校园内外环境、网络环境优化和整治服务；

——开展重点青少年群体服务管理工作；

——提供青少年司法社会工作服务。

5.9　其他

主要包括但不限于以下内容：

——开展青少年服务的政策倡导及咨询研究；

——开展青少年社会工作专业人才培训、督导及青少年社会工作服务机构发展培育；

——开展受委托的其他青少年社会工作服务。

6. 方法

6.1　基本方法

根据青少年需要，综合运用个案工作、小组工作、社区工作等社会工作直接方法和社会工作行政、社会政策和社会工作研究等间接方法。

6.2　针对特定需要的介入方法

6.2.1　危机介入

通过多专业合作方式协调资源，以中途之家、类家庭、收寄养等方式为不适合家庭居住的青少年提供安置服务，进行综合援助。

主要针对于可能危及青少年自身和他人生命安全的问题而实施的紧急干预策略。

6.2.2　家庭治疗

以家庭为介入单位，探索青少年问题背后的家庭结构和互动关系，促进家庭内在系统的改变，优化青少年成长的家庭环境。

主要适用于改善并重建青少年和家庭成员之间的关系，实现家庭成员的良性互动。

6.2.3 外展服务

深入青少年经常出入的场所，主动与青少年接触并发现其问题和需要；及时联系有关部门共同对处于风险状态的青少年进行保护、辅导和安置。

主要针对很少参与主流的青少年活动并容易受不良影响的青少年，走出去开展的服务。

6.2.4 历奇辅导

有目的地把青少年带离安适区，进入低冒险区，通过体验性活动经历新奇，促进青少年自我探索、自我觉察与自我成长。

主要适用于帮助青少年提高自信、提升自尊、培养团队合作精神。

6.2.5 朋辈辅导

通过发现、培训和搭建平台，组织年龄相仿、生活环境和经历、文化相似，或具有共同语言的青少年交流互动、分享经验、唤起共鸣、持续支持和互助成长。

主要适用于帮助青少年改善朋辈关系、建立朋辈支持。

6.2.6 向导服务

由受过训练的成年志愿者或同龄志愿者，在社会工作者的督导下，向青少年提供“一对一”的长期陪伴，通过关爱且富有支持的积极人际关系来促进青少年的健康成长与发展。

主要适用于引导青少年树立正向的价值观和养成健康积极的行为习惯。

7. 流程

7.1 接触预估

在接触预估过程中应完成的主要工作包括但不限于：

——与服务对象建立专业关系；

——预估青少年个人的生理、心理、社会发展状况；

——预估青少年的家庭、学校、工作场所和所在社区的情况；

——预估青少年的问题和需要；

——预估青少年及环境的资源和优势；

——预估是否在业务范围和能力范围内，决定是否提供服务或转介。

7.2 服务设计

在服务设计过程中应完成的主要工作包括但不限于：

——确定服务主题；

——明确服务理念和理论依据；

——确定服务目的和目标；

——识别服务对象系统、目标系统及行动系统；

——选择介入策略；

——签订服务协议；

——配置资源；

——预估服务风险，设计应对方案；
——明确评估指标，选择评估方法。

7.3　服务实施

在服务实施过程中应完成的主要工作包括但不限于：
——分解服务任务；
——明确人员分工；
——控制服务进度；
——应对服务风险。

7.4　成效评估

共青团组织负责青少年社会工作服务成效评估制度建设和业务指导，在成效评估过程中应完成的主要工作包括但不限于：

——自我评估和接受第三方评估，第三方评估由具备条件的专业机构在共青团组织指导下开展；
——测量目标达成情况；
——评估服务满意度；
——评估服务对象及环境系统的改变；
——服务的结束及跟进。

8. 管理

8.1　制度建设

青少年社会工作服务机构应制定相关规章制度，包括但不限于：
——青少年社会工作项目管理规定；
——青少年社会工作督导管理规定；
——青少年社会工作档案管理规定。

8.2　质量管理

青少年社会工作服务机构应对本机构内的服务进行质量管理，主要任务包括但不限于：

——建立社会工作服务质量管理体系；
——建立外部监督和内部监督相结合的服务质量监督与评估机制；
——对相关社会工作服务情况进行信息公开，确保青少年知情权；
——根据服务质量评估情况改进服务，完善制度。

8.3　督导制度

青少年社会工作服务机构应建立社会工作督导制度，开展督导工作，主要工作包括但不限于：

——建立社会工作督导制度，明确督导关系；
——定期为督导对象提供督导服务。

8.4 档案管理

青少年社会工作服务机构应加强服务档案管理，主要工作包括但不限于：

——建立基本服务档案，包括青少年的基本信息、服务提供者、服务场所、服务过程及服务成效等；

——建立服务质量监督与评估档案，包括是否符合基本服务要求、目标完成情况、服务评估情况等；

——根据青少年实际情况进行分类、分级管理档案，做好信息的保密工作。

8.5 人员要求

开展青少年社会工作服务的社会工作者应：

——获得国家颁发的社会工作者职业水平证书或者具备国家承认的社会工作专业大学专科及以上学历；

——遵循社会工作专业伦理，遵守《社会工作者职业道德指引》；

——按照《社会工作者继续教育办法》，接受继续教育，不断提高职业素质和专业服务能力。

参考文献

[1] MZ/T 059—2014 社会工作服务项目绩效评估指南

[2] 国务院办公厅．关于加强和改进流浪未成年人救助保护工作的意见（2011-08-15）

[3] 中央组织部等 18 部门．关于加强社会工作专业人才队伍建设的意见（2011-09-14）

[4] 共青团中央、中央综治办、民政部等 6 部门．关于加强青少年事务社会工作专业人才队伍建设的意见（2014-1-10）

[5] 民政部、中央综治办、教育部、公安部、司法部、财政部、人力资源社会保障部、国家卫生计生委、全国总工会、共青团中央、全国妇联、中国残联．关于加强社会工作专业岗位开发与人才激励保障的意见（2016-10-14）

[6] 中共中央、国务院．中长期青年发展规划（2016—2025 年）（2017-04-03）

[7] 共青团中央、民政部、财政部．关于做好政府购买青少年社会工作服务的意见（2017-7-19）

图书在版编目（CIP）数据

青少年社会工作 / 许彩丽主编 . -- 北京：中国人民大学出版社，2022.1
新编 21 世纪社会工作系列教材
ISBN 978-7-300-30047-4

Ⅰ. ①青… Ⅱ. ①许… Ⅲ. ①青少年-社会工作-中国-教材 Ⅳ. ①D432.6

中国版本图书馆 CIP 数据核字（2021）第 239867 号

新编 21 世纪社会工作系列教材
青少年社会工作
主　编　许彩丽
Qingshaonian Shehui Gongzuo

出版发行	中国人民大学出版社		
社　　址	北京中关村大街 31 号	邮政编码	100080
电　　话	010－62511242（总编室）		010－62511770（质管部）
	010－82501766（邮购部）		010－62514148（门市部）
	010－62515195（发行公司）		010－62515275（盗版举报）
网　　址	http://www.crup.com.cn		
经　　销	新华书店		
印　　刷	天津鑫丰华印务有限公司		
开　　本	787 mm×1092 mm　1/16	版　　次	2022 年 1 月第 1 版
印　　张	18.75 插页 1	印　　次	2025 年 7 月第 6 次印刷
字　　数	388 000	定　　价	49.00 元

关联课程教材推荐

书号	书名	作者	定价
978-7-300-27998-5	家庭社会工作（第二版）	张翠娥	39.80 元
978-7-300-28092-9	社会工作行政（第二版）	时立荣	39.90 元
978-7-300-25600-9	社会服务项目运作实务	赵海林	38.00 元
978-7-300-28790-4	社会工作实务案例教程	陈树强　李璐龄	49.80 元
978-7-300-29843-6	残疾人社会工作	余艳萍　秦　琴	48.00 元

配套教学资源支持

尊敬的老师：

衷心感谢您选择人大版教材！相关的配套教学资源，请到中国人民大学出版社官网（www.crup.com.cn）下载。部分教学资源需要验证您的教师身份后，才可以下载，请您登录出版社官网后，点右上角“注册”，填写“会员中心”的“我的教师认证”项目，等待后台审核。我们将尽快为您开通下载权限。

如您急需教学资源或教材样书，也可以直接与我们的编辑联系：

龚洪训电话：010-62515637 电子邮箱：6130616@qq.com

专业教师 QQ 群：

195761402（全国社会学教师 QQ 群）

欢迎您登录浏览人大社网站，了解图书信息，共享教学资源

期待您加入专业教师 QQ 群，开展学术讨论，交流教学心得